Erich Loest
Nikolaikirche

Erich Loest

Nikolaikirche

Roman

Linden-Verlag

1. Auflage Juli 1995
2. Auflage September 1995

Umschlagfoto: H. Bamberger/Odyssey/Focus
Gesetzt aus der Baskerville der Berthold Systeme, Berlin
Gesamtherstellung: Steidl, Göttingen
Printed in Germany
ISBN 3-9802139-8-6 (Linden-Verlag)
ISBN 3-88243-382-5 (Steidl Verlag)

Inhalt

PROLOG

1985, März

Der Raum hatte die Form eines Rugbyballs. Türen verbanden die gewölbte Längsseite zum Ring hin mit einem dekorativen Balkon, und Türen führten von den Schmalseiten zu Vorzimmern, Korridoren und Treppen, einem Labyrinth immer neuer Anbauten, die tief in den Hügel gegraben waren, auf dem irgendwann die ersten Siedler, von zwei Flüssen geschützt, ihre Zäune geflochten hatten. Der Architekt hatte die Rundung der Fassade nach innen abfedern müssen, um dahinter in der üblichen rechtwinkligen Form weiterbauen zu können.

Der Tisch reichte für zwanzig Personen. An der Stirnseite saß der General, links von ihm einer seiner Vertreter, daneben Hauptmann Alexander Bacher. Rechts hatten zwei Berliner Genossen ihre Papiere ausgebreitet. »Die neue Maßnahme«, begann der General, »ist nirgends so wichtig wie in Leipzig. Wir müssen herausfinden, was sich im Umkreis der Kirchen abspielt, wer subversive Aktionen betreibt oder dahinter steckt. Nach gründlichen Beratungen sind wir zu der Meinung gekommen, daß Sie, Genosse Bacher, dafür der Richtige sind.«

Alexander Bacher neigte den Kopf leicht zur Seite, als ob er damit freudige Aufmerksamkeit und auch

Dankbarkeit ausdrücken wollte. Etwas Neues geschah endlich, und, nach dem mittleren Bahnhof hier, sogar auffällig Wichtiges. Einer der Obersten aus Berlin berichtete über Identifizierungsmaßnahmen gegenüber negativ-feindlichen Personen, die in Berlin und Potsdam erprobt worden waren; der General warf ein, damit habe das MfS in Leipzig seit Ende der siebziger Jahre verwertbare Erfahrungen gesammelt. »Knien Sie sich vor allem da rein, Genosse Bacher. Ziel der Maßnahmen ist, über alle wichtigen Personen im Sektor der ideologischen Diversion einen lückenlosen Überblick zu gewinnen und zu wissen, wen wir im Ernstfall aus dem Verkehr ziehen müssen.«

»In welcher Größenordnung?«

Der General blickte seinen Vertreter an, der brummte, sicherlich hätten sie mit hundert bis zweihundert Personen die Gefährlichsten im Sack. Als Schwerpunkte Nikolaikirche, Michaeliskirche, Theologisches Seminar und das Dorf Königsau, dazu Gruppen und Grüppchen, die neuerdings aus dem Boden schössen. Beispielsweise formiere sich eine Verbindung ehemaliger Bausoldaten. Ein Architekt rotte Leutchen um sich, um angeblich die Geschichte Leipziger Kirchen zu erforschen, aber versteckt werde gegen die Sprengung der Unikirche gehetzt. »Es hat aber auch sein Gutes, Genossen, daß manche Kirchen ihre Türen öffnen, da haben wir das renitente Pack hübsch auf einem Haufen.«

Bacher schaute zum General, der saß starr aufrecht, ein Mann von bestenfalls einsfünfundsechzig, die Unterarme parallel auf der Tischplatte. Ein Mann mit phantastischem Datengedächtnis, ein blendender

Organisator. Sein Gönner – diese Maßnahme hätte auch jemand anderem übertragen werden können.

Der Stellvertreter erläuterte die Ausstattung der neuen Position. »Genosse Bacher, für die Spürhunde müssen Sie sicherlich Genossen von der Kripo rüberziehen. Vielleicht sollten Sie vom Objekt in Leutzsch aus operieren. Als Spielwiese schlage ich Königsau vor. Dort haben sie schon vor zehn Jahren mit diesem Friedensgesülze angefangen. Überlegen Sie, was Sie an Leuten und an Technik brauchen.«

»Erster Bericht in vier Wochen, Genossen, noch Fragen?« Da schüttelten alle die Köpfe, so mochte es der Leiter der Bezirksverwaltung: Sein Gespür dafür, wann ein Thema erschöpft war, sollte jeder für untrüglich halten. Wer dann noch nachklapperte, wurde abgebürstet.

Stühlerücken, die Berliner Genossen rafften ihre Unterlagen zusammen. Beim Hinausgehen fragte der General, wie es Bachers Mutter gehe. Unverändert gut, hörte er, quirlig sei sie wie eh und je, habe eine Funktion in der Veteranenkommission der Partei und helfe gelegentlich als Reiseleiterin aus – nee, langweilig werde es ihr nicht. Großartig fand das der General; es sei eine Schande, daß man sich so wenig sah. »Grüße jedenfalls! Und sag ihr, ihre frisch gebratenen Heringe vor zwanzig Jahren sind unvergessen. Mein Gott, keiner hat weniger als fünf verputzt!«

Eine neue Aufgabe. Bacher räumte seinen Schreibtisch auf und gab Unterlagen ab, er sah sich im Objekt Leutzsch um, dort musterte er Schäferhunde mit leiser Scheu, und sie musterten ihn. Er besorgte sich Material über die Gemeinde Königsau mit ihrem aufsässigen, todkranken Pfarrer. Schließlich umrundete er neugierig die Nikolaikirche. Das Haupttor war verschlossen, wahrscheinlich mußte es repariert werden. Jeden Montag beteten sie nun da drin für den Frieden. Einmal, sicherlich bald, würde er sich dazusetzen. Er müßte als Fremdkörper auffallen, alle würden den Braten riechen, selbst wenn er sich in Jeans und Pullover einschlich. Er war stämmiger als diese Burschen und ohne Bart. Sein Haarschnitt war der normalste der Welt, keine Chance, ein Büschel mit einem Gummi zusammenzubinden. Vielleicht hing bei Mutter noch einer von Vaters Mänteln. Der müßte ihm zu weit sein, genau richtig so. Er würde Mutter mitnehmen, sie sollte sich so altmodisch wie möglich herausputzen. Ein etwas wunderlicher Sohn am Arm seiner Mama. Sie würden die Hände falten, wenn es die anderen taten, aufstehen und sich setzen wie sie. Einmal hier, einmal in der Michaeliskirche. Auch in diesem Nest Königsau, Mutter am Stock. Wenn er übervorsichtig sein wollte, könnte er sich mit falschem Bart und Perücke ausstaffieren lassen, »Maskenball« hieß das im internen Sprachgebrauch; die Mädchen in dieser Abteilung würden strahlen, wenn er sich mal blicken ließ.

Dunkel war der Stein der Kirche, ruß- und abgasgeschwärzt. Mit ihren Nischen und Anbauten war sie kaum höher als die Häuser rundum, wenn man vom Turm absah. Die Unikirche war von den Genossen im Mai ’68 weggesprengt worden, hundert Meter entfernt hatte Nikolai womöglich ihren Geist aufgesogen. Das schien vorstellbar, wenn man sich auf die Denkweise von Christen einließ: Den Herrn Jesus hatten die

Genossen vom Karl-Marx-Platz verjagt, nun igelte er sich in dieser Bastion ein. Zeigte seine Stacheln. Die der Dornenkrone. Fast mußte Bacher lachen: Ein Hauptmann vom MfS war am wenigsten berufen, den Pfarrern Gedanken für ihre Predigten zu liefern. Schräg der Pforte gegenüber lag ein Universitätsinstitut, es dürfte keine Mühe machen, dort einen Beobachtungsposten einzurichten, wenn sich die Dinge zuspitzten.

Er sollte abhauen. Er sollte nie wieder hierher kommen. Ein Befehlshaber gehörte nicht in den Schützengraben, und ein MfS-Offizier hatte von seinem Objekt aus den Kampf zu leiten. Um zwei Ecken bog er zum Karl-Marx-Platz – die Frühjahrsmesse war vorbei, nun wurde wieder einmal das Pflaster aufgerissen. An den Rändern der Parkplätze gammelten Schneereste, schwarz an den Taukanten. Die »Volkszeitung« lobte die Stadtreinigung, weil sie den Aschehaufen in den Höfen und dem Messedreck zu Leibe rückte. Wenn die politische Linie einmal klar war, entschied die Organisation alles. Das stammte von Stalin, naja. Wo der Alte recht hatte, hatte er recht. Deckname »Operation Opium«? Da oben am Universitätsbau hing Marx in Bronze, umgeben von seinen Mitstreitern und fröhlichen Massen, von Tauben beschissen. Mutter könnte er immerhin so weit einweihen: Eigenständige Aufgabe, in der Perspektive mit zwanzig Planstellen, direkt dem General unterstellt. Das Wort General hörte Mama gern. Wahrscheinlich würde sie sagen: Wenn das Vater noch erlebt hätte! Und: Wirst auch mal General, Sascha!

1. KAPITEL

Eine Spielverderberin

1.

1985, April, Mai

»Ich bleib morgen zu Hause.«

Harald Protter reagierte nicht. Ihn jammerte, wie die Französin dem netten Österreicher die Tour vermasselte, und der Quizmaster gab sich doch die größte gerade noch erlaubte Mühe, ihr eine Brücke zu bauen. »Kein Maler, neiiin, ein Bildhauer, *vielleicht* hat er mal Skizzen gezeichnet, aber die *Bronzen*...« Seine Lippen bildeten ein Rooo, da hallte der Gong. Der Österreicher, der wohl gewußt hatte, daß nach Rodin gefragt worden war, lächelte seine Partnerin tröstend an. Prompt kam Paul Kuhn ins Bild, der hieb in die Tasten und gab mit einem Kinnrucken seinen Mannen das Einsatzzeichen.

Protter fragte erst jetzt: »Und warum?«

»Weil ich wütend bin.« Astrid Protter wollte anfügen: Weil ich übermorgen den schwersten Tag haben werde, seit ich in diesem Büro sitze, weil ich meinen Zorn brauche und alle Kraft. Da kann ich nicht vorher an einer Maitribüne vorbeihüpfen, als wäre alles in Butter.

»Und was sagst du im Betrieb?« Protter hätte gern gewußt, ob alle Leute in diesem Riesensaal völlig bei der Sache waren oder im Hinterkopf an den nächsten

Tag dachten, beispielsweise an eine Gewerkschaftsfeier. Demonstrieren im Sinne von Vorbeimarschieren wie hier gab es ja drüben nicht.

»Ich kann doch mal krank sein, oder?«

»He, Schwänzen!« Das war Silke. »Mutti, das merk ich mir aber!«

»Schule ist was anderes.«

»Bei mir ist es immer was anderes.«

Astrid Protter versuchte sich vorzustellen, sie würde zu ihrem Chef sagen: Ich habe nicht gegen die Kriegsbrandstifter und für den Völkerfrieden und unseren ruhmreichen Sozialismus demonstriert, weil dein Bericht absoluter Unfug ist. Und du *weißt* es.

Silke knüllte Papier und zerriß Pappe. Protter meinte, jetzt sollte ihre Mutter sie eigentlich darauf hinweisen, daß derlei doch nicht um diese Zeit im Wohnzimmer gemacht werden müßte. Vor zwei Jahren hätte er sie ins Bett geschickt. Er fand selten den richtigen Ton, Silke auf etwas hinzuweisen, noch nicht einmal, sie um etwas zu bitten: Sofort zog sie einen Flunsch. Kürzlich hatte er in einem Radiovortrag gehört, Pubertät setze ein, wenn die Eltern blöd würden.

»Silke, du gehst mir auf die Nerven.«

»Ich mir auch, Mutti. Ich bin mit der Wandzeitung dran.«

»Mach's doch in deinem Zimmer.«

Als Silke nach einer Weile unter andauerndem Maulen das Feld geräumt hatte, sagte Astrid Protter: »Wir tun so, als wären die Kapitalisten verpflichtet gewesen, uns Häuser für Jahrhunderte zu übergeben: Dächer aus Kupfer, Edelputz, die Grundmauern durch Betonwannen gesichert. Die Kapitalisten hätten uns, so Katzmann, *das Elend der Hinterhöfe* beschert. Da hab ich auf die Leistung der Gründerzeit hingewiesen, Arbeiterfamilien einen abgeschlossenen Bereich mit Küche und Klo hinzustellen, dabei ...«

»Astrid, du mußt doch nicht *mir* etwas beweisen wollen.«

»Gibt es denn niemanden, bei dem ich meinen Frust loswerden kann? Ist nicht ein Ehepartner auch dazu da?«

Zwischen ihren Brauen entdeckte er eine Falte; irgendwann bildete sich ja in jedem Gesicht eine Falte, irgendwann nahm sie jemand zum ersten Mal wahr. Ihre Stirn war hoch und glatt, und das da war noch keine Querfalte, sondern eine senkrechte Rille, ein Warnzeichen allenfalls. Seit zwei Jahren mied Astrid die Sonne, zumindest briet sie nicht mehr am Wasser oder auf dem Balkon und mußte nicht mehr von April an die Braunste weit und breit sein. Beinahe hatte sie mit Rauchen aufgehört, weil sich bei jedem Zug haarfeine Fältchen auf der Oberlippe bildeten; er hatte lange gezögert, sie darauf hinzuweisen. Als er es doch tat, wirkte es ziemlich gründlich. »Ich werd' noch 'nen Wodka trinken.«

Also wollte er nicht mit ihr schlafen. Es war ja auch nicht Sonnabend, sondern der Vorabend des 1. Mai. Sie fand nicht die Kraft, sich dagegen zu wehren oder auch nur innerlich zu empören, daß er sich das Recht herausnahm, den Verlauf des Abends mit einem Schluck aus der Pulle zu bestimmen. In den ersten Jahren ihrer Ehe hatten sie über das Ritual der Sonnabendliebe gespöttelt und sich bemüht, Abwechslung und Spontaneität zu erzwingen. Wie hieß doch gleich dieser Spinner aus dem »Magazin«, dieser selbsternannte Sex-Guru der DDR, der heiße Tips über Erotik im Badezimmer verbreitete? Ob der schon mal in einer Neubauwanne geliebt hatte, mit aufgeschabten Knien und Stöpselabdruck am Hintern? Oder ob er sich mal überlegte, wie viele Leute überhaupt eine Dusche besaßen? Wenn ich jetzt auch einen kippen würde, ihm behutsam die Pantoffeln und diese ausgeleierte Trainingshose auszöge – wie würde er reagieren? Erschrekken? Mein Gott, sie waren schließlich nicht achtzig. Doch, zusammen wenigstens fast.

»Du auch einen?«

»Nö.«

Er nahm ein Glas aus der Schrankwand, pustete hinein wie stets, ehe er es benutzte – natürlich nur zu Hause –, goß sich ein und sagte, bevor er trank: »Mal am ersten Mai nicht dabei, na schön. Das ist nach zwei Wochen vergessen, auch wenn dir niemand die Ausrede glaubt. Aber Auflehnung gegen den großen Katzmann?«

»Ich habe geschrieben, daß alle Schulen, aber auch alle ...«

»Du hast den Zustand der Klosetts rausgelassen.« Er nippte, schmeckte, schüttete dann einen großen, brennenden Schluck hinunter. Er wußte, seine Frau konnte bestenfalls einwenden, daß dieser Aspekt von vornherein ausgeklammert worden sei, denn für Schulklos gab es keine Kapazität. »Katzmann hat den Sprung in die Stadtleitung geschafft. Der läßt sich nicht an den Karren pissen.« Er würde noch ein Glas trinken und noch eins und sich am nächsten Morgen pünktlich am Stellplatz einfinden, die Nelke im Knopfloch. Ein Stück weit wollte er ein Transparent tragen und sich hinter der Tribüne verkrümeln. Sicherlich schien die Sonne wie immer am 1. Mai.

Gegen elf gingen sie ins Bett, wünschten sich friedlich gute Nacht und schliefen durch bis zum Weckerklingeln. Astrid Protter richtete das Frühstück wie an einem Sonntag mit Eiern, drei Marmeladen und Schinken, sie saß im Morgenmantel am Tisch. Nur einmal fragte Silke, ob sie wirklich nicht zur Demonstration ginge. Es kam Protter in den Sinn, daß ein Gör im Westen »Demo« gesagt hätte, wenn das Fernsehen nicht zu forsch auftrug. Vielleicht bedeutete Demo dagegen zu sein, das alte feierliche Wort dafür?

Während Silke im Flur die Schuhe anzog, übte sie: »Wir sind die Kampfreserve der Partei«. Sie sang diesen Spruch auf die Melodien von »Komm lieber Mai und mache« und »Hoch auf dem gelben Wagen«, wobei sie das letzte Wort dehnte: »Pahahahapartei.« Ihr Vater fragte, was das solle, und Silke rief herein, das habe ihr FDJ-Block vor der Tribüne zu schreien. Dann kabbelten sich Mutter und Tochter wegen einer Sporttasche, die unausgepackt im Flur lag. Astrid Protter verlangte schließlich mit einer Stimme, in der zu ihrer Überraschung mütterliche Milde lag, die beiden sollten sich endlich aus der Wohnung scheren, sie würde das Zeug schon wegräumen. So ging es vermutlich im Westen in den wunderbaren Villen zu; die Szene hätte in einen amerikanischen Film gepaßt. Astrid Protter alias Doris Day?

Ihr kam es vor, als wollte sie in diesem Bild bleiben, als sie sich abermals an den Frühstückstisch setzte und noch eine Tasse Kaffee trank. Ein Gedanke hatte sich schon am Abend angedeutet, im Schlaf war er verweht worden; sie hatte gewartet, daß Harald fragte: Wie hätte *dein Vater* das gefunden? Albert Bachers Augen hätten den eisigen Glanz bekommen, den sie in seinen letzten Jahren so gefürchtet hatte, dieses Zeichen hartnäckigen Nichtverstehens. Die Tochter des Generals der Volkspolizei Albert Bacher hockte am Küchentisch, während alle Bürger zu den Stellplätzen *eilten*. Nicht gingen, schlenderten, spazierten, bummelten, per Straßenbahn, Rad oder Auto hinfuhren, sondern *eilten*. Albert Bacher war nie geeilt. Er hatte sicherlich jahrelang nicht demonstriert und auf keiner Tribüne gestanden. In Zivil am Straßenrand, argwöhnisch? Dafür gab es andere. Vermutlich hatte er im VP-Präsidium gesessen, um sich Telefone und Adjutanten. Stets war gemeldet worden, alles liefe fortschrittlich-kämpferisch in Mienen, Gesten und Gesängen ab, ohne Vorkommnisse.

Sie schüttelte die Betten auf, wagte es aber nicht, sie aufs Fensterbrett zu legen: Betten zwischen Fahnen und Spruchbändern, um Gottes willen. Sie füllte die Waschmaschine wie an einem Sonnabend und schaltete den Fernseher ein. Parade auf dem Roten Platz in Moskau. Schaltung. »Fieberhafte, freudige Erregung liegt über Berlin, Hauptstadt der Deutschn Demokratischn Republik«, jubilierte eine Mannesstimme in erhöhter Tonlage. »Draußen in den Neubauvierteln, wo Block um Block ...« Ohne zu überlegen, rief sie ihre Mutter an und hörte: »Wo bist du denn?«

»Zu Hause.«

»Etwa krank?«

»Heute morgen war mir's schummrig, da hab ich mich noch mal hingelegt. Geht schon wieder. Und bei dir?«

»Eben haben sich Leute angesagt, von denen ich gar nicht mehr wußte, daß es sie gibt. Die sind mit Papa da und dort gewesen, in Moskau oder im Ministerium in Berlin, Generäle auch, ja.«

»Wann in Moskau?«

»Als du klein warst. Sascha holt mich übrigens ab. Du, ich hab ihn lange nicht in Uniform gesehen.«

»Ich, als Papa seinen letzten Orden kriegte.«

Nun war ihr Vater seit einem Jahr tot, eine Straße wurde nach ihm benannt, und Silke würde hoffentlich nicht in der Schule angeben: Nach meinem Opa heißt 'ne Straße! »Also, freu dich genügend bis zum großen Fest, Mutti!«

»Werd' schon.«

Vormittags am 1. Mai in der Wohnung, das verursachte Druck hinter der Stirn, es konnte auch sein, ihre Regel meldete sich. Oder die Angst vorm morgigen Vormittag mit seinen Unwägbarkeiten war schuld. Katzmann hatte nur einmal die Beherrschung verloren, als mitten in einer Arbeit die Mittel um die Hälfte gekürzt worden waren, weil Kapazitäten fürs Sportfest freigeschaufelt werden mußten. Morgen wieder?

Sie blieb an der Balkontür stehen, so daß sie von unten nicht gesehen werden konnte, und blickte auf die Kuppeln der Markthalle, den Schornstein des Kraftwerks und den Dampfschleier über einem Kühlturm. Wenn sie sich an der Brüstung zur Seite geneigt hätte, wäre das Völkerschlachtdenkmal in ihr Sehfeld geraten. Seit sieben Jahren wohnten sie im »Oktoberbeton«, so hieß das Viertel schon bei ihrem Einzug; sie hatte immer Abfälliges herausgehört. Wäre interessant, Silke genau zu befragen, was ihr bei diesem Wort durch den Sinn ging. Sie spreizte die Beine, indem sie abwechselnd mit Ballen und Ferse ausgriff, neigte den Oberkörper und streckte die Arme. Zuerst spürte sie an den Innenseiten der Oberschenkel eine Spannung, die nicht unangenehm war: Lockerung wurde erzielt, Fett abgebaut. Müßte sie jeden Morgen machen. Bodenübungen dazu. Hinter den Kliniken jaulte ein Martinshorn, vielleicht war ein Demonstrant umgekippt und hechelte nun unter der Sauerstoffmaske. Hundert Meter stadtauswärts in der Frauenklinik hatte sie ihr Mädchen zur Welt gebracht, gegenüber der Deutschen Bücherei, die sie noch nie betreten hatte. Seltsam. Davor die Kaufhalle und Rasenflächen mit ihren Pfützen, in denen Plastiktüten, die der Wind durchs Viertel trieb, versackten. Sie bog die Hände, spreizte die Finger, hob den Rumpf langsam, auf die Lendenwirbel achtend: Dort war alles straff.

Ihre Mutter rief an: »Gerade haben sich Kläserts gemeldet, erinnerst du dich? Kläsert war Papas Stellvertreter und hat immer gegiert, auch General zu werden, aber sie haben ihn als Oberst in die Rente geschickt. Kläsert will mit seiner Frau kommen, ist das nicht prima?«

Natürlich, stimmte Astrid zu, da würden noch Leute auftauchen, an die sie seit Jahren nicht gedacht hätte.

»Paß auf, die werden sich in ihre alten Uniformen schmeißen, dem einen werden sie über dem Bauch spannen und dem anderen schlaff von den Schultern baumeln. Was ziehst du an?« Darüber würde ihre Mutter nun eine Weile reden. Sie liebte keine kurzen Gespräche.

Kurz nach zwölf klingelte Silke Sturm. Nee, sie wären ihren Spruch nicht losgeworden, die Ziege hinterm Mikrofon hätte geschrien, gerade marschierten Spartakiadesieger vorbei. Silke wollte mit einigen aus ihrer Klasse radfahren, müßte gleich fort, hätte überhaupt keinen Hunger, nur fürchterlichen Durst. Nach drei Minuten war sie wieder draußen.

Bald darauf schilderte Harald Protter die Demonstration als netten Spaziergang mit Kollegen, sie hätten sich unterhalten wie lange nicht mehr, ungezwungen wäre das treffende Wort. Einige wären nun auf der Suche nach einer Kneipe mit ein paar freien Stühlen.

Sie aßen Würstchen mit Nudelsalat und überlegten dabei, was für den Nachmittag in Frage käme: Volksfest im Clarapark, mit dem Auto ins Oberholz oder bloß ein Spaziergang durch den Südfriedhof und ums Völkerschlachtdenkmal – dafür entschieden sie sich. Astrid Protter stellte sich vor, wie sie gehen müßten – zwischen Kliniken, Deutscher Bücherei und Messehalle hindurch. Die Wohnhäuser gegenüber vom Eingang mit dem großen doppelten M waren einigermaßen in Schuß. Sie würde nicht auf grindige Fassaden, schimmliges Mauerwerk und bröckelnde Schornsteine blicken müssen und so den Alltag herüberziehen, der ihr auf die Schläfen preßte. Mit einer Wohnung konnte man einen Menschen erschlagen wie mit einer Axt, das stammte von Zille und war während ihres Studiums bis zum Erbrechen zitiert worden. Jetzt gingen die Propagandisten mit dem Satz sparsamer um.

Auf den zweihundert Metern am Messegelände entlang mußten sie Krach und Autodreck über sich ergehen lassen, dann war es still unter den Bäumen. In den entlegensten Teilen des Friedhofs knirschten sie über den Kies, weit weg von der Gräberreihe der führenden Genossen, in der auch die Urne des Generals Bacher ihren Platz gefunden hatte. Die Baumkronen waren hoch und manche Steine dicht von Büschen überwölbt. Sie waren sich einig, daß es für sie an diesem Nachmittag nichts Besseres geben konnte, als hier zu atmen und zu schweigen. Allmählich vergaßen sie sogar, daß 1. Mai war.

2.

1985, Mai

Die Studie war sauber strukturiert, in der Abteilung »allseitig« durchdiskutiert worden und kam mit Sicherheit nicht vom Bezirk zurück, war vielmehr prämienreif oder gar ordensträchtig. Das ging Katzmann durch den Sinn, als er die Präambel auszugsweise verlas. Vor kurzem hatte er in diesem Raum seinen fünfundvierzigsten Geburtstag gefeiert und sich dabei nicht kleinlich gezeigt. Am liebsten trug er Cordsamtanzüge, braun oder gelblich, fein gerippt, das Markenzeichen der

Architekten. Dazu paßten Baustellenhelm und Bleistifte in der Brusttasche. Er war sorgsam rasiert wie immer, was möglich war, weil ihm seine Schwester – worüber er in der Abteilung natürlich nie sprach – Klingen aus dem Westen schickte.

Für Astrid Protter blieben noch zehn Minuten, vielleicht auch nur sechs. Wenn sie dann nicht widersprach, war die Gelegenheit für mindestens ein Jahr vertan. Sie beugte den Hals und straffte die Schultermuskeln, das hatte manchmal geholfen, das Ziehen und Krampfen nicht zur Kopfhaut hochkriechen zu lassen. Sie begegnete dem abwesenden Blick von Kölpers; dessen Gedanken waren sicherlich sonstwo. Es kehrte auch kein Leben hinein, als sie zu signalisieren versuchte, gleich würde etwas geschehen, mit dem keiner rechnete, und daß sie dann einen Verbündeten brauchte; am ehesten würde ihr wohl Kölpers beispringen, Mitglied der LDPD, an dem wichtige Entscheidungen meist vorbeiliefen, doch den alle konsultierten, wenn es ins Detail ging. Daß er ein Daumenlutscher gewesen war, zeigte sich noch an den oberen Zähnen, die vorstanden, mit Lücken dazwischen, damals von keinem Zahnarzt mit Spangen gebändigt. Sie blickte auf seinen schütteren Schnurrbart, der die aufgeworfenen Lippen verdecken sollte, und hörte Katzmann, er dürfe die Genossen und Kollegen, die mit ihm die Hauptarbeit geleistet hätten, nun um ihre Unterschrift bitten, denn daß er allein den Lorbeer ernten wolle, nähme wohl niemand an. Wenn Kölpers nicht unter ihnen gewesen wäre, hätte sich Katzmann das Wort »Kollegen« ersparen können.

»Moment, bitte.« Das war der Augenblick, den ihre Gedanken auch in der zurückliegenden Nacht in allen Schichten des Schlafens und Träumens umkreist hatten. »Ich möchte etwas einwenden.« Das blassere: »Ich habe noch eine Frage«, hatte sie zurückgedrängt, »ich protestiere« hätte als Anfang zu plakativ geklungen. Der Protest sollte aus Argumenten wachsen; vielleicht zeigte sich am Ende alles so schlüssig, daß sie auf dieses Kraftwort verzichten konnte. »Je intensiver ich nachgedacht habe, desto stärker bin ich zu der Überzeugung gekommen, daß *ich* keine *vollständige* Analyse abgegeben habe.«

»Aber...«

»Mein Fehler liegt darin, daß ich nicht auf das Lükkenhafte dieses Auftrags hingewiesen habe. Ich hätte gleich...«

»Also hör mal, Astrid...«

Sie würde sich auch gegen einen dritten und vielleicht zehnten Einwurf durchsetzen müssen, sonst stürzte sie in dieses Loch, vor dem sie sich mehr fürchtete als vor einem ernsthaften Krach, unvorstellbar bisher in der friedlichen Abteilung für Stadtplanung und komplexe Perspektive mit dem allseits geachteten Katzmann an der Spitze. »Ich brauche«, sagte sie in Katzmanns Augen hinein, »nur wenige Minuten für meinen Einwand, und die werden wir doch wohl haben.«

Katzmanns Hände blieben in der Luft hängen, er lächelte, als ob ein Kind quengelte. Nun war es absolut still an dem Tisch mit den sieben Männern und zwei Frauen. Als Astrid Protters Blick das Gesicht ihrer Kollegin streifte, sah sie darin Verblüffung und etwas wie

Neid, vielleicht war es aber auch nur Verärgerung, daß Zeit gestohlen wurde.

»Ich sollte den Baubedarf an sieben Schulen hinsichtlich der Dächer, Heizanlagen, Trockenlegung von Grundmauern und in zwei Fällen der Erneuerung von Fenstern bilanzieren. Mein Vorschlag gleich am Anfang, sich auf drei Schulen zu beschränken, und, da für die Dachreparaturen ohnehin Gerüste aufgestellt werden müßten, auch die Fassaden zu verputzen, wurde abgelehnt.«

»Dächer dicht«, brummte Kölpers. »Kampfauftrag«. Seine Miene blieb grabesernst.

»Ich habe nicht versucht, die Sanierung der Klosetts einzubeziehen. In fünf Schulen müßten sämtliche sanitären Anlagen herausgerissen werden. Seit dem Ersten Weltkrieg ist dort nichts geschehen. Die Kinder halten die Luft an, wenn sie hineinmüssen. Wer kann, verschiebt sein großes Geschäft, bis er zu Hause ist. Eine Lehrertoilette mußte geschlossen werden, Schuttbrokken sind in ein Fallrohr gerutscht. So könnte ich weiter aufzählen. Deshalb möchte ich ...«

»Astrid«, unterbrach Katzmann nachsichtig, »das wissen wir doch alles. Wir können das Erbe des Kapitalismus nicht im Nu beseitigen. Unsere Kapazitäten reichen für das aus, was wir uns vorgenommen haben. Alles andere gehört in keine *komplexe Perspektive,* sondern ins Gebiet der stadtbezirklichen Reparaturleistung.«

Ich könnte sie unterstützen, überlegte Kölpers. Aus Gründen der Kameradschaft, hier natürlich Solidarität genannt, aber es würde sinnlos sein. Es war taktisch irrwitzig, so vorzupreschen, die schöne Kollegin hätte sich schrittchenweise auf dieses Ziel zubewegen, den Stein mit Schubsern ins Rollen bringen und Verbündete suchen sollen. Natürlich war es interessant, wie sich dieses Kämpfchen abspielte, es war rar genug. Er musterte ihr Kleid mit diesen übertriebenen Schulterpolstern, wie sie alle zehn oder fünfzehn Jahre von den Modemachern aus der Kiste gezogen wurden. Übertrieben bei dieser halbzarten Frau. Die Haare bauschten sich auf den Polstern, das war natürlich wirkungsvoller, als wenn sie glatt heruntergehangen hätten. Kölpers hatte stets anerkannt, daß Astrid Protter nicht bei jeder Gelegenheit ihre wunderweißen, eine Spur zu großen Zähne bleckte. Bei manchen Frauen, die ähnlich begnadet waren, stand das Lächeln wie festgefroren, die kriegten die Lippen gar nicht mehr zusammen. Wie machten sie es bloß, wenn sie kauten? Bei Astrid wirkte das Lächeln wie ein seltenes Geschenk, um das einer zu buhlen hatte; an diesem Vormittag freilich lächelte sie kein einziges Mal. Jetzt sagte Kölpers: »Die Präambel war mir nicht bekannt.«

»Ich habe sie vorgelegt.« Dieser schroffe Ton war bei Katzmann ungewohnt. »Kollege Kölpers, sie ist dir rechtzeitig zugegangen, ungefähr vor einer Woche.«

»Ich war in Wurzen.«

»Aber nicht immer. Also?« Katzmann schlug die erste Seite auf, unterschrieb und schob die Mappe zu seinem Nachbarn, der seinen Namen schwungvoll daruntersetzte. Zwischen ihm und Astrid Protter saß nur noch Polster, der Parteigruppenorganisator.

»Diese Sache mit dem bürgerlichen Erbe oder wie du es genannt hast, lieber Kollege Katzmann, hat mir noch nie geschmeckt«, sagte Kölpers. Dabei holte er eine Zigarettenschachtel heraus und drehte sie zwischen den Fingern.

Polster gab die Mappe an Astrid Protter weiter, sie sagte: »Ich unterschreibe nicht.« Katzmann hob die Hände in Kinnhöhe und wies die Flächen vor. Dein Problem, so wirkte diese Geste, wir werden uns dadurch nicht behindern lassen, wir wissen, wie wir eine derartige Trotzerei ins Leere laufen lassen. Die zweite Frau im Gremium beugte sich über den Tisch, packte die Mappe und unterschrieb mit herrischer Miene. »So!« Kölpers unterzeichnete demonstrativ stöhnend als letzter, dann sagte Katzmann: »Ich danke für eure Mitarbeit. Die Sitzung ist geschlossen.«

Erst nach zwei Stunden bat er seine aufmüpfige Kollegin zu sich. »Du machst Geschichten«, begann er traurig. Er hatte überlegt, warum sie wie aus heiterem Himmel und gerade jetzt bockte. Daß sie sich an ihm vorbei profilieren wollte, hielt er für unwahrscheinlich. Da müßte sie über ihren Bruder in die Bezirksleitung hinein intrigieren oder den Einwand mit diesen dämlichen Schulklos auf eigene Faust nach oben lancieren. Ob ihr Mann, der Salzkohlenforscher, sie aufgehetzt haben könnte? Oder wollte sie dem zeigen, daß sie *effektiv* war und etwas anschob, während sich bei ihm alles im Kreis drehte? »Astrid, ehrlich, was ist los?«

»Ich hätte so etwas schon vor Jahren machen müssen. Wir bekommen Vorlagen und füllen sie aus.

Wie Kinder. Wir sticken Kissen nach einer Schablone fertig.«

»Nana!«

»Wir müßten Tatsachen ermitteln, nach denen hätte sich dann alles zu richten.«

Katzmann lächelte sorgenvoll. »Du bist nicht von gestern und schon gar nicht von außerhalb. Wenn ich jetzt einen Australier vor mir hätte, würde ich ihm was über Planstrukturen vorbeten. Lassen wir mal alles andere beiseite: Vielleicht mußt du raus aus dem Trott? Irgendeine unübliche Aufgabe anfassen, einen neuen Blickwinkel gewinnen? Zum Beispiel: Möchtest du auf Parteischule?«

»Auf keinen Fall.«

»Das ist nicht mehr wie in den fünfziger Jahren. Du würdest nicht kaserniert werden, jeden Abend könntest du nach Hause. Mal wieder Grundlagenstudium treiben, raus aus den Alltagszwängen.« Vor zwanzig Jahren hätte solches Aufmucken mit einem Parteiverfahren geendet: Selbstkritische Rücknahme und strenge Rüge, Ausschluß bei fortgesetzter Meuterei. Da hätte auch der berühmte Vater nicht helfen können. Katzmann stellte sich vor, er schmisse Kölpers raus und Astrid hinterher, holte sich zwei hungrige Leute frisch von der Bauhochschule oder am besten ausgemusterte Offiziere mit fünfundzwanzig Jahren Armee hinter sich; mit denen war es das leichteste Arbeiten überhaupt. »Astrid, wir sollten dich zur Kur schicken. Vier Wochen Bad Elster oder so. Noch besser: Es gibt Heime der Partei, dein Vater war ›Kämpfer gegen den Faschismus‹.«

Astrid Protter hätte gern gewußt, was Katzmann tun würde, wenn sie wortlos hinausginge. Ich überlege, etwas in mir überlegt, und ich bin neugierig, ob sich dieses Etwas durchsetzt. Ein Mann würde vielleicht spucken: Leck mich. Wäre, würde, hätte – ich lebe in Konjunktiven.

»Ja, das sollten wir tun.« Katzmann gab sich auf einmal beinahe fröhlich. »Nicht umständlich über die Sozialversicherung, sondern über die Veteranenkommission. Am besten, wenn deine Mutter den Antrag stellt.«

»Nein.«

»Dann laß dich krankschreiben. Überarbeitung, Streß. Die Parteileitung zieht mit.« Auf diese Weise deichseln wir so was heute, dachte er: kurz, human, windelweich. Er fühlte sich in einen Roman aus den fünfziger Jahren zurückversetzt. Da war ein Leiter verkrustet, eine junge Frau ging unorthodoxe Wege, galt als nicht auf der Linie, »lag schief«. Ein Instrukteur taucht auf, scheißt den Parteisekretär zusammen, der, obschon verheiratet, hinter der knusprigen Frau her ist. Ein Saboteur wird nebenher entlarvt – Kölpers? – und eine rote Morgensonne scheint auf das Werk, dessen Schornsteine lustig qualmen. »Das große und das kleine Glück«, ein Film hatte so geheißen.

»Mir wird schlecht.«

»Glas Wasser?«

»Besser an die Luft.«

»Dann fahr nach Hause.«

Er ging mit ihr auf den Korridor, wobei er sie am Ellbogen faßte. »Mädchen, was sind das bloß für Geschichten.«

Polster erklärte sich sofort bereit, sie nach Hause zu fahren, sein Auto stünde unten. Sie vergaß ihre Strickjacke, unterwegs wurde ihr für kurze Zeit schwarz vor Augen. Polster brachte sie zu ihrer Wohnung, ließ sich den Schlüssel geben und öffnete. Auf Silke, die erschrocken in den Flur kam, redete er leise ein, sie solle sich keine Sorgen machen, ihrer Mutti sei es nur mal ein bißchen schlecht geworden, nun werde sie sich ein Stündchen hinlegen. »Und du schleichst bitteschön auf Zehenspitzen!«

Astrid Protter schlief sofort ein, sie erwachte mit Kopfschmerzen und trockenem Mund. Silke hörte im Kinderzimmer Radio, dann wusch sie ab. Als ihr Vater kam, tuschelten sie im Korridor. Protter öffnete die Schlafzimmertür einen Spalt, da hob sie die Hand; als er nähertrat, lächelte sie. »Hab ich Durst!« Sie erinnerte sich: Einem Messebesucher aus Hannover hatten sie partout nicht klarmachen können, daß Selters, Sprudel oder so was weit schwerer zu ergattern war als Bier. Aber das muß es doch einfach geben! hatte der Mann ungläubig ausgerufen. Ja, müßte.

Protter löste Brausepulver auf, es schmeckte nicht einmal schlecht. »Nun trink ich dem Mädchen noch sein Kostbarstes weg.« Sie mußte lächeln. Ab jetzt redeten gewiß alle zu ihr wie zu einem Kind, sicherlich erschien nach einer Woche eine Delegation mit Blumen. Ihre Trotzerei würde durch eine Welle von Fürsorglichkeit weggeschwemmt. »Bleib ein paar Minuten bei mir.«

Auf dem Bettrand hörte er ihr zu, danach sagte er: »Katzmann ist kein Strolch, aber schlau. Daß du ein bißchen wegrutschst, kommt für ihn im richtigen Augenblick. Er wird dich möglichst weit wegloben, nach Havanna oder in die feinste Klapsmühle. Er bescheinigt dir sonstwas, und wenn es für eure berühmte Studie eine Auszeichnung geben sollte, kriegst sogar du deinen Teil ab.«

Er kochte Kräutertee, schälte Äpfel und rauchte auf dem Balkon. Danach setzte er sich wieder neben sie und redete von seiner Arbeit: Die Versuche mit der Verfeuerung von Salzkohle mit Kalkzusatz unter hoher Hitze galten als abgeschlossen, das Ergebnis war niederschmetternd. Was chemisch klappte, scheiterte technologisch: Man müßte grauenvolle Mengen von Kalk und Asche transportieren. »Aber das rechnen andere aus.«

Er stand auf, um die Tagesschau zu sehen; das Bild war undeutlich, dann fiel auch noch der Ton aus. Sie würde am nächsten Tag zur Betriebsärztin gehen, beschloß sie, sich rasch bei Katzmann sehen lassen und ab Mittag wieder im Bett liegen. »Das wäre was, die Erschöpfung und diese blöde Studie einfach wegschlafen.« Sie hatte anderen Ärger gemacht und änderte doch nichts. Sie hatte gegen Regeln verstoßen – ob diese sinnvoll waren, spielte keine Rolle. Wer bei den Nomaden nicht spurte, den setzten sie ohne Wasser in der Wüste aus. Eine wie sie hätten sie im Mittelalter als Hexe verbrannt. Eine Abteilung spielte Planung, und sie mäkelte an den Würfelregeln herum. Kinder wie sie wurden aus dem Buddelkasten gejagt.

»Nächste Woche kriegt nun dein Vater seine Straße. Wirst du es schaffen?«

»Bestimmt.«

»Schade, daß ich nicht mitfahren kann. Aber diese Sitzung in Halle funktioniert nicht ohne mich. War der große Albert manchmal auch ein zärtlicher Vater, ein lustiger, alberner?«

»Als ich klein war, schickten sie ihn nach Moskau. Meine Mutter hat mir Fotos von der Lomonossow-Universität, von Papa und Stalin gezeigt. Da bildete ich mir ein, er wäre immerzu mit Stalin zusammen, und natürlich war ich unheimlich stolz auf ihn. Als er zurück war, tapezierte er einmal ein Zimmer und stand dabei auf einer Leiter. Irgend etwas mußte vorausgegangen sein, so daß ich hoffte, er fiele herunter. Für diesen bösen Gedanken hab ich mich zu Tode geschämt. Ich fürchtete, der Genosse Stalin könnte davon erfahren. Nach ein paar Tagen habe ich es Papa gebeichtet, und er hat gelacht. Damals war er der jüngste Hauptmann in seiner Abteilung – Mutti war wahnsinnig stolz auf ihn. Er war riesengroß, und das nicht nur aus der Sicht eines Kindes. Später war er immer weit weg, weit oben. Er hätte mich gern in den Parteiapparat lanciert. Ich hätte in Budapest oder Leningrad weiterstudieren können. Meine Russischkenntnisse fand er lächerlich.«

»Wenigstens hatte er einen tüchtigen Sohn.«

»Letzten Endes war ihm Sascha nicht sportlich genug. Ist schon anstrengend, ein gewaltiger Vater zu sein.«

Am nächsten Morgen saß sie in der Poliklinik einer älteren, korpulenten Ärztin gegenüber, die, während sie die Symptome ihrer Erschöpfung schilderte, Formulare ausfüllte. Der Schreibtisch war mit Akten beladen, so daß sie nicht sehen konnte, ob die Notizen mit ihr zu tun hatten. Als sie eine Pause machte, hob die Ärztin kurz den Blick und konstatierte freundlich: »Ja, so ist das«, als hörte sie derlei täglich oder hätte alles selbst erlebt. »Ich schreibe Sie für zwei Wochen krank und gebe Ihnen ein paar Tabletten. Eine nehmen Sie morgens, eine abends. Wenn Sie die am Abend weglassen können, ist es besser. Frische Luft, radfahren – das Wetter ist ja ganz schön. Tun Sie sich den Gefallen: Nutzen Sie die beiden Wochen nicht, um etwa Ihre Wohnung auf den Kopf zu stellen. Keinen Alkohol bitte. Rauchen Sie?«

»Selten.«

»Dann rauchen Sie bitte noch seltener.« Das Rezept war bereits ausgeschrieben. Sie nahm die Brille ab und stand auf. Während sie die Hand ausstreckte, bildete sich ein Lächeln, das wohltat: Eine Frau fühlte mit einer anderen. Auf der Treppe las Astrid Protter: »Faustan.«

Vor der Tür wurde ein Taxi frei, was für ein Zufall. Sie fuhr nach Hause, wobei sie dachte: Ein bißchen Gardinenwaschen ist ja nicht direkt Arbeit. Sie legte sich wieder ins Bett und erwachte mit bleiernen Gliedern. Katzmanns Schwärmerei vom Grundlagenstudium fiel ihr ein; sie überlegte, was ihr Freude machen könnte. Kölpers hatte neulich eingeworfen, die Aufbauphase nach 1871 wäre höchst ungenügend erforscht. Das könnte sie aber nur reizen, wenn die Gegenwart ausgeblendet würde. Überhaupt Gegenwart: Das hinfällige Gohliser Schlößchen. Die gräßliche Hainstraße.

In der Grimmaischen bauten sie an einem Lückenfüller von ein paar Metern seit Jahren. Grundlagenstudium über Leipzig, losgelöst von der Gegenwart: ein Unding.

Nachmittags spielte sie mit Silke und einer ihrer Freundinnen Halma. Die Mädchen blickten sie gelegentlich forschend an, als wäre an ihren Augen oder an ihrer Stirn die Krankheit zu erkennen. Es wurde viel gelächelt in dieser halben Stunde. Astrid Protter überlegte lange, worauf sie Appetit hätte. Brombeeren gab es erst in ein paar Monaten.

Ihr fiel ein, daß die Ärztin mit keinem Wort nach den Ursachen ihrer Krise gefragt hatte. Ob das Familienklima stimmte, ob ihr Mann sie betrog. Ob sie einen Liebhaber hätte. Aber womöglich durfte eine Ärztin gar nicht nach so etwas fragen. Hatte Harald eine Geliebte? Wann könnten sich die beiden treffen? Wie viele Liebschaften spielten sich während der Arbeitszeit ab? Wurden sie übers Betriebstelefon arrangiert?

3.

1985, Juni

Ein Hauptmann der Volkspolizei fungierte als Zeremonienmeister. »Verehrte Genossin Bacher«, er verneigte sich. Astrid Protter kam auf die Idee, er hätte weiße Handschuhe tragen sollen wie in einer Operette; sie verbat sich diesen Vergleich aber sofort und fand ihn gemein gegenüber ihrem Vater. Die Volkspolizeikapelle neben der rotverkleideten Rednertribüne spielte russische Volksweisen, natürlich auch »Kalinka«. Eigentlich war es keine Tribüne, wie sie jetzt sah, sondern ein Lastwagen, wie auf Fotos aus Revolutionstagen: Lenin schrie von der Ladefläche herunter, rote Fahnen wehten. Matrosen, Patronengurte über der Brust gekreuzt, wachten davor. Was diese Gurte gewogen haben mochten.

Stühle waren aufgereiht, auf sie wies der Festordner mit großer Geste. Marianne Bacher setzte sich in die Mitte, ihre Kinder rechts und links, die Enkelin außen. Astrid Protter hätte sich nicht gewundert, wären alle Orden ihres Vaters auf rotem Kissen herbeigetragen worden. Den Mann dort erkannte sie, »Marmeladenkläsert« hatten ihre Eltern ihn genannt und herzlich verachtet. »Ein großer Tag«, sagte Kläsert, »wenn ihn unser Albert noch hätte erleben können!« Das war natürlich Unsinn, denn erst nach dem Tod wurde jemandem eine Straße, Schule oder Fabrik zugesprochen. »Ja«, sagte Marianne Bacher, »ich danke dir, Gottfried. Wie geht's denn deiner Frau?« Die stünde da drüben, man würde sicherlich noch … Die Kapelle begann die Nationalhymne »zu intonieren«, wie es Astrid Protter in den Sinn kam, ein Mann stieg langsam zur Ladefläche hinauf, der 2. Sekretär der Bezirksleitung. Der 1. hatte aus dem Sanatorium einen Glückwunsch geschickt. Vom großen Sohn der Arbeiterklasse begann der 2. zu sprechen, der schon früh, in bitterster Zeit, unwandelbar, Seite an Seite mit sowjetischen Partisanen, in schweren Aufbaujahren an vorderster Front. In unverbrüchlicher

Treue, unvergessen. Ein Mädchen in weißer Bluse mit rotem Halstuch rezitierte, wahrscheinlich Weinert.

Es war lange her, daß Marianne Bacher etwas Ähnliches erlebt hatte. Eine Platzeinweihung. Tote Kämpfer waren in Stettin geehrt worden, sie als Kind unter anderen Kindern hatte zum Dirigenten direkt vor ihr aufgeblickt. Viele Namen wurden gerufen, einen wußte sie noch: Theodor Casella – es war verwunderlich und ein wenig zum Lachen, daß ihr Gedächtnis ihn bewahrt hatte. Vermutlich lag es daran, daß zu dieser Zeit ein Film gespielt worden war: »Sensationsprozeß Casilla«. Wahrscheinlich war er »unter achtzehn« verboten gewesen, doch sie hatte Fotos in den Kästen angeschaut: Heinrich George im Gerichtssaal. Heute Musik und damals Musik, eine Stimme: »Unserem Genossen Albert Bacher, dem unermüdlichen Kämpfer gegen faschistische Unterdrückung«, damals eine Stimme, die Namen über Namen aufgerufen hatte, einer davon Theodor Casella, und jedesmal war aus der Menge geantwortet worden: »Hier.« Das sollte bedeuten, der Tote sei unvergessen und lebte weiter: »Und ihr habt doch gesiegt.« Das Zurückfinden in die Gegenwart erfolgte rasch und war von schneller Scham und der Erleichterung begleitet, daß sie ihre Gedanken nicht hatte laut werden lassen. Astrid hätte mahnend den Kopf geschüttelt: Aber Mutti. Sascha wäre vor Ärger rot angelaufen: Du schmeißt aber auch alles durcheinander. Albert hätte ihr an den Kopf geknallt: Manchmal bist du doch 'ne elende dämliche Nuß!

Nach dem Bürgermeister sprach ein ganz junger Polizist, ein Offiziersschüler. Was er sagte, klang unverbraucht. »Wenn wir tief in uns hineinfragen, müssen wir gestehen: Wir vermögen nur zu ahnen. So muß uns die Phantasie helfen. Als Albert Bacher zum ersten Mal in einem sowjetischen Wald auf einen faschistischen Soldaten schoß – was da in ihm vorging, möchte ich begreifen. Ein Deutscher war sein Feind, ein Ukrainer oder Usbeke aber sein Genosse. Wir lesen Bücher und sehen Filme, doch Vorstellungen kann nur jeder für sich selbst entwickeln.«

Astrid Protter wandte den Kopf; die Planke des Lastwagens war zu hoch, um mehr als die Stirn dieses Mannes, dieses Jungen sehen zu können. Sie wollte ihn fragen, ob er von sich aus auf diese Gedanken gekommen sei. Jetzt war sie überzeugt, ohne Panne durch diesen Tag zu kommen. Sie hatte sich mit »Leck-mich-am-Arsch«-Tabletten vollgepumpt – so hießen sie im Volksmund. An diesem »vollgepumpt« knobelte sie herum, wer so formulierte, tat es nicht aus Schwäche heraus. Es würde ihr erspart bleiben, daß sie wie vorgestern von einer Sekunde zur anderen zu weinen begann und nicht aufhören konnte, bis Silke resolut gesagt hatte: Weißt du was, Mutti, jetzt lassen wir mal ganz einfach das Heulen sein! Mich haben sie in Watte gepackt – klang auch nicht übel. Die Tochter des Generals wirkte unnahbar, beinahe schon arrogant, na und. In dieser Situation gab es überhaupt kein besseres Argument als: Na und.

»In diesem Sinne verleihe ich dieser Straße den Namen Albert Bacher.« Junge Pioniere zogen Tücher von Straßenschildern ab. Schnüre verhedderten sich an einem Mast, ein Taschenmesser half. Natürlich waren die Schilder frisch und glänzend. Jetzt gratulierten allerlei Leute und übergaben Blumen, die Zuschauer auf der anderen Straßenseite zerstreuten sich. Eine abschließende Feier im kleinen Kreis war noch vorgesehen. In Alexander Bachers Wagen folgten sie einem Blaulichtfahrzeug, im Rathaussaal trafen sie auf viel rotes Tuch, auch auf Sekt und Platten mit belegten Brötchen, und Marianne Bacher meinte, ein bißchen mehr Aufwand hätten die Genossen schon treiben können.

Astrid Protter fand den Raum fürchterlich: Welche Narren hatten nur diese Lampen aufgehängt, das Klotzige der Stühle biß sich mit dem Geflamm der Gardinen. Grell alles und ohne das mindeste Gefühl für Proportionen. Wer das erdulden oder gar hier fröhlich sein konnte, mußte schon völlig abgestumpft sein. Wenn sie noch eine Weile auf die blauen Stühle vor den gelbrotgeblümten Tapeten starrte, würde ihr die Kopfhaut zu kribbeln beginnen. Sie sollte neben ihrem Bruder bleiben, der fing sicherlich Gerede ab.

Alexander Bacher begnügte sich mit Saft. Jemand spottete: »Hast wohl Angst vor einer Verkehrskontrolle? Immer mit gutem Beispiel voran!« An diesem Tag trug er wie nur wenige Male im Jahr Uniform. Der Kragen war ihm zu eng geworden, er hatte doch nicht etwa zugenommen? Seine Nichte fragte, ob sie eine dritte Schale mit Pudding nehmen dürfe, er zwinkerte und flüsterte, das sei doch klar. Er müßte mit Silke bald einmal etwas unternehmen, wandern, eine Burg besichtigen, Kahn fahren, bloß wann. Fast fünfzehn war sie und kräftig für ihr Alter, nun trug sie schon einen BH. Sie würde nicht so schön werden wie ihre Mutter und so zerbrechlich auch nicht. Da schlug der Großvater durch. Ihre Beine waren die einer Frau, die Knie, die Oberschenkel. Alle Jungen waren bestimmt hinter ihr her. »Was macht der Sport?«

»Ooch, ich wollte radfahren, echt, aber im Klub in Kleinzschocher ist nichts frei.«

»Bahnfahren?«

»Ich soll in ’nem halben Jahr wiederkommen.«

Zwischen zwei Köpfen hindurch äugte eine Frau zu Bacher hin. Blondgelockt, dreißig vielleicht. Es war nicht klar, ob einer der beiden Männer daneben zu ihr gehörte. Sie redete hurtig, lächelte und drehte den Kopf hin und her; dabei blieben ihre Augen jedesmal an ihm haften. Sie trug ein braunes Kleid, Wildleder oder auch nur Synthetik, auf diese fünf Meter war das nicht zu erkennen. Der Reißverschluß war genau so weit heruntergezogen, daß der Ausschnitt spannend, aber trotzdem diskret wirkte. Bei den höchstens vierzig Leuten im Raum würde er wohl leicht mit ihr ins Gespräch kommen können. Zur Firma gehörte sie sicherlich nicht, die da wollte Öffentlichkeit und keine Geheimnistuerei. Frauen aus dem MfS lachten so nicht, die taten immer, als ob gleich um die nächste Ecke der Kampf losginge.

Silke maulte: »Hauen wir bald ab? Mensch, ist das ätzend.«

Da verabschiedete sich die Frau im Wildlederkleid, falls es eins war, und ging zur Tür.

»Mutter möchte nach Hause.« Seine Schwester stand neben ihm.

»In fünf Minuten.« Er schüttelte dem Bürgermeister, dem 2. Sekretär, dem alten Kläsert und seiner Frau die

Hand. Dann hakte er seine Mutter unter. »Toller Tag, was?«

Die Straße aus Scheupitz hinaus war miserabel, zerfahren von Lastwagen, die Briketts nach Leipzig schleppten, geflickt, vom Frost malträtiert. Über die Felder führten durchhängende Leitungen auf schiefen Masten. Eine Fläche wurde entwässert, bis hierher würde der Tagebau ausgreifen. Über den Kühltürmen von Thierbach standen Dampfsäulen wie Atompilze. Nach ein paar Kilometern bogen sie auf die autobahnähnliche Straße ein, die über ausgekohltes Gelände nach Leipzig führte; hier wetteiferten Silke und ihre Großmutter immer, wer zuerst das Völkerschlachtdenkmal sah.

Astrid Protter fragte: »Sascha, wahrscheinlich hast du es auch heute nicht gern, wenn ich wissen will, was du gerade treibst, Bruderherz?«

»Ich kutschiere meine liebe Familie von Scheupitz nach Leipzig.«

Sie blickte zur Seite auf eine glatte Wange und eine Spur von Doppelkinn, kurzgeschnittene fahle Haare und ein kleines Ohr. »Du kommst mehr an die Luft als früher, scheint mir, aber Sport treibst du sicherlich wenig.«

»Volleyball. Hin und wieder.«

»Der Sport der Kasernenhöfe und Schulungsheime. Unser Parteisport schlechthin.«

»Und du?«

Das fand sie typisch: Sofort fragte Sascha zurück. Alexander, den seine Eltern so genannt hatten, weil sich der Name auf russisch abkürzen ließ. »Nichts«, antwortete sie. »In unserer Verwaltung organisierten wir vor zwei Jahren eine Gymnastikgruppe, das hat mir Spaß gemacht, aber dann fiel in der Turnhalle die Heizung aus, und wir haben uns zerkrümeln lassen.« Einen Augenblick lang erwog sie, den Vorschlag ihrer Ärztin zu erwähnen: Vielleicht wurde sie auf längere Zeit krank geschrieben und wanderte jeden Tag in der Dübener Heide oder um die Steinbrüche von Ammelshain.

»Nächste Woche bin ich sonstwo, aber dann sollten wir uns mal treffen. Ihr macht das Essen, ich bringe was zu trinken mit.«

So war das immer: Nie lud er in seine Wohnung ein. Sie war nur zweimal dort gewesen, um etwas zu holen, und es war ihr vorgekommen, als verhielte sich Sascha in seinen eigenen Wänden unsicher, gehemmt. Wahrscheinlich wohnten in dem Block zur Hälfte Genossen von der Sicherheit.

»Onkel Sascha«, rief Silke, »stimmt es, daß du als Junge für jeden Kopfsprung vom Dreimeterbrett fünf Mark kassiert hast?«

»Bloß für den ersten. Oma hätte sicherlich öfter geblecht, aber da hast du deinen Opa schlecht gekannt!«

Sofort erhob sie Protest: »Opa hat mir den Roller und das Puppenhaus geschenkt. Bei ihm müßte ich nicht betteln und jammern, daß ich endlich ein neues Fahrrad kriege – meine miese alte Mühle ...«

»Weil du sie nicht putzt!«

Den ganzen Tag wirkten die LMA-Pillen wohl nicht, Astrid Protter fand ihre Tochter von einer Minute zur anderen alberner. Nach Hause, runter mit den Klamotten, ins Bett. Dieses ewige Gequatsche. Mama reagierte sich ab, das war verständlich.

Die Stadt begann mit Gründerzeithäusern zwischen Gärten. Wahrscheinlich hätten sie damals weitergebaut, wenn nicht der Weltkrieg dazwischengekommen wäre. In den sechziger Jahren hatten sie mit diesem Genossenschaftstyp gewurstelt und in den siebzigern Plattenscheiben quergestellt. Astrid Protter mußte sich zwingen, nicht mit ihrer Marktplatzidee anzufangen. Wenn hier ein Rondell mit einem Brunnen wäre! Nicht *die Idee* eines Platzes im Oktoberbeton, nicht in Lößnig oder Grünau. Jedes Dorf war doch aus einem Anger und jede Stadt aus einer Kreuzung von Handelsstraßen heraus entstanden. Das sollte sie Katzmann vorschlagen: eine Studie, wie nachträglich Zentren in die Trabantenstädte eingefügt werden könnten. Für das neue Gebiet in Paunsdorf war es noch nicht zu spät.

Sie bogen in die Straße ein, in der Marianne Bacher wohnte. Ein- und Zweifamilienhäuser standen hier, in den zwanziger Jahren gebaut und leidlich in Schuß. Ein Haus mit fünf Zimmern war für sie allein natürlich zu groß. Sie wollte tauschen, Sascha versprach, sich zu kümmern, und würde es wieder vergessen. Manchmal rief sie bei der Veteranenkommission an. Kürzlich waren ihr zwei Zimmer in einem Hochhaus zugemutet worden – das nun doch nicht.

Als Marianne Bacher ausstieg, versprach Silke ihr, sie in der nächsten Woche zu besuchen, aber bestimmt. Astrid Protter brachte ihre Mutter zur Gartentür. »Hast dich großartig gehalten!«

»War weniger schlimm als vermutet.«

»Wir fahren mal zusammen ein Stück raus.«

»Ich hab doch den Balkon. Für dich wäre es nötiger.« Sie schaute ihre Tochter mißbilligend an: Solche Augenringe dürfte niemand mit siebenunddreißig haben. Und nicht solch durchsichtige Haut an den Schläfen, als ob alle Nerven bloßlägen. »Bist nicht gerade dicker geworden.«

»Wie dein lieber Sohn?« Da lachten sie beide. Sie legten die Wangen aneinander, Astrid Protter spürte rasch hochschießende Sehnsucht nach Zärtlichkeit und den Wunsch, sich anzulehnen.

»Also, ruf mich bald an, Astrid!«

»Ja, Mama.« Sie hätte mit hinaufgehen müssen, doch jetzt war es dazu zu spät; man dürfte eine Mutter an solch einem Tag nicht allein lassen. Am besten, sie wären feierlich essen gegangen.

Marianne Bacher war hungrig – die Aufregung hatte sie doch nicht aus allen Bahnen geworfen. Sascha war kühl geblieben, gelangweilter, als ein Sohn an solch einem Tag empfinden sollte. Schlugen die Aversionen eines Stasi-Offiziers gegen die Volkspolizei sogar bei solch einem Anlaß durch? Schon möglich, daß Saschas Bezirksverwaltung gegen die Straßenbenennung opponiert hatte. Weil sie selber im Hintergrund bleiben mußte? Dabei hatte Albert doch selber mal zum MfS gehört.

Sie nahm sich Zeit, sie hatte Zeit. Ihr Kleid hängte sie auf einen Bügel zum Auslüften an die Balkontür. So ein Tag kam nie wieder. Ein paar Leute würde sie in diesem Leben nicht mehr treffen. Gottfried Kläsert und seine Frau – die war dürr geworden, als hätte sie Krebs.

Als sie begonnen hatte, Kartoffeln zu schälen, klingelte das Telefon. Sie hörte ein Knacken, Rauschen, sagte: »Hallo?« und: »Ich höre nichts«, und wollte schon auflegen, als sie aus weiter Ferne verstand: »Marianne, bist du's? Ich rufe aus Berlin an. Linus Bornow-ski.«

Sie wartete, drückte den Hörer ans andere Ohr. Noch einmal: »Marianne, du bist es doch?«

»Ja, ich bin's.«

»Ich sitze hier in einer Redaktion. Gerade meldet ADN, daß Albert 'ne Straße gekriegt hat.«

»Linus?«

»Ja, Marianne.«

»Ich dachte schon, du wärst tot.«

»Hätte ja sein können. Unkraut.«

»Du arbeitest noch?«

»Heute in der Schlußredaktion. Du hast nichts von mir gehört? Gelesen?«

»Was gelesen?«

»Ich war lange in ...«

Im Hörer war es still, Marianne Bacher wartete und legte behutsam auf. Linus, Linus, Linus Bornowski. Ihr erster richtiger Liebhaber, der Mann vor Albert. Berlin, das hieß doch: Westberlin? Linus, der verrückte Motorradfahrer mit der wilden Mähne. Und weil er, der besessene Fotograf, ein bißchen krumm ging, hatte er schnell seinen Spitznamen weggehabt: Leica-Buckel. Der wieder in ihr Leben eingedrungen war, als Albert in Moskau studierte. Auch als Liebhaber verrückt, ein Schürzenjäger, aber sie hatte er wirklich geliebt. Wäre kaum gut gegangen mit uns. Es war ihr unmöglich, sich ihr Leben vorzustellen, wenn sie nicht beim harten Genossen Albert geblieben, sondern mit dem Windhund Linus durchgegangen wäre. Astrid war schon auf der Welt gewesen. Linus Bornowski, der sie auch mit dem Kind heiraten wollte. Der verrückt gewesen war nach dem Mädelchen wie Albert nie. Also nicht nur der Mann vor Albert, sondern auch der dazwischen. Ihr einziger Seitensprung, der zählte.

Sie schälte die Kartoffeln zu Ende und setzte sie aufs Gas. Sie war jetzt einundsechzig, also würde Linus sechsundsechzig sein. Aus ihrem Leben verschwunden, als er nach Westberlin abgehauen war. Wegen dieses Fotos vom Deutschlandtreffen. Sicherlich hatte er erwachsene Kinder, vielleicht Enkel. War womöglich verwitwet wie sie. Hatte bestimmt nicht mehr diese Haartolle, sondern mindestens Halbglatze. Wählte CDU? Fuhr Mercedes? Fotos hatte er sicherlich noch, vielleicht mit ihr auf diesem Motorrad. Er hatte sie immerzu nackt fotografieren wollen, aber sie hatte sich geweigert.

Mit einem Schaumlöffel hob sie die Kartoffeln aus dem Kochwasser und setzte das Linsenglas in den Topf. So sparte sie Energie. Derlei Tricks hatte sie Astrid vergeblich beizubringen versucht. Albert hatte sie deswegen nie ausgelacht, höchstens gespöttelt: Die Generalin, unsere verdiente Sparerin des Volkes.

Linus Bornowski würde sich wieder melden. Sie mußte schmunzeln, als ihr einfiel: mein Buckelchen.

Damals I

1957

»Genosse Bacher, du warst mit Bornowski befreundet. Du hast nichts gemerkt vor vier Jahren?«

Albert Bacher wölbte die Brust, bis sie schmerzte, und stieß die Luft mit einem Ruck aus. »Er hat wenig geredet zuletzt, bloß noch paar Brocken hingeschmissen, daß er 'ne Leica gekauft hat und so was.«

»Und? *Wart ihr* befreundet?«

»Er ist mit meiner Frau gegangen, wie man bei uns sagt. Vor mir. Ich hab beide zusammen kennengelernt.«

»Du hast sie ihm ausgespannt?«

»Das lief bei den beiden schon nicht mehr so richtig. Kann sein, daß ich nachgeholfen habe, vielleicht bloß dadurch, daß ich da war. Hat er wieder was ausgefressen?«

Der Oberst blickte so, daß Bacher merkte, nicht er hätte in diesem Gespräch die Fragen zu stellen. Dem Dialekt nach konnte der Genosse aus dem Sudetenland stammen, die Vokale klangen klar und das R hart. Oder er hatte lange in der Sowjetunion gelebt wie er selber.

»Ich will dir keine mangelnde Wachsamkeit ankreiden, obwohl – ein bißchen was gutzumachen hast du schon. Dir ist nicht aufgefallen, daß er türmen wollte? Natürlich hast du nichts gemerkt.« Der Oberst war überzeugt, es würde bei dieser Sache nichts schieflaufen. Bacher war ehrgeizig für ein Dutzend und wohl auch klug genug, ihm nichts von seinem wirklich phantastischen Hintergrund zu präsentieren. Ein Genosse in dieser Situation hatte Wachsamkeit als oberste Pflicht zu begreifen, auch dem Freund und der eigenen Frau gegenüber. »Wo warst du am siebzehnten sechsten?«

So klang eine häufige Frage im Jargon des MfS: Nicht siebzehnter Juni, so formulierten die anderen, der Feind sowieso. Siebzehnter sechster, manchmal noch mit der Jahreszahl, das klang entmythologisiert. »In Karl-Marx-Stadt, da war alles ruhig.«

»Und deine Frau?«

»In Berlin, zu Hause.« Bacher wartete, daß der Oberst weiterfragte: Da könnte sie doch den Kerl getroffen haben.

»Und Bornowski?«

»Der ist ein Vierteljahr vorher rüber nach Westberlin.«

»Da warst du in Moskau.«

»Ja, gerade noch.«

Seit seinem Schulungsaufenthalt redete Bacher mit den sowjetischen Beratern noch auffälliger als vorher wie von gleich zu gleich. Mit seinen fahlen, strohigen Haaren und diesen Brocken von Zähnen, als hätte er sein Lebtag lang Sonnenblumenkerne gekaut, wirkte er wie ein Russe. Sein Lachen konnte Vertrauen erwekken, wenn man nicht merkte, daß es schnell zusammenfiel, als erschrecke es vor sich selbst. Der Oberst dachte nicht zum ersten Mal: Wenn den die Waffen-SS gekriegt hätte mit seinen einsfünfundachtzig. Es hieß, während seiner Partisanenzeit in Bjelorußland wäre er in einer SS-Uniform mit dem Ritterkreuz bis in die deutschen Stäbe vorgedrungen. Jeder, der alt genug war, wußte, daß es bisweilen an einem Zufall gehangen hatte, ob einer Nazi oder Kommunist geworden war. Klassenbewußtsein hin und her, dort hatte ein SA-Führer mit Stiefeln gewinkt und ein paar Straßen weiter ein KP-Funktionär mit einer Schalmei. Der hatte den Bruder dort gehabt und der seinen Freund da, weder hatten die einen »Das Kapital« noch die anderen »Mein Kampf« gelesen. Bacher in einer SS-Uniform – der Oberst nahm sich vor, nie nach seinen Partisaneneinsätzen und der Schule in Moskau zu fragen. Es war denkbar, daß er auch beim NKWD unterschrieben hatte. »Genosse Bacher, wir überlegen, wie wir den Verräter rüberkriegen können.«

Bacher hielt den Blick aus, der unter starken schwarzen Brauen heraus auf ihn gerichtet war. Der Oberst kam aus dem alten KP-Sicherheitsapparat, war im Krieg in Norwegen und in der Schweiz gewesen. Er konnte so gut französisch wie er selber russisch. Über Sprachebenen hatten sie sich einmal unterhalten, die Kenntnisse des Obersten waren im wissenschaftlichen Bereich perfekt, Bacher hielt sich dagegen im Milieu der Arbeiter und Soldaten und im Dreck der Flüche für unschlagbar. Er kannte Untertagemaloche und Gleisbau und Krieg. Der Oberst war in *Westemigration* gewesen, so ein Nebengedanke, das hätte in der Slánský-Rajk-Zeit tödlich ausgehen können.

»Tja, würde er sich denn locken lassen?«

»Unter keinen Umständen«, antwortete Bacher mit für ihn selbst verwunderlicher Heftigkeit. »Dem könnten wir sonstwas versprechen.«

»Viel Geld?«

»Noch stärker als seine Geldgier ist sein Schiß.«

»Wenn wir ihm *alles* abkaufen würden?«

Alles, was hieß alles. »Er ist fort, weil er in Westberlin ein Archiv kriegen konnte. Ein alter Fotograf hat es ihm angeboten, der wollte sich zur Ruhe setzen. Dreißigtausend Fotos vom Ersten Weltkrieg an. Bei meinem letzten Urlaub hat er das erwähnt.«

»Und deine Frau?«

Bacher zog fragend die Brauen hoch.

»Sie war bei dem Gespräch dabei?«

»Glaube schon. Wir haben nur einmal davon gesprochen.«

»Sollte man überhaupt versuchen, ihn zu überreden? Das würde ihn bloß argwöhnisch machen.« Der Oberst wunderte sich, daß ihm wieder ein Vergleich mit der SS einfiel. Angehende SS-Führer waren auf Ordensburgen gezwungen worden, einen Schäferhund, mit dem sie den Lehrgang über zusammengelebt hatten, als Beweis des Gehorsams zu erschießen. Unsere Ehre heißt Treue – könnte auch ein Tscheka-Spruch sein. »Wenn wir ihm eine Falle stellen, dann so: Frau und Geld, Frau und ein Foto, oder Geld und ein Foto.«

Bacher fürchtete, daß der Oberst sagte: Wie wär's dabei mit deiner Frau? Er hatte Marianne immer aus der MfS-Arbeit raushalten können. Vorgefühlt hatten die Genossen schon mal. Da war sie schwanger gewesen. Beim nächsten Versuch hatte sie gestillt. Er würde kontern: Das machte Bornowski sofort mißtrauisch.

Sie müßten nicht an diesem Nachmittag zu einem Entschluß kommen, meinte der Oberst. »Wenn wir ihn schnappen mitsamt seinen Fotos, seinem Briefwechsel, seinen Notizen und so weiter, können wir ein paar Löcher verstopfen. Ohne diesen Krempel würde er lügen auf Teufel komm raus. Wir dürfen ja nicht mehr wie vor ein paar Jahren. Nicht einmal mit einem Spion wie dem.« Er dachte: Hat uns alles Chruschtschow eingebrockt.

»Er raucht wie'n Schlot und trinkt Kaffee literweise. Ohne Zigaretten käme er sicherlich bald ins Flattern.«

»Genosse Bacher, wir teilen dir eine Genossin zu, die aus Westberlin stammt. Ortskenntnis, Dialekt – alles stimmt. Die fühlt vor. Wer noch im Haus wohnt, wann die Leute daheim oder zur Arbeit sind und dergleichen. Sie könnte sich als Studentin ausgeben und behaupten, sie suche ein Zimmer. Termin – es wäre natürlich schön, ihr wüßtet in einer Woche Bescheid.«

»Jawohl, Genosse Oberst.«

»Und geht sparsam mit dem Westgeld um.«

»Jawohl, Genosse Oberst.« Bacher dachte: Bloß fort von dem Etappenarsch.

Während er nach Hause fuhr, fielen ihm die Winternächte ein, in denen sie tief eingegraben in ihren Bunkern gehockt hatten, Russen, Ukrainer, ein Este, Letten und er. Sie hatten reichlich zu essen und bitter wenig zu rauchen gehabt und nur in der Dunkelheit den kleinen Ofen angeheizt, denn auch ein dünner Faden Rauch hätte sie verraten, wenn die Deutschen mit ihren Spähflugzeugen über die Wälder strichen. Eine Basis mußten sie aufgeben und in einer anderen noch enger zusammenkriechen, und wieder hatten sie erzählt und erzählt. Jedes Thema, auf das sie gekommen waren, quetschten sie aus: Glücksspiel, Nutten, Papierfabrikation, Traktoren, Schweinezucht und Räuchermethoden, die Städte, aus denen sie stammten. Nicht alle wußten, wo Leipzig lag. Dort, sagte er, wollten sie Dimitroff umbringen, aber der hat es ihnen gegeben. Dimitroff kannten sie alle. Und Thälmann. Hatte er Thälmann gesehen? Aber klar.

Er würde dafür sorgen, daß Linus Bornowski rübergeholt wurde, auf den er noch eifersüchtig war, hol's der Geier. Den Marianne geliebt hatte und vielleicht heute noch mit ihm verglich. Es konnte sein, daß der Oberst ihn ausgewählt hatte, um ihn auf die Probe zu stellen. Mit einer Genossin sollte er zusammengespannt werden – er würde aufpassen, daß sich kein Techtelmechtel entwickelte. Nicht innerhalb der Firma.

Er schaltete das Radio ein, drehte auf den RIAS. »Ein Maaann muß nicht immer schöööön sein, daraaauf kommt es gar nicht an!« Danach hatte er neulich wie irre getanzt. Der Kosmopolitismus schlich auf Kreppsohlen, schleppte Ringelsöckchen ein und eben das: »Sieben Tage lang wart' ich schon auf dich.«

Albert Bacher fand zu seinem Problem zurück: War natürlich lustiger, mit einer Westbiene zusammenzuarbeiten als mit einer aus'm Osten, die Parteischulweisheiten mit Löffeln gefressen hatte. Mit den Westpiepen müßten sie sparsam umgehen – aber klar doch, Genosse! Bißchen Kino sprang immer raus. So dußlig war er nicht, daß er sich etwa in der Waldbühne blicken ließ. Neulich hatte Stan Kenton dort so aufgeheizt, daß die Massen alles kurz und klein geschlagen hatten. Und dann sah ihn einer aus der eigenen Truppe, der fotografierte ihn – nee.

2. KAPITEL

Stille Hunde

1.

1985, Juni

Da überquerte Martin Vockert den großen Platz. Auch wer ihn gut kannte, hatte Mühe, seinen Gang zu beschreiben; es schien, als federe jeder Schritt bis zu den Schultern hinauf. Er ging mit hängenden Armen, deren Schwingen wenig mit dem Rhythmus der Beine zu tun hatte, es war das Gegenteil von Marschieren.

Die Zyklopen auf dem Hochhaus holten zum Schlagen der Stunde aus, da bog er in die Grimmaische Straße ein; er würde drei bis fünf Minuten zu spät kommen, und Ohlbaum geizte mit Sekunden. Im Pfarrhaus nahm er zwei Stufen auf einmal, klingelte und keuchte, als Ohlbaum öffnete. Der Flur war lang und dämmrig. Vockert stülpte seine Jacke über einen Haken, auf dem andere Jacken hingen, von den Kindern hier oder Freunden der Kinder; kürzlich hatte im hinteren Zimmer ein Dutzend aus einer Jungen Gemeinde Mecklenburgs kampiert. Ohlbaum fragte: »Brennt's?«

»Ich hab mich für ein Jahr beurlauben lassen.«

»Du bist verrückt. Und die im Seminar haben mitgemacht?«

»Manchmal denke ich, die sind ganz froh deswegen. Wahrscheinlich glauben sie, ich käme sowieso nicht wieder.«

»Kommst du wahrscheinlich auch nicht.«

»Noch einer, der mir nichts zutraut.« Das Zimmer imponierte durch seine Größe und Höhe, ein Schreibtisch stand quer, nicht an die Wand gequetscht. Raum blieb für einen runden Tisch mit Stühlen, für Bücherablagen. Hier war kein Stück neu, das war ein Bürgerzimmer, Pfarrerzimmer, für Vockert von Verläßlichkeit und Würde geprägt. »Ich hab mich nicht konzentrieren können. Wenn ich jetzt in eine Prüfung müßte!«

»Das riskierst du nun das zweite Mal.«

»In Halle haben sie mich rausgeschmissen, weil ich die Exerzierhampelei bei der Zivilverteidigung nicht mitgemacht habe.«

»Dann hast du ein Vierteljahr rumgehangen.«

»Du redest wie 'n Kaderleiter. Ich hab bei meinen Eltern den Schuppen repariert, gelesen und in die Sonne geschaut.«

»Wie geht's Reichenbork?«

Vockert zuckte die Schultern. Drei Wochen lang hatten sie seinen Pfarrer in einer Leipziger Klinik untersucht: Leukämie in ernstem Stadium. Nun war Reichenbork wieder daheim, schluckte Pillen und lehnte jedes Gespräch über seine Krankheit ab. Einer, der die Medizin für keine exakte Wissenschaft hielt. »Drei Jahre hat er noch oder drei Monate oder drei Wochen.«

Ohlbaum ließ eine Pause folgen; das hieß, Vockert sollte zur Sache kommen.

»Ich möchte, daß du mich anstellst. Friedhof, Altersheim, so was.«

»Warum bleibst du nicht in Königsau?«

Vockert schnaufte. Die Enge dort, jeder kannte jeden.

»Sagen die Leute: Vockert, der verkrachte Student?«

»Auch.«

»Martin, du willst kneifen, und ich soll dir dabei helfen. Den Teufel werd ich tun. Wir lassen hin und wieder jemanden unterkriechen, der wegen eines Ausreiseantrags aus seiner Stellung geflogen ist. Oder willst du etwa nach dem Westen?«

»Quatsch.«

»Du bist Schlosser.«

»Landmaschinenschlosser.«

»Dann fang in der LPG an und zeig den Leuten, daß du arbeiten kannst. Hilf Reichenbork in der Gemeinde. Klemm dich hinter die Bücher, und in einem Jahr machst du im Seminar weiter.«

»Hätte mir denken können, daß du mir die Leviten liest.«

»Damit hab ich noch gar nicht angefangen. Hast du eine Ahnung, wie bei mir so was klingt!«

Der Dampf schien erst einmal raus zu sein. Vockert würde diesmal, hoffte Ohlbaum, nicht mit dem Kopf gegen sämtliche Wände rennen. Er neigte zum Alles oder Nichts, solche Kerle waren eine wahre Freude und gleichzeitig die blanke Strapaze. »Wenn du Zeit findest, könntest du mir gelegentlich helfen. Ich habe einen Gesprächskreis für Ausreisewillige gegründet.«

»Was hast du?«

»Hab ich.«

Vockert zog einen Mundwinkel hoch. »Das ist 'n Hammer.«

Ohlbaum blickte, als hätte er das Selbstverständlichste von der Welt getan. In diese gespielte Unschuld hinein sagte Vockert: »Der Graben zwischen Kirche und Staat ist sauber ausgeschaufelt, Ausreiseanträge sind eindeutig Staatssache. Und jetzt bastelst du eine Brücke.« Vockert wollte dieses Thema möglicher Wanzen wegen hier nicht vertiefen. »Hast du dich abgesichert?«

»Bei wem?«

»Beim Superintendenten. Oder bei der Landeskirche.«

»Nö.«

Immer noch dieser Gesichtsausdruck, als wundere sich der Pastor von St. Nikolai, daß bei dieser Sache jemand einen Konflikt entdecken könnte. Vockert dachte: Da hat einer seinen Stil gefunden, und wenn er ihn nicht gesucht haben sollte, so paßt doch alles zueinander: Ohlbaum kleidete sich weder althergebracht wie ein Pfarrer in ödes Schwarz noch wie er selber demonstrativ in löchrige Jeans und Kutte – irgendeine ganz normale Hose aus dem Konsum, fast das ganze Jahr über Sandalen, meist ein grob kariertes Hemd und im Winter darüber eine Jeansweste. Konfirmandinnen strickten ihm Schals und Pullover. Vockert schaute auf das silbrig durchzogene, igelige Haar über dem glatten Gesicht und in die grauen Augen, die ihn eine Minute lang anblickten, wobei sie, so schien es, kein einziges Mal zwinkerten. Das sich langsam bildende Lächeln gehörte zum Amt eines Pfarrers; Güte, Verstehen und Verzeihen ließen sich so am leichtesten suggerieren. Das gute alte Pastorenlächeln.

»Du machst deine Arbeit ordentlich«, verlangte Ohlbaum, »damit dir keiner an den Wagen fahren kann.

Du paßt auf Reichenbork auf. Jeden Dienstag kommst du her und hilfst mir in dem neuen Gesprächskreis. Als einer, der hierbleiben will, selbstverständlich. Ich frage dich noch mal: Das willst du doch?«

»Klar.«

»Und was war mit der Prügelei?«

»Du weißt wohl alles.«

»Zumindest das. Du hast einem Mädchen einen Zahn ausgeschlagen.« Ohlbaum dachte, jetzt wird er hochfahren und brüllen: Quatsch!

»Das wird mir jahrelang anhängen: Der doppelt gescheiterte Theologiestudent Martin Vockert hat hingelangt, nun trägt eine Sechzehnjährige einen Stiftzahn.« Er beugte sich vor, legte die Unterarme auf die Oberschenkel und sprach auf den Teppich hinunter, als hätte er schon tausendmal dasselbe berichtet, und niemand würde ihm je glauben. »Zwei Kerle fangen mit mir 'ne Rangelei an, erst der eine, Güllefahrer. Dann der Betonbauer. Hinten an der Sportplatzbaracke, am hellen Sonntagnachmittag, wahrscheinlich aus Langeweile. Dabei waren sie nicht mal blau. Ich hätte abhauen sollen, weiß ich jetzt selber. Ich wäre ja wohl was Besseres, so ging's los, dann haben sie die Kirche verhöhnt, und einer haute mir auf den Magen. Ich gehe mit dem Betonkerl in den Clinch, er will mich schmeißen. Die Meute steht um uns rum, ich mache schnell zwei Schritte zurück, will ihn übers Knie ziehn, hole nach hinten aus und ramme dem Mädchen den Ellbogen ins Gesicht. Zwei haben später gesagt, es könnte sein, der Kerl hätte ihr mit der Stirn den Zahn ausgeschlagen, aber ich denke schon, ich war's.« Vokkert dachte: Jetzt wird er mir gleich die Story mit der einen und der anderen Wange auftischen.

Aber der Pfarrer sagte: »Du hast recht, das werden sie dir noch nach Jahren bei Bedarf ankreiden: zweimal das Studium hingeschmissen und obendrein ein Schläger. Also pack endlich richtige Arbeit an und drücke dich nicht auf 'nem Friedhof rum. Und jetzt hab ich drüben in der Kirche zu tun.«

»Natürlich kannst du mir mit Matthäus 5 kommen, daß ich denen wohltun soll, die mich hassen, denn Gott läßt seine Sonne aufgehen über die Bösen von LPG und Baukombinat und über mich Guten auch. Und wenn's regnet, saut es uns alle ein. Hast gut reden.«

Ohlbaum nickte fröhlich.

Auf der Treppe fragte Vockert: »Hast du keine Angst, daß sie deine Wohnung abhören?«

»Das fragen mich viele. Und ich antworte dann: Ich will nach innen leben wie nach außen.« Er fügte nicht hinzu, daß er das jedem rate, weil es Sicherheit gab, und er es als immer wieder anzustrebendes Ziel erachte, Worte zur Deckung zu bringen, die in einer Predigt und seinen Kindern gegenüber und zu seinem Superintendenten, in einer Kirchenkonferenz und gegenüber der Abteilung für Kirchenfragen. Dies als zur Freiheit eines Christenmenschen gehörend – aber es hätte im Treppenhaus und zur Mittagsstunde auf der Straße hochfahrend geklungen, anmaßend und im Predigerton. Er sollte so leben, ohne es den Leuten aufs Butterbrot zu schmieren, und wenn sie es nicht merkten, war es sowieso für die Katz. »Wenn sie mich abhören, erfahren sie nichts anderes, als wenn sie mich fragen. Wenn ein gewisser Vockert ein dem Staate und der Partei wohlgefälliges Werktätigenleben führen will, sollte sie das doch nur aufheitern, oder? Und du grüßt mir Reichenbork.«

Sie verabschiedeten sich rasch. Vockert ging zum Busplatz vorm Hauptbahnhof, der Pfarrer über den Nikolaikirchhof zur Pforte und in die Kirche, nicht durchs Portal unter dem Turm, dort wurde gebaut. Unter der Empore legte er die Hand aufs Gestühl, weiß gestrichen bei dieser Renovierung durch zwei Jahrzehnte, nun war das Kircheninnere wieder würdig und schön für hundert Jahre. Er hätte Vockert gegenüber noch anfügen können, daß die Stasi bei aller Mühe und Niedertracht bei weitem nicht das herauskriegen konnte, was Gott sah. Vielleicht fehlten ihm noch zehn oder zwanzig Jahre Reife, bis er diese Worte, die größten überhaupt, auch auf einer nach Fußbodenöl riechenden Treppe und auf einer Straße mit parkenden Autos, eingesunkenem Pflaster und schmierigen Pfützen ohne Angst vorm Pathos wie eine Selbstverständlichkeit aussprechen konnte.

Jemand übte auf der Orgel, der Pfarrer hörte nicht heraus, wer es war, der Kantor nicht, jedenfalls kein Könner. Ohlbaum setzte sich auf den ersten Platz in der zweiten Reihe, von da aus hatte er die Kanzel im Blick, die er immer seltener benutzte, er wollte auf gleicher Höhe mit der Gemeinde stehen. Er schaute zum Altarbild, das ihm weniger bedeutete als das goldstrotzende Taufbecken. Vom Pult aus würde, wenn alles wie üblich weiterginge, bald auch der Gesprächskreis der Antragsteller auf Ausreise ein Friedensgebet gestalten.

Das war nicht möglich ohne Hesse, den Diplomchemiker, den gefeuerten Abteilungsleiter, der ihn schon beim ersten Mal gefragt hatte, ob die Kirche einen Weg wüßte, seine Diplomarbeit nach dem Westen zu schmuggeln. Herr Hesse, hatte er geantwortet, da trennen sich unsere Pfade, ehe wir auch nur einen Schritt zusammen gewagt haben, und Bruder Ronner hatte später gelacht: Das ist so unendlich dreist, das ist noch nicht einmal eine Provokation der Stasi, so dumm sind die nun auch wieder nicht.

Da kam Luther herein, das stellte sich der Pfarrer gern vor, Luther beugte das Knie, mit allem hatte das Exmönchlein, der Jungreformator noch nicht gebrochen. Luther ging zum Taufbecken und legte beide Hände darauf: Herr, würde er gebetet haben, gib mir Kraft, denn gleich muß ich mich in der Pleißenburg drüben meinen Widersachern stellen, die sind mit allen Wassern gewaschen, und ich habe keinen Beraterstab hinter mir, alles muß ich aus meinem Kopf und meinem Herzen herausholen. Heute wurde eine Redewendung immer üblicher: aus dem Bauch. Das sollte heißen: aus dem Gefühl, nicht durchdacht, schon gar nicht kritisch, vielmehr irgendwie und irgendwo. Luther wendete sich zu ihm um und kam die Stufen herunter, Ohlbaum sagte: Ich will mich ja keineswegs mit dir messen, Bruder Martin, aber ich habe angefangen mit diesem Gesprächskreis, auch das ist Neuland, und ich riskiere alles ohne Rückendeckung. Der Sup hat abwesend genickt, als ich von der Idee wie nebenbei geredet habe; ich hätte ihm unterdessen vom Fortgang berichten müssen. Daß wir »Gesprächskreis« formulieren, unterstreicht das Vage. Bruder Martin, du kannst auch sagen, dieses Wort sei ein bißchen feig. Wir trotzen nicht: Hier stehen wir felsenfest und können nicht anders – wir können jederzeit herunterspielen: Wir reden ein bißchen miteinander, weiter is das nüscht. Pfarrerlein, du gehst einen schweren Gang, erwiderte da der Reformator. Drei Wochen lang hatten sie damals gestritten, der dreiunddreißigjährige Johann Eck und der sechsunddreißigjährige Luther. Bist jetzt so alt wie ich damals, sagte der Augustinermönch, es ist ein vortreffliches Alter für Hartnäckigkeit. Laß dich davon nicht abbringen: Durch das Evangelium wird jene Gerechtigkeit Gottes offenbart, kraft derer uns der gnädige Gott Bestätigung auf dem Weg des Glaubens zuteil werden läßt: der Gerechte lebt aus dem Glauben. Pfarrer Ohlbaum fand das Gespräch hübsch, es war wie ein Kindergottesdienst der phantastischen Art. Und da, würde er in Kinderaugen hinein abschließen, habe ich gesagt: Großer Martin, konkret und im Detail kannst du mir natürlich nicht helfen, und mit dem guten alten Römer 13, den nun sogar Marxisten herbeten, kommen wir nicht weiter: Alle Obrigkeit sei von Gott. Du hast Zugeständnisse gemacht, wenn es um kleine Dinge ging, aber die Zähne zusammengebissen bei wirklich wichtigen Sachen. Vielleicht würde es die Kinder erfreuen, wenn er schloß: Und dann hab ich gesagt, alter Mann von damals, *das* nennen wir heute den *Knackpunkt,* das Verhältnis zur Abt. Kirchenfragen und die Liebe zu Gott.

Das Orgelspiel hatte aufgehört, Ohlbaum merkte es erst nach einer Weile. Auf das Bild an der Altarwand fiel jetzt Licht. Jesus wurde durch allerlei Geschleire und Gewölk emporgetragen zum Himmel. Er hatte die Malerei schon immer als schwächlich empfunden, als Versöhnung ohne Konflikt. Mit den Ausreisewilligen mußte er auf ungewohnte Art sprechen, am besten ließ er sie reden, erst über sich und dann mit den anderen. Der Staat habe, so könnte er beisteuern, für gerechte Ordnung im Zusammenleben, für den Schutz des Lebens und für sozialen Ausgleich zu sorgen und natürlich für den Frieden. Er müßte zu erläutern versuchen, was er unter christozentrisch verstand, daß also auch der Staat von Gott sei. Zu schwierig? Damit sei kein christlicher Staat gefordert, nicht das Duplikat der Kirche im politischen Raum. Auch noch zu schwierig? Wer eintrat, mußte begreifen, daß hier Kirche war. Den Anfang vielleicht so: Für die einen wird das Thema kein Thema mehr sein, denn sie haben sich entschieden, nicht mehr in der DDR zu leben. Für andere, die nicht zu uns kommen, ist es kein Thema, weil es kein Thema sein darf. Allein die Tatsache, daß jemand laut darüber nachdenkt, beunruhigt sie. Wieder andere sehen sich durch die Ausreise von Verwandten, Kollegen und Freunden genötigt, nachzudenken, warum sie noch in der DDR sind. Wenn dann Grüße aus Hamburg oder gar aus Spanien eintreffen, glaubt sich mancher in der Rolle des Angepaßten und Anspruchslosen, ohne Mut zur Veränderung. Also ergeben sich weder das Weggehen noch das Hierbleiben von selbst, über beides muß nachgedacht werden. Argumente kamen ihm in den Sinn: Es gäbe so wenig Eigentümliches hierzulande, Klischeeverhalten breite sich aus, wer aus der

Reihe tanze, würde zurückgepfiffen. Doch in der Biologie führten Abschottung und Inzucht zum Absterben der Arten.

Nach einer halben Stunde ging der Pfarrer von Sankt Nikolai über den Kirchhof in sein Arbeitszimmer zurück. Ein von Kleinproblemen zerfledderter Tag schloß sich an, aber am Abend geschah doch noch etwas Wichtiges, da rief der Transportarbeiter und Diplomchemiker Hesse an und teilte aufgekratzt mit, er hätte die Nachricht bekommen, er und seine Frau und die Kinder dürften ausreisen, genauer: sie müßten innerhalb von drei Tagen verschwinden, und da wäre natürlich der Teufel los. Er wolle sich bedanken, so Hesse hastig, er bedaure nur... Da brach das Gespräch ab. Ohlbaum vermochte nicht mehr, Glück zu wünschen.

2.

1985, Juli

Hundegekläff wäre ihm zuwider, vermutete Hauptmann Alexander Bacher. Aber Fährtenhunde bellten ja nicht. Dieser Rüde da musterte ihn aus arroganten Augen, blickte fragend zu seinem Führer auf, in welchem Verhältnis der wohl zu dem da stünde. Vertraulichkeit, Kumpanei gar mit Kraulen hinter den Ohren waren hier nicht gefragt. Ein junger Polizist spielte den Bösewicht: Er zickzackte durch hohes Gras und über

Schotter, überstieg Zäune und kletterte auf einen Baum. Da erst wurde »Ottokar« aus dem Auto gelassen. Er löste seine Aufgabe ohne Zögern. Der Polizist ließ sich vom Baum fallen, seiner Miene nach ekelte ihn dieses Spiel an.

Sie fuhren vom Gelände der VP-Schule nach Leipzig zurück und lieferten Hund und Auto ab. Das Objekt lag in Leutzsch am Wald. Bacher schaute auf eine Mauer aus unterschiedlichen Steinsorten und Unkrautecken. Wie liederlich es doch bei allen Sicherheitsorganen zuging. Kein Blick für Solidität, Ordnung und ein Mindestmaß an Schönheit. Nebenbei: Nichts war so verlottert wie eine Kaserne der Freunde. Beim MfS lag es daran, daß dauernd neue und neue Objekte hinzukamen. Büros, konspirative Wohnungen, Garagen. »Einstweilen« lautete das gängige Wort. Dabei blieb es dann, der Pfusch trat sich fest. Er würde für die neue Linie genauso improvisieren müssen.

Der Hundeführer, ein Oberwachtmeister, wie er in Zivil, hatte denselben Weg; sie fuhren mit der Straßenbahn ins Zentrum. Beiden blieb noch Zeit, so setzten sie sich in »Zills Tunnel«, wenige Meter von der Bezirksverwaltung des MfS entfernt. Falls Bacher hier oder anderswo Genossen traf, kniffen sie nur mal kurz ein Auge ein; wenn überhaupt. Sie fanden Platz am letzten Tisch am Fenster. Bacher fragte: »Bist du schon lange dabei? Und seit wann mit ›Ottokar‹?«

Der Oberwachtmeister war kein guter Erzähler, Bacher hakte immer wieder nach. Wenn er einige Genossen von der VP herüberziehen würde, den wahrscheinlich nicht. War ein brauchbarer zweiter oder dritter Mann und augenscheinlich schon so lange Hundeführer, der sich auf ein paar Kommandos beschränken durfte, daß er diese Methode sogar auf eine Unterhaltung ausdehnte. Nein, nach Mord sei er noch nie eingesetzt worden. Bei Laubeneinbrüchen, ja. Langzeitgedächtnis eines Hundes – mehrere Stunden. Die große Zeit der Fährtensucher sei ja vorbei. Wenn man einen Hund nicht dauernd forderte, schlaffte er ab. Als der Oberwachtmeister auf Jagden und Hunde in früheren Jahrhunderten zu sprechen kam, erwärmte er sich. »Besuch« sei das Wort für Wildsuche gewesen, der »Besuchsknecht« habe den Hund an einer bis zu zwanzig Meter langen Leine geführt. Die Rasse? Bracken, die später anderweitig eingekreuzt wurden. Wenn man sie auf eine »kalte«, also alte Fährte eines Hirsches gesetzt hätte, durften sie sich durch keine querende frische Geruchsspur ablenken lassen. Sie waren vor der Jagd mit Brot gefüttert worden, das säuberte die Geschmacksnerven, dann ließen sie sich von fünfzig oder siebzig anderen Fährten nicht irritieren. Solche edelfeine Nasen gäb's heute auf der ganzen Welt nicht mehr. »Muß Spaß gemacht haben. Während der Jagdzeit täglich im Einsatz. So'n Hundeführer verdiente mehr als jeder Förster.«

Bacher winkte nach Bier. Er würde bezahlen, klar. Wahrscheinlich verdiente er doppelt so viel wie der Oberwachtmeister.

»Saupacker gingen auf Schwarzwild. Doggenblut war drin, manchmal waren sie mit Kettenpanzern geschützt. Die griffen an, die bissen durch.«

Von Spürhunden war bei der Erörterung der neuen Linie die Rede gewesen – vielleicht sollte er beim nächsten Mal anbringen, was er eben über Saupacker gehört hatte. An ein Foto erinnerte er sich: Südafrikanische Polizei ließ Schäferhunde auf schwarze Demonstranten los. Staub wirbelte, Knüppel waren gereckt. »Neues Deutschland« hatte das Foto abgedruckt: So wütete das Apartheidregime.

»Parforcehunde haben angezeigt, ob sie hinter einem Hirsch her waren, man muß sich das vorstellen! Jedes andere Wild ließ sie kalt.«

»Bist ja richtig begeistert.«

»Das bißchen, was wir machen.«

Hauptmann Bacher winkte nach dem Kellner. »Alles zusammen.« Der Oberwachtmeister bedankte sich nicht.

Bacher ging über den Markt, es war noch nicht sechs. Er könnte seine Schwester besuchen, sie müßte zu Hause sein; war ja krank geschrieben und mußte mit Kontrolle rechnen. In der Straßenbahn stellte er sich auf den hinteren Perron des letzten Wagens, das war ihm in Fleisch und Blut übergegangen, als er Personen beschattet hatte, diesen Schriftsteller beispielsweise, der einen Skatzirkel unter Kollegen angeregt hatte und unter Verdacht geraten war, eine illegale Plattform zu bilden. IM »Frank« hatte seine Verdächtigungen zwei Jahre lang hingezogen, weil ihm das MfS fünfundzwanzig bis vierzig Mark pro Abend für Schnaps und Spielschulden bezahlte. Mein Gott, was gab's für miese Strolche.

Silke öffnete und schlug ihm die Arme um den Hals. Das wirkte kindlich, aber auch weiblich, spielerisch und stürmisch. Bacher spürte ihre Haare kitzelnd an der Wange und mühte sich, die Umarmung keine Sekunde zu lange dauern zu lassen. Schwager Harald trat in den Flur und sagte wie immer: »Das ist aber eine Überraschung.« Astrid kam vom Balkon herein und hielt die Handflächen hin; sie hatte in den Blumenkästen gewerkelt und mußte sich erst waschen.

Ein Bier? Gut, er war ja nicht mit dem Auto da. Silke stürzte in die Küche. »Und, Astrid, noch krank geschrieben?«

»Eine Depression, behauptet meine Ärztin inzwischen. Sie hat mir natürlich Pillen verschrieben und famose Methoden beigebracht, wie ich damit fertigwerden kann. Erst soll ich herausfinden, wo meine Traurigkeit auf der Skala zwischen null und hundert einzuordnen ist. Gestern war's schlimm – fünfundsechzig! Heute fühle ich mich nicht ganz so arg – fünfundvierzig. Ich soll mich auf einen Gegenstand konzentrieren, also auf eure Bierflaschen beispielsweise. Ich soll mir ihre Form bewußt machen. Grünes Glas, schief aufgepapptes Etikett. Ich trinke so gut wie nie Bier, mache ich mir klar. Wenn sich zwei Männer treffen, muß sofort Bier auf den Tisch. Dann soll ich mich fragen: Immer noch schlimm? Oder vielleicht nur noch fünfunddreißig Pünktchen?«

Bacher wußte nicht, ob er lächeln sollte – besser nicht. Es war schwer herauszufinden, wie sie selber zu dieser Methode stand.

»Oder: Ich soll mir etwas Schönes vorstellen. Ich liege am Strand, plansche im seichten Wasser, die Wellen umspielen meine Zehen. Da sehe ich Muscheln. Eine hebe ich auf. Ich werfe flache Steine übers Wasser, bis einer siebenmal hüpft. Eine Glückszahl! Ich überlege mir, was ich mir heute als Glück wünsche.«

»Zwei Männer«, schlug Protter vor, »das üble Silberpils saufend, von dem du jede dritte Flasche wegschmeißen mußt.«

»Fünfzehn!« probierte Bacher.

»Oder ich muß herausfinden, daß es *freudetötende* Gedanken gibt, die mich vom Jubel des Augenblicks trennen. Etwa ein ungemachtes Bett am Nachmittag.«

Silke wollte etwas erwidern, aber ihr Vater sagte: »Ich spiele mit. Wir nehmen die Blumen auf dem Balkon so ernst, als seien sie unsere Kinderchen. Astrid schaut ihnen beim Wachsen zu. Wir würden ein Balkonpflanzenbuch kaufen, wenn es eines gäbe. Und wir wissen genau, daß wir überzeugt sein müssen: Blumen machen uns wahnsinniges Vergnügen, Blumen sind überhaupt der Gipfel, über Blumen könnten wir quietschen vor Glück.«

»Und wie lange das ganze?«

»Bis ich sage: Saschalein, ich jauchze über jedes Marienkäferchen.«

Seine Schwester war am schönsten gewesen, wenn sie frisch aus der Sonne gekommen war, *knackig braun;* im zeitigen Frühjahr hatte ihre Haut einen gelblichen Ton angenommen. So wirkte sie auch jetzt, Augenringe und Spannung in den Mundwinkeln kamen hinzu. Er könnte ihr vorschlagen: Komm doch zu uns und bring unsere Buden auf Vordermann – soll ich mit meinen Obergenossen reden? Eine Architektin mit unverbildetem Blick stöbert alle Ecken durch?

»Es ist nicht nur Katzmann, der mich deprimiert. Es ist sogar Kölpers mit seinen Mausezähnen und natürlich Polster mit der sanften Fürsorglichkeit, unser Parteisekretär mit dem Mutterinstinkt. Am meisten macht mich eine Planerei kaputt, die stinkige Schulklos einfach übersieht.«

»Also Tapetenwechsel. Und nicht irgendwie und irgendwann, sondern gezielt über die Bezirksleitung.«

»Dabei Katzmann belasten?«

»Mußt du nicht.«

»Muß sie doch«, Protter stöhnte. »Wenn Astrid sagt, daß sie diese Planerei nicht mehr aushält, geht das gegen ihren Chef, *denn der hält sie aus.«*

Sie spürte Schmerzen in den Schienbeinen, beugte sich, zog die Schulterblätter zusammen, reckte sich wieder, stand mühselig auf und ging auf den Balkon. Protter sah Erschrecken in Silkes Augen und wußte nichts Besseres, als daß es für sie Zeit sei, endlich ihren Schulkram zu erledigen. Silke erwiderte schrill, das finde sie gemein: So selten sei Sascha da. Sie hoffte, ihr Onkel würde ihr beispringen, aber Bacher redete über die Wichtigkeit jeder Berufswahl, und die sei bei Astrid eben schwierig gewesen: Etwas Künstlerisches hätte ihr gelegen, was dem großen Albert ziemlich lächerlich erschienen wäre, und Mutter Marianne hätte sich wie gewöhnlich rausgehalten. Als Dozentin auf einer Parteihochschule hätte sich Albert seine Tochter gewünscht oder im diplomatischen Dienst, und schließlich war diese Zwitterei mit der Architektur herausgekommen. Nun hatte man den Salat.

Die Männer griffen zu den Gläsern. Zu diesem Thema hatten sie alles gesagt. Silke fand, jetzt müßte auch einmal von ihr die Rede sein und nicht etwa, wie sie in Mathe stünde oder so ein Mist, sondern von ihrer *Ansicht* zu irgendwas. Und was *sie* werden wollte. Nicht in der Richtung wie Onkel Sascha – wenn jemand nach ihm fragte, mußte sie antworten, er arbeite im Innenministerium. Tierärztin wollte sie nicht mehr werden, nachdem ihr Vater gemein und schaurig ausgemalt hatte, vierzehn Tage lang müßte sie nichts als Schweinen die Hoden abschneiden oder immerzu schmierige Drüsen aus Kälberhirnen polken, bis an die Ellbogen im Blut. Sie sollte Papas Saxophon vom Schrank nehmen und heimlich üben, und eines Tages spielte sie den Eltern toll was vor. Papas Sax, das er seit zwei Jahren nicht mehr heruntergeholt hatte. Ganz früher hatte er ihr »Hänschen klein« und einmal die Internationale vorgedudelt, da wäre es beinahe zum Krach gekommen: Auf dem Ding dürfte man so was nicht spielen, hatte Opa gemault. Aber wie sollte sie heimlich üben, da es durch den ganzen Block zu hören sein würde und kürzlich eine Hausversammlung nur getagt hatte, um Zeiten festzulegen, wann jemand auf dem Klavier klimpern durfte. In der Schule müßte sie üben, nachmittags, aber jetzt merkte ja Mutti alles und alles. Schräg müßte sie die Kanne halten, die Haare übers Gesicht, an der Rampe, Frontfrau. Mit dem Fuß gab sie das Einsatzzeichen: Rock around the clock. Auf der Freilichtbühne im Clara-Zetkin-Park. Alles im Fernsehen. Mit einem Ruck stand sie auf und ging ins Bad.

Protter konnte weiterreden: »Diese Ärztin läßt sich Symptome nennen und will von Ursachen nichts wissen. Ob Astrid eine glückliche Ehe führt, ob das Geld reicht, ob uns die Decke auf den Kopf fällt. Pillen und diese Spielchen. Katzmann hat Astrid gesagt, sie solle sich Zeit lassen, in ihrer Abteilung brenne nichts an.«

Wieder überlegte Bacher, wie es wäre, Astrid wechselte als Zivilangestellte zum MfS: Nichts mit Dienstgrad und Pistole, wenigstens nicht sofort. Finanziell würde sie sich verbessern, klar, und was sie zu arbeiten hätte, wäre konkret. Harald würde überprüft werden müssen, das sollte keine Schwierigkeiten machen. Es war MfS-Strategie von Anfang an, möglichst viele von einer Familie zu verpflichten; das gab zusätzlichen Zusammenhalt. »Was das für einen Aufruhr in der Dienststelle gäbe, wenn ich Astrid anschleppen würde, unser Männerverein stünde Kopf. Wer da so hinter den Bürotischen hockt.« Das Letzte waren wahrscheinlich die vom Zoll, breitärschig mit herunterhängenden Mundwinkeln, von Neid zerfressen. Ein Grund mochte sein, daß es unmöglich war, in einer Uniform schick auszusehen, daß Mützen die Frisuren zerdrückten. Eine Frau wollte nach außen leben. Verschwiegenheit und Geheimnistuerei brachten ihr keinen Genuß.

»Wahrscheinlich schicken sie Astrid zur Kur«, sagte Protter.

Die Zeiten haben sich geändert, wußte Bacher. Dieser Gedanke hatte ihn schon beschäftigt, als diese Straße nach seinem Vater benannt worden war – keine sonderlich repräsentative Straße übrigens. Wer die neue Linie befahl, setzte auf Defensive. Er holte Astrid nicht in die Firma und begann, ihren Mann zu verstehen, und wenn schon nicht das, dann machte er ihm doch keine Vorwürfe mehr, daß er über seine Arbeit jammerte und nichts auf den Kopf stellte oder die

Brocken hinschmiß. Das hatte er ihm vor einem Jahr hingeknallt: Entweder du scheißt endlich oder mußt runter vom Topf. Er würde diesen halbschlappen Hundeführer doch rüberziehen. Früher hatten sie die stärksten Leute aus allen Bereichen fürs MfS verpflichtet, aber gerade die Besten gingen langsam kaputt. Harald war erledigt, wenn er noch ein Jahr lang so weitermachte.

Astrid Protter kam vom Balkon zurück; in der Dämmerung erschien sie ihrem Bruder fast so hübsch wie vor fünfzehn Jahren, als sie geheiratet hatte. Die Zeit der Experimente mit sich selber, mit Lebensläufen war vorbei. Harald durfte kein Zusatzstudium mehr draufsetzen, Astrid nicht etwa in die Modebranche wechseln und er nicht in die Hundezucht. Keiner kam ohne Blessuren aus der SED raus und, wenigstens in ihrem Alter, auch nicht ohne weiteres hinein. Aufsteiger waren rar und Seiteneinsteiger nicht gefragt.

Er fuhr mit der Straßenbahn nach Hause, wobei ihm einfiel, daß er sich ja auch ein Auto aus der Fahrbereitschaft hätte herbeitelefonieren können. Aber er wollte nicht übertreiben; vielleicht führten sie Listen, wer diesen Dienst am stärksten und wer ihn am wenigsten in Anspruch nahm. Als Major käme er endlich in eine andere Kategorie.

Am nächsten Morgen befaßte er sich mit den letzten Anweisungen über die neue Linie, vor allem mit dem Personenkreis, um den es ging: den rotzfrechen Pfarrer Ronner, Ohlbaum von St. Nikolai, der vorsichtiger, verschlagener und deshalb vielleicht noch gefährlicher war, und den Superintendenten der beiden, der sich immer konziliant zu geben versuchte. Aus dem Sportklub »Lokomotive« sickerten Informationen zu westdeutschen Fußballzeitschriften. Frauengruppen machten sich unter Kirchendächern mausig. Ein gewisser Knut, Nachname vorerst unbekannt, versuchte Ökogruppen mit Berliner Stellen zu vernetzen. Schwerpunkt Königsau mit dem Pfarrer Reichenbork. Wenigstens im Schriftstellerverband war derzeit alles ruhig. Immer wieder die Messe als neuralgischer Zeitraum. Wer versuchte, Antragsteller auf Ausreise zu organisieren? Diese Aktivitäten nahmen bedrohlich zu. Er mußte Daten von anderen Abteilungen aufnehmen und umsetzen. Er brauchte einen Stellvertreter Operativ und eine Handvoll Genossen für die Arbeit »am Objekt« – die Terminologie war wichtig, er würde nicht dulden, daß sich Laxheit einschlich. Den flapsigen Begriff »Linie Putzlappen« würde er ausmerzen, sie waren kein Kindergarten.

Gegen Mittag wurde er zum Leiter der Abteilung M gebeten. »Ihre Mutter hat ein Paket aus Westberlin gekriegt. Wurde kontrolliert und ausgehändigt. Kennen Sie Verbindungen Ihrer Familie dorthin?«

»Nö.« Da mußte er nicht groß nachdenken.

»Linus Bornowski. Von ihm gehört?«

»Nö.«

»Wenn Sie Ihre alte Dame mal besuchen und sie Ihnen Kaffee vorsetzt, sagen Sie einfach: Duftet ja enorm! Ob sie dann rausrückt: Hat mir der und der geschickt?«

Zwei Tage später berichtete er einem der Stellvertreter des Generals über seine Vorstellungen. »Wir haben ja schon am Anfang beschlossen«, sagte der Oberst abschließend, »Ihnen als Versuchsobjekt die Kirchengemeinde Königsau zuzuweisen. Der Pfarrer dort hat Leukämie, in zwei Jahren ist er tot. Vielleicht nimmt er deshalb keine Rücksicht und haut auf den Putz. Ihm zur Seite steht ein Schlosser, ein verkrachter Theologiestudent. Die beiden halten sogenannte Friedensseminare ab. Gucken Sie sich das Dorf mal an. Zwei LPG gibt's dort, die Hälfte der Männer arbeitet im Tagebau, wie üblich in der Gegend.«

Vielleicht sollte er mit Silke einen Ausflug nach Königsau machen? Mit Astrid – besser nicht, an sie erinnerte sich jeder zu leicht. Das wäre was für die Dorfbengels, ihr nachzugaffen und zu prahlen: Die Cardinale war in Königsau, echt! Oder jemand hatte sie bei der Straßenweihe in Scheupitz gesehen: Das war doch die Tochter vom berühmten Bacher, was schnüffelte die durch die Landschaft? Zweifelhaft, ob seine Mutter ansprang, wenn er nach dem guten Kaffee fragte, Albert der Große hatte ihr allerhand Konspirationsgetue eingebleut.

Damals II

1957

Ob sie ihn schlagen, ob sie ihn foltern würden? Licht Tag und Nacht, dann wieder Dunkelhaft. Mit Zigarettenentzug könnten sie ihn fertigmachen. Das hatten sie ja nun versucht: Einer brüllte, der andere versuchte die milde Tour. Der Brüller haute hochroten Gesichts ab, kam wieder: Wir können auch anders, Bornowski! Sie müssen nicht denken, daß wir uns auf der Nase herumtanzen lassen! Geben Sie endlich alles zu, Sie Feigling!

Er steckte in einem Keller, so viel war klar. Die Treppe zur Vernehmung hinauf, wenig Licht drang durch Glasziegel. Ostseite. Autogeräusche vom Hof, Lastwagen. Aus irgendeinem Grund hatten sie es eilig, daß er gestand. Obwohl sie jede Stunde dreimal versicherten: Wir haben Zeit, Bornowski! Und: Unser Arm reicht weit.

Schlüssel im Schloß: Komm Se! Ein Sachse in einem Berliner Keller. Die Treppe hinauf, diesmal keine Sonne auf den Glasziegeln, es war wohl nachmittags oder der Himmel verhangen.

»Da staunen Sie, was?«

»Tag, Linus.«

»Setzen Sie sich da hinten hin.«

Bacher hier, warum das? Albert Bacher bei der Stasi.

»Da staunste, Linus.«

Nicht antworten, was auch.

Der Vernehmer: »Was ist das für ein Hund in Ihrer Wohnung. Warum haben Sie uns gestern nichts davon gesagt?«

»Mich hat ja keiner gefragt.« Lissys Hund, Lissys Hundchen, da hatten sie also an seiner Wohnung geschnüffelt, die Schlüssel waren ihm ja abgenommen worden. Vielleicht hatten sie hineingewollt und Schiß gekriegt.

»Also, was für ein Hund?«

»Schäferhund.«

»Seit wann haben Sie den?«

»Zur Aufbewahrung. Eine Freundin ist im Urlaub.« Er zuckte die Schultern: »Weiß ja gar nicht, was für ein Tag ist.«

Der Vernehmer und Bacher blickten sich an. Für ein paar Augenblicke hoffte Bornowski, der alte Kumpel würde ihm helfen, aufklären, schlichten. Aber sofort mahnte er sich zur Vorsicht. Hier drin gab es für ihn keine Verbündeten.

»Ein großer Hund? Abgerichtet?«

»Ein normaler Schäferhund. Fast schwarz, hübsch, helle Zeichnung am Kopf.« Jetzt nur quatschen, nahm sich Bornowski vor und begriff: Da hatten sie also an sein Archiv herangewollt, und Lissys Hundchen bellte hinter der Tür, aus Angst oder aus Neugier, und da machten sie sich in die Hosen, die tapferen Herren von der Stasi, die Genossen Einbrecher. »An mich hat er sich schnell gewöhnt. Lissy hat mich mit ihm zusammengebracht, zwei Tage lang, mit seinem Futternapf. Ich hab ihn gefüttert, als sie dabei war. Wie man eben einen Hund übergeben muß.«

»Linus«, sagte Bacher, »die Genossen hier haben mich hergeholt, weil wir uns lange kennen. Ich komme vermutlich nicht wieder. Eine einmalige Gelegenheit also. Ich weiß, was die Genossen hier wissen, und es ist verdammt viel. Du kannst helfen, daß alles schneller geht. Mit dem Stalinfoto hast du dich reingeritten. Ist natürlich eine Fälschung, aber das interessiert im Westen ja keinen. Hauptsache, die haben ihre Sensation. Brauchst bloß zu sagen, *wann* du das Foto bekommen hast.«

»Ja, wann. Wenn ich mal nicht diese verdammten Kopfschmerzen hätte.«

»Willst du paar Stunden an die Luft? In die Sonne? Läßt sich alles einrichten.«

»Aber klar.« Das war der Vernehmer.

»Du mußt doch wissen, *wann* du das Foto gekriegt hast.«

»Jaaa.« Das Foto des alten, kranken Stalin auf seinem letzten Parteitag, als er ganz hinten saß, allein, zusammengerutscht. Das Referat mußte Malenkow verlesen. Alle Zeitungen im Osten druckten Stalinbilder ab, die zwanzig Jahre alt waren, und er konnte im Westen das einzige neue anbieten, für allerhand Geld beschafft, und es hatte ihm das Zehnfache eingebracht. »Vielleicht vor einem Vierteljahr.«

»Quatsch, Linus. Überleg doch mal, wann der Parteitag war, der neunzehnte.«

»Um so was kümmere ich mich kaum. Diese Kopfschmerzen!«

»Was Falsches gegessen?« Der Vernehmer feixte.

Bacher blickte seinen Genossen mit hochgezogenen Brauen an. »Linus, wenn die Herkunft des Fotos geklärt ist, dieser hundsgemeinen Fälschung, kommst du aus dem Keller raus.«

»Das versprichst du mir?«

Bacher antwortete nicht, der Vernehmer redete etwas von verbesserter Verpflegung, in den ersten drei Tagen ging es immer ein wenig durcheinander, bis sich alles eingespielt habe. Bornowski versuchte zu rechnen: drei Tage also. Mit Gift im Kaffee oder in der Zigarette betäubt, in ein Café hatten sie ihn gelockt, um ihm Fotos von Truppenübungsplätzen in Nordböhmen zu zeigen, er hatte gleich gesagt: Militärspionage ist nicht mein Fach, aber dann ans Geld gedacht, und das war sein Fehler gewesen. Daß er sich immer durch Geld locken ließ. Gierig wie 'ne Nutte.

»Wie alt ist der Hund?«

»Drei Jahre.«

»Wann wollte Ihre Frau wiederkommen?«

»Weiß ja nicht, was heute für'n Tag ist.«

»Wollte sie Mitwoch kommen oder Donnerstag?«

»Vielleicht schon Dienstag abend.« War eben schlau, fand er. Die beiden wußten nicht weiter. War klar, sie hatten sich nicht in die Wohnung getraut, weil das Hundchen gejault hatte, und nun war Sigrid wohl zurück. Würde sich Sorgen machen. Aber an das Archiv waren sie nicht herangekommen, nicht ans Negativ vom Stalinfoto, nicht an die Riga-Serie, gekauft von einem Offizier aus Karlshorst. Er dachte an das herrliche Foto, das ihm an Stalins Todestag gelungen war: Das Schild »Stalinallee«, eine dicke Volkspolizistin auf der Leiter, die einen Trauerflor darumband, schräg von unten aufgenommen, die Waden wie Säulen, Blick bis weit unter den Rock. Hatte er sogar nach Japan und Kanada verkauft.

»Linus, von wem hast du das Foto?«

»Hab ich schon erzählt: Von einem Kollegen aus Brüssel. Markand heißt er oder Marfand, die Adresse hab ich zu Hause.« Zum ersten Mal fühlte er einen winzigen Triumph.

»Linus, wir sind doch Freunde. Oder zumindest: Wir waren Freunde.«

»Wo steckst du denn jetzt?«

Der Vernehmer bellte sofort: »Hier fragen wir!«

»Schön, ich dachte bloß, weil wir Freunde waren, Albert und ich. Da dachte ich, es dürfte mich doch interessieren, wo er jetzt steckt, und vielleicht auch, was seine Frau macht. Ich kenne sie doch gut, die Marianne.«

»Ist bester Laune«, antwortete Bacher unfreundlich.

»Das mit dem Markand oder so ist Quatsch, Bornowski. Das Foto stammt aus Karlshorst, das wissen Sie so gut wie ich. Manchmal haben Sie sich ja in den sowjetischen Sektor gewagt, dafür haben wir Zeugen. Also, packen Sie endlich aus, Bornowski.«

»So, Linus. Ewig Zeit hab ich nicht. Stell dich nicht stur. Wenn ich noch mal vermitteln soll, kannst du es dem Genossen hier sagen. Mal sehen, ob ich dann eine Möglichkeit finde. Kann sein, kann auch nicht sein. Und laß dir die Zeit nicht lang werden.« Bacher stand auf, gab dem Vernehmer die Hand und ging, ohne den Häftling noch einmal anzusehen. Als er an der Tür war, sagte Bornowski: »Und 'nen schönen Gruß an Marianne.«

Ein paar Tage lang klammerte er sich an die Hoffnung, sie würden ihn laufen lassen, weil sich im Westen ein Sturm der Entrüstung erhob und weil sie nichts gegen ihn in der Hand hatten. Nachts würden sie ihn genau so heimlich, wie sie ihn verschleppt hatten, nach Westberlin zurückbringen und auf dunkler Straße aussetzen. Dann könnte er bei jeder Zeitung oder beim RIAS seine Story feilbieten, niemand würde ihm glauben. Folterspuren? Geprügelt worden? Nicht einmal das. Sigrid würde auftrumpfen: Wo-kommst-du-denn-her! Er war nicht versumpft, diesmal nicht.

»Glauben Sie ja nicht, Bornowski, daß Sie mit 'nem blauen Auge davonkommen! Also raus mit der Sprache!« Die Vernehmung drehte sich im Kreis. Das Hundchen hatte ihn gerettet. Aber es war verdammter kalter Krieg, sie würden nicht seine Wohnung ausbaldowert und die Abwesenheit von Sigrid abgewartet haben, ihn zu verschleppen und einen Bruch zu probieren, um ihn dann laufen zu lassen. Rechtsanwalt Linse, van Ackern von den Sozialdemokraten und Ruberg, den Winkeljournalisten, hatten sie gekidnappt, vielleicht traf er sie in Brandenburg wieder. Auf *ein paar Jahre* mußte er sich einrichten. Dann wären sämtliche sorgsam geknüpften Verbindungen nach dem Osten tot. Das wollten sie, das schafften sie. Bacher hatte ihnen geholfen und half ihnen noch, der Exfreund, der Schuft. Wenn er rauskam, besaß er wenigstens sein Archiv noch, falls es Sigrid nicht verscherbelte. Zur Nonne war die nicht geboren.

Nach zehn Tagen im Keller, nach dem ersten Wochenende ohne Vernehmung, beim Auf- und Abgehen unter der trüben Glühbirne hinter dem Drahtnetz machte sich Bornowski klar, daß er nicht ohne Onanie auskommen würde, und daß es klüger wäre, sich nicht dagegen zu wehren. Selbst wenn er nur ein Jahr sitzen müßte. Der Vernehmer drohte mit zehn, mit lebenslänglich. Ihm hatte niemand ein schlechtes Gewissen gegen das Onanieren einbleuen wollen, andere waren übler dran, Katholiken vor allem. In einer Broschüre hatte er gelesen: »Reif werden und rein bleiben.« Wenn einer gefallen wäre, müßte er immer wieder aufzustehen versuchen – in diesem Sinn. Er versuchte sich an alles zu erinnern, was er darüber gelesen hatte: Richard Wagner hatte Nietzsche deswegen angeschwärzt. Das bedeutete damals Todfeindschaft. Hitler hätte mehr onaniert als die Braun gebumst. Laut Sigmund Freud gehörte der Onanist zwar nicht in die Hölle, wohl aber auf seine Couch. Bayrische Dorfpriester meinten, Onanie führe zum Verfall des Rückenmarks. Vielleicht sollte er warten, bis sich eine Pollution anbahnte, und dann nachhelfen. Alberto Moravia rühmte die Phantasie dabei – Onanie sei das einzige sexuelle Verfahren, das mit Kultur zu tun habe.

Er sollte sich vorstellen, mit einer Frau zu schlafen. Er würde sich durch alle verpaßten Gelegenheiten hindurchdenken und sie zum guten Ende führen. Er könnte sich ausmalen, Marianne zu lieben, in den Dünen, in der Badewanne, auf einem riesenbreiten Bett. Er würde sich vorstellen, sie fesselten Bacher an einen Baum, er müßte zuschauen, sie verhöhnten ihn und schütteten ihm Wein ins Gesicht. Und dann würde er fragen: Sag mal, Bacher, du Stück Scheiße, hast du mitgeholfen bei diesem Menschenraub mit Trick und Gift? Hast du mich verpfiffen und dieses saubere Pärchen instruiert, daß man mir nur immer noch einen Hunderter mehr bieten muß, um mich rumzukriegen? Das war nun klar: Sie hatten ihn nach Potsdam locken wollen, um angeblich einen russischen Presse-Offizier zu treffen, der sich nicht nach Westberlin traute. Und als er nicht zustimmte, hatten sie ihn betäubt.

Er stellte sich vor, er ginge mit Marianne in eine Wiese hinein. Sie drehten sich um und riefen: Albert, bleibst derweil im Auto! Denn Albert war ihr Fahrer. Blaß war er und wütend, aber er mußte gehorchen. Es war sommerlich warm, Marianne hatte nur ein Höschen an unter dem Kleid, nicht mal einen BH. Er legte den Arm um ihren Rücken und die Hand an ihre Brust. Er blieb in der Zelle stehen, schloß die Augen und fühlte nun ihre Brüste mit beiden Händen. Sie waren nicht weit weg vom Auto, so daß Bacher das alles sehen konnte. Er mußte auch zuschauen, als er Marianne ins Gras legte. Ihre Beine waren warm und trocken, sonnenbraun bis unter das Höschen.

3. KAPITEL

Teufelskreise

1.

1986, Januar

Die meisten von damals waren tot, General Bacher und Richter Kaulfersch, dieser kotzdämliche Staatsanwalt Mach aus Halle, Direktor Pokorny von Bautzen II, genannt »Seele«, und dessen Vorgänger – den Klarnamen hatte er noch immer nicht herausgekriegt –, der »Uhu«. Es wäre schon kurios: Linus Bornowski reiste hochoffiziell nach Leipzig. Die ehemals so scharfe Marianne war nun natürlich eine alte Frau.

Ihm blieb eine Frist zu überlegen, vier Tage immerhin. Dann mußte er den Antrag einreichen, das Presseamt der DDR konnte ihn jederzeit abschmettern. Das gäbe Stoff für einen höhnischen Kommentar: So wenig scherte sich die DDR um die Vereinbarungen von Helsinki. Mit den Verträgen dort hatte angefangen, wodurch jetzt die DDR in die Zange geriet, und er hatte damals *gegen* das Abkommen und seinen Genossen Egon Bahr gewettert, wollte alles oder nichts, fürchtete Verwaschenheit. Bornowski, der eiskalte Krieger.

Tief hing der Himmel über Berlin, sicherlich drohte Smog in der Innenstadt, auch hier draußen vorm Grunewald atmete es sich schwer. Er würde Babette nicht fragen, sondern einfach sagen: Ich fahre für eine

Woche in die Zone, und lachen, wenn sie Angst zeigte. Wer rein durfte, kam auch wieder hinaus. Zur Messe wollten die Genossen keinen Skandal, sondern Geschäfte. Es war schon putzig, wie sich bundesdeutsche Prominenz sogar um den Grinser Krenz drängte. Wenn die Knastologen in Bautzen und Waldheim »Neues Deutschland« durch den Spion geschoben kriegten, mußte sich ihnen der Magen umdrehen: Klassenfeinde prosteten sich zu, hinter ihnen protzte das kalte Büfett. In Hoheneck und Torgau und Cottbus wurde zeitgleich dieses perverse Gemisch aus Kaldaunen und Blut ausgekellt, dazu eine Handvoll halbfauler Pellkartoffeln. Na, vielleicht war es dort wirklich nicht mehr ganz so schlimm.

Sechsundzwanzig Fragen waren zu beantworten, ab Punkt zwölf fand er sie heikel. »Haben Sie auf dem Gebiet der heutigen DDR gelebt? Wenn ja, von wann bis wann? Welchen Parteien und Massenorganisationen haben Sie angehört: a., von 1933–45, b., nach 1945?« In der FDJ war er gewesen, auch in der Gesellschaft für deutsch-sowjetische Freundschaft. Nach gerichtlichen Strafen wurde nicht gefragt, wie schön. Die standen bestimmt in den Stasi-Akten. »Welche Länder außerhalb der DDR haben Sie besucht? Von wann bis wann?« Typisch DDR, wer von denen streunte schon. Er hätte Mühe, nur die Reisen von länger als vier Wochen zusammenzubringen. Marianne war mit ihrem Alten sicherlich nach Samarkand und ans Schwarzmeer gefahren. Womöglich war es doch vorstellbar, daß er sich mit Marianne traf. Vorher müßte er ihr Fotos schicken.

Die Beinprothese drückte, er sollte sie abschnallen, an diesem Tag ging er nicht mehr aus dem Haus. Jahrelang hatte er Babettes wegen solchen Versuchungen widerstanden, er wollte kein Krüppel sein. Eine Szene in Bautzen fiel ihm ein. Vielleicht, weil gerade kein Kalfaktor zur Hand war, hatte ihn ein Wärter beauftragt, den Wasserkrug aus einer Zelle zu holen, zu füllen und zurückzustellen. Gestank war herausgeschlagen, der von einem Mann ausging, der auf der Pritsche hockte. Sein Gesicht war gedunsen, staunend rund die Augen mit klugem Blick, der Körper aufgeschwemmt, ohne Beine. Später hatte er hier und da in den Brigaden nach dem armen Hund gefragt, der da in Einzelhaft schmorte; niemand hatte von ihm gehört. Vielleicht war er ein Doppelspion, der Jahr um Jahr in seiner Zelle dämmerte, bis sein Wissen kalt geworden war, und der in seiner Gruft verfaulte. An diesen Mann dachte er jedesmal, wenn er das Foto einer Buddhaskulptur sah, und manchmal, wenn ihn seine Prothese plagte. Nie hatte er das Ding neben dem Bett stehen lassen, sondern immer daruntergeschoben.

Er rief seinen Chefredakteur an; es war die Zeit, da es am Umbruch nichts mehr zu rütteln gab, jetzt konnten die Gedanken seines Brotgebers am ehesten schweifen. »Du, ich möchte dir Fotos zeigen, die ich aus dem Zug zwischen Halle und Plauen gemacht habe, tolle Dinger dabei. Neben einer Chemiebude haben wir gehalten, einfach so. Wenn du die Fotos siehst, steigt dir der Gestank in die Nase! Ich könnte mir vorstellen, ich gebe sie unseren Experten mit, die zur Messe fahren. Wir könnten sie jemandem in Bonn unterschieben – irgend so was. Ich möchte bloß nicht, daß das Zeug bei mir Schimmel ansetzt.«

»Welcher Fotograf erträgt das schon.«

»Felix, stell dir vor, ich ziehe die Dinger während der Messe beim Sektempfang beiläufig aus der Tasche. Da spielt ein Generaldirektor den dicken Max, und ich sage: Schauen Sie mal, ist das etwa Ihre stolze Bude?«

Eine Pause dehnte sich. »Linus, wir müssen wieder einmal miteinander reden. Morgen abend?«

Bornowski schlug ein Lokal eine Preisklasse höher vor, als er es sich selbst gestattet hätte.

Die Wein- und Speisekladden, die der Kellner in ihre Hände legte, waren telefonbuchdick. Der Chefredakteur fand Bornowski salopp gekleidet in grobem Schottenstoff, ein Tuch in den Hemdkragen gelegt, die Unterlippe spottbereit wie immer. Er würde in Leipzig Eindruck machen, es fragte sich nur, welchen. Den staubtrockenen Genossen erschiene er zumindest als Exot. Wichtig war, der anderen Seite glaubhaft zu machen, daß man sie nicht verunsichern und schon gar nicht übers Ohr hauen wollte. »Vertrauensbildende Maßnahmen« lautete der überstrapazierte Ausdruck, und Bornowski war sicherlich nicht das, was man im Osten einen »Garant des Friedens« nannte. »Bist du«, fragte der Chefredakteur, »für unsere Partner ein Garant?«

Bornowski lachte wie erhofft. »Was meinst du, wie oft ich bei Eisenbahnfahrten nach Hamburg, Hannover oder Hof in Fabrikhöfe hinein fotografiert habe. Irgend etwas muß mit den Schwellen los sein. Die wechseln sie hier und da schon nach zwei Jahren aus. Wir finanzieren doch allerlei Forschungsgeräte. Was melden die über die Schwellen?«

Der Chefredakteur, zwischen Kalbszungensalat und gefüllten Artischocken schwankend, antwortete, das wüßte er nicht.

»Sollten unsere Spione aber rauskriegen. Sollte die Bundesrepublik Deutschland wissen, wenn sie mit dem zehntgrößten Industriestaat der Welt verhandelt.«

Der Chefredakteur sah, daß die Unterlippe seines Starreporters zuckte. »Wir sollten dich vielleicht doch nicht rüberschicken«, sagte er milde. »Die drüben haben ein Gespür dafür, wer ihnen ein langes Leben wünscht oder den Hals umdrehen will. Die Mauer steht, alles ist tief bis ins kommende Jahrtausend zementiert. Du mußt dich mit den Realitäten in Einklang bringen, mein Junge.«

Carpaccio oder Mozzarella – Bornowski blieb nach Möglichkeit bei dieser Alternative. Lammrücken aus dem Ofen mit Glasnudeln – wenn das Fleisch saftig und nicht jedes Fitzelchen Fett abgeschnitten war, gab es nichts Besseres. »Meine Hoffnung bleibt die Demokratie endlich auch für meine Nichten und Neffen in Finsterwalde und Beeskow. Und eure Hoffnung ist der real existierende Status quo. Beschissen, was?«

Sie bestellten, dann sprang der Chefredakteur aus diesem Gedankenkreis heraus, der ihnen nichts Neues und wohl auch kein Entrinnen bot. Auf dieser Messe könnte noch einmal über ein Kohlekraftwerk nördlich von Leipzig gesprochen werden, das die Bundesrepublik finanzieren wollte, um die Stromzufuhr nach Westberlin zu verbessern. Bisher war das Vorhaben an der

Berlinklausel gescheitert; sie zu knacken würde einen Durchbruch bedeuten. Die Autobahn südlich vom Hermsdorfer Kreuz schluckte mehr Zuschüsse, als letztens ausgehandelt worden waren, die Bundesrepublik wollte doppelt so viele Zerspanungsmaschinen aus Karl-Marx-Stadt abnehmen, die allerdings nachgerüstet werden müßten – der übliche zähe Ost-West-Läpperkram.

»Über den ich berichten soll?«

»Und über das Atmosphärische.«

»Über die Zäune, die auf die Straße gestellt werden, wenn Honi kommt?«

Der Chefredakteur seufzte. Bißchen Kritik, ja, hin und wieder eine Spitze, aber im ganzen freundlich, wenn er bitten dürfe. Seine Kalbszünglein in Madeira fände er übrigens kaum dem Preis gemäß und zu weich. Er erkundigte sich nach dem Mozzarella, bei dem gab es nichts zu verderben, wenn er frisch und das Öl wirklich kaltgepreßt war.

»Ich komme immer wieder auf meine Fotos. Werdau, Zwickau – da stehen doch fast nur Schrotthaufen. Wohnhäuser, Fabriken, Straßen – wenn du mit dem Zug durchfährst, siehst du *alles*. Versuchst du nie, mit jemandem im Osten zu telefonieren? Unsere wichtigen Leute huschen auf der Autobahn von Westberlin nach Leipzig, Franz Josef darf sogar einfliegen, da sieht er überhaupt nichts mehr. Es heißt, Feinkost-Käfer aus München liefert das Büfett – ob wir das mal nachprüfen?«

»Linus, willst du nicht doch besser zu Hause bleiben?« Die Ressentiments seines alten Kollegen und

Freundes mochten verständlich sein. In Bautzen verschwunden, das schüttelte einer lebenslänglich nicht ab. Alle Welt akzeptierte die DDR außer diesen Zausels, Löwenthal vom ZDF und Fricke vom Deutschlandfunk. Wie hatten Chruschtschow und Strauß synchron zitiert? Die Karawane zieht weiter.

»Und du bringst meine Eisenbahnserie?«

Der Chefredakteur antwortete nicht.

»Wenn du sie ablehnst, hast du auch an meinem Messebericht kein Interesse.«

»Linus, du wirst in Leipzig leiden wie ein Hund. Kommt Honecker nun dieses Jahr an den Rhein oder nicht, das ist die wichtigste Frage. Du kannst diese Entwicklung nicht aufhalten. Und ganz vorne rackert deine liebe SPD.«

»Ich kann nicht aus meiner Haut, und ich will es nicht. Wer mich verschleppt und ins Loch steckt, hat mit mir eine offene Rechnung.« Er stellte sich vor, wie Sindermann lachte: Aber wer wird denn so was übelnehmen, gehörte zu unseren Kinderkrankheiten, war kalter Krieg, und genau den wollen wir doch aus unserer friedlichen Welt verbannen! Sie Spielverderber!

»Linus, von diesem Tisch bis zur Mauer sind es nach Süden sieben, nach Westen keine vier Kilometer, dort steht die NVA und gleich dahinter eine russische Garde-Stoßarmee. Und wir haben *kein bißchen Angst,* daß die Panzer in einer halben Stunde hier sein könnten. Dich lassen sie über die Gleise der Reichsbahn zockeln. Ist das nichts?«

Doch, wollte Bornowski antworten, das ist allerhand. Aber er sagte: »Ich bin fest überzeugt: Wie wir uns jetzt an die DDR ranschmieren, ist nicht nur würdelos, dafür kriegen wir noch unseren Denkzettel. Wenn unsere Leute schon mit denen verhandeln müssen, sollten sie sich verhalten wie im Puff: Bumsen und zahlen, aber man küßt sich nicht.«

»Also, du fährst nicht nach Leipzig?«

»Dafür schaust du dir meine grausigen Fotos an?«

»Unverbindlich.«

»Wenn es Frühling wird, Felix, schippere ich mit Babette in Südengland durch die Kanälchen, wie ich es mir seit langem vorgenommen habe. Und du schickst einen wendigen Burschen in die Zone, der Honecker für einen beträchtlichen Patrioten hält, einen Pfiffikus aus Böllings Schule. Deswegen nichts für ungut.«

»Linus, wir drehen wieder mal ein schönes Ding miteinander. Alles in Ordnung sonst in dieser Kneipe? Ich meine: Glasnudeln sind nicht Glasnudeln.«

»Wenn du schon meinen Artikel nicht bringen würdest, Felix, weil ich ja doch wieder über die Dreckecken und nicht über die herrlichen, nach drei Jahren abblätternden Latexfassaden schreibe, könntest du mir immerhin die Einreise erleichtern. Du hilfst mir bei der Jagd nach den richtigen Papieren, und ich schwöre dir, als Gegenleistung drüben mein Mündchen zu halten.«

»Darauf einen Dujardin?«

Während Bornowski durch Westberlins Alleen nach Hause fuhr, kam er von diesem Gedanken nicht los, daß Willy Brandt ihn, seinen Genossen, verraten hatte, indem er nach Ostberlin fuhr und sich von Honecker den Aufbaupomp rund ums Staatsratsgebäude vorführen ließ. Westberlin, dazu gehörte Willys fassungsloser Blick auf Kampfgruppenketten im August '61, Rosinenbomber und »Ich bin ein Berliner«. Springers Hochhaus und Rudi Dutschke, die Glocke auf dem Schöneberger Rathaus und der RIAS, Bubi Scholz und die »Insulaner«, Günter Grass hinter seiner angekokelten Haustür und »Ich hab so Heimweh nach dem Kurfürstendamm«. Westberlin, das war Trotz und »Schaut auf diese Stadt«, Chruschtschows Ultimatum und die Treue der USA. Wer schrieb denn noch, daß Honecker sechzehn Millionen Menschen gefangenhielt, von denen er nun ein paar zu Hochzeiten und Kindstaufen fahren ließ, immer nur einen aus der Familie, die anderen blieben als Geisel daheim?

Seine Frau war noch auf. »Babette, wir mieten ein Bootchen und fahren damit zu Shakespeare nach Stratford ins Theater.«

»Ach, und Leipzig?«

»Kann mir gestohlen bleiben.«

»Mir kannst du doch nichts vormachen. Die Trauben hängen wohl entschieden zu hoch?«

2.

1986, März

Marianne Bacher tastete vor: »Astrid, das wäre doch was für dich. So'n bißchen Führung machst du mit links: Den Text einigermaßen auswendig lernen. Lenin in Leipzig. Einfache Sätze, damit die Dolmetscherin nachkommt. Und wenn du merkst, daß die Gruppe uninteressiert ist, läßt du eben die Hälfte weg.«

Sie saßen vor der Wildgaststätte im Süden der Stadt. Hier war es wochentags ruhig, die Bedienung meist freundlich und das Angebot nicht schlecht. »Unser Rentnernachmittag«, spöttelte Astrid Protter.

»Und wenn du dir wieder mehr zutraust, gehst du mit auf Dreitagefahrt: Dresden, Meißen, Sächsische Schweiz.«

Wenn der Tag weiterhin so verlief, konnte sie auf die Abendpille verzichten. Zum dritten Mal seit dem Sommer vorigen Jahres war sie nun krank geschrieben. »Katzmann meinte neulich, ich sollte es mit halbtags versuchen. Er würde mir bestimmt eine läppische Arbeit zuschanzen. Statistik, womöglich Ablage. Oder fortsetzen, was er großmäulig als Geschichte der Abteilung begonnen hat. Ein gestrafftes und brutal geschöntes Archiv.«

»Sei froh, daß du dort bist.«

»Diese Gammelei. Wenn jemand den Laden von einem Tag auf den anderen zumachen würde, merkte das kein Schwanz.«

»Deshalb hast du dort Ruhe.«

Astrid Protter wollte endlich über das sprechen, was für sie das Wichtigste war: Dieses Knötchen, das Zweifeln, die hochschießende Angst: Brustkrebs! Ihre Träume waren wüst und wirr, mitten in der Nacht war sie hochgeschreckt und hatte Harald fühlen lassen: Was ist das! Warum gehst du nicht zum Arzt, hatte er gefragt, das darfst du keinen einzigen Tag hinauszögern, morgen früh bringe ich dich hin. Und wenn, hatte sie fragen wollen, mir eine Brust abgenommen wird, kann es dann wieder so zwischen uns werden, wie es vor einem Jahr war, ehe mich dieser schwarze Hund erwischt hat? Und wenn sie mir die Drüse unter der Achsel herausschneiden und die Narbe bis ans Schulterblatt reicht, wenn ich auch die andere Brust verliere? Keine Panik, hatte Harald zu trösten versucht, morgen früh packen wir's an, warum hast du mir das nicht sofort gesagt, damit darfst du doch nicht allein bleiben. Das muß ich Mama ja nicht in allen Einzelheiten erzählen, warum soll ich sie überhaupt belasten, helfen kann sie ja doch nicht. Sie haben das Knötchen herausgeschnitten und eingeschickt, vor zwei Wochen kann der Befund nicht zurück sein. Und wenn sie im Labor die Probe verwechseln, wenn in einer Klinik Kinder vertauscht werden, warum nicht so ein Gläschen, die kleben Schildchen drauf, wenn eines abfällt, wird es wieder aufgepappt. Wenn zwei Schildchen abfallen und so ein Trottel verwechselt sie, dann wird mir die Brust abgenommen, obwohl alles harmlos ist, und eine andere Frau lebt glücklich weiter, bis es sie in einem halben Jahr ganz anders überfällt, dann kommt für sie jede Hilfe zu spät. Oder ich erfahre in vierzehn Tagen, alle Angst war umsonst, und in einem Vierteljahr müssen beide Brüste abgenommen werden, sie räumen mir den Bauch aus oder quälen mich mit dieser fürchterlichen Chemotherapie, glatzköpfig bin ich dann und ohne Brüste, lieber wäre ich tot. Mama muß das alles nicht wissen.

Aus dem Augenwinkel sah sie am Nebentisch einen Mann mit einem Fotoapparat hantieren. Sie drehte leicht den Kopf und vermutete, daß er seitlich an ihr vorbeizielte. Da aber war kein rechtes Motiv zu erkennen. Seine Stirnglatze glänzte. Mieser geiler Typ. »Wie bitte?«

»Könntest mit auf die Dreitagefahrten gehen.«

Sie nahm sich vor: Wenn er nur ein bißchen zu mir hin, wenn er ... Sie sprang auf, ehe sie diesen Gedanken zu Ende geführt hatte, und machte drei schnelle Schritte auf den Mann zu. »Ich verbiete Ihnen, Sie haben ...«

»Aber was denn, ich ...«

»Sie haben mich eben fotografiert! Ich verbitte mir, ich verbiete Ihnen – geben Sie sofort den Film her!«

Dem Mann gelang lediglich ein verkrampftes Lachen. »Ich habe, seit ich hier sitze ...«

Mit einem Ruck riß sie ihm den Apparat aus der Hand. Den Film raus, dachte es in ihr, ich fetze ihn auf. Sie sah ihn wirbeln, der Wind wehte ihn hoch, der Kerl sprang mit komischen Hüpfern hinterher, und sie lachte, lachte ihn aus, lachte dem Film nach, Frühling läßt sein blaues Band wieder flattern durch die Lüfte, das Schwein mit seiner Schweißstirn hopste dem Film hinterher, und es wäre wirklich zum Brüllen gewesen, wenn er nicht dicht vor ihr aufgelacht hätte mit übergroßem Mund.

»Astrid!«

Sie schlug auf diesen Mund; stieß mit dem Ellbogen nach der Kamera, die auf den Boden fiel, trat danach und spürte von hinten Hände an ihren Armen. Der Mann sagte dicht vor ihr: »Nun ist aber Schluß!«

Sie erstarrte und hörte ihre Mutter. »Entschuldigen Sie, meine Tochter... « Da brachen Tränen heraus, sie ließ sich an den Tisch führen und krümmte sich schluchzend, das Schlimmste schien vorbei, weil sie denken konnte: Jetzt eine Tablette, zwei, fünf. Was hatte sie bloß angerichtet, sie besaß nicht die Kraft, es zu ändern, und es half nicht, zu bedauern oder sich zu entschuldigen. Mutter erklärte, nahm ihrem Kind die Verantwortung ab, vielleicht brauchte die Ärztin nichts zu erfahren. Harald würde bezahlen, oder der Schaden war gering, den beglich Mutter sofort, und Harald mußte nichts wissen.

»Meine Tochter«, versuchte Marianne Bacher zu erklären, »läßt sich *nie* fotografieren.«

»Soll ich anrufen? Einen Arzt, den Notdienst?«

»Danke, lassen Sie nur. Und wenn mit dem Apparat etwas ist...«

»Ja«, sagte der Mann und fügte hinzu: »Gute Besserung.« Er ging der Kellnerin entgegen. Zuletzt blickte er herüber, verwirrt noch immer.

Sie blieben sitzen, bis das Weinen aufhörte, dann gingen sie wortlos zur Straßenbahn. Unter den Bäumen erschien ihnen die Luft klar, danach wieder dunstig. Auch in der Straßenbahn sprachen sie nicht, sie saßen sich gegenüber und schauten sich manchmal in die Augen. Die Mutter wußte genug über die Tochter und die Tochter über die Mutter, so fühlten sie sich einander nahe wie lange nicht. Erst im Treppenhaus sagte Astrid: »Ach, Mama.«

Marianne Bacher brachte sie ins Bett. »Brauchst wohl keine Tablette, ich denke, du bist hundemüde.«

Sie nahm Astrids Hand, und es war nicht wie zweiundsechzig Jahre zu achtunddreißig, sondern wie zweiunddreißig zu acht.

Silke kam von einer Freundin und erschrak über die Miene, mit der ihre Großmutter öffnete. Zu zweit suchten sie etwas zum Abendbrot zusammen. Eine halbe Stunde später hörte sich Harald Protter an, was passiert war. Er hatte die Unterarme auf die Schenkel gestützt, die Haare hingen ihm ins Gesicht, sein Kopf pendelte hin und her.

»Wann hast du zum letzten Mal mit der Ärztin gesprochen?«

»Vor vier Wochen, oder vor sechs.« Wenn Astrid ihrer Mutter nichts von dem Knötchen erzählt hatte ...

»Typisch Mann. Morgen bin ich dort.«

Drei Tage später hatte die Ärztin eine halbe Stunde Zeit. »Die Sache ist ernster, als Sie offensichtlich denken«, begann Marianne Bacher und schilderte den Vorfall. »Als Kind war sie aller Welt Liebling und sonnte sich darin. Schon als sie vierzehn war, gaffte sie jeder an, vom Zehnjährigen bis zum Tattergreis. Wir kennen ja diese Blicke, die bis auf die Haut gehen. Bei einem Betriebsfest hat sie einem Kollegen einen Aschenbecher ins Gesicht geschüttet, weil er durchs Lokal gerufen hat, an seinem Tisch säße Claudia Cardinale.«

Die Ärztin murmelte, ihre Patientin sei wirklich schön. Inzwischen war sie sich sicher: Diese ebenso lästige wie rabiate Frau wußte nichts vom Brustkrebsverdacht bei ihrer Tochter.

»Astrid will wegen ihrer Klugheit und ihres Charakters ernstgenommen werden, aber jeder ist von ihren

Augen hingerissen. Deshalb läßt sie sich so ungern fotografieren. Anfangs hat sie bloß das Gesicht weggedreht, allmählich hat ihre Aversion zugenommen. Schon wenn sie eine Kamera sieht, wird sie argwöhnisch. So, jetzt sind Sie dran.«

Die Ärztin mochte vierzig sein oder ein wenig darüber. Ihr Gesicht wurde von dunklen Brauen bestimmt, ihre Haare waren mit Kämmchen hinter den Ohren festgesteckt, über dem Nacken standen sie wie Spieße ab, vielleicht waren sie im Übergang zu einer längeren Frisur. Ihre Arme unter dem Kittel waren muskulös, die Hände männlich und ohne Schmuck. Womöglich eine ehemalige Sportlerin. Diskus oder Handball. In Leipzig lebten mehr ausrangierte Spitzensportler als in jeder anderen Stadt der Welt. Ein Ringerweltmeister als Gastwirt, ein Friedensfahrtsieger als Taxichauffeur, jede Menge als Trainer und Funktionäre.

Die Ärztin fragte einiges, von dem Marianne Bacher meinte, es gehe am Thema vorbei. Dabei kritzelte sie auf einem Block herum. »Das noch«, sagte Marianne Bacher, »ihr Mann ist herzensgut und hat bisher alle Launen ertragen. Aber nun ist aus der Ehe der Pfeffer raus. In ihrem Beruf ist Astrid *nicht* erste Wahl. Sie war fleißig bei allen Prüfungen, niemand hat sie ihres Vaters wegen durchfallen lassen, sowieso waren alle Dozenten in sie verknallt. Das wiederum hat sie geärgert – nun haben wir diesen Teufelskreis.«

»Vielleicht könnten Sie ihn besser unterbrechen als jede Ärztin.«

»Ach!«

Zwei Frauen blickten sich in die Augen, und jede sah, daß die andere nicht weiter wußte. Oder nicht wollte. Marianne Bacher sagte: »Jetzt werden Sie ihr wahrscheinlich stärkeres Zeug verschreiben.«

Eine Kommission hatte befunden, die Krankschreibung der Frau Protter sei zu verlängern. Rücküberweisung an die behandelnde Ärztin. Da kam etwas von weit oben, das war mehr aus Mienen als aus Worten zu schließen. Sie würde exakt tun, was von ihr erwartet wurde. »Sie als Mutter könnten vielleicht mithelfen. Sollte nicht jemand zu einer leichten Arbeit raten, halbtags in einer Gärtnerei? Das darf aber nicht von mir kommen, sonst wirkte es blockierend.« Das war klar: Wegen dieser roten Prinzessin setzte sie sich nicht in die Nesseln.

Marianne Bacher dachte: Zeug hab ich gesagt, Gelumpe wäre das bessere Wort. »Und das soll ich einrühren?«

»Aber nur, wenn Sie einverstanden sind.«

Faule, feige Zicke. »Ich werde mit meinem Schwiegersohn darüber sprechen.«

»Das wird das Beste sein.« Entschlossen streckte die Ärztin die Hand zum Abschied aus.

Falsche, feige Zicke.

Damals III

1958

Diese wunderhübschen Wellen, alles Natur, und so dicht, die Farbe: frische, feuchte Walnuß. Wenn die Sonne hineinschien, sprangen Lichter auf wie Gold aus der Höhle eines Zauberers. Das hörte Astrid und sah Münder lächeln. Über den Ohren gebauscht oder bis auf die Schultern? Astrid schauderte bei der Erinnerung an ein Märchen: Ein Zauberspiegel hatte Augen, die zu lange hineinblickten, herausgesogen, ein Mädchen war blind geblieben, bis ein Tiger den Spiegel zertrümmert hatte, und der Tiger war ein Prinz gewesen, natürlich.

Wie sollte Leipzigs Parteileitung den Genossen Albert Norden an seinem Geburtstag ehren? Am Nachmittag würde er vor SED-Aktivisten referieren. Aus seiner Umgebung war signalisiert worden, danach bliebe er gern in einem nicht zu großen Kreis. Natürlich würde die Gratulation schon bei der Begrüßung ausgesprochen werden, offiziell durch den 1. Sekretär der Bezirksleitung, am Abend sollte es ungezwungen zugehen. Albert Norden, das Mitglied des Politbüros, zuständig für ideologische Reinheit, würde über Erfolge und Aufgaben in Leipzig sprechen, dem konnte man einigermaßen ruhig entgegensehen. Hier war aufgeräumt worden.

»Deine Tochter überreicht also einen Blumenstrauß.«

Der Sekretär für Kultur der Bezirksleitung hatte die Gruppe, die den Besuch des Genossen Norden vorbereitete, als Parteiaktiv bezeichnet. Beim Empfang sollten Offiziere der VP anwesend sein, dazu Genossen der Wirtschaft, Sportlerinnen, Theaterleute, Maler, Schriftsteller, Mitarbeiter aus dem Partei- und Staatsapparat – fünfzig waren schnell beisammen.

»Deine Astrid sagt ein paar Worte: Lieber Genosse Norden, auch wir Leipziger Kinder ... so ungefähr. Beginn neunzehn Uhr, deine Tochter kommt gleich dran, dann fahren wir sie nach Hause. Gegen acht kann sie schon im Bett liegen.«

Und wieder vor dem Spiegel: Lieber Genosse Norden, lieber Genorden Nosse, das war zum Lachen, aber es wäre fürchterlich, rutschte es ihr am Abend heraus. Mutti zeigte ihr ein Zeitungsfoto: Runde dunkle Augen. Schwer vorstellbar, der Mann lächelte. Er würde sich zu ihr neigen, ihr die Blumen abnehmen und übers Haars streichen. Mutti würde es waschen und bürsten, bis es knisterte. Ihre Haare waren elektrisch, vielleicht könnte der Königssohn, der ein Tiger gewesen war, Glühlampen anschließen. Sie saß auf einem Thron. Drähte führten von ihren Haaren weg, es war hell im Palast, bis sie den Kopf zurückwarf und entschied: Ich will nicht mehr! Da wurde es mit einem Schlag stockdunkel.

Firlefanz das Ganze, fand Albert Bacher. Da schiß sich eine komplette Bezirksleitung in die Hose. Er hätte sich gegen den Zirkus mit Astrid wehren sollen, aber nun war es dazu zu spät. Marianne lief zu Hochform auf, die kriegte bei solchen Kinkerlitzchen vor Begeisterung rote Flecken am Hals.

Bei der Beratung am Nachmittag setzte er sich in die vorletzte Reihe weit außen, bloß nicht auffallen wollen als frischgebackener Major. Er hielt einen Block auf den Knien und notierte gelegentlich ein Wort – das war ein erprobter Trick, Aufmerksamkeit vorzutäuschen.

Albert Norden verteilte Anerkennung und Kritik. Auch in Leipzig wäre die Klassenauseinandersetzung nach dem XX. Parteitag der sowjetischen Bruderpartei konsequent geführt worden, gerade hier hätte der Revisionismus das Haupt erhoben, aber kampferprobte Genossen, voran Siegfried Wagner, hätten ihn offensiv geschlagen und alle Ideen des Petöfikreises mit Stumpf und Stiel ausgerottet.

Albert Bacher fühlte sich nicht betroffen. Erst seit einem halben Jahr war er hier, überstellt vom MfS zur Volkspolizei. In einem Panzerschrank in der Berliner Normannenstraße lagen Dokumente verwahrt: Er blieb MfS-Offizier im besonderen Einsatz. Womöglich würde er jahrelang deswegen nicht angesprochen werden. Allmählich lebte er sich ein; der mit dem Bullenkopf da drüben war der Chef aller Theater der Stadt. Mitglied des ZK.

Norden sprach frei mit heftigen Gesten. Die Stadt Walter Ulbrichts war mit einem größenwahnsinnigen Studentenpfarrer ebenso fertig geworden wie mit aufmüpfigen Kabarettisten, Slawisten und Schriftstellern. Alle Angriffe aufs marxistisch-leninistische Grundlagenstudium konnten abgeschmettert werden, ein Philosoph war kaltgestellt worden, dessen Jünger hatten die Schwänze eingezogen. Albert Bacher versuchte die Stimmungslage zu erfühlen, er würde nicht wie der Leiter der Bereitschaftspolizei in Erfurt schwere Maschinengewehre für seine Truppe verlangen und damit forscher sein wollen als die Partei. Mit den alten Lastwagen konnte er keinen Staat machen, ein Einsatz an der Ostgrenze gegen Polen oder an der Westgrenze wäre riskant; das würde er einfließen lassen, falls ihn jemand fragte. Der Ausfall von achtzehn Prozent bei einer Übung neulich nach hundert Kilometern erschien natürlich schaurig. Er wäre ein Narr, meldete er jetzt schon Ansprüche an.

»Genossen, was ich nun sage, ist nicht fürs Protokoll bestimmt.« Das kannte Bacher: Vertraulichkeit – wenn ihr wüßtet, mit welchen Schwierigkeiten wir in der Staats- und Parteiführung zu kämpfen haben! Schwankungen waren bei Intellektuellen aus dem Bürgertum vorprogrammiert. Womöglich auch beim derzeit allmächtigen Norden. Wer ein Krebsgeschwür beseitigen wollte, mußte im *gesunden Fleisch schneiden,* hatte Kurella formuliert, das war für Albert Bacher sofort einleuchtend gewesen. Mit vierzehn war er Handlanger in einer Ziegelei geworden. Wenn er tief in sich hineinhorchte, spürte er noch heute, wie es damals gewesen war, in der Winternacht aufstehen und durch finstere Straßen trotten zu müssen. Oberschüler drehten sich da noch mal auf die andere Seite. Klassenbewußtsein war für ihn etwas Erfühlbares. Egal, ob einer Hilfsarbeiter oder Vorarbeiter war, er stand auf der einen Seite der Barrikade, schon ein Meister mußte entscheiden, ob er Verräter sein wollte. Wer aus dem Bürgertum kam, konnte sich allenfalls bei der Arbeiterklasse andienen, auch anbiedern, wie eben diese Schauspielerin, die ein sowjetisches Theaterstück rühmte, widerlich. Klasseninstinkt, sagte sich Albert Bacher, den hab ich.

Als er nach Hause kam, fand er die Atmosphäre noch hektischer, Marianne sprach eine Tonlage höher als gewöhnlich. Dabei war Astrids Text doch ganz einfach: Lieber Genosse Albert Norden, auch wir Leipziger Kinder gratulieren dir herzlich zu deinem Geburtstag. Bleib hübsch gesund und komm bald wieder.

»Kein Knicks, das ist spießig.«

»Nun red nicht auch noch rein! Astrid, dabei die Blumen ... «

Die Blumen vorgestreckt mit der linken Hand. Oder mit beiden Händen. Dann würde der Genosse ihr die Hand geben. Aber wenn er ihr die Blumen nicht abnahm?

Jetzt brauchte Bacher dringend einen Wodka. Dieses Affentheater wegen der beiden Sätze! Der Direktor des Literaturinstituts hatte sie sich ausgedacht und damit gegen den 3. Sekretär der Bezirksleitung und den 1. Sekretär der Stadtleitung durchgesetzt. Die wollten »Junge Pioniere und Thälmannpioniere«, er hatte sie überzeugt, daß »Kinder« *menschlich näher* klänge. Die Geburtsstadt Walter Ulbrichts stand unverbrüchlich treu zur gegenwärtigen Partei- und Staatsführung, aber *herzlich* eben auch, *von Herzen* kam der Gruß der Kinder. Der Direktor des Literaturinstituts wußte, daß er sich auf dünnes Eis gewagt hatte; als es in Ungarn hart auf hart gegangen war, hätte er bestimmt unerbittlicher argumentiert. Jetzt begann eine Periode, in der auch menschliche Wärme einfließen durfte, *auch,* Genossen!

Lieber Genosse Papa Albert – Astrid drehte sich vom Spiegel weg. Anstelle der Blumen hielt sie ein Kissen. Lieber Genosse Albert Norden, langsam sollte sie sprechen und zu ihm hinaufschauen. Seine Augen würden nicht drohen wie die des Zauberers Bogdan, der Weizenähren in ein Fell verwandeln konnte und über die Baumwipfel mit großen Schritten hinwegging, beinahe wie ein Vogel. Wenn ihr Haar wirklich elektrisch war, mußte der Genosse Norden zurückzucken, sobald er drüberstrich, und sie würde lachen: Siehste, jetzt haste dich verbrannt! Wenn alle lachten und es ebenfalls probieren wollten, schaltete sie ab: Keine Lust mehr.

Zum ersten Mal in Leipzig trug Albert Bacher alle seine Auszeichnungen, eine Medaille fiel am meisten auf: Ein sechs Zentimeter großer roter Stern mit Handgranate und Maschinenpistole, darunter kleine kyrillische Schrift, verliehen für Partisanenkampf in Belorußland. In Berlin hatte er sie zu wenigen Anlässen angesteckt, immer war er respektvoll danach gefragt worden. Jedesmal hatte er sich bemüht, die Antwort exakt zwischen Bescheidenheit und Stolz klingen zu lassen. So war es auf den Begriff zu bringen: stolze Bescheidenheit.

Marianne Bacher saß mit Astrid hinter ihm im Auto und versuchte abzulenken: Wie viele Junge kriegte eine Katze und wie viele ein Hund, ein Pferd? Derweil dachte es in Astrid: Lieber Genosse Norden, wir Kinder Leipzigs ... Er würde auf einem Thron sitzen wie ein König. »Mutti, wie viele Stufen sind da?«

»Wo sind Stufen?«

»Beim Thron vom Genossen.«

Die Sache war heillos überzogen. Schaden konnte es ihm nicht, wenn er Marianne und Astrid zurückschickte und behauptete, Astrid hätte Fieber bekommen, achtunddreißigeinhalb. Wahrscheinlich kamen sie zu allem Überfluß eine halbe Stunde zu zeitig.

Lieber Genosse Norden, auch wir Leipziger Kinder... Da waren keine Stufen, aber zwei Prinzessinnen in wundervollen Kleidern; Astrid wußte, wie die Gestelle hießen, neben denen sie saßen, es fiel ihr nur nicht gleich ein, es waren Musikinstrumente, und sie konnte sich genau vorstellen, wie sie klangen, wenn die Prinzessinnen mit den Fingern darüber fuhren. Harfen, ja. Und Marianne Bacher erklärte, die beiden Frauen kämen aus der Sowjetunion, dort war Papa gewesen. Wenn sie groß war, würde sie Harfenistin werden, nicht Zirkusreiterin.

Der Bezirksvorsitzende des Gewerkschaftsbundes fragte Bacher nach seinen Orden. Aha, Belorußland, da sei er auch gewesen, leider auf der anderen Seite. Bacher tat ihm nicht den Gefallen, nach Städten zu fragen, nach Gefangenschaft etwa oder Wehrmachtsdienstgrad. Das da wäre übrigens kein Orden, sondern eine Medaille.

Die Harfenistinnen übten oder machten ihre Finger geschmeidig, es klang, als ob Perlen über hundert Stufen eines Königsthrons auf- und absprangen. Lieber Genosse Albert, wir Kinder... »Das ist unsere Astrid.« Sie gab die Hand, schaute auf und hörte nicht, was sie gefragt wurde, antwortete nicht, wie alt sie sei. Die Blumen waren schwer, jemand sagte: »Wundervolle Gladiolen, wo habt ihr die bloß her zu dieser Jahreszeit?«

»Der da ist der Genosse Norden, der ohne Uniform, im braunen Anzug.« Lieber Genosse Norden...

»Astrid, jetzt.«

Da ging sie los, fürchtete: Wenn ich stolpere. Sie drückte die Blumen an sich, blickte auf sie hinunter, blickte hoch, sah den Genossen Norden nicht, lieber Genosse Norden, wir Leipziger Kinder, sah die Prinzessinnen, wollte sich zu ihrer Mutter umdrehen, starrte in lächelnde Männergesichter, der Genosse Norden war verschwunden, verzaubert vom wilden Bogdan, es war nun totenstill, keine Perlen hüpften auf Thronstufen hoch und runter, eine Prinzessin breitete die Arme aus, da lief sie hin, warf die Gladiolen hinein, warf sich hinein, spürte Arme um ihre Schultern, preßte die Augen zu und hoffte, sie würde nun verzaubert sein, weit weg aufwachen und auf alle Zeit vergessen: Lieber Genosse Norden, wir Kinder ... Sie würden Harfenistinnen sein, zu dritt.

»Alles nicht so schlimm«, tröstete Marianne Bacher, als sie nach Hause fuhren. »Eine Künstlerin hat die Blumen zum Genossen Norden gebracht. Und der hat gelacht.«

Das hatte Astrid nicht gesehen, sie war aus dem Saal gerannt und vor der Treppe von einer Kellnerin abgefangen worden.

Da stand Major Bacher neben dem Genossen aus dem Politbüro. »Das war deine Tochter? Hübsches Mädelchen. Na, sie wird schon drüber wegkommen. Sag ihr einen schönen Gruß, falls das helfen sollte.«

»Mache ich, Genosse Norden.«

»Was ist das für ein Orden?«

Ob es dem Westemigranten womöglich einen Stich gab, wenn er erfuhr, wo er, Bacher, gekämpft hatte? »Ich war Partisan in Belorußland.«

Das Mitglied des Politbüros hob das Sektglas: »Auf euren tapferen Kampf damals, Genosse!«

Damals IV

1943

»Woher bist du?«

»Aus Wuppertal.«

Der Gefangene saß vor Albert Bacher und rührte mit einem Stöckchen im Sand. Seine Haare waren kurz wie bei Soldaten üblich, rotblond und gescheitelt. Das linke Auge war fast zugeschwollen, und Bacher hoffte, der Schlag hätte ihn bei der Gefangennahme und nicht später erwischt. Wuppertal lag weit von Sachsen weg, da war er nie gewesen.

Was Bacher gehört hatte, klang irrsinnig: Der Kerl war auf einem Motorrad allein und nur mit einer Pistole am Koppel in den Wald hineingefahren, den Partisanenwald. Die Posten hatten ihn, eine Falle vermutend, durchgelassen, ehe sie kapierten, daß er sich verfahren haben mußte. Einer hatte vermutet, der Deutsche wollte überlaufen, schließlich ließ Radio Moskau einen Appell nach dem anderen los: Hitler ist ein Verbrecher, deutsche Soldaten, wir garantieren gute Verpflegung und sofortige Heimkehr nach Kriegsende! Wenn der Fritz merkte, daß er sich verfranzt hatte, würde er umkehren. Da hatten sie Äste auf den Weg gezerrt. Eine Viertelstunde später mußte der Deutsche dort bremsen, das Krad rutschte unter ihm weg, und ehe er die Pistole ziehen konnte, packten sie ihn. So blöd konnte nur ein blöder Fritz sein.

»Was wird?«

»Wirst vernommen, ich dolmetsche. Dann bringen wir dich hinter die Front.«

»Aber...«

»Du meinst: Das ist weit?«

»Zweihundert Kilometer, oder?«

»Trotzdem sickern immer wieder Trupps von uns durch. Du wirst einen Verwundeten tragen, vermute ich. Und dann ab ins Lager. Für dich ist der Krieg vorbei.«

Der Gefangene suchte Bachers Augen. Die größte Angst war aus ihm gewichen, geblieben war Hoffnungslosigkeit. »Wieso bist du hier?«

»Übergelaufen, was denn sonst.«

Ein Kommunist, dachte der Gefangene, aber wenigstens ein Deutscher. Immerhin hatte der den Russen klargemacht, daß er trotz der schwarzen Uniform und des Totenkopfs am Kragenspiegel nicht zur SS, sondern zu den Panzertruppen gehörte. Vielleicht durfte er tatsächlich einen Verwundeten durch die Wälder tragen, nur nachts über Felder und Straßen. Aber wie wollten sie durch die Front? Und wenn sie fürchteten, daß er losbrüllte, um sie zu verraten? Es war nach langen Regentagen dunstig im Wald. Seine Stiefel waren naß, seine Hose klebte schlammverkrustet bis zu den Knien. Er hätte natürlich gern geraucht, aber seine Zigaretten hatten sie ihm zusammen mit dem Soldbuch, den Fotos seiner Frau und des Jungen, dem

Taschenmesser und sogar dem Taschentuch abgenommen.

»Sag dann am besten die Wahrheit.«

Der Gefangene nickte.

Ob der Mann ihm glaubte? Seit Bacher bei dieser Partisaneneinheit war, hatten sie noch nie einen Gefangenen gemacht. Sie montierten Schienen ab, sprengten Lokomotiven und wichen nach jedem Angriff zurück. Einmal hatten sie sich bei einem unvermuteten Zusammenprall mit einer Lastwagenkolonne eine Knallerei geliefert.

Zwei Partisanen kamen von den Bunkern herüber. Er solle den Gefangenen zum Kommandeur bringen. Bacher fragte, ob ihm wieder die Augen verbunden werden müßten. Davon habe niemand etwas gesagt. »Also los, und bleib bei der Wahrheit!«

Trotz der Schwüle, die den Schweiß aus den Poren trieb, wartete der Kommandeur mit bis zum Hals zugeknöpfter Bluse auf sie. Seine Mütze saß gerade, der Schirm flach über den Augenbrauen. Bacher meldete akkurat, die Hand an der Mütze, und der Kommandeur nahm die Meldung vorschriftsmäßig entgegen. Dem Deutschen sollte wohl suggeriert werden, daß er bei einer intakten Einheit der Sowjetarmee wäre und nicht in einem Haufen von Versprengten und Verzweifelten. Der Bunker war so niedrig, daß der Gefangene gebückt stehen mußte, das empfand Bacher als psychologisch wirkungsvoll. Er setzte sich auf den Klotz neben der Tür, der Kommandeur legte die Arme auf den Tisch aus frischem Birkenholz. Bacher übersetzte: Joachim Bennarz aus Wuppertal, neunzehnhundertvierzehn geboren, also neunundzwanzig Jahre alt, Tischlergeselle, Obergefreiter in einem verstärkten Bataillon, das mit französischen Beutepanzern ausgerüstet war und wahrscheinlich einen Umfassungsangriff gegen die Partisanen hier nördlich von Minsk unterstützen sollte, aber Genaueres wäre nicht mitgeteilt worden. Beim Angriff 1941 verwundet, hätte er sich in Dänemark erholen dürfen und wäre nun zum zweiten Mal im Osten, durchaus nicht gern oder gar freiwillig. Wirklich nicht? hakte der Kommandeur nach und wollte wissen, wie die Stimmung der Truppe sei, und erst jetzt und natürlich zu spät fiel es Bennarz ein, daß er schon in den ersten Minuten hätte behaupten sollen, er wolle überlaufen. Er hatte zum Bataillonsstab fahren sollen, einer Lappalie wegen, irgendwas mit Kochgeschirren und Unterwäsche. Er mußte eine Abzweigung übersehen haben. Sie achteten den Russen wegen seiner Härte gegen die Widrigkeiten der Natur, hätten höchsten Respekt vor Scharfschützen, Schiß vor der Stalinorgel, mit ihren lächerlichen Renaultkarren könnten sie natürlich niemals gegen einen T 34 antreten. Der Kommandeur schien sich zu freuen: Aber gegen Partisanen trauten sie sich damit vor? Der Deutsche wagte ein trauriges Lächeln.

In welchen Dörfern lägen die Panzer? Der Gefangene kannte weder ihre Namen noch die der Bürgermeister und auch nicht die Anzahl der Bewohner, Pferde und Kühe. Nein, sie hätten niemals requiriert, schon gar nicht gestohlen. Sie verpflegten sich aus ihren Vorräten, sie seien ja erst vor drei Tagen ausgeladen worden. Der Gefangene fürchtete auf einmal, der

Kommandeur könnte von ihm verlangen, in der nächsten Nacht einen Stoßtrupp gegen seine eigenen Kameraden zu führen, anderenfalls würde er erschossen. Vielleicht müßte er zum Schein einwilligen, die Kameraden schreiend warnen und heldisch untergehen. Über die Route des Transports wurde er befragt und mußte gleich darauf die Zahl der Panzer und Schützenpanzer wiederholen, und wie hießen die Offiziere? Waren Ritterkreuzträger dabei? Bennarz versuchte, seinen Rücken zu strecken, indem er ein wenig in die Knie ging. Bacher übersetzte. Vielleicht war einiges grammatisch nicht in Ordnung, seine Lehrerin auf der Kominternschule hätte sicherlich geschimpft. Auf den Baustellen hinter dem Ural hatte er das Russisch der Arbeiter erlernt, in den Lagern ab 1937 das der Gefangenen und der Wächter. Diese Lehrerin hatte sein Russisch rüde und chaotisch gescholten und gewünscht, sie könnte mit ihm wieder bei Null anfangen.

Warum erhoben sich die deutschen Arbeiter nicht endlich gegen Hitler? Welche Rolle spielte an Rhein und Ruhr die illegal kämpfende Kommunistische Partei? Der Kommandeur hatte in einer Erzählung eines Emigranten gelesen, an den Straßenkreuzungen der deutschen Großstädte stünden Wachtürme, auf denen SS-Männer mit Maschinengewehren hockten, die Arbeiter würden zur Arbeit getrieben. Wachtürme? Bennarz vermutete, Flaktürme seien gemeint. An Straßenkreuzungen? An den Gefangenenlagern, ja. Den russischen Gefangenen ging es miserabel, er fürchtete, danach gefragt zu werden. Wenn er bestätigte, daß sie hungerten und verhungerten, würden sie ihn ebenfalls hungern lassen. Schlecht genährt sahen diese Partisanen nicht aus, fürchterlich abgerissen allerdings. Warum, fragt der Kommandeur, und zum ersten Mal klang seine Stimme scharf, sei er, der Arbeiter Bennarz, nicht dem illegal kämpfenden Kommunistischen Jugendverband beigetreten? Den Begriff »Klassenpflicht« ließ Bacher unübersetzt, er zweifelte, daß der Gefangene etwas damit anfangen könnte. Der Hitlerjugend habe er angehört, gab Bennarz zu und unterschlug, daß er Jungzugführer gewesen war. Kommunist – nein, niemals, beinahe hätte er angefügt: leider.

Die Handbewegung, mit der der Kommandeur den Gefangenen hinausschickte, war kurz und heftig. Der Befehl, den er Albert Bacher dann gab, bestand aus wenigen Sätzen. Bacher hatte ihn erwartet. Er war Deutscher, es würde wohl nie aufhören, daß er sich bewähren mußte. In dieser Partisaneneinheit hieß er »Germanski«, er würde sich irgendwann darüber beschweren müssen, vielleicht, wenn dieser Einsatz vorbei war.

Draußen befahl er dem Gefangenen, seine Stiefel auszuziehen.

»Was wird jetzt?«

»Wir bringen dich zum Gefangenenbunker.« Bacher hoffte, er würde ihm nicht noch einmal ins Gesicht blikken müssen. »Da bleibst du ein paar Tage, bis der Transport abgeht.«

Der Partisan, der vor dem Unterstand des Kommandeurs gewacht hatte, nahm einen Strick, wie ihn Bauern zum Anbinden von Kälbern benutzten, und fesselte dem Gefangenen die Hände auf den Rücken.

»Sind bloß ein paar hundert Meter. Die Ameisen werden dich schon nicht auffressen.«

Der Partisan winkte dem Gefangenen, ihm zu folgen. Bacher ging hinterher. Sie mußten unter Gesträuch hindurch. Bennarz konnte sein Gesicht nicht vor den Zweigen schützen. Ihn beschäftigte dieser Gedanke: Seine Stiefel würde der Offizier behalten, und ihm gaben sie alte Latschen.

Von einem Knüppeldamm herunter stieß Bacher ihn in den Sumpf. Der Deutsche schrie nicht und versank sofort. Für kurze Zeit war braunes, öliges Wasser zu sehen. Luftblasen stiegen auf. Dann schloß sich der Teppich der Wasserlinsen allmählich.

Bacher ging zurück und meldete: Befehl ausgeführt. Der Offizier stand ohne Mütze vor seinem Bunker und hatte die Jacke aufgeknöpft. Er nickte, ohne Bacher anzusehen.

4. KAPITEL

Service für Hundenasen

1.

1986, Juli

Alles war penibel vorbereitet. Der Leiter der Abt. Inneres beim Rat des Kreises, ein untersetzter Mann um die fünfzig mit faltigem Gesicht und abgearbeiteten Händen, hatte die Anordnungen des Hauptmanns Alexander Bacher befolgt, ohne Fragen zu stellen. Der Genosse sprach kraftvolles Erzgebirgisch mit harten Konsonanten und hellen Vokalen. Woher? Aus Schwarzenberg, fünfzehn Jahre lang unter Tage bei der Wismut. Bacher wußte: Genossen wie den mußte man auf einen Verwaltungsplatz prügeln, vor der Parteischule scheute sich so einer wie vor einer Höllenstrafe.

»Die beiden sind nicht so übel«, sagte der Abteilungsleiter. »In Südamerika gehören solche zur Kirche von unten.«

Zur vereinbarten Minute wurden Pfarrer Reichenbork und der Schlosser und gescheiterte Theologiestudent Vockert angemeldet. Eine Tür blieb halb offen; Bacher saß so, daß er nicht gesehen werden konnte.

»Bitte, Herr Vockert.«

»Eine holländische Friedensgruppe hat sich an uns gewendet und allerlei Material geschickt: Aufrufe, Broschüren in Englisch und Deutsch über Raketenrüstung, den Zustand der Nordsee und Schildkröten in Neuseeland. Nun wollen uns ein paar von denen besuchen.«

»Warum gerade Sie?«

»Vielleicht hat uns jemand empfohlen.« Kränklich klang die Stimme des Pfarrers keinesfalls. »Außerdem fragen die Holländer nach Adressen von alten und bedürftigen Gemeindemitgliedern, denen wollen sie irgendwas schicken.«

»Wir möchten keinen Fehler machen«, das war Vokkert. »Wenn's um Raketen geht, wird's uns mulmig.«

»Und bedürftige Leute bei uns werden von der Volkssolidarität unterstützt«, belehrte der Abteilungsleiter, »wir haben es nicht nötig, im Ausland zu betteln.«

»Also raten Sie generell ab?«

Die Broschüren sollten sie ihm zeitweise überlassen und, wenn sie den Holländern antworteten, Aufklärungsmaterial der Nationalen Front beilegen. Raketen seien schließlich nicht gleich Raketen. Und falls wirklich eine Delegation käme – gern würde er sie im Rat des Kreises empfangen. Ein aufklärendes Gespräch über Ländergrenzen hinweg! »Weil wir gerade dabei sind, Herr Reichenbork, Sie sollten sich die Schriftsteller, die bei Ihnen auftreten, genauer anschauen. Mit diesem Kunze haben Sie angefangen, der beglückt ja inzwischen die BRD. Stefan Heym hat abgelehnt, das muß doch seine Gründe haben, meinen Sie nicht?«

»Er sei überlastet, hat er gesagt.«

»Aber vielleicht ist es nicht nur das?«

Nun trat erst einmal eine Pause ein. Länger als zehn Minuten hatte das Gespräch bisher keinesfalls gedauert, wenig für die Tücher unter den Sitzen. Der Abteilungsleiter sollte die Unterredung auf eine halbe Stunde ausdehnen – was der Mann sich wohl dachte angesichts der Tatsache, daß das MfS eigene Stühle mitbrachte?

»Da wäre noch etwas von unserer Seite. Neulich zu einer Abendandacht sind viele Autos von außerhalb gekommen, Bürger haben sich beschwert. Abends gegen zehn dieser massierte Aufbruch!«

Das mochten die Kirchenmänner nun überhaupt nicht verstehen. Wie? Und wer hätte sich beschwert? Acht Autos wären es vielleicht gewesen, gab der Pfarrer zu. Wahrscheinlich nur sechs, meinte Vockert. Wenn man einen Trabantmotor anlasse, mache das natürlich einiges Geräusch. In der dörflichen Abendstille wirke das womöglich doppelt laut. Vielleicht sollten die Autos künftig nicht direkt vor der Kirche parken, schlug der Pfarrer vor, und Vockert, jetzt offensichtlich gereizt, verwies auf die Mähdrescher, die im Sommer abends gegen elf von den Feldern hereindonnerten. Und was war, wenn Traktoren früh um sechs starteten? »Ich wüßte wirklich gern, wer sich beschwert hat!«

»Also, wenn Sie Besuch aus den Niederlanden bekommen, möchten wir ihn auch kennenlernen.« Er wäre leider nicht informiert, wie sich die Volkssolidarität um Königsau kümmere. Falls es Versäumnisse gebe, wolle er sich gern einschalten. Wintermäntel für betagte Bürger, und wenn bei einem Rentner die Waschmaschine oder der Fernseher kaputtginge – unbürokratisch würde geholfen. »Rufen Sie mich in solchem Fall bitte an. Und ich danke für das Vertrauen, daß Sie sich an uns gewendet haben.« Dann kamen sie noch auf die Ernte, einen Rübenschädling und Straßenumleitungen – das Gespräch läpperte dahin.

Guter Mann, fand Bacher. Er hörte Stühlerücken und Abschiedsfloskeln. Nachdem der Pfarrer und sein Helfer fort waren, ging er hinüber, fragte, wer auf welchem Stuhl gesessen hätte, und klebte Zettel an die Lehnen. Sein Techniker stülpte Plastesäcke über. »Alles prima«, fügte Bacher an, »ich hab jetzt einen Eindruck von den beiden. Danke!«

Die Stühle wurden verstaut, der Techniker steuerte den Transporter vom Hof. Bacher hatte Zeit. Es wirkte schon ein wenig lächerlich, was es in jedem Landkreis alles gab, angefangen von der Kreisleitung der SED und der anderen Parteien, dem Rat des Kreises, dem Wehrkreiskommando bis hin zu den Büros der Nationalen Front, der FDJ und des Gewerkschaftsbundes. Allerlei mußte in Personalunion gefahren werden: Der 1. Sekretär des Kulturbundes beispielsweise war der 2. Mann im Ausschuß für Jugendweihe und verantwortlich für Kunst in der Gesellschaft für deutsch-sowjetische Freundschaft. Natürlich lief nichts ohne Dienststelle des MfS.

Alles lag nahe beieinander, so ließ Bacher seinen Wartburg stehen. Am Markt glänzten drei Häuser frisch getüncht, von einem Plakat lachten ein Rotarmist und ein Soldat der Volksarmee mit Maschinenpistolen vor der Brust auf schiefe Bordkanten herunter. »Der Friede muß bewaffnet sein«, eine gute alte Losung. Im Plakat steckte auch das drin: Keiner durfte sich durch Gorbatschows Wischiwaschi weichmachen lassen. Das MfS hatte alles Glasnostgeschwafel überstanden und würde unbeirrt seinen Kurs steuern.

Alexander Bacher kannte den MfS-Leiter vom gemeinsamen Studium in Potsdam her, mit ihm war er damals gut gefahren. Er empfand es als Vorteil seiner Linie, daß er die Abschottung einzelner Apparateteile durchbrechen mußte. Wenn er diese Kirchenleute in seine Arbeit einbeziehen wollte, mußte der Leiter der Kreisdienststelle davon informiert werden. Heribert Schmalbank war Hauptmann wie er, allenfalls drei Jahre älter und ein fideles Haus; in Potsdam hatte er das Kabarett des Abschiedsabends geleitet. Der Genossin in der Pförtnerloge hielt er seinen Ausweis hin und fragte nach dem Genossen Leiter. Ja, der wäre oben. Die Frau trug eine ausgeblichene Uniform und darunter eine nicht vorschriftsmäßige Bluse – in Kreisdienststellen rutschte manches ins Familiäre, ja Luschige ab. Viele Mitarbeiter gingen in Uniform nach Hause; es war schwierig, Treffs mit Inoffiziellen Mitarbeitern unauffällig durchzuziehen. Die geheimen Wohnungen kannte bald jeder – Bürgernähe hatte ihren Preis.

Schmalbank kam fröhlich herunter und lobte die hübsche Überraschung. »Nee, keine Termine mehr.« In seinem Dienstzimmer schaltete er das Telefon um und zog eine Flasche Korn aus der Schublade. »Mein leichter Tischwein.« Die Gläser waren von klobiger Häßlichkeit und trugen Porträts sowjetischer Kosmonauten – das Geschenk einer Delegation tadschikischer Tschekisten.

Nach dem ersten Schluck fragte Bacher: »Was gibt's Neues in Königsau?«

»Ach, reagiert Leipzig endlich?«

Bacher schilderte, wie er eben einer Befragung in der Abt. Inneres konspirativ beigewohnt hatte. »Schlaue Burschen.«

»Das kannst du wohl sagen! Die versuchen den Eindruck zu erwecken, daß sie mit dem Staat auf gutem Fuß stehen wollen, und versteckt kochen sie ihre schwarzen Süppchen. Immer mehrere Töpfe gleichzeitig, und wir sollen dann herausfinden, was zuerst gar ist.« Die Zahl der Konfirmationen in Königsau, die nie weniger als vierzig Prozent betragen habe – hier ginge es natürlich althergebrachter zu als in einer Großstadt –, sei auf neunzig Prozent hochgeschnellt. Auch Genossen wichen neuerdings zurück, sogar der Schulleiter. In einer Aussprache habe der frech darauf verwiesen, die Religion sei von der Partei doch zur Privatsache erklärt worden. Am liebsten ließe er den Arsch feuern. Ja, es sei bekannt, daß der Pfarrer nicht mehr lange leben würde. »Vockert ist noch einen Zahn schärfer.«

»Und ist noch nie gestolpert?«

Schmalbank seufzte, Schmalbank goß nach. »Vockert säuft nicht und hat sich nach seinem Ausflug in die Studiererei wieder reibungslos in die alte Arbeit reingefunden. Wenn die Genossen im Betrieb nicht aufpassen, wird der noch Aktivist.«

Daß Vockert beinahe jede Woche nach Leipzigfuhr, war Schmalbank neu, und Bacher berichtete über den Gesprächskreis von Ausreisewilligen eines gewissen Pfarrers Ohlbaum, und daß es nicht gelungen sei, den Superintendenten zu bewegen, diese gefährliche Tour zu unterbinden. Dabei galt der Superintendent als klarer Vertreter der These »Kirche im Sozialismus«, und die Abt. Kirchenfragen im Bezirk schilderte ihn als berechenbar. »Aber in dieser Sache stellt er sich taub. Ganz genau wissen wir nicht, was Ohlbaum und Vockert dort kungeln. Bloß beten werden sie wohl nicht.«

»Hier hält Vockert Kindergottesdienst ab.«

»Der geborene IM.«

Schmalbank lachte.

»Wir müßten ihn überzeugen, daß er nur mit uns seiner Kirche nutzen kann.«

Immerhin: In der Gemeinde von Königsau mache keine Maus einen Pieps, ohne daß es bei der Kreisdienststelle tags darauf bekannt wäre. Zwei IM wären gut plaziert, das Telefon des Pfarrers, seine und Vockerts Post würden überwacht, nur auf eine Wanze habe man bisher verzichtet.

Bacher spürte den Alkohol wohlig und wolkig im Hirn. Schnaps trank er selten und nie um diese Zeit. Er würde etwas essen müssen, ehe er sich ans Steuer setzte. Kontrollen brauchte er nicht zu fürchten; sein Ausweis regelte alles.

»Kommst mit zu mir«, schlug Schmalbank vor. »Ich ruf meine Frau an.«

Unterwegs kauften sie Bier und Bockwürste, Schmalbank in Hauptmannsuniform und Bacher neben ihm. In Leipzig wäre so etwas undenkbar, war sich Bacher bewußt, und er kriegte eins aufs Dach, käme heraus, daß er sich hier höchst unkonspirativ bewegte. Schmalbank grüßte und wurde gegrüßt. Eben wäre der Bürgermeister vorbeigefahren, eine Niete.

Schmalbanks Frau war eine gelockte Blondine in einem zu engen Kleid, sonst wären die Speckpölsterchen an den Hüften gar nicht aufgefallen. Wülsterchen, dachte Bacher, sie machten Appetit zum Kneifen. Sie lachte ein wenig schrill und rief sofort und nach Minuten wieder, es sei eine tolle Idee, daß Heribert mal jemanden mitbrächte, so wie sie lebten, fiele ihr die Decke auf den Kopf. »Is doch so, oder?« Die Tochter sei schon mit sechzehn aus dem Haus, auf einer Sportschule. »Wir sind doch noch keine alten Leute, oder? Übrigens sind wir uns schon mal begegnet.«

Bacher hob die Brauen.

»Du standst im Mittelpunkt, und ich hab mich am Rande rumgedrückt. Kleine Leute übersieht man leicht.« Wieder lachte sie eine Spur zu laut.

Bacher versicherte, er wäre drauf und dran, vor Scham im Boden zu versinken. Schmalbank dröhnte, mit dem nächsten Schnaps werde alle Schande weggespült, prost!

Die Wohnung lag in einem Plattenblock am Stadtrand, ein Haus wie überall und die Zimmer auch. Immerhin habe die Küche ein Fenster, sagte Frau Schmalbank, darauf lege sie gesteigerten Wert, sei ihr wichtiger als ein Balkon, ehrlich. Den brauche sie nicht und einen Garten auch nicht, hinterm Haus beginne jede Menge Natur.

Als sie mit einem Tablett aus der Küche kam, sagte Bacher überrascht: »Donnerwetter.« Denn die Genossin Schmalbank trug nun eine hinreißende Brille, weiß und silbrig und an den oberen Seiten spitz zulaufend, die Gläser getönt, die Bügel filigran, Extraklasse. Ihm waren Frauen mit Brille nicht zuwider oder erschienen ihm klüger, Brillen nahm er kaum zur Kenntnis. Die hier wäre eine Wucht, und sie entgegnete, auf Arbeit, beim Rat des Kreises in der Abt. Landwirtschaft, trüge sie dieses rasante Stück natürlich nicht. Ein Onkel aus der Schweiz hätte es ihr zur letzten Messe mitgebracht, ein Großonkel irgendwelchen fernen Grades.

Sie tranken Bier, aßen Wurst, Brot und Gurke und redeten über die Tochter, die Bezirksmeisterin im Freistilschwimmen war und zu den schönsten Hoffnungen berechtigte. Carla Schmalbank sei Zweite bei einer DDR-Meisterschaft im Pistolenschießen gewesen, aber bei Ausscheidungswettbewerben für internationale Aufgaben habe sie nervliche Probleme gezeigt, tja. »Hat aber Spaß gemacht.«

»Duell in der Familie kann ich mir nicht leisten!« rief Schmalbank.

Auf diesen und jenen aus ihrer gemeinsamen Potsdamer Zeit kamen sie zu sprechen; einen hatte Bacher in Berlin in der Zentrale getroffen, zwei arbeiteten in Afrika. Einer war schon Major, einen hatten sie in die Wirtschaft geschickt. Klasse Jahrgang, keine Frage. Sie konnten sich ausrechnen, daß bald allerhand Oberstleutnants und Oberste altersbedingt ausscheiden müßten, Genossen der ersten Stunde. Aufstiegschancen bestanden demnächst in Massen. Darauf tranken sie: Spätestens im Jahr 2000 wären sie Oberste, das walte Hugo.

Carla Schmalbank brachte Fotos und Urkunden herbei. Ihre Tochter, hübsch, was? Bacher meinte, für ihn käme nun bald die Zeit zum Abhauen, aber Schmalbanks riefen unisono, das hielten sie für Quatsch, er könnte im Zimmer der Tochter pennen. Im jungfräulichen Bett würde ihm höchstwahrscheinlich einer abgehen, lärmte Schmalbank, und seine Frau nannte ihn ein Ferkel. Sie ging hinaus und kam in einem Wildlederkleid wieder; ihr wäre danach, erläuterte sie den Wechsel, es sich bequem zu machen. Bacher stutzte, einen Augenblick später rief er: »Jaaa! Als diese Straße nach meinem Vater benannt wurde. Beim Empfang danach!«

»Genau!« erwiderte Frau Schmalbank mit einem Blick unter gesenkten Lidern heraus. »Na endlich!«

Diesmal war der Reißverschluß zwei Zentimeter weiter heruntergezogen; Bacher hätte es sicherlich rühmend erwähnt, wäre Schmalbank nicht zugegen gewesen. Wenn die mal hier nicht auf verdammt trockenem Pflaster vegetierte. Er mußte aufpassen, daß er nicht zu viel auf die Wölbungen zu seiten des Ausschnitts starrte.

Sie kamen wieder auf den Schwerpunkt Königsau zu sprechen; Bacher wollte auf dem Dienstweg nachbohren und dabei natürlich jeden Hinweis auf den heutigen Abend vermeiden. Carla wäre bestimmt 'ne Klassegenossin, und über Konspiration müßten sie sich gegenseitig keine Vorträge halten. Aber! Die beiden Männer glitten in diesen Spaß hinein: Vielleicht war Carla in einer anderen Diensteinheit als IM, gar als GMS registriert? Vielleicht sogar in der ZAIG, der Kontrollorganisation, vor der kein Panzerschrank sicher war? Und die Tochter in der Nachwuchsorganisation »Junge schwimmende Tschekisten«?

»Vockert« – Bacher erinnerte sich eines Gesprächsbrockens vom Nachmittag –, »Vockert als IM, das müßte von Leipzig her angepeilt werden. So könnten wir dieses Pfaffennest aushebeln. Zwei IM dort sind zu wenig, wir brauchen drei, fünf, zehn, ein Dutzend.«

»Jeder zehnte Erwachsene im Kreis ein IM«, sprach Schmalbank versonnen.

Bacher legte nach: »Jeder fünfte.«

Carla Schmalbank hob die Hand, als hielte sie eine Pistole, senkte sie gegen Bacher, zielte mit gestrecktem Finger zwischen seine Augen und schoß ab: »Jeder zweite!«

»Wißt ihr noch, das große Wettrennen damals: In welchem Kreis sind zuerst alle Bauern in der LPG? Eilenburg hat gewonnen.«

»Und der Genosse, der das geschafft hat, wurde Kulturminister.«

Bacher erhob sich feierlich, darauf bedacht, nicht gegen die Lampe zu stoßen. »Genossin und Genosse, ich erteile euch den Kampfauftrag: Bis zum vierzigsten Jahrestag der Deutschen Demokratischen Republik ist dieser Kreis voll-IM-isiert!«

»Zehn Feinde brauche ich!« widersprach Schmalbank.

»Die Feinde werden von uns eingeteilt«, verkündete Bacher dumpf, während sich Carla Schmalbank lachend von der Seite gegen ihn warf. »Wer Feind sein darf, muß den höchsten Bewußtseinsstand erreicht haben. *Da könnte sonst jeder kommen!«*

»Und da jeder mal Feind sein will, wird im jährlichen Turnus gewechselt.«

Bacher blickte auf den Reißverschluß der Genossin Schmalbank und beschloß: Junge, nimm dich zusammen. Bloß nicht erpreßbar machen. Nicht in diesem Drecknest und niemals.

Was sie noch redeten, wußte er am nächsten Morgen nicht mehr genau – Tochter, Sport, Urlaub in Heimen der Firma. Als er im Bett der Tochter lag, drangen Gesprächsfetzen durch die Tür, Gelächter auch. Schickt er sie jetzt zu mir, oder fragt sie, ob sie rüberkommen darf? Schön blau, dachte er, und verdammt scharf sowieso.

Am Frühstückstisch fragte Carla Schmalbank: »Sag mal, Sascha, warum biste eigentlich nicht verheiratet?«

»Hast du 'ne Schwester?«

In ihrem Lächeln lag Dankbarkeit.

2.

1986, August

Als Astrid Protter vormittags gegen zehn die Platte mit Beethovens dritter Sinfonie auflegte, versuchte sie Gewissensbisse zu mobilisieren. Das war Zurückweichen vor Pflicht, alles wäre besser gewesen: Schwimmen, Radfahren, selbst eine Spazierrunde durch den Park nahebei, einem ehemaligen Friedhof. Jetzt blockierten Schulklassen die Schwimmhalle hinter dem übernächsten Haus, falls die nicht schon wieder wegen technischer Defekte geschlossen war. Künftig könnte sie sich selbst Verbote auferlegen und im Wohnzimmer anzwecken: Du sollst dich tagsüber nie auf die Couch legen, du sollst nie vor 20 Uhr den Fernseher einschalten – das tat sie wirklich selten, hatte aber vorgestern nachmittag zwei Stunden lang bei einem halben Abenteuerfilm und Kinderquatsch vor sich hingeduselt. Du sollst früh um neun einkaufen oder gleich nach drei, wenn die Kaufhalle öffnet. Du sollst dich überzeugen: Heute *geht es dir wesentlich besser* als gestern, du könntest auf eine Tablette verzichten oder sie wenigstens später schlucken. Wirst dich am Nachmittag fröhlich mit Silke unterhalten und ihr bei einer Zeichnung helfen, nicht bei Mathe oder Physik, das wäre wie Beruf, natürlich bist du dabei haushoch überlegen, da könntest du ja gleich bei Katzmann vorbeischauen und bei einer Statistik mitmischen. Die Ärztin hatte gewarnt: Rückfälle dürfe man so nicht provozieren.

Der Himmel war diesig, der Wetterbericht sprach von Schauern und Sprühregen. Karajan hatte enormes Blech aufgeboten, so gellten die Trompeten im Gewandhaus nie, dort waren die Geigen erstklassig, aber die Bläser konnten nicht mithalten – letztes Jahr waren die Berliner Philharmoniker zweimal in Leipzig aufgetreten, das hatte bei allem Jubel und Glück auch deprimierend gewirkt: So ungeheuer dicht dran an der Weltspitze, wie es sich die Leipziger gern einredeten, war das Gewandhaus nun doch nicht. Bisher hatten sich Protters vergeblich um ein Abonnement bemüht, sie sollten es wieder und wieder versuchen, vielleicht gab es Wartelisten. Die Dritte lag näher an der Fünften dran, als sie vermutet hätte. Die Fünfte konnte vorwärtspeitschen, aber nicht jeden und keinesfalls in jeder Stimmung.

Sie mußte mit Harald darüber reden, daß sie gegenwärtig als Geliebte nicht zu gebrauchen war. Schau mich nicht so hündisch an, oder besser: Ich weiß, wie dir zumute ist, aber ich bin kalt und tot wie ein kalter toter Frosch. Ich kann dir doch nicht empfehlen, eine Geliebte zu suchen, und so einfach ist ja auch sicherlich keine aufzutreiben. Müßte schließlich ein bißchen Niveau haben. In ein Bordell kannst du nicht fliehen, denn die DDR ist laut Politbüro ein sauberer Staat. Wird wieder alles gut mit uns beiden, sollte sie trösten, du mußt mir nur Zeit lassen. Ich kann nichts dafür, du kannst nichts dafür, wer?

Wieder Beethovens kriegerisches Blech, sie stürzte zum Plattenspieler und hob die Nadel an, sanft tat sie das und war sich dessen bewußt. Sie stellte den Apparat mit einem Druck ab, der nicht stärker war als nötig. Jetzt war es heller als vor einer halben Stunde, sie würde wandern. Bis zum Oberholz mit der Straßenbahn, ins Kohrener Land, so weit die Füße trugen, sie würde den Lerchen zuhören. Oder mit dem Rad, das bedeutete aber erst einmal zehn Kilometer Verkehrslärm und -dreck zu schlucken. Im Kohrener Land waren die Bäche sauber und die Kronen der Eichen dicht. Leipzig war eine Stadt des Wassers gewesen, Kölpers hatte einmal eine Studie vorgeschlagen, wie man die Bäche aus ihrer Verrohrung befreien könnte; davor müßten sie natürlich gereinigt werden. Katzmann hatte entsetzt die Hände gehoben: Du weckst schlafende Ratten! Eine reiche Stadt könnte sich so was leisten, aber was da an Klärwerken nötig sei! Sie selber hatte geargwöhnt, Kölpers wollte ein bißchen stänkern, um nicht zu sagen: provozieren. Ob Saschas Firma wußte, wie es unter dem Pflaster aussah? Das MfS roch doch alles.

Sie zog ihre bequemsten Schuhe an, dabei fiel ihr unter der Garderobe ein Turnschuh ins Auge – wo war der andere? Sie sollte nicht dauernd herummäkeln, Silke war sechzehn und sehr gut in der Schule, rauchte nicht und hing nicht mit Jungen rum. Silke ging sanft mit ihr um, ein einziges Mal hatte sie aus dem Augenwinkel heraus gesehen, wie sie Harald einen verzweifelten Blick zuwarf. Die Situation war auch für Silke alles andere als leicht, das sollte sie ihr sagen und sich bei ihr bedanken.

Im Keller merkte sie, daß sie den Schlüssel fürs Radschloß vergessen hatte. Aber sie wollte ja der Autos wegen gar nicht radfahren. Auf der Straße stellte sie fest, daß sie sich der Witterung gemäß angezogen hatte, hin und wieder klappte doch etwas. Sie ging eine Allee entlang, Platanen standen hier, empfindliche Bäume, aber die waren gesund, bei denen gehörte es dazu, daß sich die Rinde schälte. In der Straßenbahn überkam sie eine lange nicht erlebte Welle von Glück: Sie *unternahm* etwas, wofür die Ärztin und Harald und Silke und Mama und überhaupt alle sie nur loben konnten. Vielleicht hätte sie einen Zettel auf den Tisch legen sollen: Bin spazieren ins Kohrener Land. Womöglich hatte sie sich zu viel vorgenommen, die letzten Male waren sie mit dem Auto hingefahren. Bis zum Oberholz war es nicht allzu weit, sie würde über die Felder nach Süden schauen. Sie freute sich auf Büsche an Waldrändern und Schilf an Wassergräben. Die Burg Gnandstein lag an einem Hang, von der Straße aus war nur der Turm zu sehen. Schon die Vorstellung dieser Idylle tat wohl. Dort lag ein Töpfermuseum, der letzte Meister hatte Feuerriegel geheißen. Als Kind war sie dort gewesen mit den Eltern und Sascha, mit der Schulklasse und der Pioniergruppe. Natürlich war es zu Fuß zu weit bis dorthin. Gut, daß sie keinen Zettel geschrieben hatte: Bin fort ins Kohrener Land. Harald und Silke wären erschrocken, vielleicht gar mit dem Auto losgestürmt und hätten sie dort gesucht, hätten gefragt: Haben Sie nicht eine Frau gesehen, die und die Jacke, das Haar so, die Augen so? Ausbrecher wurden so verfolgt, Verrückte.

Dieses Wort hatte sie noch nie an sich herangelassen. Ich bin doch nicht verrückt, entschied sie mehrmals mit aller Kraft, als sie mit der Straßenbahn am Völkerschlachtdenkmal entlangfuhr. Die Angst um dieses Knötchen in der Brust hatte ihr den Rest gegeben, vor allem die Spintisiererei, eine Probe könnte vertauscht worden sein. Nun war das Operationsnärbchen nicht mehr zu fühlen und kaum noch zu sehen, ein blasser Strich. Eine lockende Brust für einen Liebhaber, wenn sie einen hätte haben wollen, sie müßte sich mitten in der Nacht an Harald herandrängen. Nicht immer dieses schwächliche Gute Nacht, dem nicht einmal ein Kuß folgte. Noch keinen einzigen Strich für ein Zentrum im Neubaugebiet Paunsdorf hatte sie gezeichnet. Weg mit der Kaufhalle, ein Haus leicht gerundet aufmauern als Abschluß gegen die lärmdonnernde Magistrale und dahinter eine Piazza. Siena läßt grüßen. Kneipen und Lädchen an den Flanken, aber sie sah Katzmann glotzen und hörte ihn fragen: Halbrund? Gemauert? Ge-mau-ert? Woher die Kapazität?

Sie beschloß: Ich bin einzig und allein müde und erschöpft, zu vieles ist zusammengekommen. Ich muß nicht allem auf den Grund gehen wollen, muß abschalten und von vorn beginnen. Im Beruf ist das schwer genug und mit Harald am schlimmsten. Vielleicht trinkt er meinetwegen. Wir müssen wieder lernen, zärtlich zu sein, auch wenn wir nicht miteinander schlafen. Zärtlich mit den Händen. Den Augen, den Lippen. Er müßte wieder Saxophon spielen, ich werde ihn darum bitten. Was war das vor ein paar Jahren für ein Theater, ein halbwegs anständiges Altsax aufzutreiben, nun verstaubte das gute Stück auf dem Schlafzimmerschrank. Wenn du schon keine Geliebte findest, so schau dich wenigstens nach ein paar Kumpels um, mit denen du hotten kannst wie einst in Markranstädt – kannst du dich überhaupt noch an deinen Spitznamen von damals erinnern?

Die Straßenbahn bog in eine Schleife, hier war schon Schluß, damit hatte sie nicht gerechnet. Da standen Busse mit Richtungsschildern: Borna, Bad Lausick. Aber dorthin wollte sie nicht, so fragte sie nach dem Oberholz. Der Fahrer blickte sie kaum an, nuschelte: Mit dem da, in acht Minuten. Sie wirkte also nicht auffällig, verstört oder verwirrt, auf eine normale Frage antwortete ein normaler Mann normal. Oberholz war richtig, dahinter erstreckten sich die Felder bis zu den Tagebauen, Kraftwerken und ausgekohlten Flächen. Sie erinnerte sich an Seminare während ihrer

Studienzeit, an verschwundene Ortsnamen: Geschwitz, Teschwitz, Sabissa, Stöhne, Rüben, Schleenhain, Leipen, Hain, Treppendorf. Seltsam, was das Gedächtnis aufbewahrte. Das Oberholz war kleiner als vor zehn Jahren, über den Feldern ragten Strommasten. Sie fand es seltsam, daß ein modernes Auge durch Gitter und Drähte hindurchzuschauen gelernt hatte und sie nicht mehr als Verschandelung wahrnahm. Das mußte vor einem Menschenalter anders gewesen sein, bei den Großeltern aus Scheupitz zum Beispiel, die sie nicht mehr kennengelernt hatte und über die sie wenig wußte. Arbeiter natürlich. Mal in der Ziegelei, mal beim Eisenbahnbau. Der Großvater hatte sich angeblich kurze Zeit als Gastwirt versucht, aber das hatte Vater nur einmal erwähnt und wie nebenbei. Als ob das ein Schandfleck auf Alberts weißer, natürlich roter Weste gewesen wäre.

Lerchen sangen nicht, es war wohl nicht die Jahreszeit dafür. Ein Weg hörte auf, Steinhalden waren von Gebüsch überwachsen. Für einen Rain waren ihre Schuhe wohl doch nicht optimal. Die Sonne stand über einer Dunstbank, die vom Rötlichen am oberen Rand zum Dunkelgrau über dem Boden die gesamte Farbskala vereinte. Das Kohrener Land lag hinter dem Reich von Kohle und Industrie, ein gelobtes Land. Das sollte sie der Ärztin vorschlagen: Für vier Wochen zöge sie sich dorthin zurück, vielleicht könnte sie bei Bauersleuten ein Zimmer unter dem Dach mieten. Das Wasser holte sie sich von der Pumpe im Hof. Half im Garten. Horchte auf den Dialekt. Las nicht, redete wenig, sah nie fern. Sie sammelte Beweise für den Übergang von der sächsischen zur thüringischen Bauweise, die Architektin in ihr müßte ja nicht daheim im Oktoberbeton zurückbleiben. Vielleicht war sie viel besser als Konservatorin geeignet. Das könnte sie Katzmann vorschlagen: Ich wechsle zum Denkmalschutz, nun lob mich mal hübsch weg von deinem Saftladen.

Mit der Kippe von Espenhain begann das Kohlegebiet. Irgendwo würde sie auf eine Bushaltestelle stoßen und nach Leipzig zurückfahren. Ihr Gesicht bekäme Farbe von Luft und Bewegung. Wir müssen Hand in Hand solch eine Wanderung machen, sollte sie Harald vorschlagen, auch das ist Zärtlichkeit. Das Wort »Sprachlosigkeit« las man allenthalben, für das Unvermögen zur Zärtlichkeit gab es kein zusammenfassendes Wort.

Dann ein Dorf, Bauerngehöfte, Obstgärten mit ordentlichen Zäunen und eine Haltestelle, aber der Bus hielt nur zweimal am Tag auf dem Weg nach Borna. Dorthin wollte sie nicht, es sei denn, so könnte sie die von Moritz von Schwind ausgemalte Orangerie des Rüdigsdorfer Schlosses finden, ein Schatz, der hoffentlich bewahrt blieb, trotz der Gifte aus den Schloten von Thierbach und Espenhain.

Der Tagebau klaffte so jäh vor ihr auf, daß sie zusammenzuckte. Struppiges Gras wuchs vor der Kante, steil ging es hinab, in der ersten Stufe an die fünfzig Meter. Auf einem schmalen Absatz liefen Gleise entlang, unter der nächsten Schräge lag noch keine Kohle, feucht glänzte sie weiter hinten, das sogenannte schwarze Gold. Bis zum jenseitigen Grubenrand war es zweifellos ein Kilometer, dort kreuzten und krümmten sich Abraumkämme, gezackt wie Haifischzähne. Dazwischen hatten vielleicht Teschwitz und Stöhne gelegen, Namen, die nur noch in Menschen lebten, die von dort in die Plattenbauten von Grünau umgesiedelt worden waren. Sie stolperte über ein Stück Eisen im Gras und wäre beinahe gestürzt. Wenn sie sich hier den Fuß brach, würde niemand sie finden. Dann blieb nur noch, auf allen vieren durch die Einöde zu kriechen. Wer sich im Gebirge verirrte oder verletzte, sollte alle halbe Minute um Hilfe schreien.

Sie wollte zurück oder nach links, von der Grube weg. In einiger Entfernung reihten sich Alleebäume, auch dort kein Mensch, kein Auto. Das hier war das Gegenteil vom sanften Kohrener Land mit seinen Flüßchen. Eines hieß Ratte, eines Maus. Darüber hatte Silke einen Nachmittag lang gelacht. Wie konnte sie nur vergessen, daß sich zwischen Kohren und dem südlichen Stadtrand von Leipzig an die zwanzig Kilometer Industrie- und Tagebauzone erstreckten, durch die jeder schnell hindurchfuhr und auf der Höhe von Espenhain die Luft anhielt. Sie mußte zu dieser Allee hinüber.

Aber dazwischen war die Erde aufgerissen – geschlachtet. Eine Krümmung zwang sie zurück, es war am besten, sie folgte ihrer eigenen Spur. Sie blieb stehen und suchte sich durch gleichmäßiges Atmen zu beruhigen. Einmal war sie mit Harald beim Abstieg vom Pöhlberg in ein Schotterfeld geraten, bei jedem Schritt auf Laub und gebrochene Äste hätten sie zwischen den Blöcken einbrechen können. Ihr Rückgrat hatte sich vor Angst verspannt. Hier drohte keine Gefahr, sie durfte nur nicht stolpern. Aus der Grube drangen metallene Schläge. Signale? Irgendwo waren Menschen, so auf dem Absetzer drüben, der einen Faden Erde ausstreute. Natürlich sah das nur auf diese Entfernung so harmlos aus, dort prasselte ein Strom von zentnerschweren Brocken und Klumpen herunter. Wenn die Arbeiter Mörder waren und eine Leiche unter den Erdfluß legten, würde sie nie jemand finden. Wer sich das Leben nehmen wollte, hätte dort ... der Gedankengang war absurd. Mir geht es ja schon viel besser, suggerierte sie sich, ich bin näher an die Allee heran, ein Drittel der Strecke hab ich geschafft, also hat sich meine Lage um dreiunddreißig Prozent verbessert. Noch bis zu diesem Gebüsch, dann sind's fünfzig, danach kommt normales Feld, ich werde die Allee nach links, bis ich, und wenn dort ein Auto fährt, Anhalter, und wenn es hundertmal verboten ist, aber meine Lage, ich werde, ich will ...

Den Erdabbruch sah sie zu spät, weil sie zur Allee und nach einem Auto geschaut hatte. Sie strauchelte und sah im Fallen ein Rohr unter sich, wollte sich zusammenkrümmen und mit den Armen den Kopf schützen, fürchtete den Aufprall. Zuletzt durchzuckte sie das Entsetzen, etwas in ihr hätte diesen Sturz herbeigewünscht und stundenlang auf hinterhältige Weise inszeniert.

3.

1986, September

»Is prima, Mama«, lobte Alexander Bacher, »daß du mir von deinem Besuch erzählt hast. Ach was, wir tun ihm nichts. Denkst du, daß du ihn erkennst?«

Die Fotos, die Bornowski an Marianne Bacher geschickt hatte, waren ihm von der Abt. M zusammen mit dem letzten Brief auf den Schreibtisch gelegt worden. Ein markanter Schädel, ein Gesicht, das weniger gealtert schien, als man nach elf Jahren Zuchthaus vermuten sollte. Oder: In Bautzen II ging es eben bei weitem nicht so spartanisch zu, wie der Westen hetzte. Haß konservierte. Und Bornowski war ein Feind allererster Güte. Wen alles gleichgültig ließ, der schlaffte ab, wen eine große Wut nicht losließ, wurde steinalt. Ihm fiel Adenauer ein. Die meisten sozialistischen Politiker hatte es früh erwischt. Ausnahmen waren rar, Clara Zetkin zum Beispiel. Na, Pieck immerhin.

»Linus hat mir Fotos geschickt. Sieht großartig aus, finde ich.«

»Ich werde euch einen Tisch reservieren lassen, damit ihr nicht im Messetrubel von Lokal zu Lokal irren müßt. Im ›Merkur‹, was meinst du?«

»Aber dort kostet es Westgeld.«

»Das hat er doch.« Bacher freute sich. »Woher kommt eigentlich sein Vorname?«

»Er ist in Riga geboren, dort war der Name häufig. Seine Mutter war Deutsche, der Vater lettischer Eisenbahner. Im Krieg war Linus im Lager und auf der

Flucht. Zuletzt als Soldat für die Deutschen in Holland eingesetzt.«

»Bei der Waffen-SS?«

»Bei der Flak in Rotterdam, sagte er. Holländisch konnte er ein bißchen, fließend Russisch und Polnisch und natürlich Lettisch. In vier Wochen hat er bei einer italienischen Freundin soviel aufgeschnappt, daß er italienische Zeitungen lesen konnte.«

»Vielleicht bummle ich durchs ›Merkur‹, wenn ihr dort seid. Aus Neugier.«

»Nicht mal ein bißchen zuzwinkern darf ich dir?«

»Jaaa, Mama, wir geben Obacht, daß ihm nicht die Brieftasche geklaut wird.«

»Auch im Dienst, wenn deine Mutter einen uralten Freund trifft?«

Im Dienst – die Messe war Schwerpunkt. Auf seinem Schreibtisch lag Mielkes Befehl: Weltweite politische und ökonomische Bedeutung, verschärfte Klassenauseinandersetzung. Vorbeugende Aufklärung und konsequente Verhinderung feindlicher Pläne. Gewährleistung des umfassenden Schutzes der Repräsentanten der DDR, ausländischer Gäste sowie anderer bedeutender Persönlichkeiten und so weiter. Zehn Seiten vertrauliche Verschlußsache, dieser Befehl 4/86. »Treffpunkt (F)« die Frühjahrsmesse, »Treffpunkt (H)« die Herbstmesse.

Daß Bornowski im DDR-Zuchthaus gesessen hatte, wußte er nicht von seiner Mutter, sondern aus den Akten. Aus diesem Wissensspeicher, diesem Kunstwerk, das vertikal und horizontal aufschließbar und innerhalb seiner Glieder abgeschottet war. Dabei konnte sich das MfS erst in den letzten Jahren elektronische Mittel leisten, in Wolfs Truppe sicherlich unbeschränkt, aber für eine normale Bezirksverwaltung blieb viel guter alter Handbetrieb, und in den Kreisdienststellen tippten sie auf Schreibmaschinen aus den fünfziger Jahren. Wenn das mal der Gegner ahnte.

Tags darauf legte er mit dem Leiter der Abt. II die Maßnahme fest. Linus Bornowski gerann zum »Operativen Vorgang«. Sie einigten sich auf den Decknamen »Bruno Linse«. »Bruno« klang ähnlich wie Bornowski, »Linse« hatte eine schlaue Doppelbedeutung: Die Linse war das Requisit eines Fotografen, und Dr. Linse war aus Westberlin herübergeholt worden wie Bornowski auch. »OV Bruno Linse« – Bacher malte sich aus, er berichtete seinem Vater, was er natürlich nie gedurft und getan hätte, und hoffte auf Ärger in der Miene des VP-Generals, wie kreativ es beim MfS zuging, während bei der Volkspolizei alles in Routine versackte. Die Arbeit des MfS enthielt durchaus Elemente der Lust.

Das Hotel »Merkur« ragte als hochgestelltes Rechteck in den blaßgrauen Himmel. Er konnte es von seinem Dienstzimmer zwischen dem Konsumkaufhaus und einer Kirche hindurch sehen. Beim Sicherheitsbeauftragten des Hotels meldete er seinen Wunsch an, am dritten Messetag zwei zu observierende Personen gezielt zu plazieren. Der Direktor fragte, ob Kontrolle durch 26/B erfolgen solle, und Bacher verneinte. In Wirklichkeit hatte er nicht darüber nachgedacht. Daß im »Merkur« ein Teil der Zimmer abgehört werden konnte, wußte er, auch an Tischen war es offensichtlich möglich: das Mikrofon hinter einem Bild, in der Vase oder im Kerzenständer.

Sie gingen durch einen der an diesem Vormittag nur spärlich besetzten Gasträume; Bacher wählte einen Zweiertisch am Fenster aus. »Ich lasse zwei Stühle abholen und wieder zurückbringen. Kurz bevor die beiden Gäste kommen, werden die Stühle hierhergestellt. Es darf sich weder vorher noch hinterher jemand draufsetzen.«

»Was?«

»Zwei Reservestühle wirst du doch wohl haben.«

Der Stoff war ziemlich dick, aber die beiden würden ja ungefähr eine Stunde lang darauf sitzen. »Ich überlege gerade: Hört mal doch die Unterhaltung ab und schickt mir das Band. Schwierigkeiten macht das keine?«

»Ach wo.«

Sie tranken an der Bar ein Glas auf Rechnung des Hauses. Bacher wunderte sich, daß es im exquisitesten Hotel Leipzigs kein Bier vom Faß gab, sondern nur aus Flaschen, allerdings »Wernesgrüner«. Dabei redeten sie über Fußball, das unverfänglichste Thema unter Genossen. Bei Autos war Mäkelei nicht zu vermeiden; keiner konnte verlangen, daß ein noch so großartiger DDR-Patriot bei den Themen Trabant, Wartburg oder Lada in Schwärmerei verfiel. Bei »Lok Leipzig« folgte einem Aufschwung regelmäßig ein rabenschwarzer Sturz. Was sollte man noch tun? Den Kickern steckten Partei und Staat doch vorn und hinten alles rein.

Bacher ging durch den Tunnel unter dem Ring zur Bezirksverwaltung zurück. Er war Zivilist unter Zivilisten, Bürger dieser Stadt, ein wenig dicklich, unauffällig, kein schöner Mann wie seine Schwester eine schöne Frau war, und nicht nur einmal hatte er gefunden, das brächte für seinen Beruf nur Vorteile.

Von einer Telefonzelle aus rief er das Herder-Institut an. »Hier Köhler. Kann ich bitte Frau Engelmann sprechen?« Als sie sich meldete: »Sascha. Guten Morgen, Claudia.«

»Ach!« Das klang überrascht und fröhlich auch.

»Störe ich bei irgendwas?«

»Nö, gar nicht.«

»Bin gerade am Bahnhof. Verstehst du mich?«

»Ja, einigermaßen. Du mich auch?«

Weit weg stritten sich zwei Stimmen; um diese Vormittagsstunde war das öffentliche Netz so überlastet, daß sich immer wieder Gespräche mischten. Wie nützlich und nötig, daß das MfS sein eigenes Nachrichtensystem besaß. »Geht's gut?«

»Wie stets, wenn neue Studenten im Anrollen sind.« Sie nannte die Herkunftsländer: Angola, Mosambik, Kuba wie immer. »Diesmal sind sogar Polizisten dabei.«

Er horchte ihrem Lachen nach, er kannte Abstufungen von heller Fröhlichkeit bis zum Sarkasmus. »Ich kann deine Schützlinge ja gelegentlich zu einem Tag der offenen Tür bei uns einladen. Hast du mal 'nen Hund gehabt?«

»Nö.«

»Ich hab jetzt sogar drei. Ach, doch nicht in meiner Wohnung.« Die Arbeit liefe wie geschmiert, natürlich wäre auch mit der Hälfte auszukommen. »Was hast du an?«

Sie zögerte, dann zählte sie auf: blau gepunkteten Rock, helle Bluse zwischen Beige und Reseda. »Und den Blazer von neulich. Entsinnst du dich?«

»Aber selbstverständlich!« Wann könnten sie sich sehen? Am Wochenende führe sie nach Hause und sei am Montag zurück. Wo? Es wäre besser, sich nicht aufs erneute Telefonieren zu verlassen. Am Nordplatz, drei Minuten vom Internat entfernt? Wunderbar! »Du, ich habe gleich einen Termin.«

»Also bis Montag, Claudia!«

»Mach's gut, Sascha.«

Wenn ihn jetzt jemand fragte, was er außerhalb des Dienstnetzes zu telefonieren hätte, würde er sofort sagen: Hab meine Mutter angerufen, die redet gern, damit werde ich doch nicht unsere Leitungen blockieren, oder?

In seinem Dienstzimmer fiel ihm ein, daß er von einigen Berliner Ehrgeizlingen Ärger kriegen könnte, wenn er Bornowski in seine Linie einbezog. Er nahm sich wieder den Befehl 4/86 vor und las unter 5.5.: »Vorbeugende Verhinderung, Aufklärung und Bekämpfung der Aktivitäten imperialistischer Geheimdienste, die darauf gerichtet sind, die Messen zur Durchführung subversiver Handlungen zu mißbrauchen.« Genau das tat er. Sollte sich einer in Berlin mausig machen, brachte er das als Argument. Als halbes bloß, denn es war kaum zu erwarten, daß sich Bornowski als Korrespondent akkreditieren ließ. Nicht in seinem Alter, und vor allem war es fraglich, ob das Presseamt der DDR diesem Hetzer einen Freibrief ausstellte. Helsinki und kein Ende, Korb III, diese ganze Menschenrechtsfaselei war der Grund, weswegen seine Linie aufgebaut wurde, vorher hatte das MfS derlei Raffinessen nicht nötig gehabt. Helsinki als Herausforderung unseres Einfallsreichtums, so versuchte er das Problem ins Positive zu wenden. Nun entwickelte sich gar ein Erzfeind wie Strauß zum Geldbringer.

Die nächste Aufgabe erforderte Fingerspitzengefühl. Genosse Tinnow von der Abt. XX hatte ihn gebeten, sich den IM vorzuknöpfen, den er endlich in Ohlbaums Ausreiseklub plaziert hatte. Tinnow war vor kurzem Major geworden, entschieden außer der Reihe und von vielen beneidet. Die XX hieß im Sprachgebrauch der Firma »Hühnerhaufen«, auch »Puttputtputt die Zwanzig«, eine Verballhornung, weil sie die PID, die politisch-ideologische Diversion, und die PUT, die politische Untergrundtätigkeit, bearbeitete. Tinnow war laut Befehl des Generals sein wichtigster Partner, er ihm aber nicht unterstellt. Rivalität hätte Nerven gekostet. Mit Tinnow hatte er anfangs Schwierigkeiten gehabt: Der Mann schielte schrecklich. In welches Auge sollte er blicken?

Er war mit dem IM in der konspirativen Wohnung »Brühl« verabredet, holte in Tinnows Vorzimmer die Schlüssel und fuhr mit dem Auto zum Parkplatz vor dem Hauptbahnhof – aus Gründen der Abschottung war verboten, direkt von der Bezirksverwaltung zur KW zu gehen, dabei waren es nur ein paar Schritte. Zehn Minuten vor der Zeit betrat er die Wohnung und sah sich Bücher an – Romane, Lexikonbände. Der IM klingelte pünktlich und war offensichtlich erstaunt, nicht Tinnow anzutreffen. Bacher erklärte, er sei über alles informiert und habe seinerseits ein Anliegen. »Verstehst du was vom Fotografieren? Ich meine, hast du ein bißchen mehr als landläufige Knipserfahrung?«

»Leider nein, aber das hier ist erstklassig.« Der IM stellte das Taschengerät auf den Tisch, gemeinsam hörten sie eine Passage von Pfarrer Ohlbaum an: »Was ermutigt zum Bleiben? Es wäre leichter zu formulieren: Was verpflichtet dazu? Aber schon beim Wort ›Verpflichtung‹ schalten ja viele ab. Darum sage ich: Was *ermutigt* uns? Soll ich Heimat und Vaterland rühmen? Aber in einem geteilten Land und bei einer Bleibe, die für viele Menschen von Kriegsfolgen diktiert ist, davon zu sprechen, hört sich ohnehin problematisch an. Wie finde ich den Weg zum Bleiben? Bestimmt nicht über das lückenlose Abriegeln der Grenzen, nicht über eingeforderte sogenannte Selbstverpflichtungen, nicht über einen inflationär entwerteten Begriff der Treue zum Vaterland, und nicht, indem stupid behauptet wird, der Sozialismus sei dem Kapitalismus überlegen. Ich finde den Mut zum Bleiben nur bei einer Ermutigung zu Wort und Tat. Besonders denke ich an eine Situation, von der wir im Johannesevangelium lesen. ›Da fragte Jesus die Zwölf: Wollt auch ihr weggehen? Da antwortete ihm Simon Petrus: Herr, wohin, zu wem sollen wir gehen? Du hast das Wort des ewigen Lebens, und wir haben geglaubt und erkannt, daß du der Heilige Gottes bist.‹«

Das klang nur bedingt sozialismusfeindlich, fand Bacher, es war indifferent und durchtrieben. »Ja, liebe Freunde, wohin sollen wir gehen? Wo ist das Land unserer Träume, der Erfüllung? Ich kann das Gelobte

Land auf unserem Globus nicht finden. Gott ist nicht systemgebunden, nicht abhängig von Pässen und Visa. Er ist in umfassendem Sinn grenzüberschreitend. Also lebt er auch bei uns in der DDR.«

»Hübsch, was?« Der IM nickte, ohne aufzuschauen. Sein Gesicht war ernst, als leuchte ihm ein, was der Pfarrer da ausbreitete. Den IM mußte er, sobald Ersatz da war, aus der Kirche rausziehen, der ging denen dort womöglich noch auf den Leim. Tinnow würde die Hände ringen: So schnell wie Bacher vorn die Leute verschliß, konnte er sie unmöglich nachschieben.

»Unter diesen Umständen«, so der Pfarrer, »seh ich sinnvolles Bleiben, das nicht von äußerer Anpassung und innerer Emigration bestimmt ist, kein gleichgültiges Hinnehmen, enttäuschtes Ertragen oder verbittertes Sich-Abfinden. Es kann ein kritisches Bleiben sein, gekennzeichnet von dem Bemühen um kollektiven Protest und um die stetige Balance zwischen Sich-Einmischen und Sich-Verweigern, zwischen Widerstand und Ergebung, getragen vom Vertrauen in Jesus. Für mich war und bleibt es eine positive Herausforderung, in der DDR zu leben. Hier haben wir Erfahrungen gesammelt und kennen alle Argumente und Verhältnisse. Wer sonst könnte in diesem Land etwas ändern? Manchen schwebt die Vision eines reformierbaren Sozialismus vor. Man wird sehen. Im Psalm fünfundsechzig heißt es in den Versen sechs bis neun: ›Gott, unser Heil, der du bist die Zuversicht aller auf Erden und fern am Meer, der du die Berge festsetzest in deiner Kraft, der du stillst das Brausen des Meeres und das Toben der Völker, du machst fröhlich, was da lebet im Osten und im Westen.‹ Diese Erfahrung wünsche ich uns hier im Osten und denen im Westen. Amen.«

Der IM hob den Kopf und atmete tief. Bacher fragte: »Na?«

»Schwer zu packen.«

»Wir diskutieren ja nicht mit ihm. Das fehlte noch, daß wir ihn als Diskussionspartner anerkennen. So was hat ein Philosoph hier vor Jahren einführen wollen, Debatten, die da hießen: Christentum *oder* Sozialismus? Schon die Reihenfolge! Wie war denn die Wirkung?«

»Gut«, die Antwort klang unsicher. »Ich meine nur, die Leute waren beeindruckt.«

»Und sonst keine Spitzen gegen uns?«

»Am Anfang sagte er: Ich gehe wohl recht in der Annahme, daß wir ganz unter uns sind. Alle feixten.«

»Seine Späßchen gönnen wir ihm. In der Kirche beginnt er gern: Heute sind wir *mit Sicherheit* dreihundert oder so. Wie ist das in diesem Gesprächskreis, wer darf rein?«

»Jeder bringt einen mit, also: Wer drin ist, verbürgt sich für den anderen. Manche sitzen auf gepackten Koffern, denen sagt Ohlbaum: Ortswechsel hilft dir nicht aus deiner Haut – angeblich ist das von Hemingway. Und das Leben sei zu kurz, um auch nur einen Tag in Resignation zu vergeuden.«

Der IM war, wußte Bacher von Tinnow und aus den Akten, in einer komplizierten Familie aufgewachsen: Der Vater hatte sechs Jahre gesessen, weil er mit Material der Zeugen Jehovas erwischt worden war. Ein unverbesserlicher sturer Knochen. Der IM hatte sich unter Qualen abgenabelt. Zwei Brüder waren wegen Boykotthetze eingelocht und vom Westen freigekauft worden. Aber der hier stieg im FDJ-Apparat auf, wurde Instrukteur einer Kreisleitung und studierte Maschinenbau. Zweimal schmetterten Sektierer seinen Antrag ab, in die Partei aufgenommen zu werden: Er hätte sich nicht entschieden genug von seiner obskuren Verwandtschaft distanziert. Tinnow hatte gesagt: Ich hab Angst, daß der Mann schwermütig wird, so wie er blickt und redet, langsam und mit nachdenklichen Pausen. So einer fand sicherlich nur schwer eine Freundin, und wenn, packte es ihn wie ein Erdbeben. Ein dunkler Typ, schlank, mit zarten Händen, mädchenhafter Haut und Wimpern wie bei einer Kitschpuppe. »Ich stelle mir das so vor«, sagte Bacher, »Ohlbaum tanzt Silvester mit eurem hübschesten Mädchen, und das fotografierst du dann. Oder: Ihr macht 'ne Wanderung und kommt an einem See vorbei, und du bringst mir Ohlbaum in der Badehose. Ohlbaum zischt 'n Pilsner.«

»Was wollt ihr mit den Fotos machen?«

»Sieh mal, ich könnte dir antworten, daß du das gar nicht zu fragen hast. Wir sind kein Debattierklub, beim MfS wird befohlen und ausgeführt. Aber mal ausnahmsweise: Wir wollen alles über alle Leute wissen. Was wir dann auswerten und benutzen, ist schon die nächste Frage. Und ich will es auch nicht übertreiben mit dem Disziplinarischen: Bei einem Offizier wie bei mir ist das strenger als bei einem IM.« Er hatte einen Fehler gemacht, von dem mußte er runter. »Frag ruhig, was du meinst, fragen zu müssen. An wen sollst du dich denn anlehnen, wenn nicht an uns. Wenn ich sehe, wie ein Pfarrer auch mal fröhlich ist, begreife ich ihn besser.«

»Als ich mich verpflichtet habe«, der IM richtete sich auf und blickte Bacher ins Gesicht, »ging's um Spionage im Betrieb. Unsere Werkzeugmaschinen gehen in alle Welt, daran haben sie im Ausland Interesse, auch Geheimdienste. Ein paarmal war ich mit am Messestand – alles einsichtige Dinge. Aber jetzt? Dieser Ökologiekreis, die Aktion ›Eine Mark für Espenhain‹, nun die Debatten mit den Antragstellern ...«

»Am liebsten möchte ich mich mal mit Ohlbaum unterhalten, das geht aber aus Strukturgründen nicht. Dafür sind die Abteilungen für Kirchenfragen zuständig. Ich kann nicht einfach – oder vielleicht doch? Mit deiner Hilfe? Nee, das würde dich dekonspirieren.«

»Ja, es ist schon alles vertrackt. Ohlbaum ist überzeugt, daß Gott alles sieht und weiß und sich merkt. Zum Beispiel, was *du* die ganze Zeit machst und sogar denkst.« Das schien den IM für einen Augenblick zu belustigen. »Wir geben uns die wahnsinnigste Mühe, hinter Ohlbaums Schliche zu kommen, und der bleibt cool: Der Herr guckt bei der Stasi durch alle Fenster.«

Stasi – das war ein lasches Wort von außen, noch kein Hetzwort. »Ein Alter mit Wallebart, der um die Bezirksverwaltung schwebt? Hör auf mit diesem Mist. Das ist bei den Pfaffen alles Getue, damit lullen sie die letzten paar alten Weiber ein.«

»Mädchen aber auch. Du mußt doch nicht denken, daß *ich* glaube, was Ohlbaum glaubt. Noch mal: Als ich mich verpflichtet habe, erschien mir die Sache eindeutig. Aber jetzt muß ich mit Kirchenleuten rumschmusen und so tun, als glaubte ich ihr Zeug. Sämtliche Freunde hab ich verloren. Neulich hat mich einer, mit dem ich mal in einer FDJ-Leitung war, angepöbelt: Mit den Pfaffen auf du und du. Es fehlte ein einziges Wort: Verräter.«

»Wir sehen zu, daß du dort rauskommst. Wenn du willst, kannst du nächstes Jahr in Berlin oder sonstwo weiterstudieren. Diese Kirchengeschichte liegt dann hinter dir. Hast dich rausgewurstelt, erzählst du dann allen Leuten. Das beste wäre natürlich, wir schickten dich nach Moskau. Aber erst hilfst du uns noch ein Weilchen. Wir bitten dich darum.«

Der IM schniefte und lächelte schief.

»Das nächste Mal triffst du dich wieder mit deinem Führungsoffizier.«

»Ich danke dir sehr, großer Genosse.«

»Den Quatsch kannst du lassen«, Bacher blieb freundlich. Es war Tinnows Bier, den IM hinzubiegen. Ihm ein Zusatzstudium zu versprechen, war eine gute Idee. Kein Mann für meine Linie, wußte Bacher. Wenn er Leipzigs schlimmste Stinker hinter Gitter bringen mußte, sollten auch ein paar IM untergemischt werden. Der besser nicht.

Jetzt also das Problem Bornowski. Nachdem zwei Stühle aus dem »Merkur« gebracht worden waren, lösten Bachers Techniker den Stoff von den Sitzen, wuschen ihn in Seifenlauge, spülten und lüfteten ihn. Gelbe Staubtücher wurden untergelegt, der Polsterstoff wieder aufgenagelt. »Wenn sich einer von euch aus Versehen draufsetzt, reiße ich ihm den Nischel runter.«

Die Genossen feixten. Zuletzt wurden die Stühle in Plastiksäcke gesteckt.

Mit dem Kellner, einem IM, besprach er den Ablauf. Der sollte ein Reserviertschild auf den Tisch stellen und erst, wenn er vom Sicherheitsdirektor durch Blickkontakt informiert wurde, die Stühle aus dem Nebenraum holen. Zur Sicherheit zeigte ihm Bacher Fotos von Bornowski und seiner Mutter. Die Stühle würden von einem Feldwebel bis zuletzt bewacht.

Marianne Bacher war einen Tag zuvor beim Friseur gewesen und hatte sich nach schweifendem Nachdenken für Kostüm und Bluse entschieden. Bloß nicht zu jung wirken wollen. Bloß nicht aufgetakelt daherkommen. Eine unauffällige Kette, eine Nadel am Revers. Keine Witwenringe, die waren ihr zuwider als demonstrativer Schrei: Was ich gelitten habe! Als ihr einfiel, Linus könnte sie daheim besuchen wollen, kontrollierte sie im Spiegel ihre Augen und befand überrascht: Marianne, dir wird schwummrig! Alter schützte bekanntlich vor Torheit nicht, und ein Mann Mitte sechzig war heutzutage in allerhand Fällen durchaus ein Mann. Eine Flasche Wein im Kühlschrank wäre gut, Sekt natürlich besser. Wenn er sagte, frech war er ja immer gewesen: Warst die beste Geliebte, die ich je hatte, und wie ist das heute mit dir? He, Micke, da war doch noch was? Sie hatten phantastisch zueinander gepaßt. Einmal sogar im Paddelboot, na, es war schon mehr ein kleines Ruderboot gewesen. Das war nun vierzig Jahre her.

Sie schaute wieder die Fotos an, die Linus geschickt hatte, er an einem Tisch, in einem Garten und vor einer

Alpenkulisse. Buschige Brauen, scharf konturierter Schnäuzer, volles Haar, ergraut alles, die Schnurrbartspitzen fast weiß. So einer drehte sich noch nach jungen Mädchen um. Solche Typen spielten im Film Rechtsanwälte, Ärzte oder Politiker mit fragwürdiger Nebentätigkeit. Der wußte, wie man sich in New York und Venedig benahm. Wenn er sich damit mausig machen wollte, würde sie kontern: Warst du eigentlich mal in der Eremitage? Oder in dem Schlößchen, wo Stalin, Churchill und Roosevelt das Jalta-Abkommen unterzeichnet haben? Sie spürte, daß ihr am Hals heiß wurde, und sah keinen Grund, sich darüber zu ärgern.

Es war sommerlich warm an diesem Septembertag. Die Luft stand unbeweglich zwischen den Häusern, gelblich über den Dächern mit den Antennenwäldern und glitt ins Rötliche, wenn eine Straße lang genug war, um in einen tiefen Himmel überzugehen. An den Straßenbahnen flatterten Wimpel, mehr Autos als sonst stauten sich an den Kreuzungen. Messetrubel hatte sie immer belebt. Zur Messe war Leipzig eine Großstadt. Weltstadt? Sie erinnerte sich an Moskaus überbreite Straßen und strich diesen Vergleich sofort.

Er stand am Haupteingang des Hotels und ging einige Schritte auf sie zu; sie sah, daß er ein wenig hinkte. Sie gaben sich die Hand und drückten die Wangen aneinander, wobei Marianne Bacher fand, daß er gepflegt und männlich roch; Westmänner dufteten anders als Ostmänner. Gut gereist und hergefunden? Sie hätte einen Tisch bestellt und freue sich. Das Hotel hätten die Japaner gebaut, wäre es nicht toll? Bornowski nahm sie am Arm, tat es fest und wie selbstverständlich, und jetzt hielt sie es nicht für ausgeschlossen, daß er plötzlich mit seinem frechen Leica-Buckel-Grinsen sagte: Micke, gehn wir noch 'n bißchen zu dir? Micke hatte schon lange niemand mehr zu ihr gesagt, es gehörte zur Schule, zur Lehrzeit, zu Radtouren. Buckelchen hinkte tatsächlich, das merkte sie an seinem Armdruck bei jedem Schritt. Gerade ging er, nicht mehr mit schlaffen Schultern wie damals meist. Sollte sie auf »Micke« mit »Buckelchen« antworten? Es kam auf die Umstände an.

Sie wurden durch einen Gang gewiesen, an einer Tür nannte sie ihren Namen. Der Kellner zeigte auf einen Tisch am Fenster und räumte mit übertriebenem Schwung das Reserviertschild beiseite. Wo sie sitzen wolle, fragte Bornowski, und sie antwortete, das sei ihr egal. Er versicherte, daß er sich unheimlich freue, und sie sah, daß seine Zähne echt wirkten und doch nicht echt sein konnten, die Zahnärzte drüben waren ein ziemliches Stück weiter. Sein Ehering war breit, als sollte er suggerieren, verläßlich wie der Ring sei die Ehe, für die er stand, er meldete sie geradezu demonstrativ an. Seine Stimme hatte sich nicht verändert, fand sie und sagte es ihm, und er erwiderte, ein paar Jahre USA hätten ihre Wirkung gehabt, aber die lägen lange zurück, so daß das Berlinerische wieder durchgedrungen wäre. »Du redest aber auch nicht sächsisch.«

Sie lachte. »Bei dir nehm ich mich zusammen.«

»Und wie war's damit bei Albert?«

Daß er sofort das Gespräch auf Albert brachte, ersparte Peinlichkeit. »Dem haben seine Jahre in der Sowjetunion nichts ausgemacht.«

»Zehn Jahre beim Iwan«, konstatierte er, und sie zögerte, ob sie diesen Ausdruck rügen sollte. Von 1932 bis 1945 kamen schon dreizehn Jahre zusammen, dann war Albert noch einmal fast zwei Jahre lang in Moskau auf Schule gewesen; in dieser Zeit wurde Linus wieder für sie wichtig. »Fünfzehn Jahre.«

»Ein halber Russe.«

»Immer noch eifersüchtig, wo Albert nun seit zwei Jahren tot ist?«

»Das könnte dir so passen.« Er lachte, und jetzt sah sie, daß ein Meistertechniker am Werk gewesen war, so regelmäßige Zähne hatte Linus nicht einmal in seiner Jugend besessen. Ihre Gedanken sprangen, aufgeregt war sie doch. Zwei Wochen nach seiner Flucht in den Westen hatte sie gemerkt, daß sie von ihm schwanger war, das wußte er bis heute nicht, sie selbst hatte zwanzig Jahre lang nicht mehr daran gedacht. Hatte abgetrieben in Westberlin. Wenn er noch einen Monat geblieben wäre, hätte sie sich entscheiden müssen: Linus oder Albert. Womöglich wäre sie mit ihrem Astridchen getürmt. »Damals wolltest du nach Kanada.«

»Ach ja, stimmt.«

»In eine Holzhütte am See. Du wolltest angeln, und im Winter kämen die Bären.«

»Wie bei Jack London. In Kanada hab ich einmal in der zweiunddreißigsten Etage gewohnt und von dort Indianer fotografiert, die gegenüber Stahlgerüste für einen achtundzwanzigsten Stock montierten. Die Burschen sind schwindelfrei, weil ihnen ein Knöchelchen im Ohr fehlt.« Mein Gott, dachte er, da treffen wir uns nach Jahrzehnten, und ich quatsche Zeug, wie es in jedem Dokfilm breitgelatscht wird.

Sie hatten die Speisekarte noch nicht angeschaut, das merkten sie, als der Kellner mit gezücktem Block vor ihnen stand. So bestellte er erst einmal zwei Kännchen Kaffee und für sich ein Wasser, hörte, aus Eis mache sie sich nichts, ein Cognac, um diese Zeit jedenfalls, könne nicht schaden. Die Preise fand er happig. Also zwei Hennessy. Der wäre leider nicht vorrätig. Also zwei Martell.

Er fragte: »Und was macht Astrid?«

»Weißt du noch, was für ein fröhliches Mädelchen sie war?«

Er nickte, ja, etwas Süßeres konnte man sich gar nicht denken. Jetzt ginge es ihr gar nicht gut. Immer wieder krank geschrieben, eine Nervensache. Daß sich Astrid vor kurzem verlaufen hatte und böse gestürzt war, daß Arbeiter sie nach zwei Stunden gefunden und mit ausgekugeltem Fußgelenk in eine Klinik gebracht hatten, daß eine Ärztin ihren Mann und sie selber gefragt hatte, ob Selbstmordversuch denkbar wäre, paßte nun wirklich nicht in diese Nachmittagsstunde.

»Komisch, Micke: So genau weiß ich nicht, warum ich nach Leipzig gekommen bin.«

»Um mich zu sehen!«

»Zweifellos.« Er würde mit der Straßenbahn durch die Stadt zockeln und nicht fotografieren; es war anzunehmen, daß sie hinter ihm herlauerten.

»Und dann haben wir noch einen Jungen gekriegt, Alexander. Eh du fragst, was er macht, sag ich's gleich: Er ist bei der Polizei.«

»Wird er auch General?«

»Vermutlich erst im nächsten Jahrtausend.«

Er versuchte, in ihrem Gesicht Züge der Micke von damals zu erkennen, das gelang um die Augen herum bis zum Haaransatz, kaum am Mund, nicht am Kinn. Schlank war sie noch immer, mit raschen Bewegungen und flink in der Sprechweise. Über seine Frau, die zweite, sprach er ein paar Worte, auch über seinen Sohn, der in Heidelberg in einer Chemiebude arbeitete, nein, nicht im schönen Teil, sondern in einer flachen Industriezone.

»Ach, Buckelchen.«

Er schaute zur Uhr – ein wenig möchte er sich noch umsehen, und mit dem letzten Zug führe er zurück. Er käme wieder, bestimmt, bald. Ob denn alles brauchbar wäre, was er geschickt hätte. Sie bedankte sich: am besten seien Kaffee und Seife gewesen. »Aber direkt nötig ist es nicht.«

»Klar, Micke.«

»Wenn du wiederkommst, bummeln wir mal ums Völkerschlachtdenkmal.«

»Aber rauf muß ich nicht?« Er dachte: Jetzt könnte sie eigentlich nach meinem Bein fragen.

»Bring doch mal deine Frau mit.«

Damit hatte er nicht gerechnet. Was wollte sie abblocken? »Großartiger Vorschlag, machen wir.« Nun hatte er es eilig mit dem Zahlen. Der Kellner tat, als bereite es ihm unermeßliches Vergnügen, zwei Leutchen, die Oma und Opa von ihm sein könnten oder Tantchen und Lieblingsonkel, aufs Erquickendste zu verwöhnen. Er lächelte und verbeugte sich beim Überreichen der Rechnung, und Bornowski dachte: Du Schweinehund, wenn du nicht von der Stasi bist, dann warst du doch Junger Pionier, und nun kackst du dir ins Hemd wegen dem bißchen Westtrinkgeld. Er rundete auf, drei Mark sechzig blieben für den Halunken. Es war die Frage, ob der die Beute in einen Fonds ablieferte, der auch Koch und Putzfrau zugute kam, oder ob er während der Messe ein paar Hunderter zusammenscharwenzelte, um im Intershop den wilden Max zu spielen.

Sie gingen aus der Devisenkühle ins liederliche, nach Zweitaktgemisch stinkende Leipzig hinaus und auf den Hauptbahnhof zu. Dort fragte Bornowski, mit welcher Straßenbahn er fahren solle, um etwas von der Stadt mitzukriegen. In der Leninstraße waren laut »Volkszeitung« die Fassaden geputzt worden, also wäre zur 15 zu raten. Sie wollte schon fragen, ob sie ihn begleiten solle, aber plötzlich schwitzte sie und fürchtete Gedränge und Stehen-Müssen und daß er dann rummäkelte; außerdem: Falls er den Wunsch nach stadtkundiger Führung hätte, könnte er ihn schließlich äußern.

»Erinnerst du dich noch an unseren wunderhübschen Spruch:

Knusper knusper knäuschen,
wer knuspert an mein Mäuschen?
Knusper knusper knänzchen,
wer knuspert an mein Schwänzchen?

Stammte das von mir oder von dir? Oder war es eine Gemeinschaftsdichtung?«

»Altes Ferkel«, sagte sie glücklich. »Bis bald!« Sie nahmen sich für Sekunden in die Arme. Sie schaute ihm nach, wie er sich mit beiden Händen auf den Perron einer Straßenbahn der Linie 11 hinaufzog.

Das war die Minute, in der ein mißgestimmter Feldwebel in Zivilhose und flauschigem Hemd zwei Stühle zu einem Kleintransporter trug und Plastiksäcke überstülpte. Durch stockenden Feierabendverkehr steuerte er hinaus nach Leutzsch, dort wartete Alexander Bacher im Hof eines Stasi-Objekts. »Alles klargegangen?«

»Leider nicht, Genosse Hauptmann. Der Arsch von Kellner hat sich nicht gemerkt, wer auf welchem Stuhl gesessen hat.«

»Waaas?«

»Hätte ihm keiner gesagt.«

»Mann, das ist doch selbstverständlich!«

Da bog die 11, in der Bornowski saß, vom Leuschnerplatz nach Süden. Soviel hatte er rausgefunden: Rechts lagen VP-Quartier und Stasi-Knast in einem Hintergebäude, links die »Leipziger Volkszeitung«, für sie hatten Rosa Luxemburg und Franz Mehring geschrieben. Wo hatte Bebel gewohnt? Keine Stadt in Deutschland besaß eine derartige sozialdemokratische Vergangenheit. Die Bahn ratterte eine Steigung hinauf, hier begann die Karl-Liebknecht-Straße, wo war in Leipzig etwas nach Vater Wilhelm benannt? Wenn Albert Bacher noch lebte, brütete er sicherlich in seinem Hauptquartier gegenüber vom Dimitroff-Museum und läse auf einer Schnellmitteilung, daß Linus Bornowski als Messegast in Leipzig weilte. Die Galle schoß ihm einen Strahl gelben Giftes in die Leber, General Bacher japste nach Luft und kippte hintenüber. Ach ja, auch Dimitroff gehörte zu dieser Stadt, ein Stück weiter links hatte er in der Kästner-Piepe gesessen, immer in Handschellen, wenn das mal stimmte. Zwei Kilometer längs und fünfhundert Meter quer, da müßte er fotografieren dürfen und hätte Vergangenheit von 1870 an im Bild und triste Gegenwart mit Rat des Bezirks und SED-Bezirksleitung, in der Schumann residierte, der schlappe Sohn eines starken Vaters. Am Connewitzer Kreuz stieg er um, fuhr die gleiche Strecke zurück und malte sich aus: Eines Tages, während ich meine Fotos mache, steht Micke neben mir, der ich einrede, ich diente intensiv dem Frieden zwischen den Völkern, und wenn Albert Bacher aus seinem roten Himmel runterschaut, kracht ihm aus der Hölle ein Blitz in den Hintern, der ihn von seiner Wolke haut. Denn das nenne ich Triumph, daß ich durch Leipzig fahre und *nicht* um Honecker, Mittag und sogar den halbblöden Krenz scharwenzle, ich trete *nicht* für eine neue Elbgrenze und die Abschaffung der Dokumentarstelle für eure Schandtaten ein, ihr müßt mich trotzdem reinlassen, und wenn ich wieder in Westberlin bin, schreibe ich einen Artikel, daß euch die Ohren abfallen.

Da lag Hauptmann Bacher über dem Schreibtisch, die Jacke hatte er auf einen Kleiderhaken geschmissen. Abreagieren, bloß niemanden zusammenscheißen. Wahnwitz, was da eben passiert war. Es gab keine andere Möglichkeit, als *beide* Duftlappen ordnungsgemäß zu sichern. Sie mußten nun in Gläser eingeweckt werden wie Marmelade oder Leberwurst, damit sie eines Kampftages einem Spürhund vor die Nase gehalten werden konnten: Such und faß! Ein Tuch roch nach der VP-Generalswitwe Bacher, aber welches? Auf *beide* Gläser käme ihr Name mit der Personenkennziffer, dem Tag der Duftnahme und der Dauer der Beduftung, 76 Minuten. Auf beiden Gläsern müßte auch vermerkt sein, daß sie den Körpergeruch des Bürgers von Berlin (West) Linus Bornowski bewahren *könnten* – ein Aberwitz.

Mutter mußte ins Objekt kommen. Um eine Genehmigung dafür zu erhalten, käme er nicht drumherum, die Panne einzugestehen. Er könnte mit ihr spazierengehen: Sie ruhten sich auf einer Bank aus. Wenn sie weitergingen, würde dort der Spürhund mit einem der Lappen angesetzt. Machte der sich frohgemut auf die Fährte, steckte Bornowskis Probe im anderen Glas. Dann konnte er Mamas Tuch wegwerfen oder entduften und weiter verwenden, das MfS war sparsam. Ein Spaziergang morgens in der Elsteraue, wenn es dort menschenleer war. Vögel sangen, Gras und Büsche waren naß vom Tau. Schöne deutsche Heimat. Mama und er schlendernd wie seit zwanzig Jahren nicht mehr. Was macht dein Blutdruck? Dieser Knaller von Feldwebel im Trabi oder als Angler angeputzt, der Hundeführer mit seinem Wundertier hinterm nächsten Gebüsch. Wenn er den Mist genau durchdachte: Der Feldwebel brauchte nur eines der Gläser mitzubringen.

Da stieg Linus Bornowski in den D-Zug nach Berlin. Beim Gerangel wegen einer Platzkarte stellte sich heraus, daß eine Frau im falschen Waggon suchte. Die Prothese drückte, er würde zwei Tage lang nicht aus dem

Haus gehen. Die zur Zeit leichteste kam aus England, sie wog weniger als ein echtes Bein. Er sollte nicht geizig sein, auf die paar tausend Mark kam es nun wirklich nicht an.

Damals V

1968

Sie waren zu viert auf Zelle und steckten Drähte auf Platten, auch Widerstände und Kondensatoren. Das ergab, wenn es fertig war, ein hübsches buntes Bild. Die Platten wurden auf Tabletts geordnet; einer blickte kontrollierend die Reihen entlang. Es war der Ehrgeiz der vier, die Norm ohne jeden Ausschuß mit hundertzwanzig Prozent zu erfüllen.

Seit Tagen hatte niemand etwas zu rauchen, ihre Nervosität stieg. Der Monatserste würde auf einen Sonnabend fallen, nichts Blöderes war denkbar. Arbeitsschluß schon mittags, dann Freistunde, Baden, Wäschewechsel, die Wachtmeister jagten alles durch. Zusätzlich das Ausgeben der Zigaretten? Einer der vier wollte sich besinnen, bei solcher Konstellation wären die Lullen schon einmal am Freitag verteilt worden – letztes Jahr? Bornowski war seit neun Jahren in Bautzen II, davor in Hohenschönhausen und Brandenburg – »die lassen uns bis Montag warten. Oder stellt euch vor, einem Wachtmeister wird es am Sonntagnachmittag langweilig, er schnappt sich ein paar Kalfaktoren und gibt aus! Hab ich noch nicht erlebt, aber ist es *unmöglich?*« Drei Schachteln »Karo« hatte er bestellt, außerdem Kunsthonig, Wurst, Kekse und Marmelade, vor allem aber sechzig Lullen für fünfzehn Tage, er würde am ersten Tag sechs reinhauen, auf vier runtergehen, auf drei, um sich zu beweisen, daß er das Problem im Griff hatte. Diesmal würde er auch am letzten Tag des halben Monats noch zu rauchen haben. Und wenn's nur eine wär. Das plante er seit Jahren, und gerade war es wieder schiefgegangen.

Am Sonntagnachmittag sollten sie den Monatsbrief schreiben, zwanzig Zeilen. Bornowski könnte seinen Einkauf herzählen, die beiden Filme, die er gesehen, die vier Bücher, von denen er eines nur zur Hälfte gelesen hatte – in den ersten Jahren war er scharf auf jedes Fetzelchen Gedrucktes gewesen, jetzt ließ ihn das meiste kalt. »Neues Deutschland« überflog er nur noch. Neulich hatte ihn eine Meldung aufgeregt: Die Erdöl-Pipeline von Genua nach Ingolstadt sei *geborsten,* ein hundert Quadratmeter großer See habe eine Wiese verseucht. Das fiel unter Negativmeldung aus dem Imperialismus und zeigte doch: Sie hatten eine Leitung über Hunderte von Kilometern und sogar über die Alpen gebaut, verdammt, das war doch eine Leistung fürs verfaulende System. Von der Fertigstellung der Pipeline hatte das »ND« natürlich nichts gemeldet, aber jetzt die Panne! Wie groß war ein hundert Quadratmeter großer See? Zehn mal zehn Meter, eine Pfütze.

Er würde schreiben: »Liebe Siggi«, und ohne Absatz fortfahren, um die Zeile voll zu nutzen, »ich danke Dir für Deinen lb. Brief, den ich schon am 9. erhielt. Schön, daß es mit Deiner Arbeit so gut klappt,

Paris, Toulon, da möchte ich auch mal hin. Bin gesund, 73 kg.« Die Kumpel aus dem Osten konnten den letzten Besuch erwähnen und versichern, sich wie verrückt auf den nächsten zu freuen. Besuch hatte Vorteile, aber auch Nachteile: Die verdammte Geilheit wurde aufgeheizt. Sigrid schickte ihm Fotos, auf denen sie korrekt, wenn nicht prüde gekleidet war. Hochgeschlossen, die Brust unter der Jacke kaum angedeutet. Vielleicht war sie magerer geworden.

Neptun, der Kalfaktor, brachte Material. Der »Hauptwachtmeister Produktion« schloß ihn ein, weil man ihn von unten rief, und sie kamen sofort auf die Lullen. Keine Anzeichen im Bau, berichtete Neptun. Sei ja noch nicht elf, konnte sich einrenken. Die Essenkübel waren abgeladen worden, vermutlich Weißkraut. Bücklinge für abends, es ging aufwärts mit'm Sozialismus. Die beiden Perser drei Zellen weiter, Brüder oder nicht, das war nicht klar, mal redeten sie so, mal so, hatten jetzt einen dritten Mann in der Zelle, einen Chinesen. Rot oder Taiwan, keine Ahnung. Neptun zählte die Tabletts ab. Was seine Schwester treibe, wurde er gefragt. Sei 'ne tolle Biene, er hatte den halben Bau wild auf sie gemacht. Einer sagte, wenn er rauskäme, würde er kurz daheim vorbeischauen und dann sofort zu Neptun hinrammeln, falls der früher entlassen worden sei. Und wenn nicht, besuchte er eben die Schwester und richtete Grüße aus, basta.

Als der Hauptwachtmeister wieder schloß, ließ er nicht nur Neptun hinaus. »Elfdreinfufzsch, gomm Se!«

Bornowski legte seinen Schraubenzieher hin. Konnte alles Mögliche bedeuten, Sonderpaket oder

Seelenfilzung beim »Onkel«, dem Stasi-Knilch aus Berlin, was er von der Weltlage und den großartigen Erfolgen der Sowjetunion hielte, und ob er denn eines fernen Tages partout nach Westberlin entlassen werden wollte oder vielleicht ein paar Jährchen eher nach Cottbus oder Finsterwalde in ein staatliches Fotolabor? Auch dort bräuchten sie Fachkräfte. Vielleicht fuhren sie ihn rüber in die Eins zum Röntgen, weil letztens seine Platte unscharf geblieben war. Oder, oder.

Der Wachtmeister lotste ihn zur Effektenkammer. Da lag sein Zeug, also Überprüfung wie alle paar Jahre, ob Motten drinne wären. Ein Wachtmeister, kein Kalfaktor, blickte von einer Liste auf. »Schaun Se nach, ob alles vollzählig is.« In diesem Jackett und dieser Hose hatten sie ihn abgeschleppt, das Hemd würde zu weit sein. Breit war der Schlips, ach Gott, wer hatte ihm den bloß geschenkt. Socken, Schuhe. »Bißchen brüchig das Leder«, sagte er. Der Wachtmeister reagierte nicht.

»Ziehn Se mal alles an.«

Das war noch nie passiert. Doch: als sie von Brandenburg hierher verlegt worden waren, nachdem Abgeordnete der Labour Party gestänkert hatten, im Zuchthaus Brandenburg, Haus II, unterhielte die Stasi ein Geheimgefängnis, dort würden die Häftlinge unter Kapuzen über den Hof geführt. Schweigehaus! Da hatte das DDR-Presseamt höflichst eine Besichtigung angeboten. Drei Nächte vorher wurden zirka hundertfünfzig Häftlinge in einem Konvoi von grünen Minnas nach Bautzen gekarrt, und die Laboursozis trafen auf freundliche Ladendiebe und Schwarzbrenner. Also

Verlegung. Also Verbesserung, nichts war übler als Bautzen II.

»Paßt alles?«

Bornowski antwortete nicht. Wunderbar leicht, so 'ne kleine Unterhose. Nach Mottenpulver stank jedes Stück, und er stank nach Knast – das behaupteten sie alle: Ein Strafgefangener hatte so viel an Knastdunst eingesogen, daß auch ein stundenlanges Wannenbad nichts half, das würde sich erst nach Wochen verlieren.

»Ihr Geld und die Uhr kriegen Se noch nich, Krawatte und Gürtel auch nich, das geht gesondert. Aber unterschreim Se mal hier.«

»Daß ich's gekriegt habe?«

»Ja.«

»Aber ich krieg's doch gar nicht.«

»Das geht mit auf Transport.« Die Wachtmeister blickten ungerührt vor sich hin.

»Wieviel Geld?«

»Hundertsiebzehn Westmark und sechs Fenge.«

Eine Viertelminute ließ Bornowski verstreichen, das war eine gute Frist fürs Entgegenkommen. Wer sich in solchem Fall nicht auf die Hinterbeine stellte, kriegte auch mal 'ne Kanne heißes Wasser außer der Zeit, oder er konnte die Jacke tauschen, wenn ihm Schmiere draufgekleckert war. »Na gut.« Er unterschrieb.

Draußen schlug der Wachtmeister dreimal mit dem Schlüssel gegen das Treppengeländer, daß es bis in die Fünfte hinauf hallte, das hieß: Strafgefangener auf der Treppe, Türen zu! Bornowski legte die Hände auf den

Rücken und stakste los wie befohlen. Runter, links, links. Hier unten war er noch nie gewesen.

»Bleim Se stehn.«

Er drehte das Gesicht zur Wand, wollte perfekter Strafgefangener sein, altgedient. Jetzt nicht die geringsten Faxen.

Riegel, Schlüssel im Schloß. Er roch sofort, daß die Zelle lange leer gestanden hatte, erfaßte mit einem Blick: zusätzliches Gitter vor dem Fenster, also Arrestzelle. Auf der Pritsche sein Bettzeug, auf dem Tisch alles aus seiner Zelle, Kaffeebecher, Brettchen, Marmeladenglas, Butterbüchse.

»Se kriegen gleich Wasser.«

Als der Wachtmeister eine Viertelstunde später wieder aufschloß, als er und kein Kalfaktor eine Kanne mit heißem Wasser hereingab, da fragte Bornowski, wie es denn mit Zigaretten stünde, es könnte doch sein, daß sie heute ausgegeben würden, und da wäre es doch Scheiße, wenn er hier unten vergessen würde, immerhin drei Schachteln.

Der Wachtmeister senkte, ehe er abschloß, die Augenlider um Millimeter.

Eine Stunde später lagen vor Bornowski eine Pakkung »Karo« und eine Schachtel *mit sechs Streichhölzern*. Der Wachtmeister sagte: »Aber machen Se gein Mist damit.«

Drei Zigaretten rauchte er hintereinander, fünf Streichhölzer blieben. Ihm wurde so schwindlig, daß er sich an die Wand lehnen mußte. Er dachte: Und wenn ich mich jetzt aufs Bett knalle. Bloß keinen Blödsinn und nicht fragen, stoisch sein, der Polizei nur nicht

Erstaunen oder gar Freude gönnen. Selbst wenn einer sagte: Morgen früh wern Se entlassen, Elfdreinfufzsch.

Weißkraut zu Mittag. Der Nachmittag schlich hin, lautlos hier unten. Noch zwei Zigaretten an einem Streichholz. Noch eine. Jetzt wurde oben schon »Neues Deutschland« ausgegeben. Vielleicht stand drin: Ministerrat beschloß Amnestie. Mit ihm hatten sie angefangen. Zum Abendbrot Bückling, doppelte Ration Margarine, Weißbrot, wieso das, er war doch nicht magenkrank. Seine Marmelade aß er hinterher mit dem Löffel auf. Wozu Vorräte. Bei der Meldung fragte der Wachtmeister, ob er noch Streichhölzer hätte. Ja. »Brenn Se sich noch eene an, die andern geben Se her. Die Schachtel ooch.« Also rauchte er noch einmal drei hintereinander.

Er schlief miserabel, ließ sich aber nicht täuschen, anzunehmen, er hätte überhaupt nicht geschlafen. So irre Gedanken gab's nur im Traum: Er mit Albert Bacher auf einer Schulbank, an der Tafel ein Satz von Thälmann, sie büffelten auf Parteischule, Albert grinste ihn an.

Als er am nächsten Morgen in einem Seitenhof vor der grünen Minna stand, hörte er vom Schuldach die Uhr schlagen: zweimal, wahrscheinlich halb neun. Gewohnheitsmäßig streckte er die Hände vor, Handschellen gehörten zum Transport, aber der Wachtmeister winkte: Einsteigen. Während das Auto durchs Tor kurvte, versuchte er Überschwang zu dämpfen: Mach dich nicht verrückt, genügt doch, wenn sie dich verlegen, hast gestern geraucht wie 'n Schlot, heute 'ne Spazierfahrt, alles ist besser als Bautzen II. Wenn sie ihn bloß in die Eins bringen wollten, müßte er schon da sein.

Bremsen, Halten, Starten, Bremsen. Scharfe Kurve, Beschleunigen, dann das gleichmäßige Stoßen beim Fahren über Betonplatten, also waren sie auf der Autobahn, die nördlich von Bautzen in Richtung Dresden führte, von dort aus war jede Richtung möglich. Falls er entlassen werden sollte, dann von Berlin aus. In Hohenschönhausen im Stasi-Lager hätte er es zehnmal besser, das erzählten alle, die von dort gekommen waren. Dort wuschen sie Wäsche für alle Stasi-Objekte in Berlin und fürs Regierungskrankenhaus. Jeden Abend Fernsehen, sechzig Mark Einkauf im Monat. Die wuschen sogar Schlüpfer und BHs von den Stasi-Miezen.

Unter der hinteren Tür klaffte ein Spalt. Die Sonne warf Schatten schräg rechts über die Fahrbahn, jetzt am mittleren Vormittag stand sie im Südosten, also fuhren sie nach Westen. Die Sonne ließ sich nicht bescheißen. Den großmäuligen Spruch »Ohne Gott und Sonnenschein bringen wir die Ernte ein« traute sich schon lange keiner mehr. Wie weit war es von Bautzen nach Dresden – weiter als eine halbe Stunde doch nicht?

Eine Kurve, noch eine, und wieder Autobahn, jetzt waren die Schatten ungleich länger und fielen in anderem Winkel ein, also ging's nach Norden, Mensch, nach Berlin, ein Berliner entrann dem Loch von Bautzen, und wenn sie auch verfluchte Löcher in Berlin hatten wie das U-Boot, so gab doch das Wort Kraft: Ich bin ein Berliner.

Der Hof, in dem er ausstieg, war kein Gefängnishof, vielmehr von Bürobauten umstanden. Er hatte gelernt, blitzschnell zu erfassen: hohes Stahltor zwei sechsstökkige Flügel ein dreistöckiger zwei Offiziere Stasi oder NVA das war auf die Entfernung nicht zu unterscheiden keine Gitter an den Fenstern kein Stacheldraht auf der Mauer auf dem Tor. Er beugte die Knie, die steifgeworden waren von einer Fahrt von vielleicht drei Stunden.

»Kommen Sie bitte mit.« Ein Hauptmann mit einer Mappe in der Hand sagte das, »bitte« hatte Bornowski lange nicht gehört. Pistole am Koppel. Also war er in keinem Knast, das war der letzte Beweis. »Bitte da lang.«

In einen der Blöcke hinein und eine Treppe hinauf, Bornowski hatte die Hände auf den Rücken gelegt. Ob das hier nötig war? Schaden konnte es jedenfalls nicht.

Der Hauptmann öffnete die Tür zu einem Zimmer mit Tisch und vier Stühlen, einem leeren Regal und einem Ulbricht-Porträt. Auf dem Tisch ein Tablett mit Teller, Glas, Seltersflasche und eine Platte voller belegter Brötchen. »Falls Sie Hunger haben. Noch ein Wunsch?«

Bornowski erkannte Käse, *harte* Wurst, *Gehacktes,* Gehacktes war sein Traum seit Jahren: raus und noch am ersten Tag ein Pfund Gehacktes, Gurke dazu, Bier und Knusperbrötchen, und dann das Gehackte nicht drauf, sondern nebenher mit der Gabel – Eischeiben und Lachsschnitzel, *acht halbe Brötchen,* wenn er jetzt nach Gurke fragte? »Was zu rauchen vielleicht.« Elf Lullen hatte er noch, aber kein Feuer.

»Erst mal guten Appetit.«

Der Hauptmann schloß leise die Tür von außen ab. Bornowski griff, ehe er sich setzte, nach dem ersten Gehacktesbrötchen, biß ab, kaute, biß schon wieder zu, bevor er zu Ende gekaut hatte. Sie entließen ihn, keine Frage, sie hatten ihn nach Berlin in die Normannenstraße gebracht, morgen war er draußen – drüben? Jetzt nicht durchdrehen.

Ein Feldwebel brachte eine Schachtel »Club«, Streichhölzer und Aschenbecher und stellte sie wortlos auf den Tisch. Bornowski hatte den Mund voll, nickte zum Dank. Diesmal wurde nicht abgeschlossen, wahrscheinlich blieb der Feldwebel vor der Tür. Ei, Lachsschnitzel, Wurst, zuletzt Käse, blödsinnig voll war er. Von wegen zehn Brötchen verdrücken. Von wegen ein Pfund Gehacktes auf einen Ritt.

Die »Club« schmeckte enttäuschend fade, er hatte sich wohl durch »Karo« alle Geschmacksnerven versaut.

Nach einer Stunde in ein anderes Zimmer. Drei Offiziere erhoben sich, der mittlere las vom Blatt, der Ministerrat der Deutschen Demokratischen Republik, Ministerium für Justiz, habe Herrn Linus Bornowski mit Wirkung vom 23. Juli 1968 begnadigt. Die Treppe hinunter und in ein Zimmer, in dem ihm eine Unteroffizierin mit strähnigem Haar Geld und Uhr aushändigte. Er zog die Uhr auf, fragte nach der Zeit und stellte die Zeiger. »Komisches Gefühl«, sagte er überflüssigerweise. Und wieder ein anderes Zimmer, diesmal mit einer Couch. Gulasch mit Nudeln in zwei Schüsseln, halb kalt, er brachte keinen Bissen hinunter. Rauchte wieder, zog die Schuhe aus. Neue Schuhe wären das erste, draußen. Wo draußen. Er dämmerte ein und träumte von Hunden, die auf Bautzens Gefängnishöfen zu den Fenstern hinaufgafften. Häftlinge schmissen Wurstschalen hinunter.

Es war dunkel, als sie ihn in den Hof führten. Da stand ein Kastenwagen, keine Minna, ein Bäckerauto. Drin zwei festgeschraubte Bänke. Er stieg ein, das Auto startete sofort. Fuhr und hielt, bog ab, fuhr, hielt, nach einer Dreiviertelstunde wurde die Tür geöffnet, ein Zivilist sagte: »Aussteigen.« Bornowski blickte hinauf in die Bäume einer Allee. Der Zivilist schloß die Tür leise wieder ab, stieg ein neben den Fahrer, das Auto fuhr sofort los.

Zwei Männer traten auf ihn zu. »Herr Bornowski? Mein Name ist Rehbaum. Ich bin Ministerialrat im Bundesministerium für gesamtdeutsche Fragen und begrüße Sie auf dem Boden des freien Berlin.«

»Uff.« Und: »Großer Gott.« Den Namen des anderen Mannes verstand er nicht, drückte Hände und hörte, sie würden ihn jetzt in eine Klinik bringen, dort könnte er sich ausschlafen, dann würde er untersucht – jetzt bloß nichts überstürzen, war doch alles aufregend genug, oder?

»Wo sind wir?«

»In Neukölln.«

»Und die Klinik?«

»In Friedenau.«

»Übern Kudamm fahren wir wohl nicht?«

»Wäre ein ziemlicher Umweg. Sie haben *doch nun Zeit,* Herr Bornowski. Dorthin bummeln Sie in ein paar Tagen mit Ihrer Frau.«

»Weiß sie Bescheid?«

»Das sagen Sie ihr am besten alles selber. In den nächsten Tagen gibt es allerlei zu regeln, ich schicke jemanden oder komme kurz vorbei. Jetzt haben erst mal die Ärzte das Wort.«

Es war halb zwei in der Nacht, als ihn der Pförtner einer Klinik durch den Park ins Bettenhaus brachte. Auf dem Tisch Blumen, Äpfel, Bananen. Der Pförtner, ein freundlicher, dicklicher Sechziger, riet: »Jetzt bloß nicht saufen, Kamerad, deshalb hab ich Ihnen 'ne Pulle Bier in den Schrank gestellt. Ist absolut verboten!«

»Morgen früh möchte ich telefonieren, kann ich das von Ihnen aus?«

»Aber klar doch, Kamerad.«

Er trank, auf der Bettkante sitzend, in kleinen Schlucken. Das Bier schmeckte bitter, war keine Offenbarung. Gegen sieben würde er Siggi anrufen, da war sie wahrscheinlich wach und noch nicht aus dem Haus. Er schnupperte am Pyjama. Das war der Geruch *von draußen*.

Pünktlich fünf Uhr wurde er wach, als wäre ihm per Lautsprecher befohlen worden: Strafgefangene, Nachtruhe beenden! Er aß eine Banane und rauchte, jetzt gehörten ihm alle Streichhölzer der Welt.

Der Pförtner suchte die Nummer heraus, Bornowski wählte. Eine Männerstimme fragte: »Ja bitte?« Er fragte zurück: »Ist dort Bornowski?«, hörte Tuscheln und nach einer halben Minute eine Frau: »Ja bitte?«

»Linus.«

Überrascht, heiser vom Schlaf: »Von wo rufst du an?«

»Aus einer Klinik in Friedenau. Bin letzte Nacht rüber.«

»Mein Gott, Linus. Konntest du nicht...«

»Nein, ich konnte nicht.« Alle Wiedersehensfreude war erloschen, alle Neugier, sogar alle Gier. Also doch, also wie in unzähligen Nächten befürchtet.

»Bist du krank? Wieso Klinik?«

»Wahrscheinlich nicht. Aber die wollen hier wohl nichts anbrennen lassen.«

»Mein Gott, Linus. Wie ich dir gratuliere, wie ich mich für dich freue.«

Er fragte nicht: Für dich auch?

»Ich muß jetzt zur Arbeit. Ich mach's kurz dort und komme so schnell wie möglich. Vielleicht bald nach Mittag, ist dir das recht?«

»Klar, Siggi.«

»Was soll ich dir mitbringen?«

»Nüscht, hab alles.«

Der Pförtner nahm den Hörer und erklärte die Lage der Klinik und den Weg dorthin. »Alles langsam angehen«, riet er, nachdem er aufgelegt hatte. »Die Bierflasche hole ich selber ab. Bloß nicht in den Papierkorb damit, die Weiber hier sind perfekte Spione. Sie werden sich wohlfühlen, Kamerad. Wenn Sie mal nachts nicht schlafen können, kommen Sie her, wir quatschen dann.«

Untersuchungen begannen, die der Arzt einen ersten Durchlauf nannte. Gegen elf tauchte Rehbaum auf und brachte einen Umschlag, in dem steckte, was er als Begrüßungsgeld bezeichnete: dreitausend Mark. Der Minister lasse grüßen. »Bleiben Sie erst mal zwei oder drei Wochen hier, dann sehen wir gemeinsam weiter.«

Sigrid Bornowski trug ein Kostüm mit wunderlich kurzem Rock, so war wohl die Mode. Sie war blaß und dünner als vor diesen Jahren und erschien ihm viel älter. Sie nahmen sich in die Arme und drückten die Wangen aneinander. Er spürte nicht das geringste Verlangen nach ihr und begriff ernüchtert, daß dadurch alles ungleich leichter sein würde. Nach seiner Gesundheit fragte sie, und wie denn alles so plötzlich gekommen sei, und er antwortete, das wisse er nicht. Er wartete, daß sie ihm sagte, wer der Mann heute morgen gewesen sei, und fand, daß er das im Grunde gar nicht wissen wollte. Es war so, wie er anfangs befürchtet und nach Jahren als wahrscheinlich angenommen hatte. Warum sollte Siggi alle ihre Zeit vergeuden. Das sagten die Kumpel drin: Gibt nicht nur eine Frau auf der Welt.

Zwei Wochen später mietete er ein Motorrad und kaufte die dafür nötigen Klamotten. Hinter Helmstedt drehte er auf und wartete auf das, was die Werbung das wunderbare Fahrgefühl, den überwältigenden Rausch nannte; nur Fliegen sei schöner. Für kurze Zeit kam er auf hundertachtzig, da hätte er schreien können, nicht vor Glück, sondern um Spannung herauszulassen.

Auf einer Landstraße hinter Celle berechnete er eine Linkskurve falsch, mußte einem Traktor ausweichen, geriet ins Schleudern und prallte gegen einen Baum. Der Traktorfahrer brachte ihn zum nächsten Gasthaus, er hatte einen Haufen Rüben herunterwerfen müssen, um Platz zu schaffen. Bornowski kam im Unfallwagen zu sich, sah Augen und einen Mundschutz über sich, glaubte sich im Krankenhaus von Bautzen I und dämmerte wieder ein. Als er aus der Narkose erwachte, erklärte ihm ein Arzt, ein Schlüsselbein und sechs Rippen seien gebrochen, dazu hätte er Prellungen, die ihm noch ziemliche Schmerzen bereiten würden. »Das Schlimmste, Herr Bornowski: Ich habe unter dem rechten Knie amputieren müssen. Tatsache: Da war nur noch Matsch.« Er klapste auf die Bettdecke. »Das andere Bein haben Sie ja noch. Und es gibt fabelhafte Prothesen.«

Einen Arzthelfer fragte Bornowski am nächsten Tag, was sie mit dem abgeschnittenen Bein gemacht hätten. »So was fliegt in den Heizkessel.«

Mein Matsch im Heizkessel – wenn die Kumpel drin das wüßten, hätten sie tagelang ihr Thema.

5. KAPITEL

Auswertung eines Films

1.

1986, November

Der Professor verbot sich jeden Ehrgeiz, sofort ein Bild gewinnen zu wollen. Das hieß: binnen zwei, drei Wochen. Ein Zusammenbruch wie dieser hatte verschränkte, verästelte Ursachen, und es wäre ein Erfolg, wenn seine Patientin bis dahin wenigstens einige davon erkannt hätte. Gerade bei gescheiten Frauen setzte eine Blockade ein, wenn sie erfuhren, Eingeständnis von Gründen sei eine Voraussetzung zur Heilung. Intelligenz *und* blendendes Aussehen konnten Reaktionen wie bei Männern hervorrufen, die es als Schwäche ansahen, Depressionen anzuerkennen. »Wir haben Ihnen Tabletten gegeben, Frau Protter, Antidepressiva. Sie sollten sie ohne inneren Widerstand nehmen und nicht glauben, die allein könnten Sie stabilisieren. Allmählich möchte ich mit der Therapie beginnen. Sie sollen alles über meine Methode wissen. Letztes Jahr hatte ich einen vertrackten Fall. Eine Medizinstudentin nahm an, sie sei zu dumm zum Studium, und ihr einziger Fehler sei, das nicht beizeiten erkannt zu haben. Also entwickelte sie kindlichen Stolz, mir mit ihren rudimentären Kenntnissen zu beweisen, alles, was ich vorhätte, sei Quatsch – ihr Lieblingswort. So gerieten wir in Streit, und ich mußte mich ziemlich anstrengen. Von da an ging's natürlich aufwärts.«

Der Professor blickte in Augen, die abwartend auf ihn gerichtet waren, höflich, nicht einmal skeptisch, offene, beinahe staunende Augen unter fein gezeichneten Brauen. Die Haare, dunkelbraun mit ersten grauen Fäden, waren in der Mitte gescheitelt und fielen locker auf die Schultern herab; vielleicht waren sie für dieses Alter ein wenig zu lang. Der Professor fand, Frau Protter sähe aus wie eine Madonna, und für einen Augenblick stellte er sich vor, in einer Bildergalerie zu sein. Lehrer mühten sich, Mädchen dieser Art nicht vorzuziehen, die Unfähigeren flüchteten sich in Schroffheit. Solche Schönheiten waren von Freundinnen umschwärmt, die hofften, von ihrem Schimmer strahle etwas auf sie ab. Kürzlich hatte er erlebt, wie in einem Schwimmbad eine zwölfjährige Prinzessin hofgehalten hatte; zwei Anbeterinnen hatten ihr das lange, knisternde Haar gekämmt; ihre Augen hatten geglänzt wie vor einem Orgasmus. »Traurigkeit ist keine Depression. Ihr Beruf ist für Sie alles andere als eine Erfüllung, aber Sie geben nicht Ihren Kollegen oder einer vertrackten Aufgabe die Schuld, sondern sich: Andere würden doch auch mit dieser Situation fertig. Wenn Sie wieder arbeiten, müssen Sie von vornherein – aber bis dahin bleibt ja noch Zeit.« Der Professor lächelte, Astrid Protter nicht. Sie fand den Mann weder unangenehm noch sympathisch; er war Arzt, es war sein gutes Recht, sie gesund machen zu wollen, seine Pflicht nicht unbedingt. Seit einer Woche war sie hier, hatte viel geschlafen und dem Professor einiges erzählt. Daß

Silke sie immer weniger brauche und sie selbst von Monat zu Monat eine schlechtere Mutter geworden sei. Die ewige Angst vor Krebs. Nichts hätte ihr geschmeckt, und sie hätte jede Lust am Kochen verloren – natürlich waren das Problemchen am Rande. Wichtig blieb die Situation in diesem Bauamt. Und wie sie nicht mehr auf schiefe Bordsteine und Gehwegplatten blicken konnte, ohne Leere im Hirn zu spüren, die zu Schwindelanfällen führte. Ihr Kreislauf reagierte auf zerbröselnde Betonplatten vor der Hauptpost und am Georgiring, vor nicht einmal zehn Jahren gelegt. Da hatten die Werktätigen – von wegen »meine Hand für mein Produkt« – beim Mischungsverhältnis betrogen. Undenkbar, daß die Bau-Union gratis nachbesserte und den Direktor rausschmiß.

»Über Ihren Mann haben Sie nicht viel erzählt.« Wie sich der politische Familienhintergrund auf ihr Selbstwertgefühl auswirkte, würde noch herauszufinden sein. Zu rabiater Wunsch nach Aufstieg konnte genauso kaputtmachen wie die überzogene Leistungserwartung ehrgeiziger Eltern.

»Mein Mann ist in ein Forschungsinstitut übergewechselt, in dem sie untersuchen, ob man Asche aus Kraftwerken als Zementersatz verwenden kann. Er hält alles für Augenwischerei, niemand dort glaubt an einen Erfolg.« Sie schämte sich zu sagen, daß er nun beinahe jeden Abend Wodka trank, und nur widerstrebend und erst auf die Frage des Professors gestand sie, daß ihr Liebesleben vor einem halben Jahr eingeschlafen war. »Er macht sich einfach nichts mehr aus mir.«

»Hat er das gesagt?«

»Nein.«

»Sehen Sie! Schon wieder suchen Sie die Schuld bei sich. Himmel, wie war denn das während Ihrer Studienzeit! Sie brauchten doch nur mit dem Finger zu schnipsen, und die Kerle flogen! Ich könnte mir vorstellen, daß auch bei Ihrer Heirat *Sie* das entscheidende Wort gesprochen haben.«

In ihre Augen trat ein Schimmer von Belustigung. »Harald spielte Saxophon in einer Studentenband, ›The Hot Devils‹. Einmal, als er absolut großartig war, bin ich schnurstracks auf die Bühne und hab ihn für den nächsten Tanz engagiert.«

Der Professor wechselte das Thema: »Attraktive Frauen müssen sich ständig beweisen, daß ihre berufliche Leistung ohne Rücksicht auf ihr Äußeres anerkannt wird. Sie jammern, es wäre durchaus kein Nachteil, wenn sie dumm wären, das würde von manchen Männern sogar *erwartet,* um Überlegenheitswünsche ausleben zu können. Darüber haben wir überhaupt noch nicht gesprochen: Haben Sie politischen Druck verspürt – es wäre kein Wunder bei Ihrem Elternhaus, wenn Sie sich als schlechte Genossin gefühlt hätten.«

»Ich habe mir auszumalen versucht, was mein Vater gesagt haben könnte. Meine Mutter steckt immerzu die brave Genossin raus. Wir nach dem Krieg, heißt es da, die Energie der Trümmerfrauen, früher haben Arbeiterfrauen ein Dutzend Kinder großgezogen, und du kommst mit einem Mädchen nicht zurecht. Vor kurzem durfte sie nach Kuba fahren, eine Reise für verdiente Genossen. Ganz aufgekratzt kam sie wieder, weil sie gesehen hatte, wie Frauen in den Zuckerrohrfeldern schufteten.« Sie überlegte: Hat womöglich Sascha mit Katzmann und der Ärztin geredet? Vielleicht kreuzte er nun bei diesem Professor auf.

»Wenn Sie meinen, daß wir langsam mit den Tabletten runtergehen sollten – ich hätte nichts dagegen. Jetzt bloß nichts erzwingen wollen.«

Astrid Protter verstand, daß das Gespräch beendet war. Sie ging eine Weile durch den Park. Beim Abendessen mußte sie sich zwingen, wenigstens eine Scheibe Brot zu essen. Auf die Frage ihrer Tischnachbarin, ob sie schon Besuch von ihrer Familie erwarte, gab sie keine Antwort. Erst eine Minute später drang in ihr Bewußtsein, daß sie angesprochen worden war, und sie entschuldigte sich.

»Ich wollte bloß nicht so stumm dasitzen.«

»Seit wann sind Sie hier?«

»Seit einem Monat.«

»Und wie lange noch?«

»Das fragt man nicht, hat der Professor verfügt. Es gehört zu seiner Methode, Zeit für unwichtig zu nehmen.«

»Und klappt das?«

Nach einer Weile gingen sie auf die Veranda. Die Frau sagte, sie habe es satt, sich jeden Abend das Gekläff anzuhören, welches Fernsehprogramm eingeschaltet werden solle. »Man kann hier Westen sehen. Gibt wohl überall Leute, die beweisen müssen, was für großartige Genossen sie sind. Manchmal wird abgestimmt, und immer setzen sich die Anhänger des flachsten Programms durch.« Unvermittelt streckte die Frau die Hand hin: »Ich heiße Gabriele Heit.« Astrid Protter zuckte zusammen, was sie unerklärlich fand. »Danke«, sagte sie und nannte ihren Namen.

»Warum bedanken Sie sich?«

»Ich weiß es nicht.«

Sie helfe in der Küche, so Frau Heit nach einer Weile, das sei natürlich freiwillig und verkürze die Zeit. »Der Professor wird Ihnen sicherlich auch bald so etwas vorschlagen. Woher sind Sie?«

»Aus Leipzig.«

»Ich bin aus Grimsen. Ich denke oft: Die DDR besteht zum größten Teil aus kleinen Städten. Immer heißt es: Berlin, die Hauptstadt, das Gewandhaus in Leipzig, Politiker kommen zur Messe! Nach Grimsen kommt nie jemand.« Nach einer Weile: »Haben Sie Kinder?«

»Eine Tochter.«

Als Astrid Protter hinzufügen wollte, wie alt Silke sei, krümmte sich Gabriele Heit langsam, erst sah es aus, als wollte sie sich bücken, vielleicht, um etwas an ihren Schuhen zu richten, dann verlor sie das Gleichgewicht und stürzte. »Was ist denn?« rief Astrid Protter erschrocken, hob den Kopf der Frau an und versuchte, sie an den Schultern aufzurichten. »Ich bitte um Hilfe!« rief sie und wunderte sich über das Umständliche ihrer Formulierung.

Zwei Männer rannten heraus. Sie brachten die Frau, die kraftlos zwischen ihren Armen hing, in den Arztraum, dort kümmerte sich sofort eine Schwester um sie und schickte alle anderen weg.

Nachts lag Astrid Protter wach und dachte an diesen Vorfall, an Silke und Harald, an ihn zuletzt und am wenigsten, und als ihr das bewußt wurde, tat er ihr leid, und sie tat sich leid. Harald, im Grunde ein zuverlässiger, treuer Mann, zu dem Silke nun übergelaufen war. Ehe sie zu weinen begann, stand sie auf, wobei sie sich mühte, ihre Zimmergenossin nicht zu wecken, eine Bäuerin, die wenig redete, und dann nur über Sauen, Kümmerer und Kraftfutter. Ihr Gesicht war hochrot und das Haar dünn geworden unter dem Kopftuch.

Hinter den Bäumen im Park wurde eine Wolkendecke violett angestrahlt, dort lagen ein Kraft- und ein Legierungswerk; wenn der Wind aus dieser Richtung kam, drangen die Signale der Bagger herüber. Die Landschaft wirkte urtümlich, wo Auwald geblieben war. Aber in welcher Richtung man auch ging, stets stieß man auf Halden, Gruben, Bahngleise. Wieder sah sie sich an diesem Rohr liegen und hörte sich schreien, sie spürte den Schmerz vom Fuß herauf, der das Bein lähmte, dann tauchten die beiden Helme über der Kante auf. Voriges Jahr, sagten die Männer, als sie auf ihre Schultern gestützt zur Straße humpelte, hätten sie hier zum letzten Mal kontrolliert und würden vielleicht erst nächstes Jahr wiederkommen. »Wir sind vermutlich Ihre personengebundenen Schutzengel.«

Nach dem Frühstück bat der Professor sie in sein Zimmer. Was denn mit Frau Heit passiert wäre? »Natürlich haben unsere Patienten ein Recht auf Diskretion. Ich muß diesmal eine Ausnahme machen. Ich möchte Sie nämlich mit Frau Heit auf ein Zimmer legen. Sie hat bei einem Unfall einen ihrer Zwillinge verloren, er war vierzehn. Verschwindet das eine Doppelwesen, erinnert das andere unablässig an den Verlust. Ein Kind stirbt, das ist fürchterlich. Noch gräßlicher: Eine Hälfte wird weggerissen. Daß Frau Heit Christin ist, hilft ihr im Augenblick wenig. Sie sollten also nicht zu viel von Ihrer Tochter erzählen. Die anderen Patienten brauchen das alles nicht zu wissen.«

Diesmal nahm ihn Astrid Protter als Mann wahr, nicht als Zubehör eines medizinischen Vorgangs. Das Auffälligste an ihm war ein Wust brauner Locken, der seinen Kopf wie ein Helm umstand. Die Stirn höckrig über den Brauen – sie dachte: Wie bei einem Neandertaler. Die Augen lagen in Höhlen zwischen dunklen Rändern. Astrid Protter hatte den Eindruck, als sei in ihnen die Erkenntnis versammelt, immer nur Teilwahrheiten erfahren und begrenzt helfen zu können – in diesem Beruf gab es keine Siege wie in der Chirurgie: Die Galle war draußen, ein Knochen geschient. Ob sie es jetzt war, die dem anderen auf die Schliche zu kommen suchte? Diese Überlegung erfüllte sie mit einem Hauch von Zuversicht. Der Professor trug einen breiten Ehering an einer Hand, die zu einem Schwerarbeiter gepaßt hätte, und eine Uhr mit wuchtigem Armband. Von solchen Uhren behauptete die Reklame, sie blieben dicht bis zu einer Tauchtiefe von hundert Metern. Silke hatte sich geschüttelt vor Lachen: Wer tauchte so tief?

»Bitte glauben Sie nicht, daß ich Ihnen eine Verpflichtung aufladen will.«

»Besser als Geschirrspülen.«

»Schwieriger auf alle Fälle. Und stellen Sie bitte kein Foto Ihrer Tochter auf den Nachtschrank.«

Als nichts folgte, stand Astrid Protter auf und ging mit einem Nicken. Sie nahm sich vor, sich endlich seinen Namen zu merken: Huhnfeld. Sie sollte mal zu einer Schwester sagen: Herr Huhnfeld. Dieses ewige Getue: Der Herr Professor, unser Professor.

Einige Tage darauf sagte Frau Heit, sie würde gern einmal in die Nikolaikirche gehen, montags, zum Friedensgebet.

»Dürfen Sie das?«

»Ich hab noch nicht gefragt. Und wenn ich ...«

»Wenn Sie?«

»Wenn ich sage, Sie kämen mit?«

»Die Blinde und die Lahme.«

»Wie bitte?«

»Ach, war Blödsinn. Huhnfeld wird schon zustimmen, fragen Sie ihn nur.« Und wieder keine Initiative von mir, ich trottle mit. Von der Nikolaikirche war einmal im Deutschlandfunk die Rede gewesen. So ungefähr: Jugendliche waren von dort zum »Capitol« gezogen und hatten sich mit Kerzen hingesetzt. Als Honecker die Thomaskirche besucht hatte. Zum Bachfest? All das lag weit von ihr weg, nichts hatte sie interessiert als ihr eigener Kram – mein eigener kleiner Mist, setzte sie hinzu. Was bin ich eigentlich für eine Stadtpatriotin, die sich um Architektur kümmert und wegen des entsetzlichen Verfalls grämt, aber Bach nicht in der Thomaskirche hört? Alles konnte sie nun doch nicht auf Albert und seine fügsame Marianne abladen. Die Thomaner hatten in der Kongreßhalle gesungen, sie besaß Schallplatten von ihnen. Bach war für sie von der Kirche ablösbar. Vorsichtig fragte sie Frau Heit, wie lange der Gottesdienst dauern würde. Nachmittags von fünf bis sechs. Das Abendbrot könnten sie zurückstellen lassen.

Der Professor war sofort einverstanden.

Sie waren eine Viertelstunde vor Beginn an der Kirche und fanden die Eingangspforte nicht gleich. Daneben wartete ein Grüppchen: Mädchen in Latzhosen und mit schwarzweiß gewürfelten Halstüchern, Jungen in Jeans, alle mit Turnschuhen. Das sind *die anderen,* dachte Astrid. Sie entdeckte, was sie suchte: ein Mädchen mit fettigen Haaren. *Die anderen,* das wäre eine Formulierung aus der Sicht der Eltern und natürlich Saschas, sie selber war wohl unterdessen in eine diffuse Mitte abgerückt.

Sie gingen durch die Pforte und einen Vorraum, der mehr einem Hinterraum ähnelte. Hatte sich die Kirche abermals in Katakomben zurückgezogen? Astrid Protter suchte in den Gesichtern um sich nach einem Sendungsgefühl, und wenn es nur Trotz gewesen wäre. Frau Heit wendete sich ihr zu und fragte, wohin sie sich setzen wollten. Astrid Protter schaute zum Altarbild und dem goldglänzenden Taufbecken, ehe sie in den Längsgang wies, zehn Bankreihen nach hinten vielleicht. Zeit blieb, zu den Gewölben hinaufzublicken. Erinnerungen an Studienzeiten meldeten sich, an Schätzungen beim mittelalterlichen Bauen. Gewölbe waren eingestürzt und hatten Bauleute erschlagen. Wie wenige gotische Kirchen damals fertig geworden waren.

Orgelmusik setzte ein, spielerische Läufe. Das Taufbecken strotzte, protzte gar, als wollte es verkünden: Aus mir kommt alle Kraft, ich bin der Mittelpunkt, wer mich und das Wasser in mir nicht anerkennt, ist geduldet zwar, Gast, aber zweite Wahl. Womöglich empfand

Frau Heit so, sie schätzte sich natürlich weitaus wertvoller ein, nun auch noch gramgebeugt – ist das Unsicherheit in mir, fragte sich Astrid, nicht dazuzugehören?

Ein Mann, knapp mittelgroß, mit kurzem grauen Haar, trat ans Pult vorn zwischen den Bankreihen, er trug Pullover und Jeansweste, keinen Talar. Seine Worte stünden unter dem Thema »Ein Denkmal für den Frieden«. Kein Denkmal aus Stein oder Bronze sei gemeint, sondern des Willens, der Zuversicht. *Denk*mal, bei dem die erste Silbe wichtig sei, Gedanken über den Frieden. Was Mutter und Sascha von dieser Predigt halten würden, überlegte sie und ärgerte sich sofort über ihre eigene Unselbständigkeit. Ob der Staat versteckt angegriffen würde, versuchte sie herauszuhören – das wäre Saschas Metier. Frau Heit hielt den Kopf gesenkt, sicherlich würde sie ganz anders fühlen, ihres Jungen wegen und aus ihrem Glauben heraus oder einfach aus Gewöhnung. Vielleicht hörte sie gar nicht auf das einzelne Wort, sondern nahm die Predigt als Melodie wahr. Das sollte nicht abfällig gedacht sein, wünschte Astrid. *Interessant* wollte sie es hier finden, das war das mindeste an Toleranz, das sie von sich verlangte. Zur anderen Seite schaute sie hinüber, noch mehr Leute hatten sich dazugesetzt, ältere auch, Paare. Vielleicht fand sie ab jetzt eher einen Anknüpfungspunkt, mit Frau Heit über den toten Jungen zu sprechen. Die Kollekte, sagte der Pfarrer – falls er einer war –, werde Menschen und deren Angehörigen zukommen, die wegen ihres Einsatzes für den Frieden in Schwierigkeiten geraten wären – da wurde geklatscht, nicht anders als in einer Versammlung. Astrid Protter ärgerte sich, daß sie schon wieder auf Sascha kam – ob er und seine Genossen wohl erfahren würden, was hier geschah?

Die Fürbitten sprachen Mitglieder eines Arbeitskreises. Frauen und Männer traten nacheinander in die Mitte. Sie baten den Herrn, sich für alle einzusetzen in diesem Land, die für Gerechtigkeit und Abrüstung eintraten und keine Waffen mehr in die Hände nehmen wollten. Der Herr solle sich derer annehmen, die deshalb inhaftiert worden seien; ein Name nach dem anderen wurde verlesen. Eine Frau: »Wir bitten dich, Herr, für die Kinder und Jugendlichen, für die Studenten an Hochschulen und Universitäten, daß Wehrerziehung, GST-Lager und Zivilverteidigung in ihnen nicht die Sehnsucht nach Gewalt hervorrufen. Gib ihnen Kraft, daß wir Spannungen in Familie, Kirche und Gesellschaft ohne Gewalt lösen.«

Gib ihnen Kraft, hörte Frau Heit und setzte fort: Gib mir Kraft, daß ich für den Panzerfahrer beten kann, daß ich wünsche, seiner Mutter zu begegnen und mit beiden vor das Grab meines Jungen zu treten. Sie hoffte Mut zu finden, nach vorn zu gehen und auszusprechen: Mein Sohn Uwe ist durch Kriegsgerät getötet worden, durch, wie es heißt, technisches Versagen. Wo Panzer fahren, werden sich auch Pannen ereignen. Das müßte sie aufschreiben, und auch dann noch würde es schwer sein, es vor allen abzulesen. Gott, gib mir die Kraft dazu, und laß mich nicht hochmütig auf diese Stadtfrau neben mir schaun. Laß mich gesund zu meinem Horst zurückkehren, und laß mich alle Liebe, die seinem Bruder galt, für ihn empfinden.

Ein Zwanzigjähriger in einem Parka sprach ohne Zettel: »Wir bitten dich, daß keine neuen Raketen in der BRD stationiert werden und das Raketenübergewicht der Sowjetunion, wie angeboten, reduziert werden kann, daß die eingesparten Mittel zum Schutz der Umwelt eingesetzt werden, damit wir friedlich miteinander leben und innere und äußere Nöte der Menschen beseitigen können. Herr, bewahre uns vor Angst und Haß.«

Frau Heit kannte das Lied nicht und suchte vergeblich auf dem Zettel vor ihr nach dem Text. Sie würde dem Professor berichten, dieser Gottesdienst habe ihr gutgetan. Sie würde eine Fürbitte aufschreiben und sie abends als Gebet sprechen. Herr, ich danke Dir für diesen Tag, ich bleibe in Deiner Hand.

Wieder der Mann im Parka. »Ich möchte mit einem Wortspiel schließen. Das kennt ihr alle: Messer, Gabel, Schere, Licht sind für kleine Kinder nicht. Und dazu auf gut sächsisch: Kerzen, Blumen, lila Diecher, die braucht heut gein Jugenliecher. Im Klartext: Uns ist mitgeteilt worden, daß es heute nicht mit dem Aufschreiben von Namen und Adressen abgeht. Wer mit Kerzen, Blumen oder lila Tüchern draußen erwischt wird, den bitten sie zur Kasse. Ihr wißt jetzt, wo Kerzen brennen dürfen und wo nicht. Alle werden von draußen sehen, in unserer Nikolaikirche *ist Licht!*«

Ein Mann drängelte sich dazwischen. Er wirkte schon eher wie ein Pfarrer, schwarz und hochgeschlossen der Anzug, darüber ein schmaler weißer Kragen. Es fehlte nicht viel, und die beiden hätten sich gegenseitig weggestoßen. Der Chef dieser Kirche vielleicht, der Oberpfarrer, wie hieß so einer genau? Auch hier wurden offensichtlich Hackordnungen gewahrt – sie war nicht unter Heilige geraten. Der Mann wiederholte die Bitte mit sanfteren Worten. »Wo ihr auch geht, Frieden sei mit euch und allen. Laßt eure Herzen brennen, außerhalb der Kirche aber nicht eure Kerzen.« Allen anderen schnitt er entschlossen das Wort ab, indem er ein Zeichen zur Empore hinauf gab; die Orgel setzte ein.

Astrid Protter steckte ein Zweimarkstück in einen Beutel. Sie stellte sich vor, Katzmann wollte vor versammelter Gruppe wissen, ob sie sich im klaren gewesen sei, was sie tat. Aber dazu würde es nicht kommen. Vor unendlichen Jahren zweifellos. Damals hieß es: Eine Frage scharf stellen.

2.

1986, Dezember

Die Tore der Landwirtschaftsschau in Markkleeberg standen offen. Alexander Bacher parkte seinen Wagen vor der Verwaltung und ging zu den Ställen weiter ins Gelände hinein. Hier wurden während der Ausstellung berühmte Zuchttiere verwahrt. Er hatte als Kind einen Bullen bewundert, dessen Preis mit mehr als einer Million Mark angegeben worden war. »Cäsar« hatte das Wundertier geheißen, ein anderes »Hannibal«. Jetzt lagen die Ställe leer und abgeschlossen. Er schaute durch ein Fenster, die Boxen waren durch deckenhohe

Gitter getrennt, massiv alles, es mußte ja Muskelpaketen wie diesen Superbullen standhalten können. Er versuchte zu schätzen, wie viele Internierte hier untergebracht werden könnten. Bis zu zwanzig in jeder Box, dann stünden sie dicht an dicht. Es roch nach Jauche, nicht zu sehr. Auch das müßte auf die Kerle deprimierend wirken: So tief waren sie gesunken. Er stellte sich vor, wie ein Offizier bei einem Zählappell über den Platz brüllte: Wer als Mensch behandelt werden will, muß sich verdammt anstrengen!

Die Zäune waren stabil. Gekocht werden konnte notfalls in der Parkgaststätte. »Bevorrechtete Personen«, also Diplomaten und Journalisten, dazu Handelsleute aus dem Westen, die sich gerade in Leipzig aufhielten, müßten anderweitig isoliert werden. Auf einem Sandplatz blieb Bacher stehen, als er sich vorstellte: Dorthin der Postenturm mit dem MG darauf. Interniert wurden laut Kennziffer 4.1.1 die Damen und Herren Bürgerrechtler, selbsternannte Friedens- und Umweltaktivisten, kirchlich Engagierte, Übersiedlungswillige, ehemalige Spione, auch Alkoholiker und Schläger. Eine brisante Mischung, die sollten sich gefälligst untereinander die Köpfe einschlagen. Dazu natürlich ein paar IM, arme Hunde. Die Frauen wären gesondert zu verwahren. In einem abgelegenen Schloß vielleicht – Gnandstein? In den letzten Wochen waren »Kritische Marxisten« neu definiert worden als Personen, die die DDR »durch Verbreitung von Auffassungen über einen ›demokratischen Sozialismus‹ und neue Sozialismusmodelle (›Dissidenten‹) verändern wollten«. Auf sie sollte er in seinem Bericht vorsichtig eingehen. Gorbatschow als Urheber?

Die Gedanken an seinen Bericht ließen ihn auf der Rückfahrt nicht los. Er würde in der Präambel auf die modifizierte Direktive 1/67 über Mobilmachungsmaßnahmen zurückgreifen – derlei Prinzipielles mochte der General, da ähnelte er seinem Vater: Wir kommen von weither und stehen auf festen Fundamenten, wir führen fort in treu bewahrter Tradition. Es fehlte noch allerlei, um Festnahmegruppen einsetzen zu können, die mit Pistolen, einer Maschinenpistole, Führungsketten, Schlagstöcken und Taschenlampen ausgerüstet werden sollten. Sechs Hunde standen ihm zur Verfügung, zuwenig, um innerhalb von sechzehn Stunden den Einsatzbefehl schlagartig und konspirativ durchzuführen. Eine Gruppe konnte bestenfalls viermal ausrükken, zugreifen, abliefern und neu zuschlagen. Bei hundert Personen bräuchte er fünfundzwanzig Gruppen, bei zweihundert doppelt so viele, das sollte er ganz sachlich vortragen – nicht er hatte zu entscheiden, aus welchen Abteilungen er dann unterstützt werden müßte.

Eine pathetische Schlußformulierung fiel ihm ein: »Leipzig bleibt rot.« Jemand könnte heraushören wollen, hier hielte es einer für nötig, sich Mut zu machen. Das ist doch eine Selbstverständlichkeit! könnte einer ausrufen, der selber daran insgeheim zweifelte. Uns steht doch das Wasser nicht bis zum Hals! Natürlich nicht, würde er erwidern, wir treffen vorausschauende Maßnahmen. Die Codeworte hießen »Leuchtpunkt« und »Sandkasten«. Das letztere klang ja ein wenig nach theoretischem Spiel. Das sollte er jedoch besser nicht erwähnen, wenn er Verstärkung haben wollte: Leute, Räume und Hunde. Er sollte eine Übung vorschlagen, ein Zugreifen gegen einen begrenzten Personenkreis: Mal zwanzig Leute für eine Nacht schnappen und erkennungsdienstlich behandeln, »Durchführung von Prüfungshandlungen bei Ermittlungsverfahren mit verringertem strafprozessualem Aufwand«, und sie am nächsten Morgen mit einer Verwarnung wieder laufen lassen. Das müßte zu machen sein, wenn sich wieder einmal Gruppen mit Kerzen zusammenrotteten.

Abends besuchte ihn Claudia, sie ging sofort unter die Dusche. »Ach, wäre das herrlich, 'ne eigene Wanne zu haben«, rief sie durch die halboffene Badtür. »Daheim wäscht sich die ganze Familie noch immer in der guten alten Emailleschüssel, und im Internat teilen sich zwanzig Studentinnen und fünf Dozentinnen zwei Duschen.« Sie huschte barfüßig herein und legte sich auf ihn, ihre Haut war noch feucht unter den Achseln und an den Haaren im Nacken. »Sascha, Sascha. Deine Eltern haben die Russen wohl sehr geliebt?«

»Und ob!«

»Bei mir daheim war das schwieriger.«

»Und warum?«

Sie küßte ihn, die Frage verwehte. Nach einer halben Stunde, als sie wieder ins Reden glitten, erzählte sie von den neuen Studenten. »Die meisten haben nur Anfängerkenntnisse im Deutschen und sprechen Französisch mit blödsinnigen Dialekten, die Kubaner natürlich nur Spanisch. Die machen immer zuerst schlapp. Am eifrigsten lernen die Jungs aus Madagaskar, ebenholzschwarze, schöne Burschen. Und wie immer sind die Kubaner am eingebildetsten und frechsten. Ihre Väter haben alle an der Schweinebucht die Amisöldner geschlagen.«

Bacher überlegte, ob er erwähnen sollte, daß er in Kuba und auch im Siegesmuseum an diesem sanften Strand gewesen war – besser nicht. Wenigstens nicht gleich. Wie käme ein schlichter Kriminalpolizist aus der Fährtensucherei dorthin? »Du hast eine wunderbare Haut. Und auch alles zwischen Knochen und Haut ist Klasse.« Er suchte nach einem Vergleich: »Bißfest.«

Sie lachte. »Der Babyspeck ist runter.« Noch als Studentin habe sie sich mit ihm herumgeplagt und alle möglichen Diäten probiert, aber Heißhunger auf Makkaroni habe in Minuten die Mühen von Wochen zunichte gemacht. »Als ich über die zwanzig weg war, ging auf einmal alles von selbst.«

»Wie war's daheim?«

»Och, wie immer. In so einer Stadt ändert sich nichts. Ich war an der Talsperre, dort bin ich am liebsten. Was war ich ehrgeizig als Kanutin! Weißt du, daß aus Mittweida einige Weltmeister und Olympiasieger stammen? Die wurden hierher zur Hochschule delegiert. Aber angefangen haben sie auf der Kriebsteintalsperre.«

»Bist du in Mittweida geboren?«

»In Karl-Marx-Stadt in der Klinik.«

Er stand auf, zog die Gardinen zu und zündete eine Kerze an. Das Licht gab ihrer Haut einen Elfenbeinton. Claudia Engelmann, geboren am 15. März 1961 in Karl-

Marx-Stadt – einiges für den Fragebogen wußte er. »Haben deine Eltern auch Sport getrieben?«

»Bißchen Radfahren, zählt ja nicht. Alles andere ist bei uns nicht so einfach: Keine Schwimmhalle, nur ein Lehrbecken in einer Schule, der Tennisplatz ist kaputt, von einem Freibad am Bahnhof wird immerzu geredet, aber nichts passiert.«

»Was trinkst du, einen Weißen aus Bulgarien oder einen rumänischen Roten? Natürlich hab ich Korn da und dieses Gesöff aus Neubrandenburg, Torwächter.«

Der Korken des Weißen war bestenfalls einen Zentimeter lang und durchfeuchtet, der Wein verdorben. Als er ihn in den Ausguß schüttete, stieg Gestank auf. Die zweite Flasche war in Ordnung. Er überlegte, ob er nicht doch auf Kuba zu sprechen kommen sollte, auch Polizisten tauschten Erfahrungen aus, nicht nur das MfS und Fidels schweigsame Jungs. Da sagte sie, als wäre ein Gedanke übergesprungen: »Möchte wissen, wie viele Geheimdienste in unserem Haus herumschwirren. Die Kubaner passen aufeinander auf, die Algerier, die Vietnamesen sind am wildesten; in ihren Versammlungen brüllen sie sich an wie Verrückte. Wenn sie nach dem Studium heimfahren, wundern sie sich sicherlich, was die zu Hause alles über sie wissen.«

Er setzte sich auf den Bettrand, das Weinglas in einer Hand, mit der anderen strich er über ihren Oberschenkel, kniff ihn und überlegte, wie sie wohl in zehn oder fünfzehn Jahren aussähe. Er müßte ihre Mutter kennen: Wenn die dick war, würde es der Tochter später ebenso ergehen, da halfen weder Sport noch Hungern.

»Mich wollte die Stasi mal anwerben. Da war ich im dritten Studienjahr. Wir sollten im Harz für zwei Wochen mit französischen Studenten zusammensein. Vorher kamen zwei Typen, zeigten ihre Ausweise – alles ganz korrekt. In diesem Lager könnten sich Liebschaften anspinnen und daraus Briefwechsel ergeben, in die sich feindliche Spione einschleichen könnten – also wäre es nützlich, über derlei und Hetzversuche natürlich sowieso informiert zu sein. Und das sollte ich machen. Da hab ich getrickst, wenn ich über jemanden Berichte schriebe, würde ich rot werden, sobald ich den nur anschaute. Ich hätte schon als Kind nicht lügen können. Wenn ich das versucht hätte, wäre mir meine Mutti nach drei Sätzen ins Wort gefallen: Ach, hör auf, ich sehe doch, daß du schwindelst! Die beiden haben mich natürlich nicht ernst genommen.«

»Hätte ich auch nicht.«

»Siehst du. Nach zwei Wochen waren sie wieder da. Ich blieb bei meiner Ausrede, einer fing sofort zu schimpfen an. Sie würden sich nicht auf den Arm nehmen lassen, da stimmte was mit meiner Einstellung nicht, als Studentin im Arbeiter- und Bauernstaat – kannst du dir ja vorstellen. Und sie würden keinesfalls aufgeben. Aber sie ließen nie wieder etwas von sich hören. Sie werden jemanden gefunden haben, der nicht solche Zicken machte wie ich.«

»Hast du Nachteile gehabt?«

»Glaube nicht.«

»Siehst du, das MfS ist nicht nachtragend.«

»Bei mir nicht. Und wie lange bist du schon bei der Polizei?«

Er nahm sich vor, so eng wie möglich bei der Wahrheit zu bleiben, um sich ein andermal nicht in Widersprüche zu verwickeln. »Staatssicherheit« ersetzte er einfach durch »Volkspolizei«, sonst wich er weder bei Daten noch bei den Ausbildungsstufen ab: Nach dem Abi zur Offiziersschule in Potsdam, Praxis in Magdeburg, Halberstadt und wieder Potsdam, Spezialausbildung in Berlin, als stolzer Leutnant nach Leipzig. »Oberleutnant, Hauptmann, so hast du mich jetzt. Bißchen eingebildet sind wir von der K schon.«

»Immer in Zivil?«

»Außer wenn's Orden gibt.« Er hoffte, sie würde nicht sagen: Hol doch mal deine Uniform aus dem Schrank. Kein Zweifel, es hatte ihn gepackt. Diese Haut und dieses Lachen, ihre Unbekümmertheit, die womöglich sogar Naivität ausdrückte. In letzter Zeit war ihm die Frau seines Genossen Schmalbank öfter in den Sinn gekommen, auf die war er scharf gewesen, keine Frage. Bedauerlich, daß er Claudia belügen mußte. Konspiration war eine Grundbedingung seines Berufes; es machte einen Teil seines Stolzes aus, einem Männerorden anzugehören, für den immer wieder das Wort »verschworen« strapaziert wurde. Ob er ihr eines Tages reinen Wein einschenken durfte, bestimmten andere.

»Vielleicht kannst du mir helfen, Sascha. Drei ehemalige kubanische Polizisten sollen hier Jura studieren. So was ist neu für mich: Ich soll sie ja auch mit dem Wortschatz ihres Faches vertraut machen. Hab schon in unserer Bücherei gesucht, da sieht es dünn aus. Hast du was?«

Aus Potsdamer Tagen lag bestimmt noch einiges herum. Er hatte Notizen in die Hefte gekritzelt, die konnten verräterisch wirken. »Wahrscheinlich nützt dir das nichts, unsere Ausbildung ging doch in eine ganz spezielle Richtung.« Er nahm ihr das Glas aus der Hand und zog sie neben sich. Ihre Schultern waren kräftig, vielleicht kam das vom Kanuten. Einmal hatte er gefragt, ob das etwa wie Paddeln sei, und sie hatte wütend protestiert. Es war immer hübsch, wenn man etwas in petto hatte, womit man den anderen aufziehen konnte. Wie viele Männer sie wohl vor ihm gehabt hatte, vielleicht bloß einen, den Jugendfreund. Mädchen, die Sport trieben, hatten gewöhnlich nichts anderes im Kopf. Streichholzlang waren ihre Haare, nach den Seiten abstehend und ohne leicht benennbare Farbe, wie Baustellensand. Seine große Liebe hatte er sich mit wehender Mähne wie in einer Shampoo-Reklame vorgestellt; vielleicht war er da nicht anders als die meisten Männer. »Da ist ja bei dir bisher alles glatt gegangen.«

»Naja. Am liebsten hätte ich Geschichte studiert. Aber dann als Lehrerin jedes Jahr denselben Stoff von Spartakus bis Liebknecht herbeten – nee, lieber nicht. Jetzt sind wenigstens die Studenten aufregend.«

»So?«

Sie lachte. Zwischen den Küssen fragte sie, ob er ein Fahrrad habe.

»Kann mir eins kaufen.«

»Das würdest du für mich tun?«

Die Frage klang nach erhoffter Beständigkeit. Er mußte nun endlich beim Kaderleiter aufkreuzen und den Fragebogen ausfüllen, einer der Punkte lautete:

»Trägt das Verhältnis sexuell-intimen Charakter?« Zwei Begegnungen könnte er unterschlagen. »Als Junge bin ich gern radgefahren. Dann hat der Dienst die meiste Zeit gefressen. Deine Eltern – was arbeiten die?«

»Vater ist Meister in einer Maschinenfabrik, Mutter arbeitet im Büro.«

»Und warum sind sie nicht gut auf die sowjetischen Freunde zu sprechen?« Er hoffte, ein kleiner ironischer Unterton sei ihm bei dieser Protokollformulierung gelungen.

»Vater stammt aus Ostpreußen. Als Junge auf der Flucht muß er Schreckliches erlebt haben. Wenn diese Zeit erwähnt wird, verschließt er sich völlig.«

»Aber die Russen haben doch den Krieg nicht angefangen.«

»Du mußt mich nicht schlau machen wollen, Sascha.«

Er schenkte Wein nach. »Hast mich überredet: Ich kaufe ein Fahrrad. Auf in den Frühling!«

Sie murmelte an seinem Hals: »Fehlt bloß noch, du schwörst, du stammelst, du gelobst bei der Seele deiner Oma, daß du mich liebst.«

3.

1987, Januar

»Drei Männer waren in einen Ofen gesperrt worden, sie hießen Hananja, Asarja und Misael. Sie hatten Schuld auf sich geladen und nahmen die Strafe als

Strafe Gottes an, und da ihre Not am größten war, lobten sie den Herrn und seine Werke. Sie forderten Sonne und Mond und alle Sterne des Himmels, Regen und Tau und alle Winde, Feuer und Hitze und sogar Schloßen und Hagel auf, in ihr Lob einzustimmen, dazu Tag und Nacht, Berge und Hügel, die Walfische im Meer, alle wilden Tiere und das Vieh in den Ställen. Denn alles sei das Werk des Herrn. Und weil sie fest in ihrem Glauben waren, bewahrte sie der Herr. Diese Bibelstelle schließt mit einem berühmten Psalm: Danket dem Herrn, denn er ist freundlich, und seine Güte währet ewiglich. Als ich diese Worte an den Beginn meiner Predigt stellte, dachte ich an den Regen, den wir brauchen, an den Hagel, der doch auch vom Herrn kommt, an die Bäche von den Feldern herunter, an die Rehe im Wald und die Kühe in den Ställen. Nicht nur am Erntedanktag, sondern auch heute.«

Da fürchtete Vockert, er hätte sich nicht durchgesetzt. Sein Pfarrer erwähnte die Kartoffelschälanlage nicht, die ihre Abwässer in einen Pfuhl leitete, der dadurch zum Sumpf geworden war und zum Himmel stank. Das wäre die zupackende Formulierung gewesen: Unten am Lennesbach stank es *zum Himmel.* Reichenbork hatte gekniffen.

Vockert zählte siebenundvierzig Besucher, für einen landläufigen Sonntag keine schlechte Zahl. Einige Kinder, wenige Jugendliche, Alte wie üblich, ein Paar von außerhalb, er würde versuchen, herauszufinden, ob es mit dem Auto gekommen war und woher. Ein Junge hatte ihm angeboten, die Fahrzeugnummern fremder Besucher zu notieren, das mußte er ablehnen. Man könnte ihm Gegenspionage vorwerfen. Hübscher Ausdruck. Den beiden Männern an der Seite war es ins Gesicht geschrieben, wohin sie gehörten, unsicher blätterten sie in den Gesangbüchern. Wahrscheinlich sollten sie demonstrieren: Wir sind da, wir passen auf.

Das Licht fiel schräg herein, es wurde schwächer, wenn eine Wolke vor die Sonne zog, blendete jetzt auf und ließ Pfarrer Reichenbork noch blasser und knochiger erscheinen. Der Kopf eines Märtyrers, nein, eines Todkranken.

Kyrie eleison. »Herr, wir danken Dir für diesen Sonntag, der uns zusammengeführt hat in Gesang und Gebet, in der Hinwendung zur Schöpfung, die gefährdet ist durch Krieg, der die Erde verschlingen kann, und durch das Verderben eines Tals nahebei durch irdische Hand. Im Lennestal greift Menschenwerk das Schöpfungswerk an, und wir sind schuldig, wenn wir nicht unsere Stimme dagegen erheben. Herr, vergib uns unsere Schuld.«

Also doch, guter alter Henni, hast den besten Augenblick abgepaßt. Vockert schielte zu den beiden Aufpassern, die starrten unbewegt geradeaus. Sicherlich steckten in ihren Taschen die empfindlichsten Tonbandgeräte, damit die Abt. Inneres und natürlich das MfS neue Erkenntnisse übers Aufrührernest Königsau sammeln konnten. Das Orgelspiel blieb zart, als sollten die letzten Worte des Pfarrers nachhallen. Herr, vergib uns unsere Versäumnisse, denn Schuld begann weit im Vorfeld.

Die Musik endete mit einem disharmonischen Akkord, da ging Martin Vockert nach vorn, wandte sich der Gemeinde zu, bemüht, seine Stimme entschlossen klingen zu lassen: »Herr, wir bitten Dich, gib Andreas Baumann aus unserem Dorf Kraft in diesen für ihn schweren Tagen. Andreas ist von seiner Kaserne in Weißenfels ins Militärgefängnis nach Schwedt gebracht worden, wir kennen die Gründe nicht. Was auch geschehen sein mag, es sollte kein Gewicht haben vor einem barmherzigen Gott. Deshalb bitten wir Dich, unseren Gott und Heiland, gib ihm Zuversicht und laß ihn gesund zu seinen Eltern und Geschwistern heimkehren.«

Orgelbrausen, als Vockert zu seiner Bank zurückging. Sein Blick traf die Spitzel, die sicherlich voller Wut waren, und er dachte: Jetzt sinnen sie darauf, wie sie mir das heimzahlen. Gut, daß kein Junge in seinem Übereifer ihre Autonummer notiert. Sollen sie sich Lob verdienen und hübschen, klingenden Lohn, mehr als dreißig Silberlinge würden es inzwischen wohl sein. Der Vergleich klang großfressig; blasphemisch hieß das vornehme Wort.

Im Hinausgehen drückte ihm ein Junge die Hand, Baumanns kleiner Bruder, Konfirmand. Andreas war getauft, aber nicht konfirmiert worden, an der Kirche war er nicht mehr interessiert. Das würden sie ihm, Vockert, vermutlich besonders ankreiden. Irgendwas fanden sie ja immer. Für sie war nur ein stummer Christ ein guter Christ, so sahen sie das.

Reichenbork stand vor der Tür im Gespräch mit einem jungen Paar, das aus Altenburg herübergekommen war und Grüße seines Pfarrers ausrichtete. Wie es gesundheitlich stünde; Reichenbork winkte ab. Er wollte nach Hause und auch mit Vockert nichts mehr bereden. Jemand sollte Baumanns Eltern besuchen, am besten einer von Andreas' Freunden. Wieder war ein Brief aus den Niederlanden eingetroffen, über ihn hatten sie noch nicht beraten. Zwei Mädchen begleiteten ihn die wenigen Schritte bis zu seiner Tür; sie erregten sich, daß es im Lennesgrund aber wirklich stinke, und er erläuterte, im Pfuhl verfaule Kartoffelstärke, man müßte vermutlich das Wasser eindampfen und die Stärke mit feinsten Tüchern herausfiltern. Er blickte zu den Eichen hinauf, die den Friedhof überwölbten, schaute auf die wenigen erhaltenen Grabsteine, den Rasen und die Blumenrabatten, den spitzen Turm mit der Uhr, die endlich repariert werden mußte, letztens war der große Zeiger abgefallen. Zwei Rentner, einer kein Kirchenmitglied, hatten im Sommer ein Stück der Bruchsteinmauer frisch gefugt, das würde nun wieder fünfzig Jahre lang halten. »Die Kirche«, sagte er im Gottesdienst, wenn er diese Kirche meinte, »das Dorf«, wenn von Königsau die Rede war, noch nicht einmal »unser Dorf«. Wenn Gott einverstanden war, würde er es auf zwölf Jahre als Pfarrer in Königsau bringen.

Seine Frau fragte ihn, ob er Fleischbrühe möchte. Er stimmte zu, obwohl er keinen Appetit verspürte, darauf nicht und auf nichts sonst. Mit kleinen Schlucken trank er und behauptete, sie schmecke. Als er danach rauchte, dachte er: Darauf kommt es nun auch nicht mehr an, und wußte, daß es kaum dümmere Sätze gab. Allenfalls hätte er gern gekochten Dorsch, der weißfleischig von den Gräten fiel, mit viel grüner Soße gegessen, aber woher den kriegen. Der Junge sei mit dem

Rad fort, hörte er, die Kleine im Bett, an diesem Mittag eher als sonst, und gequengelt habe sie, vielleicht sei in ihrem Bauch nicht alles in Ordnung.

Ehe er einschlief, sann er nach, es wäre Gnade und Glück, wenn er den zweiten Geburtstag seines Töchterchens noch erleben dürfte. Er sollte sich dieses Geschenk mit etwas Außergewöhnlichem verdienen. Mit einem Opfer. Das Opfer eines Christen war dem Martyrium verwandt, und wer es erbrachte, mußte überzeugt sein, daß Gott es verlangte, sonst wirkte es eitel und ruhmsüchtig. Die Männer im Feuerofen hatten in höchster Not Gott gepriesen, kein Laut war nach außen gedrungen. Vor Konfirmanden sollte er sagen: Ohne publicity, ohne PR.

Er dämmerte ein und schlief eine Stunde, stand auf, öffnete das Fenster und hörte auf das Schlagen der Kirchenuhr. Der Klang war sauber und hallte weit. Nachdem er sich wieder hingelegt hatte, überlegte er, was er noch tun und erleben wollte, ehe alles zu Ende ging. Georg-Siegfried Schmutzler besuchen, seinen Leipziger Studentenpfarrer. Der war nun bestimmt über siebzig. Mit dem hatte angefangen, was er jetzt weiterführte; was aus ihm wohl geworden wäre, hätte er einen nachgiebigen, also normalen Mentor gehabt. Damals, 1957, waren Mitglieder der Studentengemeinde in den Vorort Dölzig hinausgezogen, hatten mit den Christen dort gearbeitet, gesungen und gebetet. Ein großes Wort war geflüstert und dann voller Stolz okkupiert worden: Mission, wir missionieren. Schließlich waren sie nach Böhlen gefahren, diesem Schwerpunkt der Chemieindustrie. Die Besuchswoche führte zu Tumulten, als Schmutzler einen Vortrag mit dem Titel »Jesus Christus und die Arbeiter« halten wollte. Die Hälfte der Besucher entpuppte sich als Funktionäre, Leipziger Studenten hatten Flugblätter verteilt, auf denen stand, Schmutzler habe in einer Predigt in der Universitätskirche die Interessen imperialistischer Kriegstreiber vertreten. »Man muß euch nach Leipzig zurückknüppeln!« hatte einer geschrien. Reichenborks Angst war geringer gewesen, als er vorher vermutet hatte. In der Erinnerung hoffte er, damals auch an Jesus Christus gedacht zu haben. Wie hatte Böhlens Pfarrer geheißen? Oltmanns. Und wie der Bürgermeister? Der hatte verlangt, den abendlichen Gottesdienst abzusagen; Unruhe gäre im Ort, immer wieder riefen Bürger an und fragten aufgeregt, was denn los sei. Wie üblich wurde gedroht: Wenn Schmutzler die Predigt halte, könne für Ruhe und Ordnung nicht mehr garantiert werden. Ach ja, und dann hatte der Bürgermeister noch argumentiert, dieser Tag sei der Tag der Nationalen Volksarmee und eine gleichzeitig stattfindende kirchliche Veranstaltung frechste Provokation. Das Hetzblatt von damals gegen Schmutzler hatte Reichenbork aufgehoben, es müßte zu finden sein.

Seine Frau holte ihn zum Kaffee, zwei Frauen aus dem Chor saßen mit am Tisch. Vom Gottesdienst am Morgen, von Proben der nächsten Woche und einer bevorstehenden Geburt war die Rede. Andreas Baumann sei ja als Junge nun wirklich keine Zierde gewesen, in der Schule kein Licht, und wäre da nicht einmal über eine Brandstiftung getratscht worden? »Nun hört bloß damit auf«, rief Frau Reichenbork, »das bißchen Kokelei hinter Hoffmanns Schuppen war doch Kinderei, ein paar Kartoffelsäcke haben dran glauben müssen, und wenn die nicht feucht gewesen wären und blödsinnig gequalmt hätten, wäre dem Jungen niemand auf die Schliche gekommen.« Die alte Hoffmann hatte sowieso einen Rochus auf die Großmutter des Andreas.

Reichenbork hielt sein Töchterchen auf dem Schoß, spielte mit ihm Hoppehoppereiter und zählte die Finger ab: Das ist der Daum, der schüttelt die Pflaum. Der Sohn kam zurück, machte sich über den Kuchen her und fragte den Vater nach Fußballergebnissen; der hatte keine Sportnachrichten gehört. Ein Großvater Baumanns – war der nicht in der Fremdenlegion oder in den USA, etwa auf Hawaii, gewesen? Ein Abenteurer, als Schwarzhändler hatte er Strümpfe aus dem Vogtland nach Belgien gegen Kaffee verschoben. Wenn Andreas Baumann aktives Glied der Gemeinde wäre, könnte der Pfarrer versuchen, ihm zu schreiben und etwas zu schicken, aber womöglich lehnte der Junge da oben in Schwedt jeden Kontakt ab: Bin ja gar nicht in der Kirche! Man sollte seine Lage nicht zusätzlich erschweren, die Gemeinde sollte nichts tun, bevor Vockert-Martin mit den Eltern gesprochen hatte.

Gegen sechs brachte Vockert ein Buch zurück, zusammen schauten sie die Sportschau an. Reichenbork kam auf Schmutzler zu sprechen. Der Prozeß gegen ihn war ein mieses Spiel mit jämmerlichen Zeugen gewesen, Arbeitern, denen sie ihre Aussagen eingetrichtert hatten. Die Bischöfe hatten sich nicht vor den

Angeklagten gestellt. Wie das damals so war. »Fünf Jahre Zuchthaus.«

»Kirche im Sozialismus«, sagte Vockert hämisch.

»Ich bin ihm später noch einmal begegnet, da hatte er vier Jahre Torgau hinter sich. Die Kirche hat ihn wieder eingestellt, wenigstens etwas. Ein Theologe hatte ihn sogar in der Zeitung angepöbelt: Emil Fuchs.«

Vockert fragte: Durfte sich ein Christ wünschen, zum Märtyrer zu werden, oder lag darin Eitelkeit?

»Der Wunsch darf nicht an erster Stelle stehen, Märtyrertum muß sich ergeben. Schmutzler hat ja nichts getan, *um* ins Gefängnis zu kommen, er hat sich vielmehr in der Untersuchungshaft und im Prozeß nach Kräften gewehrt.«

»Die Katholiken umrunden in Form einer Prozession die Felder ihrer Gemeinde. Ist das bei uns eigentlich verboten? Warum ziehen wir nicht durchs Lennestal?«

»Wer soll uns das genehmigen?«

»Niemand. Wir fragen einfach nicht.«

Ich als Märtyrer, dachte Reichenbork, lächerlich. Ich verbrenne mich am stinkenden Lennesbach? Dann erklären sie, ich wäre vor Schmerzen verrückt gewesen. Mitleid würden sie zu erwecken suchen, die Herren von der Staatsmacht und die von der Landeskirchenleitung in schöner Eintracht: Die geistigen Kräfte hätten ihn verlassen wie auch die körperlichen. Brüsewitz hatte mit seinem Tod den Wehrkundeunterricht nicht abgeschafft, und er würde das Lennestal nicht retten.

Als Vockert gegangen war, spürte Reichenbork die Anstrengung wie Nebel von den Füßen her über die

Brust und den Hals heraufkriechen. Nebel als Todesbote. Das Blut verlor die Kraft, reichte nicht mehr für Füße und Hände, hoffentlich bis zuletzt fürs Hirn. Diese Vorstellung noch: Sein alter Studentenpfarrer sprach an seinem Grab. Sein Nachfolger zog mit Kirchenfahnen ins Lennestal, wie es auf alten Stichen dargestellt war. Gemeindemitglieder aus Grimsen könnten dabeisein. Neulich waren zwei Dutzend Frauen und Männer zum gemeinsamen Gottesdienst herübergekommen. Todsicher besaß die Stasi darüber zwei Berichte, einen aus Königsau und einen aus Grimsen. Der Teufel sollte sie holen allesamt. Er wird sie holen.

4.

1987, Februar

Die Alberei begann auf einer kiefernbestandenen Kuppe, von der ein Sandhang gemächlich abfiel. »Hier isses dorwächn dichtch hiechlich«, verkündete Knut. »Dichtch hiechlich«, wiederholten die anderen hymnisch und waren sich einig, dieser Satz enttarnte jeden preußischen Spion, der sich als Sachse auszugeben versuchte. »Sprech mir mal nach: Dichtch hiechlich!« Das kriegte kein Berliner hin. An die Wand mit dem Schuft! Tüchtig hüglig war es in der Tat für Leipziger Verhältnisse, wer hier radfuhr, mußte gelegentlich aus dem Sattel.

Knut filmte in einem ruhigen Schwenk über eine Häusergruppe hin. Leuchtender Raps wäre natürlich vorzuziehen. Keine Kühe standen auf der Weide, leider. »He, Claudia, willste nich 'ne Kuh spielen?« Sie machte muh und mäh, und Jörg wieherte.

Ihren Škoda hatten sie am letzten Haus abgestellt. Im Garten hantierte eine Frau; er glich einem Schloßpark in Kleinstformat, Versailles oder Sanssouci in Mausgröße, Heckchen mit Weglein dazwischen, kaum breit genug für einen Fuß. Die vier grüßten und blieben stehen. Welch eine Ruhe hier, begann Knut, hoffentlich ändere sich das nicht. Claudia bezweifelte, ob das ein günstiger Anfang für das war, was sie herauskriegen wollten. »Ja, heute«, erwiderte die Frau, »aber manchmal donnert ein Dutzend Hubschrauber drüber, da klirren die Fensterscheiben, und die Katze versteckt sich im Schuppen. Sonntags gehen die Russen nicht aus ihren Baracken.«

»Sie sind nicht von hier?«

»Merkt man das denn?« Aus Böhmen sei sie, aus Reichenberg. »Ich war doch noch ein ganz junges Ding damals.«

Da solle sie mal froh sein, antwortete Renate, ihre Vokale seien klar und ihr R rolle, na, das schaffe sie nie im Leben! Knut hätte am liebsten gefragt, ob die Frau die Landschaft hier nich ooch dichtch hiechlich fände, doch solche Scherze waren sicherlich fehl am Platz.

»Soll denn hier nicht gebaut werden?«

»Gebaut?«

»Als wir das letzte Mal hier waren, wurde gebohrt.«

»So?«

»Da oben und da hinten.«

Davon wisse sie nischt, erwiderte die Frau unerwartet schrill. Hier wäre doch nischt zu holen, nischt zu finden! Knut legte die Arme auf den Zaun, hoffend, dies wäre ländliche Sitte, die bedeutete, man richte sich auf einen Schwatz ein. Das stammte aus zweiter Hand und war ein Attribut jeden Heimatfilms. Aber die Frau brummte, letztes Jahr wäre irgend etwas mit den Möhren gewesen, ein pilziger Befall, gerade habe sie wieder ein Bund weggeschmissen.

Wenn hier erst ein Atomkraftwerk gebaut würde, wollte Renate sagen, verbesserte sich so was sicherlich nicht; sie unterließ es. Das hätte nun wirklich geheißen, mit der Tür ins Haus zu fallen. Gute Fahrt noch, wünschte die Frau, ging zur Giebelseite und streichelte eine aufgeplusterte, fahle Katze, die auf einem Mauersims lag.

Die Taschen mit der Kamera und dem Zubehör verstauten sie im Kofferraum. Langsam fuhren sie durch eine Senke und über eine stark gewölbte Bachbrücke. War es überhaupt sinnvoll, mit den Leuten ins Gespräch zu kommen, oder sollten sie sich auf eine Landschaftsdokumentation beschränken? Wenn hier wirklich ein AKW gebaut würde, könnten sie zeigen: Seht, so unberührt war die Natur vorher. Eine Frau am Gartenzaun machte sich darin nicht schlecht. Wenn sie zu heftig auf ein AKW hinwiesen, könnte es heißen, sie wollten die Leute aufhetzen. Wollten sie das? Aufklären schon.

Claudia dachte an Sascha, und daß sie ihm nicht erzählt hatte, was sie an diesem Sonntag trieb. Mit kubanischen und syrischen Studenten besichtige sie ein Schamottewerk, hatte sie behauptet. Sie beichtete Knut, Renate und Jörg nicht, daß sie *mit einem Bullen* ging. Schutz der Intimsphäre. Das dachte sie ein paarmal hintereinander: *Ich gehe mit einem Bullen,* und schob das steife Wort »Intimsphäre« sichernd davor. Niemand im Arbeitskreis war verpflichtet, sich hinzustellen und zu verkünden, *mit wem er pennte.* Ihren Eltern hatte sie von einem *Freund bei der Polizei* erzählt, einem Spezialisten für Spürhunde; Vater hatte sich interessiert gezeigt. Noch einmal dachte sie: Ich penne mit einem Bullen; es klang widerwärtig wie erwartet.

Vor einem Waldstück hielten sie und beratschlagten. Die Straße zum Dörfchen in der nächsten Senke war von struppigen Pflaumenbäumen gesäumt, die könnten ein weiteres Motiv von Ursprünglichkeit liefern. Wenn hier gebaut würde, vermutete Knut, wäre ein Bahnanschluß durch die Mulde wahrscheinlich und das bißchen Straße natürlich als erstes im Eimer. Landschaft hätten sie nun genug im Kasten, wendeten Renate und Claudia ein. Sie brauchten *Äußerungen* über diese Dörfer, deren Geschichte, Kirchen und Friedhöfe. Natürlich wären Grabsteine super, davor eine Oma, die in die Kamera hinein klagte, hier lägen ihre Eltern und die Großmutter väterlicherseits. Das Kriegerdenkmal: Der Großvater im Ersten Weltkrieg gefallen. Geschichte zum Begreifen, sentimental, na schön. Niemand hatte solche Filme gedreht, als Dutzende Dörfer der Braunkohle geopfert worden waren. Wieviele Dörfer schluckte ein Kernkraftwerk?

Ein Wartburg mit zwei Männern fuhr die Straße herauf. Mehr als dreißig Stundenkilometer sollte hier niemand riskieren, aber so extrem mußte auch keiner bummeln, meinte Knut. Die Männer blickten herüber, das mochte nichts zu bedeuten haben. Fremde waren hier selten, und wer kam schon im Winter in diese Gegend. Der Wartburg verschwand hinter einem Hügel. Jetzt hatte es Knut eilig, in einer halben Stunde würde es zu dunkel fürs Filmen sein. Renate und Claudia bat er, heraufzuschlendern, das sollte anheimelnd aussehen, menschenfreundlich; geradezu ausgestorben durfte diese Landschaft nicht wirken. Dann dasselbe noch mal für die zweite Aufnahme, zwischendurch sollten sie stehenbleiben, sich umschauen und gegenseitig auf irgendwas aufmerksam machen. Kitschig im Quadrat, maulte Jörg, und Renate gab ihm recht.

Als sie in ihr Auto stiegen, kam der Wartburg zurück. »Glotzt nicht so blöde, ihr Affen«, schimpfte Renate, »Dorftrottel, dämliche«. Sie hätte gern die Zunge herausgestreckt, aber da war der Wagen schon vorbei. Das waren keine Bengels, und Männer in diesem Alter gondelten nicht planlos herum. »Keine Panik«, mahnte Knut.

Sie sollten verduften, meinte Claudia. Bis nach Leipzig brauchten sie eine Stunde, dann würde sie Sascha anrufen oder gleich zu ihm fahren. Vertrackte Situation: sie im Kreis für Umweltschutz der Michaeliskirche. Wenn sie das im Institut spitzkriegten, machten sie ein Faß auf. Rausfliegen würde sie nicht, wenn sie sich schlau anstellte. Aber vielleicht redete sie sich das nur ein, um Angst nicht an sich heranzulassen. Sie war am Herder-Institut angenommen worden, weil sie besser war als die meisten Mitbewerber, da hatte die Leitung darüber hinweggesehen, daß sie weder in der SED noch in einer anderen Partei war. Nun verknallte sie sich mal wirklich, und prompt war der Kerl bei der Polizei. Ein zärtlicher Mann und dabei keiner dieser Waschlappen, von denen es um sie herum bloß so wimmelte. Daß sich den noch keine geschnappt hatte. Ein bißchen mehr Interesse für Sport könnte er haben, das bog sie schon noch hin. Dann kriegte er auch zwei bis vier Pfündchen Bauch weg, Sitzungs- und Bierpfündchen waren das, kein Kernspeck.

Hinter der Muldenbrücke von Wurzen wurden sie an den Rand gewinkt. Knut gab die Papiere hinaus. Während der Verkehrspolizist in ihnen blätterte, beugte sich ein Zivilist ans Fenster. »Kriminalpolizei, steigen Sie bitte aus. Alle vier.«

Eine Frau in Hose, Joppe mit Pelzkragen und Kappe, stellte sich so an den Straßengraben, als wollte sie eine Flucht übers Feld verhindern. Jörg lachte sie an und fragte: »Gehören Sie zur Verkehrspolizei oder zur Kripo?« Natürlich antwortete sie nicht, und der Kripomann brummte: »Hier fragen wir.«

»Aber selbstverständlich doch.« Jörg ermahnte sich, besser die Klappe zu halten.

»Wer von Ihnen hat gefilmt?«

»Ich.« Knut steckte die Fahrzeugpapiere ein, dieser Akt war wohl beendet.

»In welchem Auftrag?«

»In keinem. Ich bin ein Freund dieser Landschaft, auch im Winter. Besonders im Winter.« Er verkniff sich den Zusatz, hier sei es nämlich dichtch hiechlich.

Claudia hoffte, Jörg und Knut würden es nicht großmäulig auf die Spitze treiben, die Stärkeren hier waren nicht sie.

»Und die Damen?«

»Wir sind mit den Herren befreundet«, antwortete Renate.

»Und Sie sind nicht irgendwelchen Militärobjekten zu nahe gekommen?«

»Nicht die Spur.«

»Bitte geben Sie mir die Kamera. Hat noch jemand einen Fotoapparat? Nein? Dann folgen Sie unserem Fahrzeug. Der Film wird überprüft.« Renate fragte, ob sie etwa verhaftet seien, der Kriminalpolizist antwortete nicht. Jörg fand die Frage doof, damit konnte man die Bullen noch nicht mal ärgern und bewies obendrein, wie grün man in dieser Sache war. »Klasse«, sagte er, »da haben wir mit dem Entwickeln keine Arbeit.«

In Leipzig bogen sie vom Karl-Marx-Platz über den Ring zum Polizeipräsidium in der Wächterstraße ab. Claudia fragte, wie lange die Prozedur dauern könnte, und Knut meinte, am nächsten Morgen wären sie alle wieder draußen. »Damit wir rechtzeitig auf Arbeit sind.« Der Wagen hielt vor einem der Tore, der Kripomann redete mit dem Posten, dann mußten sie das Auto auf dem Parkplatz gegenüber abstellen und ihm folgen. Die Frau mit der Joppe behielt sie im Auge, Claudia fand, sie wirke wie eine Kommissarin aus einem frühen sowjetischen Film, vielleicht legte sie es sogar darauf an. Sie redete darüber halblaut mit Renate, die kicherte, man sollte die Genossin fragen, ob sie Dschugaschwili noch persönlich gekannt hätte.

Im Präsidium wurden sie in ein Zimmer mit Tisch und Stühlen gewiesen. Immerhin waren keine Gitter vor den Fenstern. Jörg rauchte sofort, eine Polizistin blaffte ihn an, das sei hier verboten. Jörg fragte, was denn dann der Aschenbecher auf dem Tisch solle. Knut redete dazwischen, es genüge wohl, wenn er hier warte, die anderen drei hätten ja nicht gefilmt. »Wie ist denn nun unsere Lage, sind wir zugeführt oder was?« Die Polizistin verschwand, Jörg rauchte seine Zigarette zu Ende.

Irgendwann, sagte sich Claudia, war mit einer derartigen Situation zu rechnen gewesen. Für Jörg war eine Zuführung nichts Besonderes; er zählte auf: das erste Mal zur Dokfilmwoche vorm »Capitol«, dann, als sie zu der Stelle gezogen waren, an der die Synagoge gestanden hatte, zweimal vor der Nikolaikirche, einmal bloß so, zweimal aus der Wohnung heraus. Stets hatten die Bullen gedroht, das nächste Mal würde es happig kommen, aber immer war er spätestens nach zwölf Stunden draußen gewesen. Knut zeigte an die Wände und die Decke – Wanzen? Jörg zuckte die Schultern.

Wenn jetzt Sascha hereinkäme? So konnte sich niemand in der Gewalt haben, keine Regung zu zeigen. Verblüfft würde er sein, wütend auch. Und sie dürfte nicht flachsen: Sascha, so sieht man sich wieder! Aber Hauptmann Alexander Bacher wollte ja um diese Zeit daheim auf ihren Anruf warten.

Ein Zivilist forderte Claudia zum Mitkommen auf, sie verabschiedete sich mit einer Handbewegung und folgte ihm durch Gänge, eine Treppe hinauf und wieder durch einen Gang. Ruhig und menschenleer war es hier. Eine mißlaunige Frau nahm ihre Personalien auf:

Claudia Engelmann, Dozentin am Herder-Institut, und dann mache sie solche Zicken? Von Zicken könne nicht die Rede sein, ein wenig spazierengefahren seien sie, einer habe die Landschaft gefilmt, das wäre sein Hobby. Ob sie das wirklich in ihr Protokoll schreiben solle, fragte die Frau, oder ob Frau Engelmann nicht etwas hinzufügen wolle? Da draußen lägen Einrichtungen der Sowjetarmee. Die gäbe es vielfach im Osten von Leipzig, erwiderte sie, aber nicht dort, wo sie gefilmt hätten, wo *einer* von ihnen gefilmt hätte, genauer gesagt. Die beiden nahmen sich Zeit mit Fragen und Notieren, anscheinend hatten sie ihren Dienst gerade erst begonnen. Als Dozentin, so der Mann, sei sie ja dem Staat besonders zur Treue verpflichtet – sie nickte. Notfalls könnte sie immer noch behaupten, in etwas hineingeschliddert zu sein, aber das würde ja schon auf Anschwärzen der anderen hinauslaufen. »Ich habe Ihnen alles gesagt. Kann ich jetzt gehen?«

Der Film müsse noch ausgewertet werden, bis dahin solle sie in einem anderen Raum warten. Gegenüber wurde sie eingeschlossen, das Zimmer war schmal mit einer blechernen Sichtblende vor dem Fenster. Sie hörte Schritte auf dem Korridor und Jörgs Stimme, verstand aber nichts. Im Knast, dachte sie, fast im Knast. Markige Sätze fielen ihr ein, wie: Ich antworte nur noch in Gegenwart *meines Anwalts*. Besitzanzeigende Wörter klangen immer protzig. *Unsere Menschen*. Sie könnte klopfen und, wenn niemand öffnete, an die Tür hämmern: Sie müsse aufs Klo. In spätestens einer Viertelstunde würde sie das machen.

Vorher wurde sie zu den anderen hinuntergebracht, wo ihnen ein Oberleutnant mitteilte, der Film sei entwickelt worden, zu seiner Freude habe er nur Belangloses enthalten. Winterliche Natur. Es sei lobenswert, wenn sich junge Menschen so intensiv der Heimat widmeten; sie sollten mit diesem Hobby fortfahren. Leider nur sei der Film beim Entwickeln durch unsachgemäße Behandlung – am Sonntagnachmittag wären leider nicht die besten Kräfte im Haus – verdorben worden. »Aber die Landschaft da draußen läuft ihnen ja nicht weg.«

Erst auf der Straße fanden sie die Sprache wieder. Knut und Jörg fluchten, Renate nannte die Kerle von der Polizei stinkende Hunde. Claudia verabschiedete sich, ihr wäre zum Kotzen, sie hätte einfach nicht mehr die Kraft, die Sache in einer Kneipe durchzukauen.

Die Telefone am Leuschnerplatz und vor der Hauptpost waren defekt. Vom Bahnhof aus konnte sie endlich anrufen. Sie sei völlig kaputt, habe gefroren, womöglich deute sich eine Grippe an. »Sascha, es tut mir so leid, aber ich muß ins Bett.« Sie würde schnellstens wieder anrufen oder, wenn sie ihn nicht erreichte, ein Briefchen schreiben.

In der Straßenbahn überlegte sie, wie wahrscheinlich es war, daß Sascha von dieser Geschichte erfuhr. Spürhunde würden auf sie ja nicht angesetzt werden. Aber es gab Zufälle.

6. KAPITEL

Vom Schwärmen der Wespen

1.

1987, April

Katzmann trug diesmal keinen Cordsamt, sondern einen für das windige, regendrohende Wetter viel zu hellen Anzug, kein Parteiabzeichen, das Hemd offen. Er wickelte ein Buch aus: Hesse, broschiert, graues Papier. Ihm sei ein halbes Stündchen zugebilligt worden, er werde sich auf die Minute daran halten. Grüße von der ganzen Abteilung selbstverständlich, alle hätten Sehnsucht und fragten, wann sie endlich wiederkäme. Er versuchte, wenig erfolgreich, Herzlichkeit in seine Banalitäten zu legen.

Im Besucherraum hing ein Dutzend Fotos von besänftigend wirkenden Landschaften und Bauwerken, Venedig, Zuckerhut, Grachten in Amsterdam, Schloß Petershof und der Berliner Dom. Überall drängten sich Blütenzweige in den Vordergrund, vermutlich eine Spezialität des Fotografen. Die Bilder waren auf Pappe gezogen, die sich an den Rändern wellte. Das würde nun so bleiben, bis der Raum vorgerichtet wurde oder einem neuen Direktor, der in der ersten energischen Phase auf Änderung drang, der ramponierte Schmuck auf- und mißfiel; später würde ihm anderes wichtiger sein.

Der Himmel war grau, das Wetter lockte nicht zu einem Spaziergang durch den triefenden Park. Astrid Protter hatte Tassen und heißes Wasser aus der Küche geholt und löffelte Nescafé ein. Den trank sie jetzt jeden Nachmittag, meist mit Frau Heit. Das Glas stammte von ihrer Mutter. »Und wie geht es bei euch?«

»Schlecht«, antwortete Katzmann entschieden. »Auf einmal sollen wir diese Studie, du erinnerst dich – natürlich erinnerst du dich –, erheblich erweitern. Nicht nur auf den neuesten Stand bringen, sondern bis zu fünfzig Prozent zulegen.«

»Dann war meine Aufregung umsonst?«

»Das sowieso. Aber auch die Studie selber. Kosten- und materialmäßig ist neu bilanziert worden. Nicht nach unten, wie du bestimmt vermutest, sondern teilweise nach oben. Die Bitumenzuteilung für den Bezirk ist böse gekürzt worden, dadurch werden Gelder frei.«

»Schlechtere Straßen, bessere Klos?«

»Geld haben wir nun nicht gerade in Fülle, aber deshalb noch lange keine Baukapazität.« Abgeschlafft saß Katzmann jetzt, und Astrid Protter vermutete, daß er nach einer Zigarette lechzte, aber Rauchverbotsschilder hingen überall. Unvermittelt sagte er: »Wir drehen uns im Kreis. Das hast du zuerst gesehen.«

»Kölpers weiß es seit Urzeiten.«

»Aber – im tiefsten Herzensgrund ist er ein Reaktionär.«

»Na!«

»Der alte Gauner hätte vor einundsechzig abhauen sollen. Ich behaupte nicht, daß er sabotiert, dazu ist er wieder zu raffiniert.«

»Jetzt aber Schluß.«

»Wann kommst du wieder?«

»Vielleicht sollte ich mal was anderes ausprobieren, etwas Praktisches, ganz Einfaches.«

Katzmann wiegte den Kopf. »Diese Anwandlungen hat jeder mal.« Irgendwann war diskutiert worden, jeden Funktionär und Offizier zwei Monate im Jahr an die Basis zu schicken; ein General hätte als Soldat diese Zeit abschrubben müssen. Das war von Mao gekommen und nach den ersten halbherzigen Versuchen kommentarlos eingesargt worden. Zwischendurch hatte es Bahro ausgekramt, dafür hatten sie ihn eingelocht. »Du in der Produktion, Astrid? Als Packerin oder in der Spinnerei?« Er sah, daß sie die Schultern zuckte. »Wirst dich wieder hochrappeln.« Das sollte aufmunternd klingen, aber zu wenig Kraft steckte dahinter. »Da will ich mal allmählich wieder.« Erst fünfzehn Minuten waren vorbei.

»Wie lange habt ihr für die neue Studie Zeit?«

»Der Termin wird nachgereicht.«

Das war nicht der Katzmann wie noch vor zwei Jahren, geschweige der, den sie kennengelernt hatte, als sie in seine Abteilung gekommen war. »Stell dir vor, wir würden zusammen meine alte wunderbare Platzidee durchsetzen.«

»Kölpers strichelt uns die Feinzeichnungen.« Katzmann lächelte schwach.

»Ich bringe dich zum Tor.« Sie rang mit sich, ihm klipp und klar zu sagen, daß sie nie hinter ihren alten Schreibtisch zurückkehren wollte, daß eine fürchterliche Leere im Hirn über sie käme, wenn sie nur an Begriffe wie Komplexstudie, Pespektivstudie oder mehrdimensionale Bilanzierung dächte. Alles Gewäsch.

Sie sah ihm nach, wie er durch den Wind ging, der ihm die Hosenbeine flattern ließ. Schlanker kam er ihr vor, kleiner. Vielleicht brauchte er einen Sündenbock für sein Lavieren, und da kam ihm Kölpers gerade recht.

Frau Heit saß am Fenster, den Kopf gesenkt, die Hände flach übereinander. Sie schien zu beten, also sprach Astrid Protter sie nicht an. Sie zog die Schuhe aus und legte sich aufs Bett. Es war ihr schon zur Gewohnheit geworden, sich nach jedem Gespräch, nach jeder winzigen Verrichtung oder einem Gang durch den Park hinzulegen, ohne zu fragen, ob sie wirklich ermattet war. Das Vaterunser würde sie schaffen. Der du bist im Himmel. Sie konnte sich nichts und niemanden da oben vorstellen und wollte es auch nicht. So dreckig es ihr gegangen war, einem höheren Wesen hatte sie ihre Ängste nie aufhalsen wollen. Ihre Zimmergefährtin tat das bestimmt jeden Abend und vielleicht jetzt wieder; sie schlief ja nicht, das verriet ihr Atem. Und vergib uns unsere Schuld – das schien am ehesten begreifbar: Vergib mir, daß ich von Tag zu Tag eine schlechtere Mutter wurde.

»Ist der Besuch fort?«

»Mein früherer Chef war's. Und er möchte wieder mein Chef werden. Waren Sie weit weg in Ihren Gedanken?«

»Ich wollte mir vorstellen, mein Junge sei bei Gott. Von der Predigt hab ich nicht viel mitgekriegt, aber das war nicht dabei: daß Uwe im Himmel ist, in dieser klaren Helligkeit.«

»Helligkeit.« Mehr als Nachbeten fiel ihr wohl nicht ein. In einem Radiovortrag hatte sie von Dokumentationen aus den USA gehört; Menschen, klinisch tot, waren durch ärztliche Kunstgriffe wieder ins Leben zurückgeholt worden. Sie hatten von strahlendem Licht, vollkommener Ruhe und einem nie geahnten Glücksgefühl berichtet.

Wenn sie eine einzige abfällige Bemerkung macht, beschloß Gabriele Heit, wenn ich Spott heraushöre, brülle ich sie an: Lassen Sie Ihre dämlichen Funktionärswitze! Hier sind Sie nicht im Parteilehrjahr, ich werde mich beim Professor beschweren und verlangen...

»Wollen Sie nicht mit Ihrem Pfarrer darüber sprechen?«

Das klang nun ganz anders, und zu ihrer eigenen Überraschung sagte Frau Heit: »Die meisten Pfarrer reden drumherum. Auferstehung und ewiges Leben sind Kernpunkte unseres Glaubens. Aber wie hat man sich das vorzustellen?«

»Ich wünsche Ihnen...« Weiter kam Astrid Protter nicht. Was sollte sie wünschen – Festigkeit in dieser Ansicht? Sie scheute sich ja sogar vor dem Wort »Glauben«.

Am nächsten Tag berichtete sie dem Professor vom Besuch ihres Chefs. Das tat sie »von sich aus«, wie sie es nannte, und hoffte, darin eine Besserung zu sehen: Sie wurde aktiv. »Er meinte, ich hätte einige Probleme vor ihm und allen anderen erkannt, ich sollte zurückkommen und ihm helfen.«

»Wollten Sie nicht etwas ganz anderes probieren?«

»Will ich immer noch.«

»In der Sowjetunion unterscheiden die Leute bildhaft zwischen ›schwarzer‹ und ›weißer‹ Arbeit. Die einen machen sich die Hände schmutzig, die anderen denken sich was aus. Sie vielleicht als Straßenbahnfahrerin? Sie bekommen Ihren Zeit- und Routenplan, dann funktionieren Sie ohne Debatte. Oder Sie füllen in einem Labor Proben ab, was damit geschieht, entscheiden andere. Wollen Sie das wirklich?«

»Ich fühle mich ziemlich elend, weil ich antworten muß: eigentlich nicht.«

»Meistens fragen mich die Patienten, wie lange sie noch hierbleiben müssen. Diesmal frage ich: Was meinen *Sie*? Ich möchte schon, daß wir beide ein wenig mehr wüßten, wie es weitergehen soll. Denken Sie denn, bei uns in der medizinischen Hierarchie hat sich etwas geändert? Zwischen Ärzten und Schwestern besteht derselbe Unterschied wie vorher. Die weißen Götter und die Mäuschen.«

Sie zuckte die Schultern.

»Wenn Sie in die ›schwarze‹ Arbeit überwechseln, bringt das neue Probleme. Mit denen müßten wir dann ebenfalls fertig werden, und ich weiß nicht, ob Sie das sofort schaffen. Ich versuche mir lieber eine Idylle vorzustellen: Sie zufrieden mit Mann und Tochter; aller beruflicher Ehrgeiz wird für einige Zeit in die Ecke gestellt.« Er wurde eifrig: »Wenn Sie sich auf diese Gefühlsrichtung einstimmen wollen, natürlich mit dem

Vorbehalt des Zeitweiligen, würde ich Sie unterstützen.«

»Aber so hat uns die DDR nicht erzogen.«

»Wir müßten das Aufblicken zum Vater hinausdrängen, eine Abwehr gegen Ihre Mutter aufbauen.« Er dachte: Und aus der Partei müßten Sie austreten. Er schlug eine Mappe auf, blätterte und sagte mit einer Stimme, als hätte er die einem Patienten zustehende Zeit überschritten: »Sie sollten sich jeden Morgen einiges vornehmen und aufschreiben. Das Bett ist für die Nachtruhe da und für den Tag der Stuhl. Oder: Eine Viertelstunde Zeitung lesen. Einen Brief an Ihre Tochter schreiben, und wenn es nur eine Seite ist. Die Straße hinuntergehen bis zur Telefonzelle und Ihren Mann anrufen.«

»Die Zelle ist kaputt.«

»Nehmen Sie sich nur Dinge vor, von denen Sie meinen, sie schaffen zu können. Was Sie nicht packen, probieren Sie am nächsten Tag wieder.«

»Sie wollen mir schlechtes Gewissen einbleuen.«

»Ich möchte Ihre Tatkraft zurückholen. Die Zettel heben Sie auf. Nach einer Woche werden Sie merken, wie Sie sich gesteigert haben. Dann können wir mit den Medikamenten runtergehen. Morgen schreiben Sie an Ihre Tochter?«

»Gut.«

»Kleines Pionierehrenwort?«

Drei Tage später ging sie mit ihrem Mann einen Weg entlang, den sie mit Frau Heit entdeckt hatte. Er führte vom Ende des Parks zu einem ausgetrockneten Graben, in dem mannshohe Brennesseln ein Sammelsurium von Bettgestellen, Matratzen und zerrosteten Eimern überwucherten. Es war immer noch besser, den Unrat übersehen zu wollen, als zweihundert Meter weiter auf einer Straße stinkenden Verkehr erdulden zu müssen. Von einer Brücke blickten sie auf die Gleise einer Grubenbahn hinunter, dahinter begann ein Dschungel von Erlen, Birken und Brombeeren, die sogar Holunderbüsche erstickten. »Wenn wir Menschen uns gegenseitig aufgefressen haben«, sagte Protter, »bleiben die Ratten und die Brombeeren.«

»Gestern hab ich mit meiner Bettnachbarin dort auf den Steinen gesessen, und sie hat mir erzählt, daß ein russischer Panzer einen ihrer Jungen an einer Hausmauer zerquetscht hat.«

Was sollte er sagen? Doch nicht etwa, das sei wirklich ein Grund, die Nerven zu verlieren, während Astrid... Protter nahm sich vor, den Professor zu fragen, ob es richtig war, die beiden Frauen zusammenzulegen – Astrid war doch wohl nicht ausersehen, die andere aufzurichten? In seinen achtzehn Monaten als Mot-Schütze hatte er in seiner Kompanie zwei Todesfälle erlebt, einen Unfall mit einer Mine und einen Selbstmord schon nach wenigen Tagen. Kein größeres Manöver ohne tödliche Unfälle, meist wegen Übermüdung.

»Den Sarg hatten sie zugeschraubt.« Astrid Protter sah Bilder –, sicherlich war nicht, wie sie es an der Uni gelernt hatte, alles Denken an Sprache gebunden. Sie sah einen Dozenten – »wo Stalin recht hatte, hatte er recht« –, gleich darauf blieb nur die Schrift an der Tafel. Vielleicht waren diese Visionen ein Rückfall ins Naive, denn Kleinkindern wurden ja Vorstellungen zugestanden, in denen Wärme und Wohligkeit waberten wie auch Abscheu und Angst. Silkes erstes Wort war nicht »Mama« gewesen, sondern »Krach« oder ein Zischen, das »Krach« heißen sollte; nichts hatte sie so gefürchtet wie den Staubsauger. Astrid Protter saß gerne, ohne zu reden, und hoffte, es würde um sie werden wie bei finnischen Bauern, die stundenlang nebeneinander schweigen konnten. Dann ließ einer einen Satz übers Wetter, das Pferd, ein Fischernetz fallen.

Honecker hatte dem rumänischen Parteichef einen Orden verliehen, was niemand verstand. Harald Protter wußte nicht, ob das ein geeignetes Thema sein könnte, er müßte es als eine Form von Normalität probieren. Sein Satz löste in ihr Assoziationsketten aus: Sie am 1. Mai zu Hause, Katzmann mit rumänischem Blech, wieso? Honecker auf einer Tribüne, kein Bild war sinnfälliger für diese Zeit als das von Männern mit Hüten, die von Tribünen winkten. »Es bildet sich ein harter Block heraus«, fügte Protter an, »DDR, Rumänien und die ČSSR. In Polen bleibt alles ungewiß. Hoffentlich macht Gorbatschow endlich ernst. Aber vielleicht schafft er es nicht, den Apparat zum Teufel zu jagen.«

Astrid Protter sah Katzmann neben Honecker, der Rumäne mit einem Gesicht wie ein Kasper, dem nur noch grelle Farben fehlten, eilte fuchtelnd auf die beiden zu. Sie rissen die Münder auf beim Palaver. Das war es, was ihr selber fehlte: diese siegesgewisse Fröhlichkeit. Warum tat ihr Professor nichts, sie dahin zurückzuführen? »Mein Vater war nie richtig fröhlich.

Ihn quälte, daß er nur schwerfällig schriftlich formulieren konnte. Ein Mann der Praxis mit einem sicheren Gespür für Nützliches und Schädliches. Wenn er sagte, Klassenbewußtsein, gar Klasseninstinkt seien sein Kompaß, war das nicht ein bißchen überzogen. Liebe zur Sowjetunion war ihm geradezu eingebrannt, sogar die Liebe zu Stalin. Daran konnte Nikita mit seinem zwanzigsten Parteitag wenig kratzen.« Einmal hatte Vater gesagt: Was glaubst du, wie viele Tote ich gesehen habe. Die Sowjetunion hatte verteidigt werden müssen, dem ordnete sich alles unter. Ich hätte auch bei den Freunden bleiben können – das hatte sie nicht nur einmal von ihm gehört. Dann spräche sie heute russisch im Betrieb und allenfalls daheim deutsch mit Mutter. Sie sah sich mit einer Delegation von Bauleuten am Rande von Rostow in einem Plattenwerk, alle waren entsetzt gewesen über den horrenden Ausschuß. Ihr war vorgeworfen worden, ihre Einwände klängen nach deutscher Überheblichkeit. Kölpers hatte gemurmelt, an diesem Pfusch gingen sie alle noch zugrunde. »Neulich«, sagte sie, »besser: gestern hat mich der Professor nach Vater gefragt. Die Ärztin in unserer Betriebsklinik wollte ja möglichst wenig wissen, nicht, wie das Arbeitsklima bei uns ist oder ob du fremdgehst. Aber der Professor fragte, ob ich gern in der Partei sei und was mein Vater sagen würde, wäre das nicht der Fall. Wahrscheinlich stellt er sich vor, daß ich immer nach den Wolken schiele, ob da wohl der große Albert sitzt, und was für ein Gesicht er zieht über seine schwache Tochter. Wenn er Sascha bei seinem geheimnisvollen Wirken beobachtet, erfüllt ihn das natürlich mit Stolz.«

»Stellst du dir manchmal vor, du rechtfertigst dich vor deinem Vater?«

»Hat der Professor auch gefragt. Ich habe geantwortet: Ja, manchmal. Aber ich habe auch gesagt: Mein Vater hatte ja zuletzt keine Ahnung mehr, wie alles in Wirklichkeit aussieht. Was wir in Rostow erlebt haben, die Armut und diese aufgeblasenen Funktionäre, hab ich ihm gar nicht zu erzählen gewagt.« Sie spürte ein Ziehen zwischen den Schulterblättern, das andeutete, nun wäre genug geredet. Am liebsten hätte sie in einer Wanne mit warmem Wasser gelegen, eine Schicht Schaum darauf. Protter sah, wie sie den Kopf neigte, er blickte auf die Härchen im Nacken und die Höcker der Halswirbel. Sie war immer kerzengerade gegangen und hatte aufrecht gesessen, ob sie aß oder schrieb oder las, das hatte sich nicht verloren, aber jetzt wirkte es angestrengt, steif.

Sie gingen zurück. Grüße an Silke, ja, und es würde wirklich nicht mehr lange dauern, und sie käme nach Hause. Sie küßten sich auf die Wangen, dann konnte sie seinen traurigen Blick nicht mehr ertragen und wendete sich ab.

Protter stieg in seinen Wartburg und fuhr stadtwärts. Er hielt Abstand zu einem Lastwagen, dessen Hänger hoch mit schlecht verschnürten Altpapierballen bepackt war, die sich zur Seite neigten. Ein Trabant quetschte sich vor ihn; er fand, daß immer unerbittlicher auf Recht gepocht würde: Ich hab Vorfahrt! Dieser Scheißkerl war sicherlich wütend, daß Straßenraum nicht genutzt wurde. Was, wenn ihm ein Papierballen vor die Räder knallte?

An der nächsten Seitenstraße bog er ab und hielt an. Er war erledigt, und das nicht nur wegen des Besuchs eben und der Angst vorher. Er hatte das Gefühl, wenn er sich nicht bewußt machte, daß er in einer ganz anderen Lage war, könnte es ihm genauso ergehen wie Astrid. Sein Vater war kein proletarischer Kämpfer und auch kein Nazi gewesen, bloß ein gewöhnlicher Deutscher, bei Kriegsende Feldwebel mit dem Eisernen Kreuz und einer Narbe über die halbe Brust hinweg. Die DDR war nicht sein Staat, er war zu keiner Aufopferung verpflichtet. Er mußte nicht die Mauer rühmen, aber auch nicht mit dem Kopf dagegen rennen. Ich darf ein Spießer sein, sagte er sich, verwundert, daß ihn dieses Wort nicht abstieß. So war das wohl, wenn einer ganz unten angelangt war. Darüber könnte er mit seinen Eltern geruhsam reden, auf dem Balkon, vorm Fernseher, wenn sie anschauten, wie Bayer Uerdingen gegen den HSV verlor. Dazu paßte das Gerede, wie sie zu einem Stück Rindslende kämen.

Nach einer halben Stunde fühlte er sich wieder einigermaßen dem Verkehr gewachsen. Daheim berichtete er, Mutti ginge es *etwas* besser, sie lasse grüßen und freue sich auf die Heimkehr. Bald. Wann war das? Na, vielleicht in zwei Wochen. Er sah Silke an, daß sie ihm nicht glaubte.

2.

1987, Mai

»Unsere Beratung«, begann schwungvoll der zweite Sekretär der SED-Bezirksleitung, »findet in einer Phase innenpolitischer Ruhe und Stabilität statt. Genauer: Es war schon schlimmer, aber es könnte besser sein.« Er schaute sich schmunzelnd um. Über die Entwicklung der Friedensgebete in Leipziger Kirchen referierte er, beginnend mit dem November 1981, als Studenten auf die Idee gekommen waren, nach dem Muster von Königsau an zehn Tagen hintereinander für den Frieden zu beten. »Natürlich haben wir nichts gegen Händefalten, aber sehr viel gegen Aufwiegelung. Ihr entsinnt euch, Genossen, daß damals schon die Idee eines sogenannten sozialen Friedensdienstes spukte. Wir haben den Pastoren klargemacht, daß wir Bitten an Gott dafür nicht mögen. Es scheint, sie haben es kapiert.«

Hauptmann Bacher war einer der drei eingeladenen Genossen aus der Bezirksverwaltung des MfS, er saß zwischen einem Stellvertreter des Generals und dem Leiter der Abt. XX, Major Tinnow. Er fand den Vortrag im Ton nicht der Lage gemäß, meinte, Leichtfertigkeit und sogar Überheblichkeit herauszuhören. Es war nicht weit her mit dieser Bezirksleitung. Seinerzeit war der Leipziger Paul Fröhlich als Ulbrichts Kronprinz ausersehen gewesen. In Leipzig hätte sich eine Ulbricht-Fraktion erhalten, wurde noch immer gemunkelt, die Honecker seine Erfolge neide. Der jetzige

Erste im Bezirk galt als Ulbrichts Ziehsohn – das war keine gute Ausgangsposition.

»Im Frühjahr dreiundachtzig hieß es in der Michaeliskirche: ›Frieden – ein hoffnungsloser Fall?‹ Damals waren Angriffe gegen den Wehrdienst zu erkennen. Wir haben die führenden Kirchenmänner zu kameradschaftlichen Gesprächen geladen, hübsch was auf den Tisch gestellt und ihnen in kultivierter Atmosphäre unseren Friedenskampf erläutert. Danach war allerhand Dampf raus. Aber in der Lukaskirche machten sie weiter. Nikolai war nun auch dabei, manchmal saßen nur fünf oder zehn einsame Friedensbeter in den Bänken. Insgeheim bildeten sich Gruppen unter allen möglichen Vorwänden und Themen: Frieden, Umwelt, Nicaragua, überhaupt Dritte Welt, und immer wieder Wehrersatzdienst.«

Bacher blickte aus dem Augenwinkel heraus auf Tinnow, der saß ohne erkennbare Regung. Ein Wühler, ein Mann mit fabelhaftem Gedächtnis, der immer den Kontakt zu ganz vorn suchte, möglichst zu jedem seiner IM. »Ich bin Jürgen«, so pflegte er sich vorzustellen, die Hand ausgestreckt, kumpelhaft. Jeder sollte sich einbezogen fühlen, zugehörig der großen Familie. Was der Mann über diese Gruppen zusammengetragen hatte, war fabelhaft, seine IM saßen überall. Wenn die Partei beizeiten dieses Wissen summarisch abgeschöpft und daraus Schlußfolgerungen gezogen hätte, stünde sie besser da.

»Genossen, Verschärfung geht von der Lukaskirche aus. Der Pfarrer dort hat einen Berliner Sänger eingeladen, so einen Biermannverschnitt. Wir haben die Sache sofort hoch angebunden: Unser Ratsvorsitzender hat sich den Landesbischof vorgeknöpft und ihm deutlich gemacht, der Bogen sei überspannt. Auf der Kirchenschiene ist das nach unten gegangen. Der Pfarrer hat eins auf den Deckel gekriegt. Ob ihn das beeindruckt hat, wird sich zeigen. In diesem Zusammenhang wurde ein Gespräch mit dem Rektor des Theologischen Seminars geführt. Der Mann, Genossen, bezog folgenden vorbildlichen Standpunkt: Wenn bekannt wird, daß ein Student den Antrag auf Ausreise gestellt hat, wird ihm eine Bedenkzeit von einer Woche eingeräumt. Bleibt er bei seiner Haltung, fliegt er. Aber es wuchert weiter von unten, das ist wie Pilzbefall. Im Keller der Michaeliskirche hat sich eine Arbeitsgruppe für sogenannte Menschenrechte etabliert. Nach dem Reaktorunglück in der Ukraine spielen die selbsternannten Umweltschützer verrückt. Genossen, vielleicht wird in unserem Bezirk oder kurz hinter der nördlichen Grenze ein Kernkraftwerk gebaut. Nach einigen Probebohrungen ist allerlei in die Öffentlichkeit gedrungen. Wir werden den Kirchenleuten demnächst unsere Energiepolitik erläutern müssen. Beim Berliner Kirchentag soll es einen sogenannten Kirchentag von unten geben. Auch beim Olof-Palme-Friedensmarsch sind unkontrollierte Aktivitäten zu erwarten.«

Als erster ergänzte Tinnow. Natürlich nannte er das Referat richtungsweisend. Sicherlich hatte er Fakten beigesteuert, so fiel das Lob auch auf ihn zurück. Sein linkes Auge stand schräg unter einem zernarbten Lid, das war die Folge eines Unfalls, als Tinnow noch an einer Drehbank gestanden hatte. Er redete sächsischer als alle anderen hier und kehrte auch in Wortwahl und Wurstigkeit gern den Proleten heraus. »Genossen, ich schildere euch einen Fall, damit ihr seht, wie sich die Dinge hochschaukeln. Ich erzähle euch was über die Führungskraft der Gruppe ›Frauen für den Frieden‹, Ursula Kämpe. Sie fiel auf, als sie sich während einer Veranstaltung im Kulturbund über die neue Kindergartenordnung zu Wort meldete. Ich lese mal aus einem Bericht vor. Genossen, Mitschreiben ist jetzt nicht erwünscht.« Wieder breitete sich allgemeines Schmunzeln aus, wer hier saß, kannte die Spielregeln. »Also: ›Am siebzehnten September letzten Jahres wurde eine langfristig vorbereitete Veranstaltung zum Thema Erziehung von Kindern im Vorschulalter im Klub der Intelligenz durchgeführt. Damit wurde einer Anfrage der Kämpe zur neuen Kindergartenordnung entsprochen. Diese Veranstaltung wurde planmäßig zur Einführung geeigneter IM sowie zur offensiven Auseinandersetzung mit den feindlich-negativen Mitgliedern des Arbeitskreises und insbesondere zur Bloßstellung der Kämpe benutzt. Diese trat mit provozierenden Fragen und Argumenten in Erscheinung. Sie hatte sich intensiv vorbereitet und nutzte mitgebrachte Materialien, in denen sie Wörter und Aussagen aus dem Zusammenhang riß und aggressiv zur Diskussion stellte. Wie ist dieses Programm entstanden, mit welcher Zielstellung, wer hat es erarbeitet? Damit wollte sie den Nachweis herauskitzeln, daß der Staat über die Köpfe der Eltern hinweg entscheidet. Auf die sachlichen Argumente des Gesprächsleiters, der entsprechend gewarnt war, reagierte die Kämpe mit weiteren provozierenden Fragen. Massiv wurden Begriffe wie Feindbild und Erhöhung der Verteidigungsbereitschaft als Ausdrücke der Militarisierung der DDR angegriffen. Die Kämpe und die anderen feindlich-negativen Kräfte stießen auf den Widerspruch von staatsbewußten Teilnehmern des Forums. Das führte zu ihrer Isolierung, so daß sie die Veranstaltung deprimiert verließen‹. Soweit, Genossen, aus dem Bericht. Alles wäre nicht so positiv abgelaufen, wenn wir nicht im Vorfeld gewußt hätten, was die Damen planten. Übrigens haben die Genossen meiner Abteilung einen hübschen Namen für sie gefunden: ›Die Wespen‹. Ihr seht, auch unser Alltag hat seine Poesie. Die Kämpe ist Krankenschwester mit unregelmäßigem Dienst, manchmal macht sie so viele Überstunden, daß sie drei oder vier Tage hintereinander frei hat. Ein Frauentreffen in Magdeburg – sie war dabei. Ständig fuchtelt sie mit sogenannten Thesenpapieren herum, die sich gegen unsere Politik richten. Bei einer sogenannten Wochenendrüste des Arbeitskreises in Beyern im Kreis Herzberg war sie natürlich auch dabei. Sie unterhält Kontakte zur Kirchengemeinde Königsau, dort hat sich neuerdings auch ein Frauenkreis für den Frieden gebildet. Während der Frühjahrsmesse hat sich ein BRD-Journalist an sie herangemacht.« Er legte eine Pause ein, blätterte, seufzte. »Der Mann ließ sie wissen, daß er als freischaffender Journalist die alternative Friedensbewegung der DDR unterstützen wolle. Die ging vorsichtig auf seine Absichten ein, ließ sich keine Namen entlocken, versicherte aber, sie sei bereit, sich wieder mit ihm zur Messe in Leipzig oder in Berlin zu treffen. Der Agent versprach Materialien aus dem grün-alternativen Bereich. Wir hätten die beiden festnehmen können, klar, haben es aber für besser befunden, über den Rat der Stadt den zuständigen Superintendenten vom illegalen Treiben seines Schäfchens zu informieren. Die Aussprache muß innerhalb der Kirche selber geführt werden; durch unsere Kräfte werden wir erfahren, ob und wie das abläuft.«

Der Zweite dankte und nannte das Vorgehen des MfS vorbildlich. Dann führte er noch ein Beispiel für raffinierte subversive Tätigkeit an: Kirchenkreismitglieder hatten versucht, den Präses der Landessynode, Dr. Gäbler, zu einer Aussprache zu gewinnen. Sie spekulierten dabei auf Gäblers Teilnahme an einem Empfang beim Staatsratsvorsitzenden. Dort hatten beide ein längeres Gespräch über Probleme der Wehrdienstverweigerer geführt. Da derlei nicht in den Zeitungen stünde, wollten sie Widersprüche zwischen der friedenssichernden Außenpolitik und der innenpolitischen Praxis konstruieren. »Verdammt hinterhältig, Genossen, nicht wahr?«

Auf dem Rückweg nahm Tinnow Bacher in seinem Wagen mit. »Ich hab oben natürlich nicht alles erzählt. Der angebliche Westjournalist war ein Oberleutnant aus der Normannenstraße. Bei dem stimmte alles: Klamotten von drüben bis zum Taschentuch. Der hat sich zwei Wochen lang in Hamburg rumgetrieben, der kann dir erzählen, in welcher Kneipe welches Bier aus dem Zapfhahn läuft und wie die Pfarrer in den einzelnen Kirchen heißen. Stammt aus Wismar, redet Platt. Wollte die Kämpe bumsen, aber die hat getan, als könnte sie nicht bis drei zählen. Jetzt stecken wir unseren Spaß dem Superintendenten, und der poltert: Liebe Schwestern, seid vorsichtig mit dem bösen Wolf!«

»Sehr hübsch.«

»In diesem Wespennest ist übrigens die Genossin Protter aufgetaucht.«

»Was für Zeug?«

»Zweimal. Hat sie dir nichts davon erzählt? Doch nicht etwa in unserem Auftrag?«

Bacher stieß einen schnaufenden Laut aus. »Von welcher Abteilung denn, das müßten wir doch wissen!«

»Paß auf sie auf.«

»Ist das denn sicher?« Natürlich war seine Frage blöd. Irgendwann im nächsten Jahrtausend wirst du General wie ich, hatte sein Vater einmal gesagt. Nicht mit einer Schwester, die politisch fremdging. »Hör zu, ich ...«

»Sie hat zwei, drei Fragen gestellt, mehr nicht.«

»Ich kümmere mich.«

»Is klar, Sascha.«

Kümmern, aber wie. Manchmal war Astrid tageweise in der Klinik, dann wieder zu Hause, der Wechsel erschwerte jede Kontrolle. Sich hinter Harald stekken, dem Professor einen Wink geben oder deutlich werden: Agenten waren hinter seiner Patientin her? Natürlich schob Tinnow seine Weisheit nach oben weiter, mußte er ja. Eine elende Klemme. Und wenn die Zentrale einen ihrer Schönlinge auf Astrid ansetzte, wenn Tinnow ihm das hinrieb oder er sogar den Kuppler spielen mußte und nicht einmal denken, geschweige denn sagen durfte: Tinnow, du verdammter dreckiger schielender Hund?

3.

1987, Juni

Nebel lag in Senken und über Wiesen, als hielten ihn Schollen und Halme fest. Die Sicht war frei bis in eine Höhe von zehn Metern, dort verwischte Dunst die Konturen der Zweige. Zwischen den Stümpfen der Hochspannungsmasten hingen Drähte herab, scheinbar gehalten von diesem massiven Grau. Die Luft hatte den Rauch von Kraftwerken und Brikettfabriken aufgesogen und sättigte sich damit immer mehr. In den unteren Schichten stauten sich die Abgase der Autos und die Ausdünstungen der Gülle. Besserwisser und Nörgler argwöhnten, sogar Blähungen und Maulschwaden von Kühen trügen dazu bei, daß alles Atmen schwer wurde.

Männer der Kampfgruppen wachten paarweise an den Kreuzungen. Sie trugen gefleckte Kriegsanzüge, Stiefel, Magazintaschen am Koppel und Maschinenpistolen quer über der Brust. Die Magazine waren ohne Munition. Die Kämpfer sollten lediglich dastehen, denkmalhaft, niemanden ansprechen und *sich nicht provozieren lassen*. Unklar war, wie eine Provokation wohl ausschauen könnte. Sie sollten niemanden feindselig anstarren, weder den Pfarrer noch die alten Frauen oder wer da sonst mitginge, mitdemonstrierte oder auch mitprozessionierte, über den scharfen Begriff waren sich die Kommandeure nicht klar geworden. Die Genossen Kämpfer fürchteten nichts, außer, es würde zu regnen beginnen, denn die Regenplanen hatten sie aus Faulheit im Depot gelassen. »Apropos Provokation«, sagte ein Dozent für Deutsch und Sport und genoß den Konjunktiv, »empfändest du es als eine solche, böte dir ein Weiblein einen Schirm an?« Sein Mitkämpfer erwog gerade, in der hohlen Hand eine zu rauchen. Die Kommandeure hielten sich fern, vermutlich war auch das berechnet worden. Die Kämpfer als erdnaher Teil des Volkswillens, so sollte alles wirken. Diese Sache hier war inszeniert worden als reale Schlauheit von allerneuestem Typ.

Nach dem Gottesdienst ging Martin Vockert mit seinen beiden Neffen den Pfad am Friedhof hinunter. Konfirmanden schlossen sich an, Gäste aus Grimsen, einige, die er nicht kannte, dann noch ein paar Ältere und ganz Alte aus dem Dorf. Pfarrer Reichenbork hielt sich in der Mitte, wie vereinbart. Katholiken hätten Monstranz und Kirchenfahnen mitgeführt, sie hätten gesungen, und alles wäre als normal empfunden worden. Aber in diesem Teil Sachsens lebten fast nur Protestanten, die Bräuche waren immer mehr eingetrocknet, bis nur noch das Gerüst von Taufe, Konfirmation, Hochzeit und Begräbnis geblieben war. Ein Kirchenjahr lief ab wie das andere. Niemand hatte je von einem Bittspaziergang gehört. Ein gutes Wort, fand Reichenbork jetzt, keiner sollte sich herausgefordert fühlen. Es stammte von ihm, und es war nicht leicht gewesen, sich damit bei Vockert durchzusetzen.

Der Doppelposten an der ersten Bachbrücke zählte dreiundsechzig Demonstranten und verringerte auf einundsechzig, denn zwei Mädchen scherten aus und bogen zu einem einzeln stehenden Haus ab. Der Leiter der Abt. Inneres erhielt von einem Genossen, der von seinem Fenster aus beobachtete, die telefonische Meldung: »Mehr als fünfzig«, und die beiden IM – aus Königsau und der Grimsener Gruppe – berichteten später »höchstens siebzig« beziehungsweise »mit dem Pfarrer und seiner Frau nur etwa fünfzig, worüber Reichenbork verärgert zu sein schien«. Bei der Auswertung am Tag darauf verwendete Hauptmann Schmalbank die Formulierung »Grüppchen«, was ein Oberst der Bezirksverwaltung als durch nichts zu vertretende einlullende Verniedlichung rügte. Schmalbank rechtfertigte sich: gefahrenminimierend habe er es keinesfalls gemeint.

Vockert ging ein wenig zu schnell, deshalb blieb er einige Meter vor den nächsten beiden Kämpfern stehen und schaute zurück. Mit diesem irrwitzigen Einsatz hatte er nicht gerechnet und wurde sich nicht schlüssig, wie er weiter verlaufen könnte. Sich jetzt mit Reichenbork oder jemand anderem zu beraten, wäre nutzlos gewesen. Weitermachen wie geplant oder abbrechen, etwas anderes kam nicht in Frage. Also weitermachen.

Den beiden Genossen am Straßenrand wünschte er fest und freundlich einen Guten Morgen, einer grüßte mürrisch zurück. Die Idee, sie zum Mitkommen einzuladen, kam ihm erst später, er äußerte sie bemüht scherzhaft zu seinen Neffen, um ihnen die Furcht zu nehmen. Sie zogen spöttisch die Mundwinkel hoch, der Ältere konstatierte: »Blödmänner, doofe Heinis.« Vockert dämpfte: »Nana.«

Jetzt sollten sie singen, fand Frau Heit, nichts Kirchliches. »Der Mai ist gekommen«, stimmte sie an, obwohl Juni war, vielleicht würden wenigstens einige den Text kennen. Schon die zweite Strophe holperte, gemeinsam suchten sie die Zeilen zusammen, Reichenbork sang danach fast zwei Strophen allein. »Das Wandern ist des Müllers Lust« gelang besser, danach sangen die Konfirmanden: »Einer Woche Hammerschlag, einer Woche Häuserquadern, zittern noch in unsern Adern«, ein Arbeiterlied, wie Vockert wußte, das machte ihm unvermuteten Spaß. Als Hauptmann Schmalbank von dem Lied erfuhr, wertete er sein Absingen als Provokation, die er Vockert anlasten wollte, zumal ein Junge einem Posten zugerufen haben sollte: »Singt doch mit, he!« Der versöhnliche Leiter der Abt. Inneres aus dem Erzgebirge, von Zahnschmerzen genervt, schüttelte den Kopf und brummte, deshalb könne man doch Vockert wirklich nichts am Zeug flicken; ein Staatsanwalt, der das vorbrächte, würde sich lächerlich machen.

Frau Heit mußte dicht an den beiden nächsten Kämpfern vorbeigehen, dabei blickte sie ihnen ins Gesicht und fragte, was sie eine Sekunde vorher noch nicht vorgehabt hatte: »Woher sind Sie denn?« Einer schaute über sie hinweg in den Nebel, dann starrten die beiden einander an und wieder in die Ferne. »Sie müssen doch wissen, wo Sie her sind.« Was würde geschehen, wenn sie einen auf den Bauch stupste? Jung waren sie nicht mehr, beleibt, feistgesichtig. Einer blickte jetzt verärgert, der andere sagte leise: »Nun gehen Sie doch weiter.«

»Ist Ihnen wohl peinlich, was?« Am liebsten hätte sie so etwas hinzugefügt wie: »Das mache ich, wie ich will!« Oder: »Was denken Sie denn, was ich sowieso vorhabe!« Der Vorfall wurde nicht von den beiden Posten, wohl aber vom Königsauer IM gemeldet, der Frau Heit nicht kannte und deshalb schrieb: »Eine untersetzte Frau aus Grimsen in einem gelben Umhang.« Der IM hörte nicht, daß Frau Heit im Weitergehen davon sprach, während der Reichspogromnacht vom November '38 wären SA-Banden gewöhnlich nicht in ihren Heimatorten losgelassen, sondern mit Lastwagen durcheinandergekarrt worden; vor ihren Nachbarn hätten sie vielleicht doch Hemmungen gehabt. In Grimsen hätte SA aus Leipzig gehaust, und die Grimsener SA und SS hätten sie nach Altenburg gebracht. Wäre schon interessant, zu erfahren, woher diese Kampfgruppenkerle kämen. »Die Fettärsche!« schrie ein Junge, und seine Freunde lachten.

Als Pfarrer Reichenbork am Lennesbach bat aufzuschließen, waren keine Kampfgrüppler in der Nähe. Ein Spitzel bemängelte später, daß man ihn nicht mit einem japanischen Aufnahmegerät ausgerüstet hatte, um die Rede des Pfarrers mitschneiden zu können. Die beiden IM-Berichte wichen nur unwesentlich voneinander ab. Auf das verseuchte, stinkende Wasser hätte der Pfarrer hingewiesen, in dem alles Leben abgestorben sei. Menschenwerk erhebe sich über die Natur, die von Gott gegeben sei, oder so ähnlich. »Obwohl vermieden wurde, eine bestimmte staatliche Stelle verantwortlich zu machen, direkte Hetze also nicht vorlag, ging dennoch aus dem Kontext hervor, daß die Zuhörer aufgewiegelt werden sollten.«

»Es ist die Flur, die zu unserem Dorf gehört, der Bach verläßt nach wenigen Metern Königsau, wir übergeben ihn verwahrlost.« Reichenbork traute der Tragkraft seiner Stimme nicht, er hatte lange nicht mehr im Freien gesprochen. Wind war aufgekommen, er brachte die Blätter zum Rascheln und riß helle Bahnen in den Nebel. »Unsere Verantwortung gegenüber der Schöpfung hat uns aus der Kirche und den Dorfmauern herausgeführt. Wir wollen begreifen und Mut sammeln. Ein andermal werden wir hinuntergehen zu unseren Brüdern in Frankenhain und ihnen sagen, daß es uns nicht gleichgültig ist, was hier geschieht. Man zündet nicht ein Licht an, so sprach der Herr auf dem Berge, als ihm viel Volk nachgekommen war, und setzt es unter einen Scheffel, sondern auf einen Leuchter; so leuchte es denn allen.« Das war nicht genau das, was er sich zu sagen vorgenommen hatte, aber er konnte ja auch nicht mit den stummen Posten an allen Wegkreuzungen rechnen. Er war aus der Kirche hinausgegangen, und draußen ließen sie sich nicht an den Karren fahren, daran hatte sich nichts geändert.

Er war doch ein guter, tapferer Kerl, sein Pfarrer, dachte Martin Vockert, wer denn weit und breit zog den Kopf aus dem Sand. Nun riß der Wind tatsächlich den Dunst auf, ein Sonnenstreifen zog über den Wald hinter dem Maisfeld. Als sie beim Weitergehen schwiegen, hörten sie Lerchen und suchten den Himmel nach ihnen ab, aber die schwirrten zu weit oben in den Nebelresten. Wie gut, fand Reichenbork, daß sie nicht zur Kartoffelschälanlage hinüberbogen, nicht die Konfrontation mit etwas suchten, das ihnen der Staat als Errungenschaft andrehen wollte. Vielleicht hatten sich die Kampfgrüppler dort etwas ausgedacht, eine Sperre beispielsweise; dann hätte ein Kommandeur befohlen, sie sollten umkehren, von hinten wäre geschoben worden, die aufgeregte Frau Heit hätte darauf beharrt, dies sei ein öffentlicher Weg, nun sollte ihr doch einmal erklärt werden, warum sie am Sonntagmittag hier nicht spazieren dürfe. Womöglich brauchte die Frau derartige Kraftanstrengungen gegen die eigene Verzweiflung.

Jetzt ging Reichenbork an der Spitze, er unterhielt sich mit zwei Konfirmandinnen und einem jungen Vater, der seinen kleinen Jungen auf den Schultern trug. Sie zogen eine Anhöhe hinauf, der Weg war asphaltiert, ein Wirtschaftsweg der LPG, breit genug für ein Fahrzeug. Der junge Vater fragte, ob nicht der Kindergottesdienst in der Art ergänzt werden könnte, wie der heutige Gottesdienst erweitert worden wäre, voller Überraschung und Phantasie? Reichenbork fürchtete Erschöpfung, schrecklich, wenn er schlappmachte, geführt, schlimmstenfalls getragen werden müßte. Das hätten ihm seine Gegner als Schwäche, seine Freunde als Märtyrertum auslegen können. Märtyrerei – gab es dieses Wort? Ja, sagte er, so wolle er diesen Spaziergang begriffen wissen, als Ergänzung des Gottesdienstes, als Kirchenfeier besonderer Art. Wie wäre denn ein sommerliches Abendgebet im Freien?

Die Kampfgrüppler hatten damit gerechnet, die Prozession würde zur Schälanlage einbiegen, dort sollte sie aufgelöst werden. Nun marschierten vierzehn Bewaffnete den Weg in umgekehrter Richtung. Hätten die einen Kirchenfahnen und die anderen Sturmbanner wie mittelalterliche Landsknechtshaufen getragen, hätten sie einander von Ferne ausgemacht und ihre Schlüsse ziehen können, so aber sahen sie sich erst kurz vor der Kuppe. Die Mützen der Kämpfer hoben sich im Rucken der Schritte, auf der anderen Seite war zuerst der Junge auf den Schultern seines Vaters auszumachen, dann dessen Kopf und Reichenborks fahles Haar. Wer Stiefel trägt, wird vom Rhythmus weitergetragen, schwingende Arme reißen nach vorn, da muß ein Befehl kommen, »Halt!« geschrien werden, »Abteiluung – halt!« Die vierzehn Männer waren nicht formiert aufgebrochen, aber wie von allein in Gleichschritt gefallen. Das hatte sich von der Armee her eingeschliffen, vom GST-Dienst, von der Reserveübung, dem Vorbeimarsch am 1. Mai. Auf einmal waren ein Vater mit seinem Jungen, der Pfarrer, ein Mädchen und eine Frau vor ihnen, und der Weg war nicht breit genug für alle.

Die Kämpfer wichen an den Feldrand aus, der Gleichschritt brach ab. »Willkommen in Königsau«, sagte Reichenbork, er erhielt keine Antwort. Ein Kämpfer und Vockert stießen einander an, und Vockert sagte: »Na hallo!« Das wurde als Drohung aufgefaßt und spielte später in der Untersuchungshaft eine Rolle. Dadurch wäre eine Frau angestiftet, ja aufgehetzt worden, zu rufen: »Hat man denn niemals Ruhe vor euch!«

Auf einmal waren alle durcheinandergemischt. Der Vater mit dem Jungen auf den Schultern fragte einen der letzten aus der Kämpferschar, ob denn das nicht alles um ein paar Nummern zu groß sei, und wieder wollte jemand wissen, woher die Herren Kampfgrüppler kämen, aus Leipzig oder von noch weiter her. Ein Junge rief, das stünde doch bestimmt an ihren Autos, das würden sie schon rauskriegen. Für eine Minute stockten beide Gruppen, viele aus dem Dorf redeten nun, auch alte Frauen, und fast alle Kämpfer schwiegen, denn niemand hatte ihnen Argumente für eine Diskussion genannt, die war ja nicht vorgesehen gewesen. Das rügte tags darauf der Leiter der Abt. Inneres und schalt das ganze Unternehmen dilettantisch; das fiel ihm um so leichter, als er nicht wußte, wer verantwortlich war, letzten Endes wohl doch die Bezirksverwaltung des MfS, die großmächtige Behörde, die sich so gern in Andeutungen erging. In seiner Wismutzeit hatten Hitzköpfe, manche frisch aus den Antifa-Schulen der sowjetischen Kriegsgefangenenlager, eine Kampagne gegen das starten wollen, was sie Aberglauben nannten, etwa die Engel in vielen Fenstern. Damit hatten die Erzgebirgler unter den Kumpels rasch Schluß gemacht. Und, das mußte man den sowjetischen Direktoren und Politberatern lassen, sie hatten derlei als linksradikales Abenteurertum sofort unterbunden.

Ein Kämpfer trug einen Streifen von Ordensbändern, dazu emailliertes Blech mit Lenin-Porträt und rotem Stern und dem Emblem der DDR, gegen den wurde Frau Heit gedrängt, fürchtete, mit dem Gesicht gegen die Waffe zu stoßen, schrie: »Ihr werdet noch alle zu Mördern!« Sie packte den Mann am Koppel, das bezeichnete er in der Auswertung am Abend nicht als Angriff und wollte es so nicht im Protokoll stehen lassen; er sah sich schon in einer Gerichtsverhandlung und müßte öffentlich aussagen, er habe sich von dieser *Frau körperlich bedroht* gefühlt, also das nun doch nicht. Vockert war weiter vorn und konnte den Vorfall in der Haft weder bezeugen noch abstreiten. »Ihr werdet noch alle zu Mördern«, das gehört zu haben versicherten vier Kämpfer, es stand auch im Bericht des IM aus Grimsen, und sogar: »Frau Heit rief diese Diffamierung zweimal mit aller Kraft unmittelbar vor mir, worauf das vor ihr stehende Kampfgruppenmitglied aufs Feld auswich, eine Eskalation also vermied. Einige skandierten weiter vorn die Hetzlosung: ›Frieden schaffen ohne Waffen‹, Demonstranten aus Königsau, die ich nicht kannte. Der Pfarrer rief: ›Geht bitte alle weiter, bitte geht weiter.‹ Ob er dabei von anderen unterstützt wurde, wie auf der Rückfahrt in meiner Gruppe behauptet wurde, kann ich nicht bestätigen.«

Frau Heit hielt beim Weitergehen den Kopf gesenkt. Sie hatte, was eben geschehen war, nicht geplant, es war plötzlich über sie gekommen und wäre anders verlaufen, hätten Kleinigkeiten anders gewirkt, wäre der Mann nicht ordenbehangen gewesen oder hätte er seine Waffe auf dem Rücken getragen. Eine Frau legte ihr den Arm um die Schulter. Erst nach Minuten fragte Frau Heit: »Haben Sie auch Kinder?« Die Frau antwortete: »Ja, drei, mein Jüngster ist an der Grenze.«

Vor dem ersten Haus gab Pfarrer Reichenbork allen die Hand und bedankte sich, daß sie mitgekommen waren, sprach von Gottes Segen und Willen, wünschte ihnen einen friedvollen Nachhauseweg und Gesundheit für sich und ihre Familien.

Die Grimsener fuhren in drei Personenwagen zurück. Unterwegs fürchteten sie, den Kampfgruppenleuten zu begegnen, rechneten mit Aufenthalt und Befragung an einer Straßensperre, erwogen, getrennt auf verschiedenen Routen weiterzufahren, aber das taten sie dann doch nicht und erreichten ihren Ort ohne Zwischenfall. Der Spitzel telefonierte sofort mit der Kreisdienststelle des MfS und versprach einen Bericht für den nächsten Tag mündlich in einer Konspirativen Wohnung und schriftlich extra, und er nannte den Namen der Gabriele Heit.

Im Haus war niemand. Sie ging über den Hof, ihr Mann kehrte Staub und Stroh von den Fenstersimsen. Den Mördersatz fand er zuerst schlimm. Sie dachten an ihren toten Jungen, erwähnten ihn nicht und wußten, daß das Schweigen über ihn sie beide quälte. Nach einer Weile fand Heit den Satz beherzt, zupackend. Er selber hätte ihn nicht auszusprechen gewagt, er wäre zu vorsichtig gewesen. Zu feig? Die Wirkung auf die Kampfgrüppler und ihre Oberen war sicherlich erheblich, so was kratzte an dieser verdammten Selbstgewißheit, sich alles erlauben zu können. Sie würden Gabriele nichts tun. Ja, vorladen, wenn sie in einer Verwaltung säße, aber was bedeutete das schon: Briefträgerin für ein paar Dörfer. So schnell würden sie niemanden für diese Plackerei finden.

Sie gingen ins Haus, er setzte Kaffeewasser auf. »Und wenn ich dich heute abend wieder in die Klinik bringe? Wenn wir zum Professor sagen: Bist ausgerastet? Heulst ihm was vor? Ich mache ihn zur Schnecke, weil er dich zu zeitig entlassen hat?«

»Auf keinen Fall, Fritz. Das nun auf gar keinen Fall!«

Da trottete Vockert über die Dorfstraße von Königsau, aufgeregt und erschöpft, wütend auch, jede Stimmungsart herrschte nur halbminutenlang. Er würde von Ohlbaum verlangen, während des Friedensgebetes die Schweinerei eben schildern zu dürfen. So würde er das Auftreten der Kämpfer natürlich nicht nennen, einen Einschüchterungsversuch allerdings. Psychoterror. Herr, gib ihnen die Einsicht und so weiter. Laß ihre Herzen nicht verhärten in dieser harten Zeit – warum hatte noch keiner einen Choral nach diesem Biermanntext komponiert, getragen, im Stile Bachs? Die Kämpfer als Verteidiger der Sauerei unten am Lennesbach. Herr, laß sie begreifen.

Ein Trabant hielt neben ihm, staubend. Die Kerle darin hätten gejauchzt, wäre ihnen ein Reifenquietschen gelungen, wie sie es in amerikanischen Krimis bewunderten, aber mit dieser Krücke? Sie stürzten heraus und rissen begeistert die Arme hoch. Mensch, wohin willste! Es waren dies der Güllefahrer und der Betonarbeiter, vor einiger Zeit mit Vockert über Kreuz, was einem Mädchen einen Schneidezahn gekostet hatte. Jetzt waren sie unterwegs zu fröhlichem Sonntagstun. Verflogen der Zwist, der Grund dazu nur dunkel erinnerbar. Mensch, kommste mit, klar kommste mit! Mach geen Mist! Als überheblich würden sie ihn beschimpfen, stieg er nicht ein, keine Ausrede würden sie gelten lassen. In Trieschen sei Kirmes, Schützenfest oder so was, Rummel, da wollten sie rüber, bißchen was aufmischen. Nur 'ne Stunde, zwei höchstens.

Halb stieg Vockert ein, halb schoben sie ihn. Das sei Menschenraub, maulte er, als er hinten drin saß; sie lachten. Keinen Durst um diese Zeit? Aber klar. Und was denn die Bullen in Königsau gewollt hätten, das hinge doch bestimmt mit der Kirche zusammen, oder? Mensch, brüllten die beiden, warum sagste uns nich Bescheid, wenn du so was drehst, da sin wir doch mitten drinne dabei, oder? Die hätten wir vielleicht! Die hättet ihr eben nicht! Friedlich, der Güllefahrer blieb sanft und wiederholte: friedlich, da gehen wir friedlich durch die Felder, oder? Das nächste Mal karre ich mit meiner Tonne friedlich so lang, und wo die Bullen stehen, komme ich aus Versehen mit dem Ellbogen an ein Hebelchen, und schon haben die 'ne Stinkedusche weg. Kann doch passieren, oder?

Warum bin ich nicht auch mal wie die beiden? Natürlich geize ich immerzu mit Zeit. Natürlich geht mir ihr Gequatsche auf den Geist. Warum kommt die Kirche nicht an sie ran und versucht es nicht einmal? Ob er einen Kleinen aus dem süßen Taschenfläschchen schlucken wolle, fragte der Betonbauer, er am Steuer werde garantiert keinen Schnaps trinken, den ganzen Tag keinen Schluck, garantiert nich, bißchen Bier allenfalls. Ohne Bier nie, antwortete Vockert, er hätte es auch bei der Fahne nie geschafft, Schnaps trocken hinunterzuwürgen. Wenn sie mal was in die Kaserne hätten schmuggeln können, dann eben besser Schnaps, der Konzentration wegen. Trocken hinterwerschn – das war ihr Thema bis Trieschen. Zwischen Fußballplatz und Schrebergärten standen ein Kinderkarussell, eine Wurfbude, eine Schießbude, Bock- und Bratwurststand, Bierzelt. Güllefahrer und Betonbauer nahmen den gewesenen Studenten in die Mitte, fanden sich gewaltig dabei, fanden auch ihn super und verkündeten es. Aus Königsau alle drei, sie würden zusammenhalten. Erst mal einen zischen, dann ballern, der letzte zahlte die Runde. Am Granatwerfer, so der Güllefahrer, wäre er einsame Klasse gewesen, der Held von Prora, beim Divisionsausscheid in Schwerin hätte er sie alle in den Sack gehauen. Der total geilste Entfernungsschätzer seit Stalingrad, Tatsache. Schätzen hier in den Hügeln sei ein Kinderspiel, aber dort oben, alles flach wie'n Tisch, und dann bei Entfernung vierhundert ein Schuß zehn Meter dahinter, der nächste fünf Meterchen zu kurz, der dritte drinne, da japste keine Mücke mehr.

Vockert verlor den Wettkampf zehn Schuß stehend frei, es war ihm recht. Hier bloß nicht in irgendwas der Beste sein. An einem Tisch lehnten sie danach, einen Ellbogen aufgestützt. Dreimal Sonderurlaub, so der Güllefahrer, Tatsache. Der Betonbauer winkte ein Mädchen heran, Babette, Babsimaus: Mein Kumpel Martin, kennste nich? Ponyfransen, dunkle huschende Augen, schüchternes, wie probierendes Lächeln über rundlichem Kinn. Kleiner Kopfkissenzerwühler, lobte der Güllekumpel, und Babsi haute ihm auf die Nase. Es stand sich gut so, der Betonbauer holte Bier. Für Babsi 'ne Limo: Faßbrause, das Letzte. Ob sie ihr nich bißchen was aus der Taschenflasche reinschütten sollten?

Babette fragte Vockert, wo er arbeite. In der LPG, in der Schlosserei. Güllekumpel und Betonkumpel beließen es dabei. Arbeiter unter Arbeitern. Sie habe mal in einer Fräserei ausgeholfen, wäre nichts für sie, der Krach und der Dreck, jetzt in der Molkerei hätte sie es klasse, sauber und so. Aber weniger Kies? Nich mal. Mit Babette tanzen, dachte Vockert, einen Abend lang, kaum reden. An nichts denken als an das Lächeln über dem Kinderkinn.

7. KAPITEL

Schwarzes Kreuz an einer Mauer

1.

1987, Juli

Die Würstchen waren vorzüglich, das Beste aus Halberstadt, für den Export oder Delikatläden bestimmt, auch für Interhotels, aber in sie kam der Superintendent beinahe nie und konnte sich kein Urteil erlauben. Ein Stellvertreter des Oberbürgermeisters und einige Herren des Rates hatten zur Beratung mit evangelischen Oberlandeskirchenräten, Kirchenräten und Mitgliedern der Synode gebeten. Sie saßen an einer Hufeisentafel, ein Kellner schob einen Wagen mit Salaten, Aufschnitt, Butter auf Eis nebst Brötchen entlang, – und eben auch wieder mit diesen duftigen, knackigen Würstchen in einer Porzellanterrine. Der Superintendent nahm ein drittes und viertes und blickte hinüber zu einem Bruder aus Meißen, der ihm zulächelte wie ein bubenhafter Mitwisser. Von diesem Raum im ersten Stock des »Astoria« hatte er nichts gewußt; vor allem zur Messe wurde hier vermutlich beraten. Für gewöhnlich lud der Rat in sein Gästehaus, dort war das Frühstück weniger festlich.

Über eine bewährte Tradition des Austausches von Erfahrungen sprach der Gastgeber, man setze sie fort. Es sei erfreulich, in welch aufgeschlossener Atmosphäre das geschehe, und weil das so sei, wolle er neben den

Erfolgen auch auf Probleme hinweisen, die nicht unter den Tisch gehörten, sondern direkt darauf.

Der Superintendent war gespannt, wie der Ratsvertreter sein Bild zu einem guten Ende brächte – Probleme zwischen ungarischer Salami und Schnittkäse, verrührt mit Eiersalat? Belehrstunden dieser Art mußten überstanden werden. Er würde, sollte er in eine Klemme geraten, um Zement bitten und erinnern, daß ihm eine Erweiterung des Kontingents zugebilligt worden war; er könnte unter Umständen fragen, ob er denn wirklich ein direktes Hilfsangebot aus der BRD annehmen sollte, von Gemeinde zu Gemeinde. Was das drüben für einen Eindruck machte, wußten die Stadtvertreter selber.

Dem Bruder aus Meißen wurden die Lider schwer. Wie er ihn so sitzen sah, meinte er, Lucas Cranach hätte ihn malen mögen, üppig im Fleisch und dennoch nicht behäbig, ein Charakterkopf mit Neigung zur Nachgiebigkeit, ein Kirchenmann der Fürstennähe. Bäuerische Pastoren der ersten Generation hatten Cranach wohl nicht interessiert. Vom Frieden redete der Ratsmann eben, von den Bemühungen diplomatischer Vertreter der DDR in Unterausschüssen der UNO und auf einer Konferenz jüngst in London. Nur im Frieden konnte, ohne Frieden keine ... Die Luft war verbraucht, aber niemand mochte die Fenster des Verkehrslärms wegen öffnen. Der Mann aus Meißen schob sich hoch und griff zum Seltersglas. Der Superintendent stellte sich vor, diese Versammlung würde festgehalten, nicht im landläufigen Foto, sondern in einer Malerei, wie sie um die Jahrhundertwende üblich gewesen war: der Reichstag zu Berlin, die Duma von St. Petersburg, Königin Viktoria im Kreise ihrer Nachkommen. Von den Malern der Stadt kam dafür vor allem einer in Frage – bei einem anderen wäre es im Farbgekleckse steckengeblieben –, doch der, von dem »Walter Ulbricht bei Stalingrad« im Fundus verstaubte und dessen »Paul Fröhlich unter den Erbauern der Karl-Marx-Universität« einen denkbar ungünstigen Platz hatte, schuftete ja im Thüringischen an einem Jahrhundertwerk. Der Meißner hätte dort gut zwischen Päpste und Ritter gepaßt, würdig und verschlagen.

Etwas mußte der Superintendent nicht mitbekommen haben, denn eben war von einer »Konzentration sogenannter Antragsteller auf Übersiedlung in die BRD in kirchlichen Einrichtungen« die Rede, ballte sich da Konfliktpotential? Das sei nicht der Fall und vor allem keine Absicht, antwortete darauf ein Oberkirchenrat. Bei der Knappheit an Arbeitskräften könne die Kirche nicht wählerisch sein. Längst habe sie davon abgehen müssen, nur Kirchenmitglieder anzustellen, jetzt müsse sie nehmen, wer zu mühsamer und schlecht bezahlter Arbeit bereit wäre. Friedhofsgärtner, Totengräber – ja, darum bewürben sich nun auch gewesene Ingenieure und Studenten, und die Fluktuation nehme zu.

Vorhänge wurden zurückgezogen, Fensterflügel aufgeklappt, sofort schlug kühlere Luft herein, wenn auch nicht unbedingt gesündere hier unmittelbar vorm Hauptbahnhof. Auf dem Gang bildeten sich Grüppchen. Der Superintendent fragte den Meißner: »War's schön in Sheffield?«

Schön? Naja. Das klang vorsichtig, wie man es von Reisekadern kannte. Keiner platzte heraus, das sei doch mal ein umwerfendes Erlebnis gewesen. Neid sollte nicht geschürt werden. Anstrengend, ja. Interessant auch. Bei dieser Tagung des Weltbundes – natürlich alles viel zu gedrängt – hatten Bischöfe aus Afrika und Indien berichtet. Weit weg von der eigenen Problemlage. Der Meißner schaute am Superintendenten vorbei, als wäre der kleine Bericht weniger eine Antwort als Bitte um Absolution. »Flug über Prag seltsamerweise, in Heathrow ging es drunter und drüber.« Wo und was war Heathrow? So redeten sie, die Weltläufigen, sie merkten gar nicht mehr, daß sie Kenntnisse voraussetzten, die einer nicht haben mußte, der gerade mal bis Budapest oder Sofia vordrang. »Ich werde versuchen, eine Gruppe aus Tansania einzuladen, das müßte über unsere Botschaft dort eingefädelt werden.« Ob der Meißner hoffte, auf diese Weise selbst einmal nach Tansania zu kommen? Größenwahnsinnig war er wohl nicht.

Man wolle fortfahren, wurde gerufen. »Ein wirkliches Problem«, begann der Mann des Rates und schilderte in dürren Worten, in der Lukaskirche sei eine Diskussion im Gange, die in der Losung gipfelte: »Der Frieden muß unbewaffnet sein.« Sofort war es still, niemand rührte etwa in seiner Kaffeetasse. Der Superintendent blickte vor sich hin – Lukaskirche, für die war er verantwortlich. Das kam von Pfarrer Ronner. Vielleicht ließ sich Ronner zu dieser Radikalität treiben, ließ sich gern schieben. Richtete es so ein, daß er gedrängt wurde. Eine griffige Forderung, keine Frage, in Staatsohren gefährlich. »Ich brauche«, so der Stellvertreter des Oberbürgermeisters, »in diesem Kreis nicht zu erläutern, daß eine derartige Auffassung der Friedenspolitik unseres Staates, ja, der elementaren Wirklichkeit diametral entgegengesetzt ist.«

Der Superintendent wußte: Ronner verstieß gegen die Grundlagen, die Geschäftsordnung. Es war nur noch die Frage, wer in welcher Weise aufgefordert würde, damit Schluß zu machen. Ob eine Instanz über oder neben ihm oder er selber. Ob von feindlicher Handlung gesprochen würde, von Provokation. Als sein Name fiel, hob er den Kopf.

»Wir erwarten, daß Sie einschreiten.«

»Ja«, antwortete der Superintendent, »ich werde.« Wie wohl seine Stimme geklungen hatte? Nicht wie die Luthers damals auf der anderen Seite des Stadtzentrums. Keine Möglichkeit, jetzt zwanzig Sack Zement als Gegenleistung ins Spiel zu bringen. Er sah die Augen seiner Amtsbrüder auf sich gerichtet und vermochte nicht zu erkennen, ob außer Ernst auch Mitgefühl in ihnen lag. Oder Erleichterung, davongekommen zu sein. Aber auch kein Beistand, wie denn bloß.

»Die staatlichen Stellen verlassen sich auf Sie.«

Er ging durch den Tunnel vor dem »Astoria« zur Innenstadt. Wenn Ronner fair war, begriff er, daß sein Vorgesetzter keine Wahl hatte, und steckte zurück. Wie Ronner dann weiter verfuhr, blieb seinem Takt überlassen und war schlecht nachprüfbar. Vom Rathaus aus gelang das sicherlich eher auf diesen immer wieder befürchteten geheimen Wegen. Indem die dort gelegentlich ihre Kenntnis halb und halb zugaben, dekonspirierten sie sich ja zwangsläufig.

Er fühlte sich zerschlagen. Noch so ein Hammer, und ein Magengeschwür könnte die Folge sein. Lauwarmes Wasser trinken und sich hinlegen, das war noch immer die beste Methode. Jetzt womöglich zur Operation ins Krankenhaus, danach zur Kur, aber dadurch geriet das Problem nicht aus der Welt. Es hätte ein Davonstehlen bedeutet. Gott hatte ihn ausersehen, Schaden von der Kirche abzuwenden. Er mußte gelassen an diese Aufgabe herangehen und ohne Zweifel an ihrer Notwendigkeit. Ronner konnte halsstarrig sein, weiß Gott. Er und Ohlbaum erkannten die Gefahren nicht, in die sie torkelten, nicht die Fallgruben, auch die der Eitelkeit.

Über dem Sachsenplatz mit seinen hellen Flanken lag gleißendes Licht, der Superintendent kniff halb die Lider zusammen. Um diese Mittagsstunde war es stiller in der Stadt, als gönnte sie sich ein Atemholen. Er hatte nicht vergessen, wie in seiner Kindheit auf dem Dorf in Pommern das Mittagsläuten eine Zäsur bedeutete. Die Bauern führten ihre Pferde an den Wegrand und lockerten das Zaumzeug, nahmen ein Bündel Heu oder Gras vom Wagen und wickelten ihr Brot aus. Eine Stunde Ruhe brauchte der Mensch und noch mehr das Vieh. Damals, im Krieg, hatte niemand mehr gebetet, doch die Ruhe war eine schlichte Form von Andacht gewesen.

Als er den ersten Schlag der Glocken von St. Thomas hörte, blieb er stehen. Seit ein paar Monaten begannen sie Sekunden vor St. Nikolai. Irgendwann würde sich das verschieben, ein völlig gleicher Einsatz war wohl nicht zu erreichen. St. Nikolai eröffnete mit drei tiefen Schlägen, ehe die anderen Glocken einfielen, dann übertönten sie die von St. Thomas, deren Schall das Alte Rathaus überspringen mußte. Er musterte die Menschen, die an ihm vorbeigingen, und hoffte auf Spuren in ihren Gesichtern, die auf die Wirkung des Geläuts hinwiesen. Zwei ganz junge Mädchen, kurzberockt, schleckten Eis, eine Dreißigjährige mit unordentlicher Frisur und einem beim mühseligen Gehen schwankenden Busen zog ein mürrisches Kind hinter sich her. Ein Alter am Stock zögerte, als überlege er, mit welchem Fuß zuerst er die flachen Stufen hinuntergehen sollte. Zwei Soldaten in Eile, wahrscheinlich blieben ihnen nur wenige Minuten bis zur Abfahrt des Zuges. Ein Arbeiter mit bloßen Schultermuskeln schneuzte sich. Jetzt wogten die Glockenklänge ineinander, als hätten sie Zeit gebraucht wie Meereswellen, die erst einen Strand erkundet hatten und ihn nun in langen Schwingungen angingen. Vier Schwarze – einer war pummelig und kugeläugig wie ein Kind, streckte die Brust vor beim angestrengten Gehen. Ein anderer schlenkerte mit den Armen, als wollte er im nächsten Augenblick tanzen oder Basketball spielen. Die Leipziger und ihre Gäste gingen unter dem Läuten dahin, und er hoffte, sie würden es vermissen, wenn es eines Tages ausbliebe, innehalten und nach einem Klang fragen, der zu dieser Stadt gehört hatte, und empfänden die Stille als angstmachend oder zumindest leer. Leipzigs Glocken waren erhalten geblieben, das hatte die Kirche in den fünfziger Jahren ertrotzt, als Paul Fröhlich auch ihnen den Garaus hatte machen wollen, höhnisch fragend: Hat jemand von euch einmal Glocken in der Sowjetunion gehört? Da hatten sich die Pastoren hinter den sowjetischen Kommandanten gesteckt, der Fröhlich als linksradikalistisch rüffelte. Die Kirche hatte überlebt und würde weiterleben, davon müßte er Ronner überzeugen. Der Spielraum war zwar gering, aber gesichert. Das mußte von den Jungen und, wie man neuerdings gern sagte, *von unten* immer wieder eingesehen werden. Die Kirche war nicht im Bauernkrieg, sie lag in überhaupt keinem Krieg.

Eine Reisegruppe aus der Sowjetunion folgte ihrer Führerin, darunter – trotz der Julihitze – Frauen mit Strickmützen und Männer in dicken schwarzen Anzügen, Orden am Revers. Manche Gesichter waren flach und dunkel. Niemand alberte, sie lauschten ernst, ja andächtig der Erklärerin, die aufs Romanushaus wies. Über den Markt würden sie zur Thomaskirche ziehen und am Bach-Denkmal verharren. Sie blieben zeitsparend auf dem Platz, anders als die Gruppen aus den USA und Kanada, die auf Luthers Spuren pilgerten. Bach und Luther boten Schutz, die Kirche hatte beide klug vor sich gestellt. *Die Kirche* mußte als Kraftwort in den Herzen aufgebaut werden, wie es die Gegenseite mit *Die Partei* tat. Er sollte sich nicht im Begriff »Gegenseite« verrennen.

Beim Mittagessen erzählte er vom Bruder aus Meißen und dessen Reise nach England, neidlos. Wahrscheinlich würde er nie in diesen Genuß kommen. Das wurde in Dresden entschieden, dort wußte er niemanden, der ihn ins Gespräch hätte bringen können. Er war zu alt, um sich noch Flausen zu machen.

Er sollte Ronner anrufen, am besten sofort. Er würde sich knapp fassen und zu keiner Begründung nötigen lassen. Vielleicht sollte er sagen: Ich mache von meinem Recht Gebrauch, und energisch hinzufügen: Ich hoffe, Sie haben mich verstanden. Er stellte sich Ronner vor, einen mageren, schmalen Kopf mit dunklem Haar, das so dicht war, daß es sich bauschte und im Nacken abriß wie in ständigem Fahrtwind. Wenn er zuhörte, geschah das mit starren, beinahe stechenden Augen. Es war schwer zu entscheiden, wer ehrgeiziger war, Ronner oder Ohlbaum. Er hatte sie nie gegeneinander ausgespielt. Das hätte mancher gern gesehen und wahrscheinlich seine eigene Position erleichtert. Andere rieten immerzu, die beiden wegzuloben, aber sie krallten sich fest: Hier sei ihr Pflaster, ihre Aufgabe. Sie tönten auch schon mal: Gott hat uns hierhergestellt. Lucas Cranach hätte die beiden nicht gemalt. Sie waren wirklich Bauernjungen der ersten Generation, wenn schon nicht dem Buchstaben, dann dem Geist nach. Sie heizten einander auf. Hetzten auf? Das wäre zu hart geurteilt.

Wenn er nur mehr Zeit hätte, wenn er doch nicht immer abgelenkt würde: Olaf-Palme-Marsch, Pleißewanderung. Musiker sollten in Kirchen auftreten, vielleicht sogar Jazzer aus Dresden. Wir sind Gott dankbar, sollte er sagen, daß es in unserem Land eine Trennung von Staat und Kirche gibt. Wie viel besser sind wir dran als die Christen in der Sowjetunion oder der Tschechoslowakei. Das schafft uns Freiräume zum Denken, Handeln und Gestalten, die wir in reichem Maße ausschöpfen können. Das bindet uns allein an die Botschaft der Bibel und an die Gesinnung Jesu, die Richtschnur für unser Reden und Tun bleiben. Mit dem, wofür wir in unseren Kirchen beten, stehen wir nicht vor einer Staatsmacht, sondern allein vor Gott. Wem aber nützte es, so sollte er predigen, wenn es zu einer Trennung kommt zwischen Gemeindemitgliedern und Leuten, die Verantwortung tragen in der Kirche? Wem nützte eine Spannung zwischen neuartigen Gruppen und den bewährten, oft betagten Gemeindemitgliedern? Wem nützte es, wenn Zwist aufbricht zwischen Menschen, die behutsam auf Veränderung hinarbeiten, und denen, die sich anschicken, unser Land zu verlassen? Wem nützte es, wenn die Friedensgebete keine Gebete mehr zu Gott wären, sondern Anstiftung zum Aufruhr?

Enorm war die Unbildung. Wer von den Jüngeren hatte je vom Edikt von Nantes gehört, das den Hugenotten Gleichberechtigung zugestanden hatte und vom eitlen Ludwig töricht und größenwahnsinnig aufgekündigt worden war? Wer denn könnte schon, wenn er nicht überdeutlich darauf hinwies, die Parallele zum Vertrag zwischen Kirche und DDR-Staat von 1978 erkennen? Ludwig hatte sein Land in blutige Wirren und eine Viertelmillion fähiger Handwerker und Kaufleute in die Emigration getrieben. Die Bundesrepublik war auch von den drei Millionen DDR-Flüchtlingen mit aufgebaut worden – sollte denn alles von vorn beginnen, hatte es mit der neuen Ausreisepraxis etwa schon wieder angefangen? Er jedenfalls würde keine

Handhabe bieten, in die Zeiten von 1953 zurückzufallen, nicht durch das von ihm hingenommene Randalieren einer Handvoll dummer Jungen.

Es war nicht mehr üblich, vom Teufel zu sprechen, der Begriff paßte schlecht in diese Zeit. Nicht der Staat ist der Teufel – mit diesem Bild könnte er den Kirchenfrieden keinesfalls sichern. Es wäre natürlich ein großartiges theologisches Thema: Was will und tut der Teufel heute?

2.

1987, August

Während Alexander Bacher nach dem Hörer griff, glitt sein Blick zum Wecker: Kurz vor eins. Er hustete die Kehle frei. »Bitte?«

»Hier spricht ein Kumpel aus Studientagen.«

»Na, hehe!«

»Du, in Grimsen hat jemand ein Kreuz an eine Hauswand geschmiert. In der Bornaischen Straße, fünfzig Meter vorm Markt. Genossen von der VP haben einen Lkw davorgestellt. Ich komme von dem Verdacht nicht los: Das waren *die beiden*. Kommst du her mit deiner Technik?«

Ehe Bacher sich anzog, rief er das Objekt in Leutzsch an und befahl, einen Hundeführer aus dem Bett zu trommeln. Hauptsache, daß die in Grimsen inzwischen nicht alle Spuren zerlatschten. Das wäre doch endlich mal ein Erfolg, zwei Christenhäuptlinge wagten sich aus der Deckung. So krank war der Pastor vielleicht gar nicht. Hetze gegen die Sowjetunion – da wäre allerlei fällig.

Als der Hundeführer eintraf, hatte Bacher schon die Duftkonserven von Vockert und Reichenbork aus dem Regal genommen. An die siebzig Gläser standen nun darin, darunter das des Westberliners Bornowski; der Lappen hatte nicht ein zweites Mal eingeweckt werden müssen.

Auf der Schnellstraße nach Süden beschleunigten sie bis hundertzwanzig, mehr war beim Wartburg nicht drin. Ein Abraumabsetzer, grell angestrahlt, stand wie ein Saurier breitbeinig über der Kippenlandschaft. Aus der Schwelerei von Espenhain quollen gelbe Schwaden. Bacher hatte erlebt, daß der Ostwind sie auf die Straße drückte. Da war er nur im Schrittempo und mit aufgeblendeten Scheinwerfern durchgedrungen; noch nach zwanzig Kilometern hing der Gestank im Auto.

»Am Kraftwerk Thierbach hab ich mitgebaut.«

»Und ich hab zwei Wochen lang im Gleisbau gewühlt, als alles zugefroren war.« In der Silvesternacht von '79 zu '80 war arktische Kälte über die DDR hereingebrochen. Der Wetterbericht hatte das zwei Tage vorher angekündigt, aber niemand, weder Staatsorgane noch Partei und auch das MfS nicht, hatte sich darum geschert. Danach waren keine Köpfe gerollt, es hätten zu viele sein müssen. »Wir sind sechs Tage lang nicht aus den Klamotten gekommen.«

Das Kreuz an der Stelle, an der Uwe Heit gestorben war, hatte eine Höhe von zwei Metern, der Querbalken war mehr als einen Meter breit. Geruch von Karbolineum lag in der Luft. Bacher fragte, ob Schmalbank denn einen konkreten Hinweis hätte; der gab sich pfiffig: »Mein enorm entwickelter sechster Sinn.«

»Den hättest du gerne, was? Zuerst Vockert«, sagte er zum Hundeführer.

Noch im Wagen wurde die Konserve geöffnet und dem Hund der Lappen vorgehalten. »Ottokar« sprang hinaus und hatte sofort die Nase am Boden. Der Hirsch hieß Vockert. Selbst wenn der ein Auto ein paar Straßen weiter abgestellt hätte, würde die Spur dahin zu verfolgen sein.

»Was willst du mit dem Kreuz machen?«

»Alles abhacken.« Es war still in der Straße, die Fenster blieben dunkel. In zwei Stunden würden die Leute zur Arbeit gehen, danach war jede Spurensuche vergeblich. Noch in der Dunkelheit müßten die Maurer beginnen, den Putz auf einer Fläche von etlichen Quadratmetern abzuschlagen, mittags könnten sie fertig sein. Der Hausbesitzer würde hinterher verständigt: Eine der staatlichen Sicherheit dienende Maßnahme. Keine Kosten für ihn.

Der Hundeführer überquerte den Markt, er wollte einen Kreis schlagen und danach in den Seitenstraßen suchen. »Ottokar« zog die Leine straff, ein gutes Zeichen. Nach einer halben Stunde war der Mann zurück und fragte, wo denn jemand bei einer geplanten Maßnahme vermutlich parkte, um schnell und ungesehen dorthin zu kommen. Die Angaben eines Oberleutnants klangen vage. »Wir suchen natürlich auch nach einem Eimer. Den nimmt doch keiner mit ins Auto, und den Pinsel auch nicht.«

»Und wenn er um die Ecke wohnt?«

Das alles hatte weder Hand noch Fuß. Schmalbank traute seiner Intuition zu sehr. »Du, wenn du mich umsonst aus dem Bett geschmissen hast...« Falls der Hund nicht bald eine Spur aufnahm, mußten sie auf den Pfarrer umschalten. Daß der das Kreuz geschmiert haben könnte, war wenig wahrscheinlich. Aber wenn Schmalbank darauf bestand – bitte. Das war seine Aktion, so mußte es ins Protokoll.

»Kein Erfolg«, meldete der Hundeführer.

»Also die zweite Konserve.« Die Maßnahme lief schief, dessen war sich Bacher inzwischen sicher. Zwei Konserven waren verbraucht. Oder zumindest erheblich beeinträchtigt. Auch das war nicht ausprobiert: Man müßte die Lappen noch mal einwecken und nach einiger Zeit am Mann überprüfen, aber man konnte den Hund schlecht in Königsau zwischen Kirche und Pfarrhaus schnüffeln lassen. »Bringen wir es hinter uns.«

»Wir frühstücken dann bei mir?«

»Muß zurück, leider.«

»Wenn du uns wieder mal besuchst, sollen wir da jemanden für dich einladen? Und wie hoch gehst du? Bis dreißig?«

Aus einem Fenster gegenüber fiel Licht, ein Mann beugte sich heraus. Über den Markt klickten Absätze. Zwei Genossen in Overalls fragten, wann sie mit dem Abhacken anfangen sollten, und Schmalbank ordnete an: »In zehn Minuten. Die Straße blockieren!« Der Hundeführer sperrte »Ottokar« in seinen Käfig hinter den Sitzen.

»Außer Spesen ...«, murmelte Bacher. »Du schreibst den Bericht, daß du mich angefordert hast und so weiter. Wissenschaft geht vor Intuition, daß du klar siehst.«

Sie fuhren schweigend zurück. Bacher ließ sich an der Bezirksverwaltung absetzen und ging in die Kantine. Nichts brachte ihn schneller auf die Beine als viel Kaffee und Eier und Toast mit Butter. Die Frau hinter der Theke war offensichtlich neu, mit munteren Augen und lustigen Fransen in der Stirn. Warum hatten drei Viertel aller Frauen beim MfS schon mit fünfunddreißig dicke Hintern? Es war wie eine Seuche. Astrid in der Bezirksverwaltung, und alle Mauern würden bersten.

Am Nachmittag rief Schmalbank an, seine Stimme klang knapp und nüchtern. »Vockert hat bis fast zwölf Uhr nachts in seiner Bude gearbeitet – ein Dutzend Zeugen. Reichenbork liegt im Kreiskrankenhaus. Ende der Fahnenstange.«

»Du sagst es. Grüß deine Frau.« Auch wenn Vockert nicht der Strolch war, so konnte er doch als geistiger Urheber gelten, als Inspirator. Womöglich dachte ein Konfirmandchen, derlei müßte dem tapferen Vockert irre Freude machen. Vielleicht war es ein Grüppchen um den Bruder des toten Jungen gewesen, dort müßte man sehr, aber auch sehr vorsichtig herumhorchen, es kam auf Wochen und Monate nicht an. Die Mutter, der Vater des Jungen – alles möglich. Gegen Vockert hatte man ja immer noch die Geschichte mit der Zusammenrottung am Lennesbach in der Hand. Der Kerl kriegte schon noch eins auf den Deckel, irgendwie.

Am Nachmittag fuhren ein paar Abteilungen zum Pistolentraining. Besonders gern schoß Bacher nicht, er war gerade mal Durchschnitt. Vielleicht, fragte er sich, kam er deshalb auf die Idee, hier werde nur noch ein Männlichkeitskult gepflegt. Wann hatte denn schon mal ein Genosse des MfS einen gezielten Schuß abfeuern müssen? Die DDR war nicht Wilder Westen. Die zeitgemäßen Waffen waren Duftlappen oder Tinnows clevere Schürzenjäger. Genausogut könnten sie mit Säbeln fechten. Vater hatte sich wohl immer noch vorgestellt, die Mannscheibe symbolisiere den Feind, den Faschisten. Eine seiner Schubladen steckte voller Urkunden, jetzt noch stand bei Mama eine Plastik auf der Kommode: Roter Stern, Kalaschnikow, Lenin. Bezirkssieger. Zweiter eines Wettbewerbs der Bereitschaftspolizisten, republikweit.

Damals VI

1984

Auf den Schnellfeuerwettbewerb konnte Albert Bacher verzichten, auch den Laufenden Keiler würde er auslassen, aber zwölf Schuß auf die Mannscheibe ohne Zeitdruck mit seiner hübschen, leichten CZ 50 reizten ihn angesichts der Konkurrenz all der Jüngeren. Die Pistole hatte er sich irgendwann in der Tschechoslowakei schenken lassen. Ihm gefiel die Sicherung, die den Schlagbolzen blockierte, bis er den Hahn berührte. Vorhin hatte er das System dem MfS-General erklärt, der nicht viel Ahnung zu haben schien. Kaliber 7,65, eine nahezu idiotensichere Waffe, die er gern im Polizeieinsatz gesehen hätte. Er stand leicht seitlich zur Scheibe, hob die Pistole, bis die Mündung zur Decke zeigte, senkte sie auf den Scheibenkopf, glitt über den Hals zur Brust und drückte ab. Eine Neun links, diese Abweichung war von jeher seine Schwäche.

Jeden Monat mußten die Schußwaffenträger des Bezirks ein bestimmtes Pensum absolvieren. Er hatte, um im Ruhestand eine Waffe behalten zu dürfen, Energien aufwenden müssen, die Marianne galoppierenden Altersstarrsinn nannte. Und wenn ich bis zu Honecker gehe! Es war über fünfzig Jahre her, daß ihm das Schießen beigebracht worden war: drei Wochen, nachdem er die Grenze zur Sowjetunion überschritten hatte, in der Ukraine, im Arbeiterbataillon. Beim Karabiner Mosin, Modell 10, mit seinem barbarischen Rückstoß mußte das Rahmenvisier auf 400 bis 1900 Arschin eingestellt werden, und er hatte keine Ahnung gehabt, was ein Arschin war.

Bei den letzten drei Schüssen ließ er den Arm stehen, der Linksdrall war überwunden. Er nahm den Ohrenschutz ab und schmunzelte, als der Schriftführer das Ergebnis nannte. »Wenn ich neunzig bin, komme ich sowieso in eine andere Klasse.« Das Lachen der Genossen kam prompt.

Schießstände dieser Perfektion gab es in der Republik nur noch in Berlin und Suhl. Hier waren Weltmeisterschaften möglich, hier trainierten Olympiasieger. Albert Bacher amüsierte sich, wie Sekretäre von SED-Kreisleitungen sich abmühten, wie ein Oberst der

Staatssicherheit, offensichtlich halb blind, bei jedem Schuß zusammenzuckte, wie der Bezirksvorsitzende der Gesellschaft für Sport und Technik vergnügt eine Fahrkarte nach der anderen schoß. Er hatte sich auf diesen Nachmittag gefreut und war damit einverstanden, sich dann, nach dem Pflichtpensum, an einem kleinen Preisballern um drei Flaschen Rotkäppchen zu beteiligen. »Ob ich mir das als Rentner leisten kann?« Gelächter.

Die Türen der Kantine waren zu einer Terrasse hin geöffnet, dort saßen Genossen, die er alle bis auf einen kannte. Der stand auf und nannte seinen Namen, den Albert Bacher eine Minute später wieder vergaß. Ein Stuhl wurde für ihn vom Nachbartisch herangeholt. Er war der Älteste hier, er war fast immer und überall der Älteste, selbst wenn fünfzig Leute zusammenkamen. Sein siebzigster Geburtstag nächsten Monat würde mächtig gefeiert werden. Ein Großer Stern zu manchem Orden fehlte noch. »Bißchen Platz auf deiner Brust ist noch ganz links außen«, hatte Sascha gespaßt. Ob Empfang beim Minister oder beim Generalsekretär, das stand noch nicht fest. Silke hatte gealbert: Wenn *du* Geburtstag hast, Opa, dann müssen sie doch zu dir kommen, oder?

Gesprächsbrocken drangen an sein Ohr: Ein BRD-Schwimmer hatte Medaillen abgesahnt und die DDR-Konkurrenz hinter sich gelassen – der Mann hatte die enorme Spannweite von 2,27 Metern. Ins Schlafzimmer der britischen Königin war ein Penner eingedrungen und hatte der staunenden Welt berichtet, die Dame verfüge über den Körper einer Zwanzigjährigen. Lech

Walesa war aus der Internierung entlassen worden, verfettet inzwischen, der Katholik. War pfiffig gewesen von den polnischen Genossen, ihn zu mästen. Wodka und Hühnchen und vielleicht hin und wieder eine Biene – die Westpresse hatte ihr Futter. Einer zählte ein paar Namen aus dem neuen sowjetischen Politbüro auf, wollte vermutlich eine Debatte über die Zusammensetzung beginnen und wurde rasch mit einem Witz zugedeckt: Genscher trifft Schmidt auf dem Klo, da steckt Strauß seinen Kopf aus dem Klobecken und sagt...

»Wie geht das mit dem Porträt vorwärts?«

Bacher verzog das Gesicht. Er war gegen die Pinselei gewesen, nichts als Firlefanz, aber der Befehl kam vom Innenministerium, basta. Und, hatte es aus der Bezirksleitung heraus geheißen, hatte sich Paul Fröhlich etwa nicht als Bauherr der neuen Universität malen lassen, Altmagnifizenz Schorsch Mayer im Hintergrund und die uni-eigene Kabarett-Truppe ganz vorn? Willst wohl Proletendünkel vorkehren?

»Also, wer schießt mit um drei Pullen Sekt?«

Albert Bacher schien es, als lege sich Dunst über die Terrasse. »Ich gewinne ja doch«, sagte er matt. »Und was soll ich mit der Schrotthändlerbrause? Das nächste Mal knallen wir um ein Fäßchen Bier, aber das spendiere ich nicht, sondern schleppe es ab, ihr Nassauer.«

Das passierte ihm immer mal wieder. Leichte Kreislaufstörung, meinte seine Ärztin. Es sei verwunderlich, daß sie nicht häufiger auftrete und nicht schlimmer. Weniger rauchen, öfter radfahren. Aber davon schmerzten ihm die Knie. Als er die Augen öffnete, saß er allein am Tisch, ein Kellner fragte: »Ist Ihnen nicht gut?«

»Geht schon wieder. Wo kann ich telefonieren?«

Der Kellner wies ihn in die Halle. Albert Bacher rief die Bezirksverwaltung des MfS an, fragte nach seinem Sohn und wurde verbunden. »Sascha, mir ist ein bißchen schwindlig, kannst du mich abholen?«

»Klar, Vater, 'ne halbe Stunde werde ich brauchen.«

Albert Bacher setzte sich wieder auf die Terrasse, bestellte Selters und hörte, es sei leider keines da. Tomatensaft? Dann lieber gar nichts. Er atmete langsam und tief und knöpfte den Hemdkragen auf. Der Kellner fragte, ob er sich nicht lieber hinlegen wolle.

»Geht schon.«

Irgendwann, bald, würde er Sascha einweihen, daß er bis zu seinem Ausscheiden aus der Bereitschaftspolizei auch Offizier im besonderen Einsatz des MfS gewesen war. Sein Sohn hatte ein Recht darauf. Marianne wußte es, obwohl auch sie es nicht hätte wissen dürfen, aber auf sie hatte er sich immer verlassen können. Nach seinem siebzigsten Geburtstag würde er mit Sascha sprechen. Das wäre wie ein Vermächtnis: Setz meinen Kampf fort. Nichts für Astrid. Stell dir vor, Sascha, würde er sagen, im nächsten Jahrhundert, das ja schon das nächste Jahrtausend ist, wirst du General wie dein Vater. Ihr werdet vollenden, was ich begonnen habe. Und daß du klar siehst, Junge: Ich hab gemerkt, wie du dich mir gegenüber als was Besseres gefühlt hast, ich war ja bloß bei der popligen Polente. Und jetzt staunste und kriegst die Gusche nicht wieder zu: Dein Alter war immer beim MfS. Weißt vieles nicht, mein Junge, über manches reden wir endlich. Wie sie damals im Herbst zweiunddreißig zu dritt am Rand eines Steinbruchs lagen, er, Achim und Heinz, auf der Flucht ins Erzgebirge hinauf. Achim hatte in der Nacht geheult. Wenn der abhaute und sie verpfiff – wir müssen uns trennen, Heinz, du kommst allein durch, du hast Kraft, und ich bleibe mit Achim zusammen.

»Na, Vater, du machst Sachen! Holen wir einen Arzt?«

»Achim ...«

»Vater, ich bin's.«

»Sascha.«

»Holen wir einen Arzt?«

»Fährst mich nach Hause. Bin plötzlich ganz schlapp.«

Alexander Bacher und der Kellner faßten den schweren Mann unter den Achseln und zogen ihn hoch. »Linus.«

»Vater, legst dich auf die Rücksitze. Wirst mir doch nicht runterrutschen?«

Nur einmal strich er am Lokal, in dem Bornowski saß, entlang. Die Scheiben waren mit Blumen und Ranken verziert, eingeätzt wahrscheinlich. Er sah Bornowski von hinten und den Genossen, der sich als Arzt ausgeben sollte, mit einer Genossin am Nebentisch. Niemand hatte ihnen gesagt, was sie machen sollten, wenn Bornowski nicht aufs Klo ging. Ihn vorm Lokal zusammenschlagen – blieb riskant. Wenn es klappte, war jede Maßnahme gut, wenn es mißlang, konnte es ihn den Dienstgrad kosten, und er landete im letzten Winkel an der polnischen Grenze. In den Ostsektor rüber brachten Linus andere, er nahm ihm die Schlüssel ab und durchstöberte die Wohnung, unten warteten zwei Genossen in einem Kastenwagen mit Kartons fürs Archiv des Knipsers. Im Kino war er gewesen, einmal im Dritten Mann und einmal in einem Pornoschuppen, du meine Fresse, Linus *mußte* aufs Klo gehen, damit ihm das Mädchen die Pille in den Kaffee schmuggeln konnte, die Zigarette danach würde ihn umschmeißen. Dann sollte der Genosse am Nebentisch rufen: Ich bin Arzt, mein Wagen steht draußen, kann ich Ihnen helfen? In dieser Sekunde wurde tatsächlich die Tür aufgestoßen, Bornowski hing schlapp wie ein Betrunkener zwischen den beiden. Die junge Frau rief zurück, sie käme gleich wieder und würde zahlen. Bornowski riß den Kopf hoch, vielleicht begriff er alles mit einer letzten, kurzen Klarheit, aber der Genosse hieb ihm die Handkante gegen den Hals, ein sauberer, kurzer, gelernter Schlag: So treffen, ohne den Kerl loszulassen, bewies Training. Der Fahrer des BMW dreißig Meter weiter blendete die Scheinwerfer auf und rollte heran, die Tür wurde geöffnet und Bornowski hineingedrückt. Er wehrte sich ein letztes Mal, aber das Auto fuhr an, die Genossin rannte aus dem Lokal: Hier, die Schlüssel!

»Vater, wollen wir nicht doch in die Klinik fahren?«

Gut gemacht, Genosse Bacher. Die Sache mit dem Hund war eben Pech, niemand macht dir einen Vorwurf. Irgendwie haben sie in Westberlin den richtigen Riecher, die Zeitungen sind voll davon. Wie damals bei Linse, na, nicht ganz. Genosse, du scheidest ehrenvoll aus dem MfS aus, der Form halber machen wir einen kleinen Bahnhof, ehe du nach Leipzig wechselst. Stürz dich in die neue Arbeit. Wir haben die Macht und werden sie zu gebrauchen wissen, die nimmt uns keiner mehr weg. Humanität kommt später, dafür bleibt noch unendlich viel Zeit. Du kämpfst mittendrin, Genosse Bacher, wir führen dich weiter als Hauptmann, bei der Bereitschaftspolizei fängst du als Major an.

»Astrid, wie sagen wir es Mama, fahren wir beide hin, Astrid?«

3.

1987, August

Professor Huhnfeld ging mit bis ans Tor des Klinikgeländes. »Hier möchte ich Sie nie wiedersehen. Anderswo schon: Am Nebentisch im ›Falstaff‹ beispielsweise. Sie speisen vergnügt mit Ihrem Mann. Oder strahlend vorm Exquisit, in dem Sie gerade ein rasantes Abendkleid gekauft haben. Braungebrannt andermal, frisch aus Bulgarien zurück.«

»Im ›Falstaff‹ schickt mein Mann ’ne Flasche Sekt rüber.«

»Immer Lebensart.«

»Vor allem Dank, Herr Professor.«

»Dafür nicht.«

Daheim fand sie in Silkes Zimmer die Hälfte der Schubkästen offen. Das Bett ihres Mannes war sicherlich seit einer Woche nicht gemacht worden, im Bad lag schmutzige Wäsche. Sie suchte aufgeschreckt nach leeren Schnapsflaschen und fand keine. Ein paar Pflanzen auf dem Balkon würden nicht zu retten sein. Ich habe eine Aufgabe, sagte sie sich vor, ohne mich funktioniert die Familie nicht, ich müßte Huhnfelds gesamtes Klinikkollektiv durch die Wohnung führen und ausrufen: Seht her, wie wichtig ich bin, und bestätigt es mir sofort und heftig, weist mit steilen Fingern auf alle Liederlichkeit und ruft im Chor: Astrid, pack es an! Sie spielte durch: Haralds Krempel über die Balkonbrüstung schmeißen, vertrocknete Blumen und schmutziges Geschirr hinterher – waren bloß zwei Teller und eine Tasse vom Frühstück – und sich heulend in die Klinik flüchten. Aber der Professor war nicht dort, und sie hatte keine Lust auf knallbuntes Theater vor einem Stellvertreter.

Auf einen Briefbogen schrieb sie: »Meine beiden Liebsten, wie schön ist es, in ein gepflegtes Heim zurückzukehren! Ich fahre ein wenig Rad und freue mich aufs Abendbrot.« Den Bogen legte sie in die Mitte des Flurs. Sie fühlte Erleichterung, daß ihr Rad fahrbereit war – sie wollte sich nicht vorstellen, was sie getan hätte, wenn es von Harald oder Silke ausgeliehen worden wäre, weil sie zu faul waren, die eigene Karre in Ordnung zu halten. Viel durfte an diesem Tag nicht mehr schiefgehen. Sie fuhr zum Bayrischen Platz und über Nebenstraßen westwärts, durch den Clarapark und über die Elster. Sie erinnerte sich alter Stiche und Postkarten: Palmengarten, Richard-Wagner-Hain – hatte der hier entstehen sollen? Kölpers wüßte das natürlich.

Das Vorderrad schlug in einer nassen Rille hin und her, sie trat mit einem Ruck durch, die Kette knackte. Ein Herzinfarkt knallte wie das Reißen einer Fahrradkette, hatte sie gelesen. Sie stieg ab und schaute auf einen Flußarm: Stangen hingen von Drähten, hier sollten Kanuten das Slalomfahren olympiareif trainieren. Büchsen trieben, Dreck waberte in Wellenkurven, sicherlich waren Grund und Ufer von Schlammbänken überzogen. Über einer Müllkippe zankten sich Möwen, die Ratten der Luft. Hier versank Leipzig und mischte sich mit der Unterwelt. Ein Schwarm Möwen preschte über das Wasser, Flügel wirbelten, Gischt spritzte, das waren aggressivere Geschöpfe als die kleine Möwe, die nach Helgoland flog, im Schnabel von der Liebsten einen Gruß. Astrid Protter jagte mit, das war aufregender und zerrender, nicht wie ein Segler um Kirchenspitzen und ums Völkerschlachtdenkmal zu schweben voller Melancholie, hier ging es um das gefiederte blanke Leben. Verbranntes Brot hatten sie irgendwo ins Wasser geschmissen, die Laibe hatten sich vollgesogen, nun trieb Gärgas die Klumpen hoch. Schnäbel fetzten, Krallen rissen, zu schwer war die Beute, um mit angestrengtem Flügelschlag abzuheben und sie davonzutragen. Möwenbrut war schon nach Tagen flügge und kampfbereit, hier mußte nichts in Nestmulden geschleppt werden. Das war Kampf vor Ort, Auge in Auge, rund waren Möwenaugen wie die Mündungen von Gewehren. Kein Erbarmen im Blick der Schwester, Verwandtschaftsgrade waren unbekannt, Vater Mutter Schwester Bruder hab ich auf der Welt nicht mehr. Einfach wurde alles dadurch, auch war Sport dabei, so viel in die Krallen zu kriegen, wie andere nicht schafften. Feinde waren die Tauben, Friedenstauben, Misttauben, die hier seit Jahrhunderten geherrscht hatten. Aber jetzt sind wir da, wir sind die Stärkste der Parteien, waren Elbe und Mulde heraufgedrungen und durch immer neue Halden weiter gelockt worden. Jetzt sind wir die Könige des Mülls und des Schlamms. Schade, daß Möwen nicht lachen konnten, sie mußten mit ihrem Triumph tief in sich fertig werden. Möwen waren die neue Klasse, für Humanität blieb später noch massenhaft Zeit. Möwen waren Kameraden, Freunde, die würden niemals auseinandergehen. Seestadt Leipzig. Kein Raum für Weinerlichkeit. Es wäre gut, Möwe zu sein. Unterschreib hier, Astrid, wir anderen unterschreiben doch auch. Wir Möwen werden uns Elster und Pleiße hinaufarbeiten zu den Wismuthalden und das Uranzeug auffressen, unten die Ratten, oben wir. Ein Sternzeichen werden wir uns erobern, das des Löwen am besten, ich bin Möwe, wer ist mehr. Wir werden Leipzig zuscheißen, halten dabei die Flanke offen vom Kanal her, und wenn wir eines Tages abschwirren, wird das Land kahl sein wie nach einem Überfall der Hussiten. Drüben hinter den Lichttürmen des Stadions war Poniatowski in reißenden Fluten ertrunken, der polnische Held. Möwen standen in langer Reihe auf lilabraunem Uferstreifen. Die Möwe Astrid konnte sich als eine unter vielen fühlen, nicht verfolgt ihrer Buntheit wegen. Möwen sehn sich alle gleich.

Schmerz stieg von den Händen auf, die sich um die Lenkstangengriffe gekrampft hatten. Sie mußte fort, sie hätte nicht hierherkommen dürfen. Natürlich hatte ihr Huhnfeld nicht direkt befohlen: Meiden Sie alle Müllkippen und Wehre, hinter denen sich das Gelumpe türmt, die Parthe ist für sie tabu. Sie mußte umkehren auf der Suche nach einem Stück heiler Stadt.

Zwischen Rosen im Clarapark fand sie eine freie Bank. Hinter Bäumen ragten Hochhäuser – barbarisch, daß sie in dieses Viertel gesetzt worden waren. »Musikerviertel«, ein Klang in Architektenohren. Ein Plan des Bewahrens hätte gleich nach dem Krieg aufgestellt werden müssen, und wenn Arbeiter dazu nicht fähig gewesen sein sollten, wären die Bürgerlichen verpflichtet gewesen, zu beharren, die Christlichen, die Liberalen. Den jungen Kölpers hätten sie heranziehen sollen, den Dichter Maurer, den Dirigenten Konwitschny, natürlich Ramin von den Thomanern. Oberbürgermeister Zeigner von der SPD – wie hatte sein Stadtbaurat geheißen? Das Gewandhaus war ausgebrannt gewesen, konnte es nicht ausgebaut werden? Der alte Kölpers sollte die Zeit dokumentieren, ehe der Verbrecher Fröhlich aufgetreten war.

Als sie nach Hause kam, rumorte die Waschmaschine, lag nichts im Flur herum, war der Abendbrottisch gedeckt, umarmte Harald sie halb verlegen, halb schuldbewußt. Sie mußte sich zusammennehmen, um nicht zu sagen: Nun laß doch mal diesen Dackelblick. »Silke nicht da?«

»Ist bei einer Freundin. Hast ein Pfündchen zugenommen?«

Von einem Broiler war Fett auf den Teller geflossen und erkaltet. Rad sei sie gefahren, zum Clarapark und ein Stück weiter. Nichts verriet sie von der Unterwelt, den Möwen. Vom Broiler, den sie nicht anrühren würde, sprangen ihre Gedanken zu gebratenen Tauben, die im Schlaraffenland dem Schläfer in den Mund geflogen waren – warum waren Tauben heute ein Ungeziefer, das niemand fing und briet?

»Du, Astrid, Silke ist bei einer Freundin, hab ich gesagt. Sie ist schon seit ein paar Tagen dort. Sie ist, sagen wir mal, so etwas ähnliches wie einstweilen dorthin gezogen.«

Sie lehnte sich zurück und sah ihren Mann an und dachte: Wie schlapp und kaputt muß einer sein, der so was duldet und schlechtes Gewissen dabei spürt und nichts tut, als vielleicht sein schlechtes Gewissen zu päppeln. Sie würde ihm noch nicht einmal einen Vorwurf machen. Aber am nächsten Tag Silke aufstöbern, jetzt mußte geredet werden ohne vorausgesetztes Ziel. Die Pille nahm sie schon seit einer Weile, wenigstens das. Was Silke und sie zu bereden hatten, würde den Scheißkerl vor ihr nichts angehen. Sie knobelte an diesem Wort herum und fand es scheußlich und zutreffend. So lange es nicht ausgesprochen war, mußte es nicht zurückgenommen werden. »Du weißt, wo diese Freundin wohnt?«

»Natürlich.«

»Wenigstens etwas.«

Der Text eines Brüll-Liedes schoß ihr durch den Sinn: »Wiedr in Sachsn, wiedr dorheeme.« Eine Zeile hieß: »Mensch, is das scheene.« Und wenn ich nun unser bißchen Gemöbel über die Balkonbrüstung kippe? »Morgen gehen wir hin, beide!«

Sie klingelten immer wieder, es blieb still hinter der Tür. Von der Straße aus suchten sie die zu dieser Wohnung gehörenden Fenster; sie waren geschlossen, die

Gardinen zugezogen. Sah nach Urlaub aus. Sie überlegten, ob sie einen Zettel in den Briefkasten stecken sollten; es war wohl sinnlos.

Hitze in den Straßen, die Bordsteine waren von schweren Fahrzeugen heruntergedrückt worden, eine Schleuse hatten sie zerquetscht. Nichts war den Kohlenautos gewachsen. In Astrid Protter liefen Planungsketten ab: Den Granit herausheben, Sand- und Kiesbett stampfen, die Platten ergänzen und neu richten, die Kanten mit Pollern spicken. Aber dann hätten es die Anwohner weiter von den abgekippten Briketts zu ihren Fensterlöchern.

Sie gingen langsam, stumm. In einer Kneipe beratschlagten sie. Die Nachbarn fragen? Sie bestellten Tee. Astrid Protter fragte Harald, ob er einen Schnaps dazu wolle; er nickte. Sie sagte: »Na gut. Irgendwann braucht der Mensch einen Schnaps. Aber wie wäre es, du würdest das Zeug aus der Wohnung verbannen? Paar Flaschen Bier im Haus, schön. Gegen Abend, wenn es kritisch wird, gehen wir spazieren. Vorm ersten Bier. Und du hängst einen Plan hin, auf den du deine tägliche Portion notierst. Solche Spielchen beherrsche ich. Oder du joggst. Ich glaube, dazu wäre ich zu faul. Aber ich gehe mit dir in den Park und zähle deine Runden. Die notieren wir dann auch.«

Am Vormittag darauf: Katzmann kam ihr gestrafft vor, nicht mehr so fahrig wie beim Besuch in der Klinik. Seine Augen schienen schmaler geworden zu sein, als gelte es, Gefahren abzuschätzen, die von einer launischen, sperrigen Kollegin ausgehen könnten. Sie dachte: Ich gefährde das Kollektiv.

»Ich freue mich, Astrid, wir alle freuen uns. Und ich hab mir was Hübsches für dich ausgedacht.« Nirgends gäbe es eine Vorstellung, wie sich das stetige Wachsen des Individualverkehrs dank der Verbesserung des Lebensstandards in einem Jahrzehnt auf die Parkmöglichkeiten im Territorium auswirken würde. Altbauten, keine Möglichkeit, Garagen dazwischenzusetzen, Alleen ohne Zwischenräume, Neubauten mit primitiven Reihengaragen weitab. Im Augenblick klemme es ja noch nicht besonders. Aber in drei, fünf, zehn Jahren! Also sollte planerischer Vorlauf geschaffen werden. »Ich hab mit der Zuweisungsbehörde beim Rat des Bezirks gesprochen. Die Genossen dort, an die du dich wenden kannst, heißen Mannschatz und Pockendorf. Interessant ist der Gesichtspunkt, daß sich die Wartezeiten bei der Zulassung von Pkws sukzessive verlängern. Mußt komplex herangehen. Schaust dich um: Sonntag morgens sind die meisten Autofahrer daheim und ihre Schlitten auch. Wäre das was für dich?«

»Wenn ich dich recht verstehe: eine Perspektivstudie.«

Er nickte. »Ich setze dir keinen Termin. So viele Autos, so viele Stellplätze, so viele Garagen jetzt. Der jährliche Zuwachs. Wann die Sache irgendwo an eine Grenze stößt. Wenig Möglichkeit zu großräumiger Erschließung.«

»Und die Mittel dazu?«

»Natürlich auf dem Teppich bleiben. In der BRD kommen sie mit Parkhäusern in den Wohngebieten auch nicht weiter.«

»Einverstanden.«

Er schien überrascht zu sein. »Irgendwann ergeben sich bestimmt Fragen.«

»Natürlich.« Diesmal würde sie sich nicht die Nerven kaputtmachen lassen. Sollte er sich wichtig fühlen, Männlichkeit ausleben, sich als der große Vorausseher vorkommen, der Planer und Lenker. Sollten sie in der Abteilung tratschen: Die Protter kroch zu Kreuze, gestern noch auf stolzen Rossen. Silke war hundertmal wichtiger.

»Schön, Astrid, fängst einfach mal an.«

Sie merkte, daß sich bei ihr ein Lächeln bildete, und ließ es zu, bis sie fürchtete, es könnte so strahlend ausfallen, daß es angesichts des banalen Themas als Hohn wirken müßte. Langsam bremste sie ab. »Spazierengehen mit dem Notizblock in der Hand.«

»Besser als gleich zu viel am Schreibtisch.«

»Nach einer Weile kann ich das Problem vielleicht grafisch darstellen, tabellenmäßig, durch Zeichnungen abgestützt.« Sicherlich war die Ironie eben zu happig gewesen.

»Also!« Er stand auf und streckte die Hand über den Tisch. Sie verstand sein Angebot so: Stillhalteabkommen, Waffenruhe. Katzmann konnte im eigenen Haus keinen Wirbel gebrauchen.

Im Kasten steckte seine Ansichtskarte: »Hallo Papa! Bin mit meiner Freundin nach Mecklenburg getrampt. Ging alles ganz schnell. Hier herrliches Wetter. Grüße an Mutti. Bleibe wahrscheinlich noch eine Woche. Herzlichst Silke.«

Astrid Protter ging durch die Straßen und führte eine Strichliste, sie saß auf Parkbänken und schaute

Kindergartengruppen zu. Geduldige, junge Frauen sprachen in gedehntem Ton auf brave Kinderpaare ein, die, sich an den Händen haltend, in Ketten ihres Weges zogen. Jedes dreißigste Kind etwa war braunhäutig. Natürlich kannte die DDR kein Rassenproblem. Die Väter waren wohl schon wieder in Afrika. Welche Heiratschancen Mütter mit braunen Kindern wohl hatten? Durfte man sagen: Mulatte? Aber wie sonst? »Neger« galt als unanständig, »Schwarzafrikaner« als wertfrei. Aber wenn der Mann aus Brasilien stammte?

Zehn Tage später stand Silke in der Tür, sonnengebräunt, fleckig die Nase. »Mutti!« Das klang überrascht und glücklich. »Haben sie dich entlassen?«

»Und wo kommst du her?«

»Ich hab doch Papa 'ne Karte geschrieben.«

Jetzt alle Vorwürfe zurückhalten, bloß nicht beleidigt sein. »Bin schon wieder voll auf Arbeit.«

»Waas! Ist doch klasse.«

»Kommst du aus Mecklenburg?«

Ein kleines Huschen in Silkes Augen, eine richtige, erwachsene Lügnerin war sie nun doch noch nicht.

»Bin schon zwei Tage wieder hier. Wußte doch nicht, daß du raus bist.«

Und warum hast du nicht in der Klinik angerufen? »Wir waren mal bei dieser Freundin, Papa und ich. Silke, wir wollen doch alle Kinderei beiseite lassen, ja? Mit wem warst du?«

»Mit Jörg.« Silke verschwand im Bad und kam mit einem Glas Wasser zurück. »Ich hab endlich richtig kraulen gelernt.«

»Wer ist Jörg?«

»Eben mein Jörg.«

»Und was macht er?«

»Studieren. Das heißt, er unterbricht gerade.«

»In der Zwischenzeit?«

»Ächz, stöhn. Mal hier, mal da. Jetzt hilft er in einer Klinik für geistig behinderte Kinder.«

»In zwei Wochen geht deine Schule wieder los.«

»Klar, Mutti, weiß ich. Aber jetzt hab ich eben Ferien.

»Als du fort warst, hab ich gedacht, ich hätte dir schon eher etwas sagen sollen. Nämlich: Warte mit einem Jungen, bis du genau weißt, daß es richtig ist. Daß es wichtig ist und sein muß. Sonst wird es für dich enttäuschend und für ihn auch und ist nicht so schnell zu verwinden.« Sie sah, daß sich bei Silke ein schnelles Lächeln bildete. »Ich wünschte dir einen zärtlichen Mann, Silke. Und jetzt möchte ich dich in die Arme nehmen.«

»Ich dich auch, Mutti.«

8. KAPITEL

Beten für Vockert

1.

1987, Oktober

Bei allem Trubel fragte nun auch noch ein betuliches Mädchen aus der Sozialabteilung, ob Genosse Bacher einen winterlichen Urlaubsplatz in einem bulgarischen Heim wünsche, gleich hinter Sofia den Berg hinauf. Er habe doch seinen Jahresurlaub noch gar nicht angerissen. Nee, er könne keinen Tag weg. Auch nicht, wenn sein Urlaub unmöglich aufs nächste Jahr angerechnet werden könnte. Schade, ja.

Also raus nach Leutzsch zu seinen Spurensuchern, beratschlagt, was sie davon hielten, einen Hund in eine konspirativ zu öffnende Wohnung mitzunehmen, da tagsüber Begegnungen im Treppenhaus befürchtet werden müßten. Ob es denkbar, ob es nötig war?

Er sollte einen Bericht liefern, der den General beeindruckte. An die neunzig Konserven standen in den Regalen, drei negativ-feindliche Gruppen waren »abschlüssig bearbeitet«. Er konnte sich nicht gegen jede steife Formulierung aus Berlin wehren. Um Nikolai war alles dicht, ebenso um Kirchengruppen in Sellerhausen, Connewitz, Lindenau. Bei den Uni-Theologen mußte nachgebessert werden, da war der Wechsel von Studienjahr zu Studienjahr erheblich. Der Rädelsführer von Königsau saß in U-Haft, der Pfarrer lag im

Krankenhaus. Dessen Lappen könnte er vielleicht als ersten entduften lassen. Ein kirchlicher »Arbeitskreis für Marxismus« konnte zerkrümelt werden, weil bei einem der Wortführer ein Karabiner 98 K ohne Schloß, zwei Seitengewehre der Wehrmacht und ein polnischer Vorkriegshelm gefunden worden waren – illegaler Waffenbesitz. Es wäre falsch zu warten, bis er zu einem Bericht aufgefordert würde. Bis zum 40. Jahrestag der DDR blieb nicht mehr viel Zeit, er war nicht automatisch reif zur Beförderung, aber sie schien möglich, wenn er den Genossen in anderen Bezirken als Vorbild hingestellt werden konnte.

Doch einen Hund in die Wohnung dieses Kölpers mitnehmen? Der neue Arbeitskreis »Geschichte Leipziger Kirchen« konzentrierte sich auf die Uni-Kirche und ihre Sprengung. Ein knapp sechzigjähriger Architekt als Inspirator, um ihn ein Grüppchen mit starker Fluktuation. Verheiratet mit einer Sparkassenangestellten, zwei Kinder aus dem Haus. Die Sprengung der Uni-Kirche als Reizpunkt, es konnte nicht anders sein, als daß sich daran die Opposition klammerte. Er sollte wieder einmal an der Basis dabei sein. Kölpers und Frau waren im Urlaub. Also worauf warten.

Sie waren zu dritt. Einer trug einen Schlosseranzug und hatte eine Werkzeugtasche dabei. Für ihn war es ein Kinderspiel, die Tür zu öffnen. Musik in einer Wohnung weiter oben. Sie zogen Handschuhe über, ehe sie in den Schränken und Kästen zu suchen begannen. Fotos des alten Leipzig in Massen, Auensee und Gewandhaus, die Uni-Kirche, Hauptbahnhof und immer wieder das Völkerschlachtdenkmal. Die Küchenmöbel aus den zwanziger Jahren, primitiv bei zwei Leuten, die nicht schlecht verdienten, kein Auto besaßen, nicht tranken. Die Berichte aus beiden Arbeitsstellen deckten sich. Stille Wasser.

Hinter einem Vorhang ein Zimmer, schmal, ehemals Dienstmädchenkabuff. Eine Tür führte hinaus, hatte hinausgeführt, denn der Balkon war wegen Baufälligkeit abgeschnitten worden, die Tür ohne Klinke und verschraubt. An der Wand ein Stadtplan des alten Leipzig, Varusplan. Auf einem Tisch zwei Modelle, eines vom Völkerschlachtdenkmal, das andere von der Uni-Kirche, also doch. Sauber aus Holz geleimt, die Kirchenfassade aus Papiermaché gepreßt. Liebhaberarbeit. Nicht strafbar natürlich, aber bezeichnend im Kontext. Wenn sich Kölpers und seine Konsorten – Jünger? – versammelten, illegal zusammen kamen, stand dann das Kirchenmodell auf dem Tisch als Altarersatz?

Er ging ins Wohnzimmer zurück. »Sehen Sie mal her«, sagte der Mann, der die Tür geöffnet hatte, und zeigte ein Foto: Da barst die Giebelspitze der Universitätskirche, wand sich wie im Todeskampf, während von ihren Fundamenten Sprengstaub aufstieg; dahinter wurden Dach und Turm von St. Nikolai sichtbar. Eine Kirche stürzte und gab dadurch der anderen Raum und Gewicht, es war, als ob man einer Hydra den Kopf abschlüge, und sofort sprang ein anderer hoch. »Fotografiert das mal, und das Modell da hinten auch.«

Bacher blickte aufs Telefon – ob er die Muscheln fürs Hören und Sprechen vertauschen sollte? Die Gewinde waren bei beiden gleich. Kölpers' Frau würde versichern, sie hätte das nicht gemacht, warum denn auch. Kölpers müßte begreifen, daß jemand während des Urlaubs seine Wohnung inspiziert hatte, daß sie hinter ihm her waren, er in die Schußlinie geraten war und sich gefälligst vorzusehen hatte. Ein Nasenstüber: Gruß von der Staatssicherheit! Vielleicht ein andermal.

Als Tinnow tags darauf die Fotos der Kirchensprengung sah, schrie er: »Die Hunde! Da haben wir dreihundert Meter im Umkreis abgesperrt, und sie haben's doch geschafft. In zwei Fällen haben wir trigonometrisch haarscharf berechnet, wo die Knipser gestanden haben. Der Kerl hier, was meinst du?«

Wenn Tinnow wütend war wie diesmal, war seinem Blick noch schwerer beizukommen als sonst. Das scheinbar klare Auge war gläsern; über das lebende hing das Lid schief herab. Bacher sagte: »Eine Kamera, wie sie Sportreporter benutzen, Bild an Bild in Bruchteilen von Sekunden, so was siehst du manchmal bei einem Zieleinlauf. Wir denken, die sind vom Grassi-Museum aus gemacht worden. Andere Fotos dieser Art haben wir bei Kölpers nicht gefunden, und so eine Kamera auch nicht.«

»Wird er mit im Urlaub haben. Vorm Grassi-Museum haben damals Tausende gestanden, Polizeischüler konnten sie nicht wegdrängen. Die Jungs waren gerade erst eingezogen, in nagelneuen Uniformen – ich hab immerzu gefürchtet, daß dort der erste Schuß fällt.« Tinnow legte die Fotos in die richtige Reihenfolge. »Der Dachreiter kippt zuerst. Dann reißt der Giebel.«

»Endlich mal kein Griff in Watte.«

»Ich hab letztens wieder gedacht: Wir sollten deine Schwester einspannen. Ich höre immer: Tolle Frau. Schreib mir doch mal 'ne Charakteristik über sie.«

»Sie ist gerade aus der Klinik raus.«

»Stimmt, ja.«

Bloß nicht, daß ich Astrid in irgendwas reintrickse! Offen auf sie zugehen: Die Firma denkt sich das und das. Wenn Tinnow verlangt: Wir koppeln sie mit dem aus der Normannenstraße zusammen, der die Kämpe vögeln wollte, er mit der Legende als Hamburger Journalist? Ihr dann einen Tip geben?

»'ne schöne, klare Charakteristik, Sascha.«

»In ihrer Verfassung ist sie jetzt für uns absolut unbrauchbar.«

»Aber vielleicht hilft ihr eine neue Aufgabe gerade? Schafft Selbstvertrauen? Ich schau mal nach, was wir über sie haben.«

Jetzt sofort weiterreden: »Ich nehme Kölpers in meine Linie auf.«

»Und für mich ist ein IM in diesem Kreis zu wenig. Stell dir vor, wir kriegen nach zwanzig Jahren raus, wer diese Fotos gemacht hat.«

Und am vierzigsten Jahrestag der DDR meine Beförderung zum Major. Mit fünfunddreißig war Vater noch längst nicht so weit gewesen.

Damals VII

1968

Jahre danach meinte der alte Dichter, er habe das Tuch *gesehen*, mehr als zwei Meter breit und an die fünf Meter lang, gelber Stoff für Fahnen oder Transparente. Ein Student hatte es in Potsdam gekauft und daheim bemalt; das war schwierig gewesen, denn das Zimmer war ja viel kleiner als die Stoffbahn. Der alte Dichter glaubte später, die beiden Studenten hätten das Tuch im Garten ausgebreitet, darauf die Zeichnung der Kirche, die Daten 1248 und 1968 und: »Wir fordern Wiederaufbau!« Harald hieß der eine, Stefan der andere, ihre Nachnamen hatte er selten parat. Sie waren anfangs zu ihm gekommen, um Gedichte und Ansichten zu hören, denn er war ein verbotener Dichter, von seiner Zeitschrift verjagt. Die beiden kamen immer unangemeldet, denn das Telefon hatten ihm die Behörden gesperrt und dann erneut genehmigt, aber er war von dem Verdacht nicht losgekommen, daß sie es ihm nur wiedergegeben hatten, um ihn zu belauschen. Seine Frau rief manchmal eine Freundin oder Nichte an, auch um etwas zu hören aus der Welt.

Der alte Dichter brauchte die Welt nicht mehr. Im Laufe der Zeit wurden es immer weniger Bücher, zu denen er zurückkehrte. Fontanes Gedichte fand er zunehmend fad. Er las »David Copperfield« und bewunderte den Humor in den Verästelungen des Stils, da doch der Ablauf alles andere als heiter war. Er las den »Don Quijote« in einer ungekürzten Übertragung, auch den wenig bekannten zweiten Teil. Einen Fernsehapparat hatte er nie besessen, und Radio hörte er sehr selten. Daß dieser Strolch Kurella vom ZK ihn besucht und unter Drohung und Verlockung zum Kuschen hatte bewegen wollen, war nun schon wieder Jahre her. Unterdessen war Kurella selber abgestürzt, sie hatten ihn aus der Prominentensiedlung gewiesen, und da, so war es seiner Frau zu Ohren gekommen, hatte er geweint.

Jetzt diese Studenten. Er hätte sie warnen sollen. Aber er hatte ermuntert, das wäre ein tolles Stück, das würde den Gangstern da unten an die Nieren gehen und Ulbricht sowieso. Fröhlich war unter diesen traditionslosen Burschen der Rabiateste. Nun hatte ihm auch noch Henselmann zugearbeitet, den kannte er: begabt und witzig, in Strecken gebildet sogar, aber gewissenlos. Wer einen Plan für Leipzigs wichtigsten Platz lieferte, bei dem die Kirche fehlte, gab sie der Vernichtung preis. Der ließ schießen.

Die Studenten lachten über ihren Plan, vielleicht lachten sie sich Mut an. Professor Huber in München hatte die Geschwister Scholl nicht gewarnt und sein Leben geopfert wie sie. Wenn die beiden ihr Plakat entrollten, würde er weit weg sein und nichts davon erfahren oder viel später auf unklaren Wegen. Die beiden besuchten ihn zum letzten Mal, das fühlte er, wußte es. Sie zogen ihn ins Vertrauen, also war er noch nicht tot.

Stefan rollte das Tuch zusammen und umwickelte es mit einer Plane. Er stellte es schräg auf den Straßenbahnperron. Harald folgte mit dem Fahrrad. Der graue

Kittel war Stefan zu weit, eine Mütze hatten sie nicht auftreiben können. Die müßte er in die Stirn ziehen, damit sie alle Haare verdeckte. Es könnte vieles besser vorbereitet sein. Vor der Kongreßhalle schloß Harald sein Rad an einen Baum. Drin wurden Kabel verlegt, auf der Galerie kreischte ein Bohrer in hartes Holz. Harald ging wieder hinaus und nickte Stefan zu, der legte sich die Rolle auf die Schulter, spürte Anspannung in den Knien. Es war sonnig, die Straße voller Lärm, still war es in der Halle, nachdem der Bohrer verstummte; jemand rief nach einem Hammer. Stefan ging auf die Bühne hinauf und um Lautsprecherboxen herum. Die Feuerleiter war von Vorhängen verdeckt. Von jeder Sprosse löste sich Staub. Er hätte die Handschuhe überziehen sollen, wollte es wenigstens tun, als er oben stand. Sie waren zu klein, er hatte vergessen, sie anzuprobieren. In diesem Augenblick brach ihm der Schweiß aus: Es waren immer die nebensächlichen Dinge, die einen Plan scheitern ließen – die Maschinenpistole, die Heydrich hatte töten sollen, versagte, Hitler änderte seinen Plan im Zeughaus um Minuten.

In der Mitte der Bühne hängte er die Transparentrolle auf und verband sie mit dem Wecker, der die Haltestifte herausziehen sollte – wenigstens das war dutzende Male getestet. Den Wecker zog er auf und kontrollierte: Die Zeiger standen auf acht Minuten nach acht. Mit den Handschuhen wedelte er über alle Stellen hin, die er berührt hatte, da sah er: Das Plakat hing falsch herum! Mein Gott, was würde noch alles schiefgehen! Er löste den Mechanismus und drehte die Rolle um und wedelte wieder. Beim Hinuntersteigen wischte er alle Sprossen ab und steckte die Handschuhe ein. Die Toiletten lagen im Keller. Als er an einer Frau vorbeiging, fuhr er sich mit dem Ärmel über die Nase und blickte nicht auf. Das hatte er aus einem Krimi behalten: In einer brenzligen Situation nie jemandem ins Gesicht blicken. Während er sich wusch, überlegte er: Er hatte nichts liegengelassen, wenigstens das nicht. Er hustete Staub aus der Kehle und trank und spuckte und wußte auf einmal nicht, ob er den Hebel umgelegt hatte, das Hebelchen, das kein Schrillen des Weckers auslösen, aber eine Winde drehen und die Sperrstifte herausziehen sollte.

Draußen wartete Harald auf seinem Fahrrad, ein Bein auf der Erde, sagte: »Jetzt können wir nur noch warten.« Keiner dachte: und beten. Sie waren Physiker.

Kölpers und seine Frau saßen in der Mitte des Parketts. Der Bachwettbewerb hatte Tradition, in Sälen und Kirchen waren junge Musiker aus aller Welt aufgetreten, an diesem Abend wurden nun die Preise vergeben. Die Halle war nicht ganz ausverkauft, jetzt im Juni war die Luft in den Gärten ungleich besser. Der Kulturminister stieg auf die Bühne. Ach Gott, nun schwafelte Fischer von der Musikschule, immer noch besser, als daß er Klavier spielte. Er rief die Preisträger auf, bald standen sie alle oben, lächelnd, sich gegenseitig gratulierend. Da rollte hinter ihnen ein Transparent mit der Strichzeichnung der Uni-Kirche, zwei Jahreszahlen und der Blockschrift: »Wir fordern Wiederaufbau!« herunter. Von einer Sekunde zur anderen hing es vor zweitausend Augenpaaren. Sofort wurde geklatscht, nicht zögernd und probierend von ein paar Händen, sondern donnernd die Halle füllend, der arme Fischer blickte verdattert um sich, auch über sich, denn Augen in den ersten Reihen starrten hinauf, aber er konnte nichts erkennen, denn das Plakat hing genau über ihm. Er roch Staub, der Beifall wurde noch stärker. Pfiffe mischten sich, Getrampel, Kölpers klatschte, hatte nicht gleich damit begonnen, aus Verblüffung heraus, wie er sich später sagte, nicht aus Feigheit. Zwei Männer aus der ersten Reihe rannten auf die Bühne und verschwanden hinter dem Seitenvorhang. Preisträger traten an die Rampe und schauten hinauf, Fischer drückte einigen Urkunden in die Hand; was sollte er anderes machen, als Normalität vorzutäuschen, das wurde in einer der vielen Auswertungen lobend vermerkt. Der Kulturminister blieb auf seinem Platz, auch der Oberbürgermeister, nur kurz wendeten sie die Köpfe einander zu, stumm. Nun rannten noch ein paar Männer auf die Bühne, die gerieten in die Aufnahmen eines japanischen und eines tschechoslowakischen Fernsehteams und mußten aus Leipzig abgezogen werden, denn sie waren dekonspiriert, wurden auf Schule geschickt oder nach Cottbus und Schwerin hinter Verwaltungstische. Langsam und schief wurde das Transparent hochgezogen, es fiel noch einmal, abermals staubend; zwei Geigerinnen flohen. Nun lachte auch Frau Kölpers und blickte sich um in begeisterte und wütende Gesichter, das war doch endlich einmal ein echter Spaß und herrliche Anarchie, das brachte die Funktionäre wundervoll aus dem Konzept. Langsam versickerte der Beifall, er hatte, wie Beobachter und Berichterstatter der

Staatssicherheit vermerkten, sechs Minuten gedauert. Sechs Minuten Schande für Leipzig, tobte Paul Fröhlich noch an diesem Abend. Der Kulturminister ließ sich davonfahren, und Harald, der weit hinten neben seiner Braut alles miterlebt hatte, vergaß nie den Satz eines betagten Herrn: »Daß ich das noch erleben durfte.«

Nun wurde endlich musiziert, Harald konnte sich nicht konzentrieren. Als sie auf diese Idee gekommen waren, hatten sie an einen Studentenulk gedacht, nun war es zu einem Politikum geworden. Siedendheiß wurde ihm, als er sich vorstellte: Prozeß in diesem Saal, Hunderte ausgewählte Genossen aus allen Fakultäten, Physiker darunter, die Urteile wegen Boykotthetze: Zehn Jahre, acht.

Kölpers und seine Frau gingen in Richtung Engelsplatz und durch den Parkstreifen an der Runden Ecke vorbei. Auf der Antennenspitze glühte eine rote Lampe. »Immer im Dienst, unser Stasirius.« Fenster waren hell, sie konnten sich denken, daß hinter ihnen Aufregung herrschte. »Im Kreml ist noch Licht.«

2.

1987, November

Ein kräftiger Mann in dunklem Anzug mit gestreiftem Hemd und Krawatte erhob sich und streckte eine Hand vor, deren Druck Vertrauen erwecken sollte. »Ich bin Ihr Anwalt, Schnuck.« Vockert schnaufte und hielt die Hand länger, als er es in einer anderen Situation getan hätte. Er setzte sich vorsichtig – seit Wochen zum ersten Mal ein Stuhl, nicht der festgeschraubte Hocker beim Vernehmer oder die Sitzbank in der Zelle. Er zeigte zur Decke und auf die Wände und blickte Schnuck fragend an. Der Anwalt hob skeptisch die Schultern. »Wie fühlen Sie sich gesundheitlich?«

»Kaum Bewegung, wenig Luft. Wie ist das eigentlich, wenn das Gehirn nicht genügend Sauerstoff bekommt, wird man da blöd? Zwischen den Glasziegeln ist bloß so 'n Spalt, und da kommt Autoluft rein.«

»Dauert ja nicht mehr lange.«

»So?« Vorhin, als sie ihn zur ungewohnten Nachmittagszeit rasiert und in bessere Klamotten gesteckt hatten, war ihm klar gewesen, daß etwas im Gange war, vielleicht durfte ihn seine Mutter besuchen. Schnuck, den Namen hatte er schon gehört, den schickte die Kirche vor, Schnuck hatte schon manchen glimpflich wegkommen lassen. Seit zwei Wochen war das Protokollieren vorbei, hundertmal hatte der Vernehmer alles durchgekaut. Nun Schnuck in diesem Raum, der nicht größer als eine Zelle war, auch mit vergitterten Fenstern, aber heller und mit einem Bild an der Wand, Honecker im gelbbraunen Anzug, da war er vielleicht vierzig gewesen. Schnuck hätte auch als Werkmeister oder Taxifahrer durchgehen können. Jetzt knöpfte er das Hemd am Kragen auf, Härchen bogen sich heraus.

Endlich kommt einer, stöhnte Vockert, und: Gott sei Dank. Das Essen? Tja, im Grunde gäbe es wenig zu meckern, hier drin hatte einer sowieso keinen Appetit.

»Eine Abmagerungskur kann man sich freilich unter angenehmeren Bedingungen vorstellen.« Er habe noch keine Akteneinsicht erreicht, sei aber durch die Kirchenleitung in Dresden im groben unterrichtet. Die trage die Kosten, Herr Vockert brauche sich deswegen keine Sorgen zu machen. »Und was wird Ihnen vorgeworfen?«

Vockert stemmte die Unterarme gegen die Tischkante, mit gespreizten oder gekrümmten Fingern untermalte er, wies die Handflächen vor oder ballte die Fäuste. Eine Zusammenrottung mit staatsfeindlicher Tendenz, eine Provokation, das wäre die Ansicht des Vernehmers. Dabei hätten sie nichts anderes im Sinn gehabt als einen Gottesdienst unter freiem Himmel. Er hätte, so der Vernehmer, den kranken Reichenbork zu dieser Aktion gedrängt – was zum guten Teil stimmte –, er als treibende Kraft trüge die Verantwortung, insbesondere für die Beleidigungen der Kampfgruppengenossen, die da friedlich ihres Weges gezogen wären. Hetze, Aufwieglung. »Und«, fragte Vockert, »was kommt dabei raus?«

»Was vermutet der Vernehmer?«

»Ich soll Sie fragen.« Ursprünglich hätte er alles abgestritten, dann wäre er Schrittchen für Schrittchen zurückgegangen. Manches böse Wort sei an diesem Sonntag gefallen, klar, eine Frau aus Grimsen habe die Nerven verloren. »Also, was springt raus?«

»Bis es zum Prozeß kommt, haben Sie ein halbes Jahr weg, das wird angerechnet. Selbstredend haben Sie nicht damit gerechnet, daß Ihnen eine Kampfgruppeneinheit in die Quere kommt. Sagen Sie bloß kein

Wort, daß die Kämpfer Ihrer Demonstration wegen dort aufgetaucht seien! Das hat mit Ihnen und Ihren Leuten überhaupt nichts zu tun!«

»Prozession.«

»Meinetwegen. Also kein Wort gegen die Staatsmacht, ich darf mich darauf verlassen? Vielleicht drükken wir das Urteil unter zwei Jahre. Herr Vockert, um ein bißchen Reue darf ich bitten, dann kriegen wir das Ding so rüber, daß ich, wenn Sie die Hälfte rum haben, wieder vorstellig werden kann. Ich bin nicht das Gericht, aber: Wir können ganz leise davon ausgehen, daß Sie die knappe Hälfte hinter sich haben.«

»Mann, wenn das wahr wäre.«

»In Dresden sind sie sicherlich beruhigt zu hören, daß Sie mit dieser Linie einverstanden sind.« Nun gebe es nur noch eine Vollmacht zu unterschreiben.

»Bißchen mies alles, was?«

»Herr Vockert«, Schnuck blieb milde, »Sie können auch wegen Boykotthetze auf sechs oder acht Jahre absaufen. Sobald Sie so anfangen, schließt der Richter die Öffentlichkeit aus. Das bißchen Öffentlichkeit, sagen wir mal. Ihre tapferen Worte verpuffen. Und, offengestanden, ich weiß nicht, ob ich dann für Sie der richtige Anwalt wäre.« Schnuck klopfte an die Tür, kniff ein Auge halb zu: Kopf hoch, alter Junge. Vockert hätte am liebsten gepfiffen, als ihn der Läufer die Treppen hinauf zu seiner Zelle brachte.

Schnuck trug seine Tasche durch Gänge vor zur Pförtnerloge, erhielt seinen Personalausweis zurück und trat hinaus ins wolkenverhangene, regnerische Leipzig. Zwischen Akazien ging er aufs Neue Rathaus zu, sie waren dort gewachsen, wo vor dem Bombensturm Hotels und Wohnhäuser mit Läden und Werkstätten gestanden hatten. Akazien und Goldrute eroberten sich Leipzig zurück, Steppenpflanzen. Erst hinter dem Leuschnerplatz begann wieder Urbanität; die Bank, in der Westmark, Dollars und Pfunde gegen Forumschecks eingetauscht werden konnten, daneben noch immer das Kaffeegeschäft aus der Gründerzeit. Leben in der Petersstraße, Verkaufsbuden auf dem Markt mit Tinnef und Würsten, schließlich ein Block aus den sechziger Jahren. Er ging durch den Hof und hinauf in den dritten Stock.

Auf die Minute klingelte er an der Tür mit dem Schild »M. Mehnert«. Hier wohnte ein kinderloses Ehepaar in guten Positionen, Genossen. Die stellten ihre Wohnung an Nachmittagen zur Verfügung, dann hieß sie KW »Adria«. Tinnow öffnete. Solange die Tür nicht wieder geschlossen war, sprachen sie nicht. Im Flur gaben sie sich die Hand. Niemandem im Treppenhaus begegnet? Gut so. Noch einer saß im Wohnzimmer, der Genosse sei aus Berlin und würde anschließend ein paar Fragen stellen. Kaffee stand auf dem Tisch. Ein Schlückchen dazu? Danke, nicht schon um diese Zeit. Also? Schnuck berichtete, Vockert beabsichtige keine Provokation. Reichenbork im Krankenhaus, Vockert für ein Weilchen im Knast, das würde Königsau zur Ruhe bringen. Strafe einsneun etwa, nach dem Prozeß den Mann ohne Aufhebens nach Hause schikken, das wirkte zusätzlich dämpfend. Seine Mutter sollte ihn bald besuchen. Wenn nur alles so beizulegen wäre.

Nach einer Weile verabschiedete sich Tinnow. Der Genosse aus Berlin goß sich nach einigem Zögern einen Weinbrand ein, augenscheinlich darauf bedacht, daß es bei dem blieb, was man »einen ganz Kleinen« nannte. Er stöbere gern in fremden Bücherregalen und schließe auf die Besitzer. Hier sei allerlei aus der Klassikerbibliothek des Aufbau-Verlags versammelt, man habe sich um ausgezeichnete Herausgeber bemüht. Die Thomas-Mann-Ausgabe könne sich sehen lassen. Aber was, wenn die Leutchen geerbt hatten und die Kostbarkeiten stehenließen, um anzugeben? So könnte ein Hobby-Kriminalist auf Irrwege geraten. Schließlich: »Herr Schnuck, ich heiße Willebrand. Natürlich habe ich von Ihnen gehört und weiß Ihre Arbeit einzuschätzen. Und zu schätzen.« Die politische Lage, schwierig, schwierig. Der Besuch Honeckers in der BRD habe außenpolitisch eine stabilisierende Bedeutung, aber dadurch würde es im Inneren nicht besser. Die Braunkohlewirtschaft koste Unsummen, die Freunde verlangten hartes Geld fürs Öl. Um etwas im Westen zu verkaufen, müßte die Produktion immer stärker subventioniert werden. »Und wir verschleißen uns auf Nebenschauplätzen. Mir will nicht in den Kopf, daß von dem Grummeln unten in den Kirchen eine derartige Bedrohung ausgehen soll. Wir sind doch zu neunzig Prozent ein Land ohne Religion. Herr Schnuck, seit wieviel Jahren verteidigen Sie für die Kirche?«

»Seit sieben.«

»Und seit wann arbeiten Sie mit uns zusammen?«

»Seit fünf.«

Nicht die Religion sei das Übel, sondern das Gefühl in immer mehr Leuten, auf sie würde zu wenig gehört, alles ginge schematisch vor sich wie vielleicht in den fünfziger Jahren nötig. Nun kam diese lasche Entwicklung von Osten her. Willebrand schenkte sich abermals »einen ganz Kleinen« ein und blickte Schnuck fragend an, ob der wohl mithalten wollte, aber der Anwalt streckte abwehrend alle Finger vor. Eine heikle Debatte, er wollte auf der Hut sein. Nicht schlecht, wenn sich der Mann ein wenig lockerte. Um die fünfzig oder drüber hinweg schien er zu sein, schmalgesichtig mit Geheimratsecken und goldgefaßter Brille – so sahen MfS-Offiziere gemeinhin nicht aus. Ein Intellektueller in der Normannenstraße? Aus der Truppe Wolf, dem Klub der Hochmütigen?

»Tja, so sieht das aus.«

Schnuck überlegte: Wie sieht es aus?

»Sie haben es geschafft, daß mit Vockert glimpflich umgegangen werden kann. Er muß den Eindruck gewinnen, Sie seien sein Wohltäter.«

Schnuck zeigte sich damit einverstanden. Viel war noch immer nicht gesagt.

»Wir könnten ihn einmal als Ihren Freund brauchen. Oder so: Sie sollten sich vorstellen, eines Tages auf Vockert zugehen zu können, um ihn zu gewinnen.«

»Offensichtlich verstehe ich nicht alles.«

»Herr Schnuck, jetzt hören Sie eine gänzlich private Phantasie. Es könnte der Tag kommen, da wir etliche Sprünge nach vorn machen müssen, ohne bestimmte Positionen aufzugeben. Wir haben jetzt fünf Parteien, besser: eine plus vier. Warum nicht sieben, neun?

Unsere CDU ist wenig beliebt, also könnte eine weitere Partei der Mitte hinzukommen. Eine Aufbruchspartei sozusagen. Und Sie darin als einer der maßgeblichen Leute. Ein verblüffender Gedanke, nicht wahr?«

»Für den einer an die Wand gestellt werden kann.«

»Sie sollen nichts erwidern, Herr Schnuck. Sie sollen das Gehörte nicht vergessen, aber natürlich auch nicht weitertratschen. Vielleicht paßt dann Vockert in diese Partei? Der reißt doch ein halbes Dorf hinter sich her. Jetzt nicht doch einen zum Anfeuchten?«

»Bitte einen Mittleren.«

Willebrand schmunzelte. Eine Weile redeten beide von mecklenburgischen Seen, vom Segeln und Angeln und dem Räuchern von Aalen, denn das waren Willebrands Vorlieben, und er hatte gehört, daß sich Schnuck auf diesen Gebieten auskannte. Schmeckte nun ein ganz frischer, fetttropfender Aal besser als einer, der nach dem Räuchern einen Tag lang geruht hatte? Es war Glaubenssache.

Zu niemandem ein Wort, wiederholte Willebrand. Er würde sich erneut in dieser Sache an Schnuck wenden, er und kein anderer. Es würde keinen Schnipsel eines Berichts geben. »Ich kenne Überlegungen, die Klubs der Intelligenz wiederzubeleben. Wir haben sie kaputtgehen lassen, indem dort nichts anderes durchgekaut wurde, als im ND stand. Es kann auch sein, dazu ist es schon zu spät, und wir müssen alte Strukturen radikal aufbrechen. Niemand in der Partei hat sich gründlich mit Bismarck befaßt. Lassen wir mal Marx für den Augenblick beiseite und schauen auf Lassalle?«

»So ungefähr«, sagte Schnuck, dem nichts anderes einfiel.

»Ein nützliches Gespräch.«

Schnuck verließ die Wohnung, als im Treppenhaus alles ruhig war; Willebrand hatte gemurmelt, er wolle noch ein wenig aufräumen. Der Anwalt trug seine Tasche über den Sachsenplatz zum Bahnhof. Das war eben eine der happigsten Überraschungen seines Lebens gewesen. Das erinnerte an 1953, als Herrnstadt mit Berija kungelte, um Ulbricht auszubooten. Aber Berija wurde gestürzt, und die Geschichte drehte sich im Nu um hundertachtzig Grad. Vorläufig hatte er noch gar nichts gesagt, nichts zugesagt.

Im Zug nach Magdeburg stellte er sich vor, er wäre der Führer einer neuen, feinen, kleinen Partei. Honecker empfing ihn. Es gab keinen Honecker mehr. Wen dann?

3.

1987, Dezember

Dieser Auftrag bereitete Vergnügen. Nach dem dritten Durchgang hatte Bornowski die Auswahl auf vierundzwanzig Fotos eingeschränkt; er breitete sie vor seiner Frau auf dem Teppich aus. Fünf seien unverzichtbar, bei denen käme es nicht auf Qualität oder Originalität an. Diese *Ereignisse des Jahres* stünden an der Spitze, kein Chefredakteur würde an ihnen vorbeigehen. Aber die übrigen sieben müßten es in sich haben, damit jeder Kenner sofort urteilte: Die hat Bornowski ausgewählt, das Schlitzohr.

Lissy Bornowski nannte das Wohnzimmer, ihre USA-Jahre kultivierend, gelegentlich »living-room«. Die Bodenmitte lag abgesenkt, der Teppich war ein riesiges Stück, nach dessen Preis niemand zu fragen wagte. Aus dem Garten sickerte frühwinterliches Mittagsdämmern zwischen das Licht zweier Stehlampen mit nach oben offenen Schirmen. Sieben Steine waren ringsum verteilt; der größte, halbmeterdick, eiförmig, gemustert in Schlangenlinien vom dunkelsten Braun bis zu einem giftigen Rot, stammte aus Australien. Der zweitgrößte hatte achtzehntausend Mark gekostet, heute würde er nicht für das Doppelte zu haben sein. Diese teils geschliffenen, teils gratigen Brocken liebten Bornowskis mehr als ihr Silber. Sie scherzten gern, Diebe müßten schon mit Tieflader und schwerem Hebezeug anrücken, um zu einigem Erfolg zu kommen.

»Zwölf Fotos brauche ich für die Silvesterausgabe; nicht jeder Monat muß vertreten sein. Natürlich hat der Chef das letzte Wort. Dann der übliche Schmonzes: Die geschätzten Leser wählen das Foto des Jahres. Angehörige der Redaktion oder nahe Verwandte sind ausgeschlossen; mach dir keine Hoffnung.«

»Barschel in der Badewanne – willst du das wirklich?«

»Das hier bedarf keiner Debatte: Reagan ruft vor dem Brandenburger Tor: ›Reißt die Mauer nieder!‹ Kohl und Diepgen verziehen keine Miene. Im Text werde ich anmerken, daß auf der anderen Seite Ostberliner Jugendliche skandiert haben: ›Die Mauer muß weg.‹ Natürlich nehme ich das Kotzbild des Jahres: Kohl und Honecker schreiten in Bonn die Ehrenkompanie ab. Honecker und Lafontaine jubelnd an der Saar wär' auch nicht schlecht.«

»Du nimmst das Bonner Bild, wetten? Das ist wirklich hübsch, der Eiffelturm, Schnee davor und ein Hundeschlittengespann. Nur ein Foto von dir?«

»Du kennst mich«, sagte er gespielt bescheiden.

Natürlich kannte Lissy Bornowski dieses Foto, es stammte von einer Eisenbahnfahrt durch die DDR. Männer in Schlosseranzügen posierten vor einer Dampflokomotive, um deren Schornstein sie eine Girlande gewunden hatten. Am Kessel ein Schild: »Der Marxismus ist allmächtig, weil er wahr ist.« Das Plakat war eingerissen und liederlich angebunden. Offensichtlich befanden sich die Arbeiter in heiterster Laune.

»Das war, als ich Ärger mit den Vopos kriegte. Die ganze Zeit habe ich Angst gehabt, sie würden von mir verlangen, den Film herauszudrehen.« Er war wieder einmal von Westberlin nach Hannover gefahren und hatte in Magdeburg einen Zug ausgelassen. Zwei Stunden lang hatte er sich umgesehen, und dabei war ihm dieses Foto gelungen. Das war der neueste Einfall der DDR-Genossen, Schrottlokomotiven aufzumotzen und noch ein Weilchen auf Nebenstrecken zu verschleißen, um Dieselöl zu sparen. »Die zehntgrößte Industrienation der Welt zeigt ihre Klauen.« Er könnte auch den neugebauten Grenzübergang von Herleshausen zeigen, der, wenn nicht alles täuschte, von der Bundesregierung finanziert worden war. Das hieße aber wohl doch, den Bogen zu überspannen.

Fürs Auswählen drei Tage später hatte der Chefredakteur neben dem Bildredakteur einen in Ostberlin akkreditierten Reporter und den Außenpolitiker zu sich bestellt. Wieder lagen die Fotos auf dem Fußboden, die Herren gingen murmelnd und schnalzend zwischen ihnen hin und her. Das Barschelfoto, tsts, man kam nicht drumherum. War diese holländische Fähre wirklich in diesem Jahr gekentert? SS-Mörder Barbie in Handschellen. Die »Sonnenblumen« von van Gogh gehen für eine Unsumme weg, so was lockerte auf. Willy Brandt tritt ab – war die Unterschrift: »Ein Denkmal demontiert sich selbst«, wirklich nötig? Bornowski gestand zu, er würde mit sich handeln lassen. Die Lok von Magdeburg, wo lag der Witz? »Vielleicht als Kontrast zum Bonnfoto«, probierte Bornowski. Wäre natürlich bärenstark, er verkündete: Daß ihr klarseht, das Lokfoto ist für mich der Knackpunkt, ohne das geht nichts, sonst schmeiße ich die Brocken hin. Doch der Chef ließ sich nicht erpressen, der große Unbestechliche eilte zur Konkurrenz, die den Fall gewaltig aufmachte: Es gab noch Fotografen in Berlin! Das war der Paukenschlag, mit dem Linus Bornowski seine Laufbahn beendete!

Steinkühler in Rheinhausen vor streikenden Stahlkochern – nicht besonders toll. Dreizehn Fotos hielten noch stand, da erklärte der Chef das, was eben geschah, zur *Vor*auswahl und entließ Bildredakteur, Reporter und Außenpolitiker zu ihrer Tagesfron. Als er mit

Bornowski allein war, sagte er: »Und das dreizehnte ist dein Lokfoto, du hast es dir wohl schon gedacht.«

Bornowski sagte: »Honecker beim Bundespräsidenten und beim Kanzler. Erich und Oskar schließen Brüderschaft. Strauß rollt den Teppich aus. Unterdessen wird an der Mauer geschossen, na, vielleicht in diesen paar Tagen nicht. Was wohl die Oppositionellen in der DDR empfunden haben? Und die drei Millionen hier, die rübergemacht sind? Die Häftlinge und die ehemaligen Häftlinge? Felix, das rächt sich.«

»Du vergißt: Bei diesem Besuch sprach der Kanzler in der Bonner Redoute einiges, das an die Grenze des diplomatisch Möglichen ging. Er verlangte das Schweigen der Waffen an der Grenze in Deutschland, den freien Austausch von Büchern, Zeitungen, Filmen, Erkenntnissen der Wissenschaftler und Werke der Künstler; die Mauer nannte er abstoßend. Das alles wurde auch in die DDR übertragen.«

»Und was drohte er an, wenn nicht?«

»Linus, wir sind hier in keiner Talkshow, wo jeder das letzte Wort haben muß.«

»Ich will dir eine Story erzählen, die den Nachteil hat, wahr zu sein. In Bonn lebt ein Arzt, seine Schwägerin in Magdeburg müht sich seit Jahren, mit ihren beiden Kindern ausreisen zu dürfen. Nichts geht. Da klagt er eines Tages einem seiner Patienten diese Situation. Der Mann heißt Wehner. Eine Woche später verläßt die Frau mit ihren Kindern die DDR. Wehner hat eben mal kurz drüben angerufen. Potentaten erweisen sich Gefälligkeiten. So was müßte mal einer unten im SPD-Ortsverein auszuplaudern.«

Leise sagte der Chefredakteur: »Linus, das ist *deine* Partei.«

»Also, bringst du mein Lokfoto?«

»Nein.«

Eine Minute standen sie ohne ein Wort. Bornowski ächzte, als er sich nach dem ausgemusterten Foto bückte. Nicht einmal die Theatralik blieb, es zu zerfetzen, Abzüge lagen ja noch zu Hause. Beide milderten den Abschied nicht, indem sie etwas verabredeten, ein hübsches Essen etwa oder einen neuen Auftrag. Immerhin konnte man sich ein friedvolles Weihnachten wünschen. Der Chef brachte seinen Gast zur Tür, aber nicht durchs Vorzimmer.

Lichterketten waren über die Straße gezogen, alle Schaufenster strotzten, das Fest der Liebe nahte. Bornowski rief daheim an und fragte, ob Lissy sich loseisen könne, er möchte sie zu einem Frühstück mit Champagner und Kaviar, Lachs und getrüffelter Leber einladen. Sie rief: »Großer Erfolg für dich?«

»Im Gegenteil.«

»Katerfrühstück?«

»Kluges Kind.« Sekt tat's auch.

4.

1988, Januar

Dem Begräbnis des Pfarrers Reichenbork widmete Hauptmann Schmalbank seine gesamte Zeit. Bei der Bezirksverwaltung fragte er an, ob seine Maßnahme als ausreichend betrachtet werde: Rücksprache der Abt. Inneres mit Pfarrer Landoff aus Grimsen, der die Totenrede hielt. Frau Vockert durfte zur Stunde des Begräbnisses zum ersten Mal ihren Sohn in der U-Haft besuchen – um das zu arrangieren, hatte Schmalbank einen halben Nachmittag lang herumtelefoniert; kaum zu glauben, wer sich alles für zuständig hielt. Keine Uniform im Umkreis von zehn Kilometern. Alle IM von Königsau, Grimsen, der Großschälanlage und der Nachbar-LPG an Deck. Der Bürgermeister unter den Trauergästen mit einem Sprechfunkgerät im Auto. Der Leiter der Abt. Inneres versicherte, Pfarrer Landoff habe begriffen, wie wichtig es war, jede Provokation zu vermeiden: wichtig für die Ruhe im Dorf und das gedeihliche Arbeiten aller Kirchengemeinden weit herum. Gedeihlich, dieses Wort fand Schmalbank allmählich überstrapaziert. Reichenbork, der sich gegen seine Krankheit aufgebäumt hatte, aber Gott und so weiter. Es war schon merkwürdig, daß ein Leiter der Abt. Inneres mit einem Pfarrer Predigtprobleme bemurmelte. Wenn einer dafür geeignet war, dann der alte Wismutkumpel. Denen da oben im Erzgebirge steckten ja Christentum und Aberglauben an gute und böse Berggeister in sämtlichen Knochen. Als ob das nicht wissenschaftlich geklärt wäre: Keine Dämonen ließen die Haare ausfallen und die Eier der Kumpels absterben, sondern die Strahlen der Pechblende. Landoff brauchte Dachziegel, sollte er kriegen.

Ein Jammer, daß es keine Tarnkappen gab, die Japaner müßten sie endlich erfinden. Er würde sich als Luftgeist unter die Trauernden mischen und aus dem

Dunkel zugrapschen, wenn etwas schiefging. Schmalbank fühlte sich unbehaglich, das geschah selten in dieser Intensität. Die Firma dachte an alles, und dann passierte doch etwas an der blödesten Ecke. Dieser Kreis war ein gutes, ordentliches Territorium. Was man inzwischen aus Leipzig alles so hörte. Bis in die Partei hinein ging dort die Debatte, ob es richtig war, daß SED und SPD ein Strategiepapier ausarbeiteten. Damit war in der BRD kein Blumentopf zu gewinnen, und hier schaffte es nur Unruhe. Die meisten Arbeiter kümmerten sich um so was nicht, Hauptsache, die Normen stimmten, und die Versorgung klappte einigermaßen. Die Lehrer waren brav, die technische Intelligenz hatte aufzupassen, daß der Laden lief. Studenten, Kirchengruppen und diesen Ökokram gab es hier nicht, wenn man mal von Königsau absah. Er würde nicht vom Telefon weggehen und am Abend die diversen Berichte bündeln. Schade, daß Partei und MfS keinen Einfluß darauf hatten, wer die Nachfolge von Reichenbork antrat. Oder vielleicht doch an der Spitze, vom Staatssekretariat für Kirchenfragen hin zu den Bischöfen?

Es war ein milder Wintertag, typisch für die Leipziger Tieflandbucht, neblig, windstill, auch nachts ohne Frost. Die Luft lastete schwer und ungesund. Fett lagen die Erdschollen, glänzend, wo Pflugscharen sie glattgeschliffen hatten. Landoff steuerte den Wartburg, seine Frau saß neben ihm. Er hatte es vermieden, sonst jemanden aus der Gemeinde ums Mitkommen zu bitten. Er trug einen Bruder zu Grabe, anderes Gewicht hatte diese Fahrt nicht.

»Du hättest Frau Reichenbork anrufen sollen, daß du nach der Beisetzung gleich wieder fort mußt«, sagte Frau Landoff. »Wenn im Trauerhaus etwa Frau Vockert auftaucht und sich mausig macht?«

»Fällt dir aber erst jetzt ein.«

»Bekämst Besuch aus Dresden oder so was. Sie werden dir Königsau zusätzlich anhängen, paß nur auf.«

Königsau befrieden, überlegte er, Vockert und seinen Anhang ausbooten, aus Königsau wieder eine normale Gemeinde machen, das lohnte die Anstrengung. Und dann bitten, daß ein Pfarrer dorthin kam, der modischen Unfug nicht mitmachte. Kirche war Kirche, und Staat war Staat, so hatten sie es in Preußen und Sachsen seit Luther gehalten. Königsau war nie einem Rittergutsbesitzer wie etwa in Mecklenburg, sondern immer direkt Gott unterstellt gewesen. Beinahe spaßig klang das. Dahin sollte es wieder kommen.

Landoff parkte vor der Kirche; es blieb eine halbe Stunde Zeit, so ließ sich nicht abschätzen, wie stark der Besuch sein würde. Frau Reichenbork stand unter der Tür und bedankte sich für sein Kommen. Neben ihr die Kinder, still und tränenlos. Ja, Henning sei sanft eingeschlafen, immer im Wissen, was geschah, manchmal sogar heiter, natürlich habe er unter Morphium gestanden. Es wäre gut, fand Landoff, wenn er Königsau für einige Zeit nebenher betreute: Frau Reichenbork und ihre Kinder müßten das Pfarrhaus nicht gleich verlassen, damit ein Nachfolger einziehen konnte. Das war immer ein Problem.

Herr, schenke ihm ewigen Frieden. Er hatte wahrlich gelitten auf Erden, Bruder Reichenbork hatte sein

Leid angenommen und war fröhlich geblieben bis fast zuletzt. Das wollte er noch einmal betonen. Und er würde vom Grab ins Trauerhaus zurückkehren, es hieße kneifen, der Idee seiner Frau zu folgen. Es war ihre Art, ihm Entscheidungen zu suggerieren, die Rückzugsmöglichkeiten offenließen. Eine gute Methode, aber nicht immer.

Als sie aus dem Pfarrhaus zur Kirche gingen, Frau Reichenbork in der Mitte zwischen Landoff und seiner Frau, sahen sie, daß der Platz nun doch voller Menschen war. Die Blicke von Landoff und Frau Heit begegneten sich für Sekunden. Durch die Seitenpforte wurde der Sarg hereingetragen. Die Orgel brauste auf, kraftvoller Bach, riß ab. »Abstürzend wie dieses Leben«, sprach Landoff, »erfüllt dennoch. Wir sollten nicht hadern ... «, das war Routine und entsprang doch der Situation, gleichsam. Er hatte in eher abgelegenen Kapiteln der Bibel gesucht und im zweiten Brief des Paulus an die Gemeinde in Korinth Worte gefunden, die er für brauchbar hielt: »Denn wir müssen alle offenbar werden vor dem Richtstuhl Christi, auf daß ein jeglicher empfange nach dem er gehandelt hat bei Leibes Leben, es sei gut oder böse. Dieweil wir denn wissen, daß der Herr zu fürchten ist, fahren wir schön mit den Leuten; aber Gott sind wir offenbar.« War er schön gefahren, der Verblichene, mit seiner Familie und seiner Gemeinde? »Gewiß war da auch Verzweiflung und die Frage: Warum gerade ich? Es ist fast zu viel für einen Menschen, sich zu fragen: Warum gerade ich *nicht*?« Aber sein Bruder, der Mensch Henning Reichenbork, »der da vor uns liegt«, habe durch Demut zu übermenschlicher, ja überirdischer Heiterkeit gefunden, die ausgestrahlt habe, »schön« in jeglichem Sinne. »Aber es heißt ja letztlich, daß wir Gott offenbar sind.«

Eine kluge Predigt, urteilte Frau Landoff, nicht aus Versatzstücken gestümpert. Eine Predigt auch, bei der niemand etwas mißverstehen konnte. Überirdisch, das hieß unirdisch, keiner konnte etwas für Gegenwartsquerelen herausfiltern. Eine vorsichtige Predigt, fand Frau Reichenbork, sie paßte zu Landoff, und sicherlich war sie gut so für die Gemeinde und den armen Martin Vockert. Wer weiß, ob sie nicht auch im Sinne von Henning gewesen wäre, es war zu rasch mit ihm zu Ende gegangen, als daß er sich hätte äußern können, wie es in Königsau weitergehen sollte.

Der wichtigste IM des Dorfes saß so, daß er hoffen durfte, das Mikrofon in seiner Jackettasche nehme durch den Winterstoff alle Worte deutlich auf. Endlich einmal war er so ausgerüstet, wie es dem technischen Stand und der Brisanz in Königsau entsprach; leider würde er das Gerät sofort zurückgeben müssen.

Eine Predigt, hoffte Frau Landoff, die im Zusammenspiel mit manch anderem ihrem Mann weiterhelfen konnte. Vielleicht würde er gebraucht, weil er Besonnenheit und Festigkeit mitbrachte gegen alle Schwärmer. Mit vierundvierzig hatte er noch Zukunft, gerade noch. Er würde fertig werden mit diesem Königsau. Ein Nest von Nattern, ein Otterngezücht – das war ein Wort dieses Mannes der Kreisbehörde gewesen.

»Herr, wir danken dir, daß du uns vergönnt hast, Kraft zu schöpfen, indem wir dieses Leben mitverfolgen durften in seinen Stärken, in seinem Hoffen und in seinem Vertrauen auf Gott. Denn unsere Trübsal, auch das lesen wir im Brief an die Korinther, die zeitlich und leicht ist, schafft eine ewige und über alle Maßen wichtige Herrlichkeit. Amen.«

Landoff ging neben Frau Reichenbork hinter dem Sarg her, dabei hielt er ihren Ellbogen. Wind war aufgekommen und trieb Laub den Weg entlang; der Pfarrer fand, dieser Wind nahm von dem Starren, Toten, Wind gehörte zum Leben und zur Hoffnung. Ein Gedanke, den er irgendwann verwenden sollte, wenn er ihn nicht vergaß. Für letzte Worte am Grab war er wenig tauglich, da hätte schon die Sonne durchbrechen müssen.

Es war nicht weit von der Kirche zur Grube. Eng war hier alles, der Friedhof überbelegt, er sollte Bäume herausschlagen und die Rhododendronbüsche stutzen lassen. Nirgends fand die Vegetation so reiche Nahrung wie auf Friedhöfen; das zu begründen, verbot die Pietät. Die Männer, die den Sarg an Gurten über der Grube hielten, hatten wenig Platz zum Stehen, einer rutschte und fing sich gerade noch. Landoff sprach ein Gebet, während der Sarg hinuntergelassen wurde; er lauschte neben sich, Frau Reichenbork schluchzte nicht. Landoff reichte ihr die Schale und ein Schäufelchen. Da schien noch Verwandtschaft näherzutreten, Männer mit geröteten Augen, Schwäger vielleicht, eine Frau, die die Schwester der Witwe hätte sein können. Worte wurden gemurmelt wie »Ruhe in Frieden«, oder »Sei bedankt, Henning«.

Als Frau Heit herantrat, sagte Landoff: »Danke, daß Sie gekommen sind.« Frau Heit nahm die Schaufel und warf dreimal Erde hinunter, dann trat sie zur Seite und stemmte einen Fuß auf den lockeren Sand. Während ein Mann die Schaufel nahm, auch noch, während er sie an eine Frau weitergab, sprach Frau Heit ein Gebet, das diese beiden hörten. Natürlich konnte es auch Landoff verstehen, der es später in der Abt. Inneres rekonstruieren mußte. Die Träger hörten es, zehn oder zwölf Menschen also, und so wagte es Landoff nicht, vor der Behörde abzumildern. »Lieber Gott«, betete Frau Heit, »nimm diesen Menschen in Frieden zu dir. Und gib, daß ein junger Mann aus Königsau zu seinen Eltern zurückkehren darf. Denn er ist nicht schuldig vor dir.«

Landoff nahm die Schaufel und gab sie nicht weiter. »Herr«, sagte Frau Heit noch, »lieber Gott, gib, daß Mächtige nicht meinen, sie müßten ihre Macht mit Härte gleichsetzen. Herr, ich weiß, daß Martin Vockert für mich büßen muß, und ich bitte dich, laß es nicht zu, daß sein Herz versteint. Laß nicht zu, daß sich jemand an den Krieg gewöhnt, indem er sich an Waffen gewöhnt. Laß unsere Regierenden nicht zu Kriegsverbrechern werden. Amen.«

»Amen«, wiederholte einer der Träger doppelt so laut. Ein anderer half Frau Heit um die Grube herum, dort stand sie noch eine Minute, ehe sie auf einem Seitenweg zur Kirche zurückging. Eine Frau trat auf sie zu und drückte ihr die Hand; sie sei die Tante von Martin Vockert, und Martins Mutter dürfe genau zu dieser Stunde ihren Sohn besuchen. Nun entwickelte sich, was der wichtigste IM des Dorfes einen *Auflauf* nannte, zu seinem Leidwesen kam er nicht so weit heran, daß er sein Gerät hätte einsetzen können. Ein anderer Spitzel schrieb, er hätte von einem Mann, der dem Grab näher gestanden habe, erfahren, *die Frau aus Grimsen* habe ein Gedicht des Staatsfeindes Biermann zitiert: »Laßt euch nicht verhärten in dieser harten Zeit«, sie habe die sofortige Entlassung des Vockert gefordert, und Pfarrer Landoff sei in keiner Weise eingeschritten. Landoff berichtete später mündlich der Abt. Inneres, es hätten nicht mehr als ein Dutzend Leute um Frau Heit gestanden, und sie hätten leise gesprochen. Nein. Biermann sei nicht namentlich erwähnt worden; freilich kenne er, Landoff, dessen Gedichte nicht. Als Hauptmann Schmalbank alle Berichte zusammen hatte, brüllte er durch die halbe Dienststelle, Landoff sei ein Arschloch. Die Empfehlung der Abt. Inneres, sich auf ihn zu stützen, müsse endlich auch in Leipzig als das begriffen werden, was sie war: versöhnlerischer windelweicher sozialdemokratischer erzgebirgischer Schwachsinn. Inzucht und Jodmangel hätten dort oben massenhaft Kretins hervorgebracht. Man müßte bloß ihre Lieder hören: »Vugelbeerbaam« und »'s Feierohmd« und die beknackte »Arzgebirgshymne«: »Deitsch un frei wulln mer sei, un da bleim mer a derbei, weil mer Arzgebirgler sei.« Da klinge Konterrevolution und Separatismus durch, einer von da oben leite bei ihm die Abt. Inneres, es wäre zum Kotzen.

Im Trauerhaus war der Kaffeetisch gedeckt. »Langen Sie zu«, sagte Frau Reichenbork, eine Formel der Normalität, die weiterhalf. Einige bedankten sich bei Landoff, es sei eine zu Herzen gehende Predigt gewesen. Der Pfarrer fand den Kaffee zu stark geröstet, beinahe Mokka. Frau Landoff horchte herum, nein, von der Landeskirche in Dresden war keiner gekommen. Niemand erwähnte Vockert und das Gebet dieser Frau oder fragte nach ihr, als hätten sich alle verabredet, sie sei gar nicht dagewesen.

Frau Heit steuerte den Trabant der Post nach Grimsen zurück. Ihr eigenes Auto war in letzter Minute ausgefallen, da hatte sie sich die Schlüssel zum Diensttrabi aushändigen lassen, um zwei Telegramme auf Nachbardörfer zu bringen. Der Schlenker über Königsau fiel in die Dienstzeit, das könnte ihr angekreidet werden. Die da oben würden ihr wahrscheinlich eins auf den Dekkel geben, wenn schon. Sie würden sie nicht entlassen. Und falls doch, dann stallte sie daheim ein paar Kälber mehr ein, dabei sprang sowieso mehr heraus als bei dem bißchen Postgehalt.

Da stand Horst Heit vor der Lehrlingswerkstatt und überlegte, was er noch tun könnte. Alle anderen waren fort, sie hatten es eilig gehabt. Kino war erst übermorgen wieder. Er könnte bei Kerstin klingeln, aber ihre Mutter würde wieder ein Gesicht ziehen. Er hätte sich mit Kerstin verabreden sollen, aber am Sonntag war ihm noch nicht klar gewesen, daß er sie heute gern treffen wollte. Es war blöd, daß er ganz selten wußte, was er in drei Tagen vorhaben könnte. Kerstin hatte gefragt, und er hatte geantwortet: Weiß nicht, wie lange die Ausbildung dauert.

Er schlug einen Bogen, um nicht an der Stelle vorbeigehen zu müssen, an der Uwe umgekommen war. Am Marktbrunnen lehnten zwei Jungen, mit einem war er einmal in eine Klasse gegangen. Er wurde gefragt, wie früher der Torwart von Zwickau geheißen hatte, er wußte es: Croy.

Er klingelte dann doch bei Kerstin. Nicht ihre Mutter schaute herunter, sondern sie selber. Ja, klasse, sie käme gleich.

Horst wartete im Treppenhaus, der Schein der Lampen fiel für Sekunden auf ihr Gesicht und dann nur noch auf ihr Haar. Sie prallte gegen ihn und legte ihm gleich beide Hände auf die Schultern. Er sagte: »Hast Kartoffelpuffer gegessen!« Sie fragte zurück, wie er es denn finden würde, wenn nicht nur Zwiebeln, sondern auch Knoblauch dran gewesen wären. Da lachte auch er und zog sie auf die Straße. Nur eine Lampe brannte beinahe hundert Meter entfert. Sie mußten achtgeben auf dem Fußweg mit seinen schiefen Platten. Wieder trug sie diesen Anorak aus dem Westen, nach dem sich alle umdrehten. Sie kam ihm hübscher vor als im Klubhaus am Sonntag; ihre Haut war seidig glatt, er hatte schon einmal gedacht: beinahe durchsichtig. Am schönsten wirkte sie im hochsommerlichen Sonnenlicht. Vor dem Sportplatz küßten sie sich wie immer an dieser Stelle, und sie spottete: »Du riechst auch nicht gerade aprilfrisch.« Er hätte nach der Ausbildung duschen wollen, aber der Boiler im Werkstattbad wäre seit einer Woche kaputt, und er hätte keine Lust gehabt, erst nach Hause zu gehen.

»Nicht so schlimm. Was für eine Ausbildung?«

»Handgranatenwerfen mit Anlauf, dann auf Weite und Zielwurf im Liegen. Unser Ausbilder war Hauptmann bei der NVA, bei dem heißt es immer: Gefechtsnah.«

Sie schob ihre Hände unter seinen Schal, so konnte sie seine Haut am Nacken fühlen. Sie hatte Uwe nur von weitem gekannt und redete nie mit Horst über ihn. Es gab Gerüchte in Grimsen, wer das Kreuz an die Mauer gemalt haben könnte; sie hatte Horst nicht gefragt, ob auch er vernommen worden wäre. Rausgekriegt hatten die Bullen jedenfalls nichts.

»Vorgestern haben sie bei uns für die Offizierslaufbahn geworben. Ich will noch nicht mal auf drei Jahre.«

Sie wartete, daß er etwas über seine Eltern hinzusetzte, seine Mutter war ja führend in der Kirche. Als das nicht geschah, sagte sie, ihr Bruder müsse fast nur Wache schieben. »Was heißt da schon Marine, er ist noch nie auf 'nem Schiff gewesen, der lungert immer vor irgendwelchen Magazinen rum.«

»Die haben ja auch gar keine richtigen Schiffe.«

Einmal hatte er zu ihr gesagt, er würde den Wehrdienst nicht verweigern, daran erinnerte sie sich jetzt. Seit der Konfirmation sei er nicht mehr in der Kirche gewesen, und wegen der Jugendweihe habe Landoff keinen Zirkus gemacht. Sie hatte sich gewundert, daß er nicht auf seinen Bruder zu sprechen gekommen war, sein Tod wäre doch ein Grund, keine Waffe anzufassen.

»Mein Vater hat mal von Verweigerung angefangen. Ich hab gesagt: Wenn ich die Ausbildung im Betrieb nicht mitmache, gibt das ein riesiges Theater. Speerwerfen ist Sport und war mal Krieg, oder? Ich muß ja nicht gerade bester Schütze sein und zu Ausscheiden fahren und Abzeichen sammeln.« Er stellte sich vor, er müßte auf dem Hof der Berufsschule vortreten und rufen: »Ich verweigere den Wehrdienst!« Er hatte nie gehört, daß so etwas passiert wäre, aber das minderte seine Furcht nicht. Bei Uwes Begräbnis hatten Vater und er seine Mutter in die Mitte genommen und sich krampfhaft untergehakt. Vortreten müssen war schlimm, auch in der Klasse an die Tafel. Immer kicherten Mädchen, weil sie wußten, daß er dann sofort rot werden würde. Wer den Wehrdienst verweigern wollte, mußte haargenau Bescheid wissen. Der stand dann allein gegen drei Offiziere, die ihn in die Mangel nahmen.

Sie gingen um den Sportplatz. In einem Vierteljahr würde es warm genug sein, daß sie sich im Auwald hinlegen konnten, da störten noch keine Mücken. Vor Weihnachten waren Kerstins Eltern verreist gewesen, sie hatte ihn mit in ihr Zimmer genommen. Es war aufregend gewesen, aber es mußte nicht immerzu sein. »Vor meinem Geburtstag hab ich Angst. Ich hab ja nun immer alleine Geburtstag.«

Bloß fort aus Grimsen. Kein Thema war das für Kerstin und für die Eltern schon gar nicht. Mit einem Banknachbarn in der Berufsschule schmiedete er Pläne. Erst die anderthalb Jahre bei der Fahne rumbringen, danach gab es zwei Möglichkeiten: Trasse oder Seereederei. Beim Bau der Erdölleitung in Sibirien brauchten sie alle Metallberufe und jede Menge Kraftfahrer. Der Kumpel hatte sich einen Prospekt von der Seereederei schicken lassen. Mit dem Zehnklassenabschluß konnte einer als Decksmann auf einem Fischtrawler anheuern. Die Angaben über die Entlohnung fanden sie schwammig: Leistungsbezogen. Aber wenn ihnen kein Heringsschwarm in den Weg geriet? Bei Seegang müßten sie sich an der Reling anschnallen. Erholungsheime in den schönsten Urlaubsgebieten der DDR. Liegestühle vor einer Baude, Tannen. Zu Weihnachten kam er vielleicht mal nach Hause. Besser: Nicht gerade zu Weihnachten, da gerade nicht.

»Bist weit weg?«

»Bin gerade durch Sibirien gefahren, durch die Tundra.«

Sie lachte unsicher. Dahin wollte sie nun überhaupt nicht. Möglichst wieder in die Hohe Tatra, aber mit dem Geldumtausch würde es immer schwieriger. Ihr Bruder wäre mit seiner Freundin auf einem Campingplatz bei Pilsen mit den paar Kröten gut hingekommen. Sie hoffte, das Gespräch ginge in diese Richtung: Vielleicht planten sie einen gemeinsamen Urlaub, zu viert, zu sechst, in zwei Autos, Zelte auf dem Dach. Einmal zwischendurch nach Prag.

Er würde seine Lehre beenden, so lange mußte er es aushalten. Oder die Seereederei bot ihm eine Lehrstelle an. Das gab es doch: Seefahrtschule. Vielleicht war sie nur für Abiturienten, die Kapitän werden wollten. Wenn es zu Hause noch fürchterlicher werden sollte, kratzte er von einem Tag zum anderen die Kurve, haute ab ohne ein Wort, erst aus Rostock schriebe er eine Karte. Ganz früher waren die Leute in die Fremdenlegion gegangen. Er hätte einen anderen Namen angenommen und wäre vielleicht erst nach fünfundzwanzig Jahren wieder in dieses vergammelte Nest gekommen, dann hätte ihn keiner mehr gekannt. Aber das war ja nun eben unmöglich.

Drei Wochen später füllte Horst Heit einen Fragebogen des Kreisgesundheitsamtes aus, nach Vererbung von Anfälligkeit für Lungentuberkulose wurde geforscht. Seine Großväter waren, dreiundachtzig und neunzig Jahre alt, an Altersschwäche, eine Großmutter war ziemlich jung an Magenkrebs gestorben. Die andere Großmutter und die Eltern lebten. Über den Tod seines Bruders trug er ein: Verkehrsunfall.

9. KAPITEL

Eine altmodische Frage

1.

1988, Februar

»Astrid, ich warne dich.«

»Doch nicht etwa dienstlich?«

Alexander Bacher hatte das Auto in einer Allee geparkt. Auf einer Seite standen Bürgerhäuser mit zäunenbewehrten Vorgärten, auf der anderen hatten Akazien und Erlen einen Hang überwuchert. Nach dem Krieg waren hier Trümmer abgekippt worden. Auf den Berg führte nun ein befestigter Weg, von nirgends bot sich ein besserer Rundblick über die Stadt.

»Was treibt dich zu diesen Friedensschwestern?«

»Ihr müßt doch immer gleich ein abfälliges Etikett aufpappen! Das sind ernsthaft besorgte Frauen.«

»Astrid, ich sage dir, dahinter stecken üble Verbindungen. Die gehen bis nach Westberlin und in die BRD, ich könnte dir allerhand flüstern. Mein Gott, was willst *du* denn dort!«

»Ich bewundere die Offenheit und die Geradlinigkeit dieser Frauen.«

»Kennst du die Losung: ›Der Friede muß *unbewaffnet* sein‹?«

»Ich habe davon gehört.«

»Wir haben Verständnis und natürlich auch Mitgefühl für die Mutter aus Grimsen. Aber das gibt ihr doch kein Recht auf Provokationen. Unsere Politiker als Kriegsverbrecher zu beschimpfen! Meinetwegen soll sich die Kirche ihrer annehmen, wozu ist die denn da? Du hast sie besucht, und sie hat dich zu diesen Friedensfrauen mitgeschleppt.«

»Das wißt ihr auch?«

»Was meinst du wohl, wie Vater das fände: Ein Schild, auf dem diese windelweiche pazifistische Losung aufgemalt ist, und seine Tochter trottet hinterher.«

»Sascha, so langsam traue ich mir wieder, den Kopf zu heben. Da haust du mit diesem Hammer zu. Und dir ist klar, daß es ein Hammer ist.«

Ein älteres Ehepaar spazierte auf sie zu, beide starrten durch die Windschutzscheibe. Bacher sagte: »Weißt du, was die denken? Da sitzen zwei Liebesleute unglücklich in einem Auto, sind anderweitig verheiratet und nutzen die Mittagspause, um zusammen zu sein.«

»Ich finde es seltsam, daß ich erst vor kurzem darauf gekommen bin, warum ich so kaputt war. Ich hab daheim so geredet und auf Arbeit so, mit Silke anders als in der Parteigruppe, habe Zeug unterschrieben, bei dem schon die Fragestellung falsch war.«

Bacher legte die Hände aufs Steuer und krampfte sie fest. »Du endest noch bei den Zeugen Jehovas. Jetzt sage ich dir, was dir Vater hinschmeißen würde, und ich habe überhaupt keine Angst, daß es für dich wie eine Phrase klingt: Du möchtest klüger sein als die Partei.«

»Ach, Sascha. Nach Chruschtschow und Breschnew weiß nun Gorbatschow alles besser, und ihr wieder wißt es besser als der.« Sie lachte und fand es großartig, daß sie lachen konnte, sie sah, daß ihr Bruder das Kinn vorschob und vor Ärger rot anlief, umfaßte sein Handgelenk und dachte wie seit Jahren nicht mehr: Mein kleiner Sascha. »Ist schon komisch, ich weiß genau, was du gleich noch sagen wirst: Ihr zieht euch das Engelhemdchen der Unschuld an, und wir vom MfS müssen den Dreck wegräumen. Sascha, hab ich recht?«

»Ich verrate dir ganz was anderes: Westliche Journalisten schnüffeln hinter euch her, die werden dann behaupten, hier gäbe es eine Untergrundbewegung. Neulich haben wir einen Kerl aus Hamburg aus dem Verkehr ziehen müssen, der sich an eine Frauengruppe ranschmeißen wollte. Natürlich wollte er nebenbei mit der Anführerin ins Bett. Es ist alles so widerwärtig wie nur möglich, und ihr tappt da rein.«

»Aber *du* willst mich nicht aushorchen?«

»Es langt, wenn einer in der Familie bei der politischen Müllabfuhr ist. Ich will nur, daß du auf dich aufpaßt.«

»Dafür danke ich dir, Sascha. Was glaubst du, wie schwierig es ist, genau zu begreifen, was man fühlt und denkt. Weg mit all dem Kleister. Das ist noch schwieriger, als später darüber zu reden. Vor kurzem ist jemand von uns auf die Idee gekommen, das wäre die weibliche Art zu leben.«

»Aus dem Bauch, wie die Weiber im Westen sagen?«

Nun lachte Astrid Protter wieder. »Ihr versteckt euch in eurer Burg mit Decknamen und Geheimnistuerei und laßt keine Frau hochkommen, denn die könnte eines Tages den ganzen Zirkus komisch finden und absurd sowieso. Sascha, ihr spielt Indianer.«

Bacher fuhr an, daß das Getriebe krachte und seine Schwester gegen die Rückenlehne geworfen wurde.

Nach der ersten Kurve fragte er, wo er sie absetzen solle; sie antwortete, jede Straßenbahnhaltestelle wäre ihr recht. Bis zur nächsten blieben nur hundert Meter.

Sie stieg aus, er fuhr sofort weiter. Das Gespräch eben war so schief gegangen wie nur möglich. Vielleicht hätte er noch massiver kontern sollen: Wer nicht für uns ist, ist gegen uns, es gibt keinen dritten Weg – so klangen gute alte Argumente, die Astrid freilich genauso herbeten konnte. Die Erinnerung an Vater wirkte nicht mehr, was wirkte dann? Es würde keinen Zweck haben, sich hinter Mutter zu stecken.

Von einer Telefonzelle aus rief er im Herder-Institut an und bekam ziemlich schnell Claudia an den Apparat. »Wie wäre es am Sonnabend?«

»Sascha, ich *muß* zu meinen Eltern. Meine Mutter hat Geburtstag gehabt, der wird nachgefeiert. Wenn ich schon in der Woche nicht wegkonnte ...«

»Du fährst mit dem Bus?«

»Klar, wie immer.«

Und wenn er sie mit dem Auto hinbrächte – aber deshalb könnte sie abends doch nicht eher fort.

»Am Sonntag morgen komme ich zurück, Sascha, fahre schnell ins Internat, ziehe mich um – wenn du mich gegen elf abholst, haben wir massenhaft Zeit. Zwölf Stunden!«

Wenn er ihr sein Auto zur Verfügung stellte – ihm fiel ein, daß er nicht einmal wußte, ob sie fahren konnte. Er fragte danach, hörte: Ach wo, niemals hätte sie Gelegenheit gehabt, die Fahrprüfung zu machen. »Also gut, Claudia, da werde ich mich bis dahin in die Arbeit knien. Du, ich freu mich.«

»Ich mich doch auch, Sascha.« Claudia stöhnte und ließ leise schmatzende Kußgeräusche hören. Sehnsucht – o ja, also bis Sonntag, aber dann! »Sascha, um elf vorn an der Ecke wie letztes Mal!«

Eine Viertelstunde lang versuchte er, sich auf einen Bericht zu konzentrieren, dann gab er sich einen Ruck. Jede Aufschieberei war blöd, er hatte sich verliebt mit Haut und Haar. Womöglich würde er nach einem langen Sonntag noch stärker verknallt und benommen sein, wie ein Pennäler. In der Kaderabteilung merkten sie so was, die waren scharf darauf, Regungen und Aufregungen anderer herauszuspüren. Den Kerlen dort ging vielleicht der Schwanz hoch, wenn sie lasen, wer miteinander ins Bett ging. Und die angestaubten Genossinnen kriegten feuchte Mösen. Wer jedes Jahr mit einer neuen Flamme antanzte, konnte sich vor dem General wiederfinden. Scheidungen innerhalb des MfS waren selten und anrüchig. Der General würde fragen, wann der Genosse Hauptmann Bacher zu heiraten gedenke – *diesmal*?

In der Kaderabteilung waren Leitungen aus den Wänden gerissen worden, es roch nach Staub und frischem Gips. Er fragte nach einem Bogen für *persönliche Veränderungen*. Eine Genossin suchte in Schubläden und fragte ärgerlich im Nebenzimmer. Bacher überlegte, ob er es sich schriftlich bestätigen lassen sollte, diese Bögen wären ausgegangen. Dann könnte er irgendwann geltend machen: Ich wollte – aber! Schließlich wurde die Genossin doch fündig und fragte leicht gehässig: »Oder willste lieber zwei?« Was sollte denn das nun wieder!

An seinem Schreibtisch füllte er aus. Die Fragen nach Westverwandtschaften waren präzisiert worden. Er wurde durch telefonische Anfragen und Meldungen unterbrochen. Ja, Fotos von Ohlbaum besaß er im Dutzend, die Stimme war hinreichend gespeichert. Natürlich wurde der Vorgang Reichenbork noch nicht abgeschlossen, erst mal sehen, wen sie als Nachfolger einsetzten. Der Fotograf Bornowski hatte die Akkreditierung für die Frühjahrsmesse beantragt, siehe da.

Am nächsten Tag gab er den Fragebogen ab. Alles habe er nicht beantworten können und werde bald einiges nachschieben.

Dann endlich Sonntag. Bacher wartete am Bus, Fahrgäste tröpfelten heraus, Claudia war nicht dabei. Als letzte humpelte eine alte Frau aufs Pflaster, die sich vom Fahrer ihre Krückstöcke nachreichen ließ. Irgend etwas mußte dazwischengekommen sein; es hatte keinen Sinn, alle Möglichkeiten durchzuhecheln. Bis zum verabredeten Treffen blieben fast zwei Stunden.

Zehn vor elf stellte er sein Auto am Nordplatz ab. Nach drei Minuten tauchte Claudia auf, einen Beutel über dem Kopf schwenkend. Die letzten Schritte rannte sie, lachte und rief, was wäre es doch für ein wunderbares Wetter. »Ach, Sascha!«

»Und ich dachte schon ...«

»Was dachtest du?«

»Ich hab dich vom Bus abholen wollen, und als du nicht kamst ...«

»Als ich nicht kam, was, als ich nicht kam? Wir hatten doch ausgemacht, daß wir uns hier treffen.«

»Ich hatte Sehnsucht. Und Zeit auch.«

»Ach, du Lieber.« Sie legte die Arme um seinen Hals, daß ihm der Beutel gegen den Rücken schlug, küßte ihn und kraulte seinen Nacken. Er spürte den Druck ihrer Brust und schielte über ihr Haar hinweg, ob da nicht jemand käme – wenn ihn seine Mutter so sähe oder irgend einer aus der Firma. Aber er fühlte sich auch angespornt, ein Draufgänger war er ja nie gewesen, hatte sich immer zu sehr mit Politik eingelassen, Vorbild als FDJ-Gruppenratsvorsitzender, hol's der Teufel.

»Ein Cousin oder so was ähnliches ist gestern abend noch mit seiner Frau zurückgefahren, die wohnen hinter Halle, die haben mich mitgenommen.«

»Hast du mir einen Schreck eingejagt!«

»Aber doch nur einen ganz kleinen. Ein tapferer Polizist forcht sich nit. Mein Gott, ich habe *einen Hauptmann* zum Geliebten. *Wenn das meine Oma wüßte!«*

Während sie nach Norden aus der Stadt fuhren, streichelte sie seinen Oberschenkel, bis er warnte, bei solcherlei Ablenkung könnte er keinesfalls garantieren, nicht in den Graben zu fahren. »Wenn *das deine Oma wüßte!«* Kannte sie die Dübener Heide? Der Wald dort abseits der Straßen liege still, an manchen Stellen unberührt, Urwald fast.

Er hatte geplant, im »Roten Haus« Mittag zu essen, doch das war geschlossen; kein Schild wies auf den Grund hin. Sie habe ordentlich gefrühstückt und halte es stundenlang aus, versicherte sie, er solle sich deshalb keinen Kopp machen. In ihrer Kanuzeit habe sie immerzu von Kohlehydraten und Eiweiß und der Wunderwirkung von Traubenzucker schwafeln gehört, so daß in ihr Widerwillen gegen alle Esserei aufgekommen sei.

In der Konsumgaststätte eines Kulturhauses sagte ein schlaksiger Kellner die vier Gerichte auf, die er anbieten könnte, nee, ’ne Speisekarte hätte er nich extra geschriem. Kompott? Wüßte er nicht, wollte fragen und vergaß es. Das Kalbshaxenfleisch erwies sich als saftig, die Erbsen waren hart, die Kartoffeln reichlich, mehlig und dampfend. Claudia bemerkte, daß ihr Freund und Geliebter den linken Ellbogen beim Suppelöffeln neben dem Teller plazierte; sie wollte es ihm durchgehen lassen, schließlich waren sie auf dem Dorf.

»Was ist deine Lieblingssprache?«

»Französisch.«

Sie saßen über Eck, die Knie aneinander. Während Claudia antwortete, wendete sie ihm das Gesicht zu; er fand, sie blickte am liebsten frontal wie eine Katze.

»Meist muß ich Deutsch von der spanischen Basis her unterrichten. Sonst würde ich mir mein bißchen Französisch noch versauen. Unsere Studenten kommen ja nicht von der Sorbonne.«

Er wäre über landläufige Russischkenntnisse nicht hinausgekommen. Was man in der Schule so mitkriegte.

»Latein würde mir Spaß machen. Und eben Geschichte.« Anwenden könnte sie die tote Sprache freilich nicht. Aber mußte denn alles, was man trieb, direkten Nutzen haben? Was er gerne machen würde? Mit zwei, drei Freunden ein paar Wochen lang mit Rucksack und Zelt streunen, nach Masuren etwa, durchs Baltikum bis zu den berühmten karelischen Birken. Sie lachte: Das nenne er *Studium*? »Geradezu entlarvend ist das: Ein kleiner Junge hat nicht genügend Romantik mitgekriegt.«

Durch ein Wiesental fanden sie rasch in den Wald. Auf einer Tafel waren Wanderwege markiert. Hier sei noch in den fünfziger Jahren Holzkohle gewonnen worden, lasen sie, und man bitte, Rehkitze nicht anzufassen. Tollwutsperrbezirk! »Häuptling«, rief sie, »du wirst mich auch gegen Wölfe verteidigen!«

Er wartete, ob sie von der Geburtstagsfeier erzählen würde, aber sie fragte nach seinen Spürhunden. Daß er der VP angehörte, war eine empfohlene Verschleierung, die er erst aufgeben durfte, wenn die Verbindung sanktioniert war. Er versuchte sich auszumalen, wie Claudia dann reagieren könnte. Davon hing alles ab.

Sie überfiel ihn in einem Kiefernwald, der frei von Unterholz war, die Stämme ragten hoch und schlank. Sie schlang ihm von hinten die Arme um die Brust, preßte seine Oberarme zusammen und schrie: »Dein Weib oder dein Leben!« Vergebens versuchte er, ihre Hände zu lösen, ohne zuviel Kraft anzuwenden. »Ich bin von Berufs wegen ein gefährlicher Nahkämpfer«, warnte er sanft. »Püppchen, gib auf!« Er drehte die Schultern zur Seite, sie versuchte, ihn mit einem Ruck nach hinten zu werfen; als er ein Bein seitlich ausschwang und sie drüberkippen wollte, schimpfte sie: »Elender Hund!«

Er griff mit beiden Händen nach hinten und preßte ihren Kopf gegen die Schulter, so daß sie keine Luft mehr bekam. Mit dem Knie stieß sie ihn in den Hintern, gleich darauf gab sie jammernd auf. »Verdammter

Schuft«, keuchte sie, »ich mache ein bißchen Spaß, und du wendest Gewalt an!«

»Mädchen, du hast Kraft! Was paddeln doch ausmacht. Wenn ich an meine besten Kolleginnen denke: Du könntest mithalten. Unsere Ausbilder würden dir noch ein paar gemeine Griffe beibringen, und du kämst durch jede Prüfung.«

»Dann doch lieber Latein.«

In einem Grund lagen Teiche hintereinander, Bäume waren hineingefallen, Schilf wuchs an den Rändern. Wahrscheinlich waren hier einmal Karpfen gezüchtet worden, nun verkam alles. Über diesen Begriff wurden sie sich nicht einig, er wollte formulieren: Die Natur eroberte sich ein Tal zurück. Karpfenzucht lohne auf diese Weise eben nicht mehr. In der Lausitz bauten sie Betriebe auf, die auf hundertmal so großer Fläche ...

»Schön, uns bleibt die Idylle. Nur die Luft ist dumpf.« Entschlossen stieg sie den Hang hinauf. »Komm! Ins Trockne, Freund!« An wen das erinnere? An Hölderlin selbstverständlich. Bacher zuckte die Schultern. »Ins Freie!« hieße es beim Meister, fügte Claudia an.

Während sie zur Stadt zurückfuhren, fragte er, was sie noch unternehmen könnten. Sie sei müde, so viel Bewegung und Luft habe sie lange nicht mehr gehabt, Gott sei's geklagt. Ein bißchen Vorbereitung auf den nächsten Tag könnte nicht schaden, aber wahrscheinlich würde daraus kaum etwas.

»Ich bringe dich bis auf wenige Meter vor dein Bettchen.«

Der Verkehr war dicht, Trabis, Wartburgs, Ladas, Moskwitschs und ein paar Westwagen von Besuchern karrten Ausflügler zur Stadt zurück. Ein friedfertiges Bild des Wohlstands. Er müßte sich wieder einmal gründlich ausquatschen, überlegte Bacher. Aber mit wem bloß. Sie müßten die Lage durchkauen in all ihren Aspekten, die Außenpolitik in der Dritten Welt und das abgekühlte Verhältnis zu Gorbatschow, das Techtelmechtel nun sogar mit der SPD. Mit Claudia war so was nicht drin, mit Astrid käme es sofort zum Krach, und Harald war viel zu resignativ. Mit Mama wäre es sinnlos wegen ihrer Naivität. Jede Versammlung im MfS lief nach sturem Plan und auf ein paar Standardformulierungen beschränkt ab: Der Klassenkampf verschärft sich, wir oder sie. Mit Schmalbank könnte er unverkrampft und ohne Sorge reden, daß der ihn gleich verpetzte. Vielleicht sollten sie Schmalbanks Frau im Wildlederkleid mit der verrückten Brille hinzuziehen, die blies womöglich frischen Wind zwischen ihre MfS-Hirne. Oder er müßte Claudia einfache Fragen stellen: Was hielten ihre Studenten von der DDR, von Honecker, wie war die Versorgung in Mittweida, was dachten ihre Eltern, warum war sie nicht in der SED?

»Wenn du Zeit hast, Sascha, treffen wir uns übermorgen.«

»Willst du denn?«

»Mein großes, starkes Dummerchen.«

Und wenn ich morgen von der Kaderabteilung Bescheid kriege? Und wenn der negativ ausfällt? »Wann soll ich dich anrufen?«

Sie verabredeten zwei günstige Zeiten, da waren sie schon am Nordplatz. Claudia küßte ihn und versicherte, es wäre ein wunderbarer Ausflug gewesen. »Ich danke dir für deine Geduld mit meinem Gefasel.«

»Aber du hast doch nur gescheites Zeug geredet. Hölderlin! Nächstes Mal erzähle ich dir von Bracken aus dem Barock, die eine Hirschspur zwischen hundert anderen Spuren herausschnüffeln konnten. Wirst verblüfft sein, wie du mich dann bewundern mußt.«

Daheim schaltete er den Fernseher ein: Fußballberichte aus der zweiten Liga, Schwimmen irgendwo. Leider hatte er kein Bier im Hause. Schnaps wäre gefährlich, Schwager Harald bot ein warnendes Beispiel. Mit Claudia hoffte er sich bald ein wenig zu betrinken, in einer Weinstube, heiter, albern sogar. Wenn die Vorschriften nicht wären, würde er sich ganz anders reinknien: mit nach Mittweida fahren, die Eltern kennenlernen, ihr Umfeld. Es kam bei jedem Menschen darauf an, wie er aufgewachsen war, eine Binsenweisheit. Zum Beispiel Astrid: Mit welchen Krämpfen probierte sie eigene Wege abseits vom Elternhaus.

Auf dem Bildschirm nun ein bunter Abend in einem thüringischen Ferienheim, Girlanden, Geschunkel. »Diesen Weg auf den Höhen bin ich oft gegangen, Vöglein sangen Lieder.« Was hätten sie auch sonst tun sollen. Ohne Schnaps war so was schwer zu ertragen. Er stellte sich vor, sein General befahl alle Abteilungsleiter zu sich und fragte, wo jeder einzelne Schwachpunkte sähe. Er würde das Verhältnis von Offensive und Defensive gegenüber dem äußeren Feind erklärt wissen wollen. Dann die Definition des inneren Gegners: Was brachte die zunehmende Reisetätigkeit nach dem Westen für Aufweichungen? War es richtig, die Intershops radikal auszuweiten?

Er hatte lange nicht so oft an seinen Vater gedacht wie in den letzten Wochen. Nachdem Albert Bacher aus dem Dienst geschieden war, hatte er immer stärker gefunden, alles wäre in bester Ordnung. In der Ukraine hatten sie ihm Wunderkühe vorgeführt. Aber warum importierten die Freunde immer mehr Weizen aus Kanada und gaben einen Teil nur gegen hartes Geld an die DDR ab? Vater, ist es richtig, daß wir das sowjetische Erdöl mit Dollars bezahlen müssen? Sag doch mal, Vater!

Claudias Eltern, Mutter Marianne aus Stettin, Albert aus Scheupitz, der Ziegeleiarbeiter aus dem proletarischen Adel, was wissen wir denn, woher unsere Fähigkeiten, Vorlieben, Abneigungen, Ängste und Schwächen stammen, was ist denn das für ein Ding, das berühmte Klassenbewußtsein? Claudia ist kleinbürgerlich verkorkst, und warum bin ich anders als Astrid? Was wird aus Silke, und warum läßt sich Mutter jeden Monat ein Paket vom Feind Linus schicken? Guter alter Albert, allmächtiges Vorbild, Straßennamensgeber, wie geht es mit uns weiter?

Damals VIII

1932

Regen, Regen. Sie waren an den Schultern und den Knien durchnäßt, Kälte kroch den Rücken hinunter. Sie hatten Rochlitz umgangen und sich nicht über die Muldenbrücke gewagt. Der Steg südlich davon lag menschenleer. Ein Stück wenigstens sollten sie mit der Eisenbahn fahren; sie besaßen zusammen allerdings bloß drei Mark siebenundsechzig.

Die Dörfer stiegen sanft an, die Straßen waren voller Pfützen. Schwarz die Alleebäume. Weit weg bellten Hunde. Über einer Höhe riß der Wind die Wolken auf, die nun vor Sternen entlangfegten. Da froren sie bis in die Muskeln hinein. Heinz gab das Tempo an, Albert mühte sich, Gleichschritt zu halten. Achim mußte alle hundert Meter in Trab fallen, damit der Abstand nicht zu groß wurde. Albert nickte Achim zu. Konnte sein, daß der weinte. War nicht zu erkennen unter dem Mützenschirm.

Noch vor Chemnitz wollten sie sich trennen. Die Polizei würde nach drei jungen Burschen fahnden. Mord an einem SA-Mann. Zwei Flüchtende kämen eher durch, einer sowieso. Wer sollte der eine sein?

In einem Stall brannte Licht, jetzt waren die Bauern beim Melken. Am vergangenen Morgen war Heinz auf die Idee gekommen, an einer Milchrampe im Gebüsch zu lauern, bis ein Bauer seine Kannen abstellte, ran, den Deckel runter, zwei kippten die Kanne an und hielten sie, einer soff. Immer die Ohren hellwach. Achim hatte gekotzt danach.

Diesmal trank Achim mit vorsichtigen Schlucken. Er hielt die Kanne selber, eine Zehnliterkanne von einem kleinen Bauern, einem Häusler vielleicht. Sie hatten gehört, die Bauern stellten Wachen mit Hunden gegen Arbeitslose auf. Hunde wären am schlimmsten. Wieviel konnte er auf einmal trinken, einen Liter höchstens. Wahrscheinlich hatte er gekotzt, weil er den rohen Kohlrabi nicht genug gekaut hatte. Sie mußten mit der Eisenbahn fahren, wenigstens hinter Chemnitz, und sich irgendwie Brot beschaffen. Kuchenränder gaben die Bäcker nur noch an Kinder von Kunden ab.

Er tupfte sich vorsichtig die Milch vom Kinn, damit sie den Schorf nicht aufweichte. Röhnisch hatte ihn mit dem Koppelschloß getroffen. Wie mit einer Peitsche hatte er mit dem Koppel um sich geschlagen und ihm die Haut von der Wange bis zum Kinn aufgefetzt.

»Weiter jetzt.« Albert versuchte eine aufmunternde Miene, ein Lächeln, ein Grinsen. Achim sah schlimm aus. Und stand am wenigsten durch. In der Nacht war der Gedanke entstanden, gewachsen, unterdrückt worden und doch nicht zu verdrängen gewesen: Wenn Achim aufgibt, falls er zur Polente geht und uns verpfeift, wenn er sagt: Ich hab nicht gestochen. Das konnte passieren, falls er schlappmachte, das durfte nicht passieren. »Röhnisch war ein Schwein, um den ist es nicht schade.« Diesen Satz kannte jeder: Verräter verfallen der Feme. Er mußte Achim einhämmern, daß Röhnisch übergelaufen war und solche Lumpen an die Wand gehörten. Nach der Revolution würden sie jeden wie den abknallen. Konnte man so ausdrücken: Sie hatten ihn hingerichtet. Wenn Achim zur Polente rannte, würden die Genossen ihn nach der Revolution aufhängen, eine Kugel wäre noch zu schade.

Sie gingen nebeneinander, Albert in der Mitte. »Einer bleibt bei mir«, sagt er. »Es können ja schlecht zwei andere bei meinem Onkel auftauchen und sagen, ich stecke irgendwo.« Er würde Achim nicht allein lassen.

»Knobeln.« Heinz war noch nie im Erzgebirge gewesen und konnte sich kein Kartenbild vorstellen. Ortsnamen wie Olbernhau und Annaberg hörte er zum ersten Mal. Er stellte sich das Erzgebirge mit Felszacken vor und hörte, Wald reiche hinauf und senke sich auf der anderen Seite hinab. Falkenau an der Eger, Ottokar Pensel, Alberts Onkel, arbeitsloser Bergmann. Straße und Hausnummer wußte Albert nicht.

»Heinz, du hast die meiste Kraft. Du kommst besser durch als Achim. Oder?«

Ein Postauto überholte sie, nun bogen sie in eine Senke hinunter und folgten einem Weg in einen verwachsenen, kleinen Steinbruch. Sollte einer wachen? Aber sie waren so müde, daß sie entschieden, es sei nicht nötig. Sie legten sich eng aneinander und froren trotzdem. Achim zuckte im Halbschlaf.

Als gegen Mittag die Sonne durchdrang, zogen sie die Hemden aus. Sie mußten zu Brot kommen. Ein Dreipfundbrot, gerecht aufteilen und langsam kauen. Und wie lange sie bräuchten bis in die Sowjetunion. Was sollten sie dort sagen: Sie hätten *in Notwehr* einen SA-Mann erstochen. Heinz wäre Mitglied der KPD,

Albert im KJV. Achim hätte in die Partei eintreten wollen, aber die Formulare wären gerade ausgegangen. Hätte mit Plakate geklebt. Die Nazis wären auch über ihn hergefallen, da hätte er sich wehren müssen. Schlagt die Faschisten, wo ihr sie trefft.

Am Nachmittag säuberten sie so gut es ging ihre Hosen. Wahrscheinlich würde es nicht mehr regnen, und sie kämen in der Nacht fast bis Chemnitz. Der Wald reichte bis an ein Dorf heran. Albert grüßte zwei Frauen, die auf einer Bachbrücke standen und ihm ins Gesicht blickten. Neugierig, wie er befürchtete. Vielleicht hingen schon Steckbriefe an den Anschlagbrettern. Womöglich waren ihre Fotos in den Zeitungen. Ging ja gar nicht, von ihm hatte seit Jahren niemand ein Foto gemacht, und von den Konfirmationsbildern her erkannte ihn keiner. Wahrscheinlich gafften sie hier jeden Fremden an. Er fragte, wo er Brot kaufen könnte, ja, er wäre arbeitslos, ja, er käme aus Chemnitz und suchte Arbeit bei einem Bauern. Mit Kost und Logis wäre er zufrieden. Da fiel ihm ein, daß sie vielleicht gar nicht in die Sowjetunion müßten, wenigstens nicht gleich, den Herbst über könnte er hier unterkriechen, und dann bräche bestimmt die Revolution aus. Aber kein Bauer würde Achim nehmen, die halbe Portion.

»Landesprodukte und Colonialwaren«, stand über dem Geschäft. Er fragte nach altem Brot, das wäre er aus Chemnitz gewohnt. Für zwei Brote zahlte er fünfundvierzig Pfennige, das war weniger, als er vermutet hatte. Unter jeden Arm klemmte er eins, so sahen ihn seine Kumpel kommen, er hob sie hoch wie Siegestrophäen. Jetzt waren sie überzeugt, alles richtig gemacht zu haben. Sie würden durchkommen, garantiert ließen sich die sowjetischen Genossen Zeitungen aus Deutschland schicken, in denen stand, ein SA-Mann wäre erstochen worden, vielleicht nannte ein Blatt sogar ihre Namen.

In der nächsten Nacht kamen sie über Burgstädt hinaus. Bei einer Rast meinte Achim, sie sollten in der Sowjetunion behaupten, *alle drei* hätten den SA-Mann erstochen, sonst würde vielleicht einer zurückgeschickt. Das leuchtete Heinz nicht ein: drei Mann und Notwehr? Vielleicht nahmen die Russen nur jemanden auf, dem die Todesstrafe drohte. Plötzlich sagte Albert: »Sie werden uns zu Stalin bringen.« Die beiden schwiegen verblüfft, er malte aus, wie am 1. Mai oder an Lenins Geburtstag im Kreml eine Feier stattfand. Bestarbeiter und hervorragende Soldaten wurden Stalin vorgestellt, der drückte allen die Hand, ein Dolmetscher schilderte, wie sie gegen die Faschisten gekämpft hatten. Stalin steckte jedem einen Orden an.

Heinz lachte: »Und dann kriegen wir mächtig zu fressen.«

Im Weitergehen hing Albert dem Gedanken nach, auf einer Schule der Komintern würde er in allerlei spannenden Dingen ausgebildet, im Funken, Schießen, Sprengen. Natürlich lernte er Russisch, vielleicht Englisch. Und wenn irgendwo die Revolution ausbrach, setzten sie ihn ein, ganz vorne.

Die Schmerzen, die er am vergangenen Tag und in dieser Nacht nur wenig verspürt hatte, setzten an der Endstelle der Chemnitzer Straßenbahn verstärkt ein. »Mensch, das brennt vielleicht.«

»Hättest du denn ins Krankenhaus gemußt?«

»Laufen kannst du danach nicht gleich, vielleicht so drei Tage hätte es gedauert.«

»Mensch, und nun kommt das mit dem blöden Röhnisch dazwischen.«

Albert müßte seinem Onkel sagen, was geplant gewesen war: eine Phimosenoperation.

»Mußt höllisch aufpassen, daß sie dir nicht den Schwanz abschneiden. Ruckzuck!«

»Ach, halt doch's Maul.« Das hielt kein Schwein aus, dieses Brennen und Jucken, und bis sie in die Sowjetunion kämen, konnten Wochen vergehen. Sein Onkel mußte doch einen Arzt kennen, der einem Flüchtling aus Deutschland half, der die Operation in seiner Wohnung machte, diesen kleinen Schnitt.

»Hättest du 'ne Narkose gekriegt?«

»Örtlich betäubter Schwanz.« Achim hielt das für spaßig.

»Ich hau dir gleich eins in die Fresse. Die Vorhaut ist vorne zu eng, was gibt's denn da zu feixen, du Arschloch.«

»Wird die abgeschnitten wie bei den Juden?«

»Bloß aufgeschnitten.« Daran hatte Albert noch nicht gedacht: Das war bei Juden eine Routinesache, er würde zu einem jüdischen Arzt gehen und behaupten, er wollte den Glauben wechseln, dann machte der das umsonst.

In die Straßenbahn stiegen sie getrennt ein; sie hatten verabredet, bis zur anderen Endstelle zu fahren. Es war noch immer nicht hell. Albert blieb auf dem letzten Perron, von dort könnte er leichter fliehen. Schade, daß er sein Messer weggeworfen hatte. Sie würden ihn zum Tode verurteilen, wenn sie ihn erwischten, mindestens zu lebenslänglich. Die Revolution befreite ihn, er wäre dann ein Held. Im Prozeß würde er Röhnisch einen Verräter nennen, und außerdem wäre der ja viel stärker gewesen, er hätte sich schützen müssen. Notwehr. Er stellte sich vor, wie der Richter fragte: Aber wieso haben sie ihn dann in den Rücken gestochen? Da knickten ihm die Knie ein – mein Gott, fühlte er sich kaputt, zwei Nächte auf den Beinen, an die siebzig Kilometer geschafft. Wenn sie erst im Gebirge wären, würden sie eine Nacht und einen Tag lang schlafen, in einer Feldscheune, ins Heu gewühlt.

Er zahlte beim Schaffner und blickte ihm dabei in die Augen. Das war falsch, wußte er gleich darauf. Es war besser, er setzte sich, denn warum stand einer, wenn die Bahn fast leer war. Er müßte aufspringen und das Messer hochreißen können, da würden die anderen zurückweichen, denn er war ja ein Messerstecher, stand in den Zeitungen, ein Mörder, und er würde schreien: Auf einen mehr kommt es auch nicht an! Röhnisch war zu den Nazis übergelaufen, der Lump, das würde den Richter nicht beeindrucken, denn der war selbst Nazi.

Und wenn er alles rückgängig machen könnte – der Gedanke kam ihm, als wieder die Müdigkeit nach ihm griff. Nun war der Wagen fast voll und die Luft verbraucht. Diese Überlegung machte nur schwach, er wollte sich gegen sie wehren, aber dann stellte er sich doch vor, er läge gerade im Bett neben seinem Bruder, der sich zur Wand drehte, pfeifend atmete und ihm die

Decke wegzog. Nachmittags könnten sie ein bißchen Fußball spielen und am Abend vor dem Lokal stehen, in dem die Genossen Bier tranken, die noch Arbeit hatten, oder er saß mit den anderen, die gerade erst in die KPD eingetreten waren, im Hinterzimmer, und jemand hielt einen Vortrag übers Finanzkapital und den Ruhrkampf und den Unterschied von Revolution und Revolte. Das letzte Mal hatte eine grauhaarige Genossin gelobt, er hätte eine kluge Frage gestellt.

Als sie ausstiegen, war es hell, und Wind wehte. Sie gingen in Abständen, als würden sie sich nicht kennen, erst nach hundert Metern hinter einer Ecke warteten sie aufeinander. »Achim bleibt bei mir«, sagte Albert. »Heinz, hast du dir alles gemerkt?«

»Bist nicht der Anführer. Und außerdem hast du uns die ganze Scheiße eingebrockt.«

»Du weißt, wie mein Onkel heißt?«

»Falkenau an der Eger, Bergmann Ottokar Pensel.«

Sie teilten das restliche Geld auf den Pfennig genau auf. »Kommst über Annaberg bis Cranzahl, dann mußt du irgendwo am Fichtelberg vorbei.« Daß wir über Eibenstock rübermachen, muß er nicht wissen, dann kann er uns auch nicht verpfeifen. »In drei Tagen treffen wir uns, spätestens.«

Als Albert Bacher wenige Meter gegangen war, jagte ihm ein Schmerzstoß durch den Unterleib, daß er sich krümmen mußte und ihm der Schweiß am ganzen Körper ausbrach. »Wir kommen schon durch«, sagte er leise, als ob er selber nicht daran glaubte. Wenn sie ihn schnappten und vor Gericht stellten, sagte er vielleicht doch die Wahrheit. Denn Achim würde bestimmt nicht dichthalten, und es könnte sein, die Richter billigten ihm dann ungeheure Erregung zu. Sie hatten sich wüst geprügelt, erst vier gegen drei und dann noch zwei gegen einen. Röhnisch war der Stärkste, weil er Melker gewesen war und jetzt Kohlen schaufelte und Säcke buckelte. Sie hatten sich in die Fresse gehauen und in den Bauch, da konnte schon mal 'ne Rippe oder das Nasenbein draufgehen. Irgendwann mußten sie ja aufhören. Atemlos und ohne richtige Wut hatten sie sich noch beschimpft und waren weiter auf die Stadt zugetrottet, zwei der Nazis nun an die fünfzig Meter vorneweg, Röhnisch vor ihm und Achim und Heinz zehn Meter zurück. Röhnisch hatte sich halb umgedreht und gefeixt: »Hab gehört, du kannst nicht mal richtig ficken mit deiner krummen Pfeife.« Da hatte er zugestochen, Röhnisch hatte sich zusammengekrümmt und mit dem Koppel um sich geschlagen, hatte Achim erwischt, da stieß Albert Bacher ein zweites Mal zu, Röhnisch sackte nach vorn, beinahe auf Achim drauf. So düster es auch war, und obwohl er noch nie eine Leiche gesehen hatte, wußte Albert doch sofort: Röhnisch war tot. Zwei Worte waren in ihm hochgeschnellt, aus dem Lesebuch, aus einem Gedicht oder einer Kriegsgeschichte, Westfront 1916, Sommeschlacht: Gebrochene Augen.

Sie kamen bis Schwarzenberg und auf einem Lastauto bis Johanngeorgenstadt. Vor dem Bahnhof setzten Reichswehrsoldaten ihre Gewehre zusammen, sie waren wohl im Manöver. »Wenn wir uns trennen müssen«, fragte Albert, »wie heißt mein Onkel?« Gerade wieder biß der Schmerz zwischen den Beinen so irrsinnig, daß er weiß wurde wie die Kalkwand, an die er sich lehnte.

2.

1988, Juni

Der Raum ging zum Ring hinaus. Eine Woche zuvor hatten Spezialisten aus Berlin überprüft, ob er von außen abgehört werden könnte. Da müßte schon, hatten sie herausgefunden, in einem gegenüberliegenden Haus teuerste Technik installiert werden; dort lagen Büros, keine Wohnungen. Autos durften vor der Bezirksverwaltung nicht parken. Eine rasche Aktion war nicht auszuschließen, eine dauernde Bedrohung unmöglich.

Vier Männer saßen am Tisch, Leipzigs MfS-General, ein Genosse der Zentralen Auswertungs- und Informationsgruppe, der ZAIG, die überall unangemeldet kontrollieren konnte und das Recht besaß, sich jeden Panzerschrank aufschließen zu lassen, daneben ein Oberst der Abt. XX aus Berlin und, im Rang steil unter ihnen, Hauptmann Alexander Bacher. »Diesen Bericht hier«, begann der General, »hat der tüchtigste IMB aus dem kirchlichen Bereich erarbeitet, er muß intensiv abgeschirmt werden. Zehn Kirchenmänner haben kürzlich in Dresden beraten. Ich darf vorlesen: ›Seitens der Landeskirche Sachsens wurde eingestanden, daß sie bis zum gegenwärtigen Zeitpunkt nicht den vollen Umfang der Probleme kirchlicher Tätigkeit in Leipzig nach den Ereignissen um die Zionskirche und die Umweltbibliothek in Berlin gekannt hätte. Erst nach Gesprächen mit staatlichen Organen sei deutlich geworden, daß in Leipzig die umfangreichsten Aktivitäten alternativer kirchlicher Gruppen aufgeflammt seien. Trotzdem würde das Verhältnis der Kirche zum Staat nicht über Gebühr belastet. Dies dürfte einer guten innerkirchlichen Arbeit, aber auch dem besonnenen Verhalten der staatlichen Organe zugeschrieben werden, die es vermieden hätten, Reizmomente zu setzen.‹«

Dem konnte der General zustimmen. War schon ein Fuchs, sein IMB, das B stand für »Feindberührung«, und der Mann war wirklich vorne dran, mitten in den Pfaffennestern drin. »Wir haben die Schwarzen erst auf die Pulverfässer in ihren Kellern aufmerksam machen müssen, auf alle diese Zusammenrottungen. So geht das im Bericht weiter: ›Durch einen Leipziger Superintendenten wurde erklärt, das Umfeld dieser alternativen Gruppen stehe unter günstiger Beeinflussung. Insbesondere wäre durch den Synodalausschußvorsitzenden Dr. Dr. Berk beruhigend eingewirkt worden. Nur so wäre es möglich gewesen, chaotische Zustände wie in Berlin zu vermeiden.‹«

Der Genosse der ZAIG mußte natürlich seinen Senf dazugeben: Zionskirche und Umweltbibliothek stellten andere Schwerpunkte dar, da Beeinflussung aus Berlin-West beinahe täglich erfolge; Leipzig läge doch vergleichsweise abgeschirmt im Hinterland. Der Oberstleutnant trug eine Brille mit goldenem Rand, ein elegantes Stück, das Gegenteil von Kassenmodell.

Derlei war selten im MfS, es paßte zum klatschumwitterten General der Aufklärung oder zu diesem Aufsteiger im Politbüro, der angeblich sieben Sprachen gesprochen hatte und in Libyen mit einem Hubschrauber abgestürzt war – wie hatte er gleich geheißen? Der General wußte, daß sich der IMB, von dem der Bericht stammte, auf durchtriebene Weise eben selbst gelobt beziehungsweise das Lob dem Superintendenten in den Mund gelegt hatte; IMB »Carl« war kein anderer als Dr. Dr. Berk. »Ich lese also weiter vor: ›Durch den Stellvertreter des Landesbischofs wurde die Auswertung des Gespräches mit Vertretern der Regierung vom 18. 02. 88 vorgenommen, wobei betont wurde, man hätte staatlicherseits der Kirche zu verstehen gegeben, die Basis im Verhältnis Staat/Kirche vom 6. 03. 78 stünde kurz vor dem Zusammenbruch. Bei Fortführung der in den letzten Wochen eingenommenen kirchlichen Haltungen wären schwerwiegende Konfrontationen unvermeidbar. Die Kirche sei enttäuscht, daß ihr eine falsche Rolle zugespielt worden sei. Sie vertrete die Auffassung, die Ursachen für diese Entwicklung lägen beim Staat und der SED. Staatlicherseits gäbe es auch Kräfte, denen das Verhältnis Staat/Kirche nicht gefalle und die bewußt an einer Verschärfung interessiert seien. Das Problem der Ausreisewilligen sei außerhalb der Kirche entstanden, man habe diese Leute schließlich nicht hereingeholt. Es sei und bleibe religiöses Anliegen, Menschen in Konflikten, die seelsorgerischen Beistand benötigten, zu unterstützen. Dabei stehe nicht das Anliegen der Ausreise im Mittelpunkt, sondern der Mensch mit seinen Sorgen und

Ängsten. Es gehe nicht um die Beförderung von Ausreiseanträgen, da die Kirche ja generell die Auffassung vertrete, der Platz eines Christen bleibe hier in der DDR, unabhängig bestehender Probleme.‹«

Der Oberstleutnant der ZAIG spürte die Gefahr, die von diesem Bericht ausging. Bisher waren die Pfaffen vor dem kleinsten Druck zurückgewichen, hatten demütig Schrittchen für Schrittchen nachgegeben. Man mußte ihnen nur energisch genug vorhalten, daß sie sich auch nicht einen Millimeter aus den Kirchentüren hinauswagen durften, ohne die Abmachung zu verletzen. Nun drohten sie dem Staat, er verletze seinerseits den bewährten Kuhhandel. Jetzt müßte eine dritte Kraft zur Vermittlung bereitstehen. Natürlich kam die CDU nicht in Frage. Schön, die SED hatte ihr ja selber die Zähne gezogen; nun war es zu spät, ein drittes Gebiß einzusetzen. Er würde sich hüten, in diesem Kreis auch nur ein Wort in diesem Sinne fallen zu lassen.

Der General blätterte im Bericht. »So geht das weiter: ›Die Kirche ist verwundert, daß der Staat keine realistische Kenntnis der Situation unter Ausreisewilligen besitzt. Die Kirche ist enttäuscht, daß der Staat nicht sieht, daß sie versucht, diesen Personenkreis zu kanalisieren. Es war Motiv kirchlicher Arbeit, Emotionen abzubauen und nicht abzuwürgen, da sonst öffentlichkeitswirksame unkontrollierte Handlungen von diesen Personengruppen ausgehen könnten. Die Bereitschaft dazu ist groß. Die Kirche darf nicht zur Untergrundbewegung werden. Für den Bereich der Landeskirche Sachsens wurde festgelegt, daß es keine Etablierung von sogenannten ›Staatsbürgerschaftsrechtsgruppen‹ geben wird.‹«

Das sei das Wesentliche, so der General. Fragen? Meinungen?

Ob der IMB, wollte der Oberst der Abt. XX wissen, intellektuell in der Lage sei, Stimmungen und Strömungen solch einer Debatte genau wiederzugeben. Das bestätigte der General. »Wenn wir reagieren, dürfen wir rhetorische Spitzen von Kirchenmännern nicht überbewerten, aus dem Bericht hört mein wachsames Ohr jede Menge Retourkutschen heraus. Die Kirche hätte sich die Antragsteller nicht selber hereingeholt – da kann ich doch nur herzlich kichern. Wer denn, wenn nicht Ohlbaum? Nikolaikirche – offen für alle, von wem stammt denn das! Also auch offen für Staatsfeinde!«

Er war gewiß nicht hierher befohlen worden, sagte sich Bacher, um gleichberechtigt mit den drei Genossen eine Entscheidung herbeizuführen, er war gegebenenfalls Zulieferer von Details. Jetzt wurde er gefragt, wie viele Gruppen unter das Dach von Nikolai geschlüpft seien. Zweiundzwanzig. Waren Ratschläge der Abt. Inneres an den zuständigen Superintendenten angenommen worden, Ohlbaum zu versetzen? Klares Nein.

»Und wenn die Kirche uns diesen Bericht bewußt zugespielt hat?« so der Oberstleutnant von der ZAIG.

So durchtrieben seien die nicht, meinte der General. Die Kirche werfe dem Staat den Fehdehandschuh hin: Das Konkordat drohe zu bersten, und der Staat sei schuld. Jetzt, vermutete Bacher, werden sie mich fragen, wie schnell meine Linie zum Einsatz kommen kann: Ab mit den Gefährlichsten in die Pferdeboxen. Wie viele sollen's denn sein, zwanzig oder fünfzig oder alle hundertdreiundzwanzig und neun IM untergemischt? Unvermittelt schoß in ihm der Gedanke hoch: Wenn nun von Tinnow der Befehl rüberkommt: Zwei, vier, sieben »Wespen« auf die Festnahmeliste setzen, darunter eine gewisse A. P.?

Also? Der General fügte an, der Bericht wäre offiziell nicht auswertbar, denn unbedingter Quellenschutz sei zu garantieren. »Genossen, wenn wir unsere Einschätzung in die Abteilungen für Kirchenfragen durchreichen, können wir uns auf nichts beziehen.«

»Dieses Schild ›Offen für alle‹ muß weg.«

»Dann platzt der Kessel woanders.«

»Und wenn wir ihn explodieren lassen? Eher ein wenig früher als zu spät?«

Der General fürchtete jetzt Kritik an der KSZE-Politik des Staates oder Sehnsucht nach der guten alten Zeit, als der Schutzwall, der antifaschistische, wie Sindermann ihn getauft hatte, noch ernstgemeint gewesen war. Natürlich war jetzt alles viel schwieriger.

Der Stellvertreter des Generals, ein schwerer Mann, sagte in die Stille hinein: »In einigen Ausreisegruppen sind ehemalige Genossen am rabiatesten. Erst aufstiegsgeil, dann klappt was nicht, und schon wollen sie drüben einen fetten Posten. Ich schließe eine Verschärfung von dieser Seite nicht aus. Besetzung von Botschaften – haben wir doch alles schon gehabt.«

»Ein bißchen platzen lassen bloß, und dann gezielte Maßnahmen? So gegen zehn, zwanzig Figuren?«

»Das, Genossen«, sagte der Mann der ZAIG, »kann natürlich nicht eine Leipziger Entscheidung sein. Die Genossen Kienbaum und Mittig sollten informiert werden. Ich stelle auf andere Weise durch.«

Und, dachte der General, wenn unser Problem irgendwo versackt? »Meine Meinung: Zuerst müssen die Friedensgebete abgeschafft werden.«

»Zumindest: Nicht jeder darf sich dort ausquatschen. Die Regie muß wieder in der Hand der Pfarrer liegen.«

»In der Hand des Superintendenten. Den machen wir verantwortlich.«

Noch Fragen, Meinungen? Mappen wurden zugeklappt und Stühle gerückt. Der General ging mit den anderen bis zur Tür, dann blickte er über den Balkon in die Bäume hinaus. Niemand war auf die Bemerkung eingegangen, daß »man« staatlicherseits zu verstehen gegeben habe, das Verhältnis zwischen Kirche und Staat stünde vor dem Zusammenbruch. Wer war »man«? Drang da etwas durch einen IM-Bericht herüber oder herunter, was der Leiter einer Bezirksverwaltung nicht wissen sollte? Hier war kein Nest wie Suhl oder Neubrandenburg. Leipzig war die am stärksten gefährdete Stadt. Die Pfaffen wußten anscheinend mehr als er.

Er ging um den Tisch. Das hatte er noch nie getan und nicht einmal an die Möglichkeit gedacht: Diesen Tisch konnte er umrunden, die Hände auf dem Rükken, das Kreuz durchdrückend, die Schulterpartie. Einmal schaute eine Sekretärin herein und schloß verwundert und leise wieder die Tür. Die Festlegung vom

6. März '78 zwischen Honecker und Bischof Schönherr war also gefährdet. Schwerwiegende Konfrontation, auch so ein Ausdruck. Wenn er doch nach Berlin fahren, sich vor dem Armeegeneral aufbauen und fragen könnte: Was ist los, Genosse Minister? Wer plant was? Soll ich dem Superintendenten und seinen Jüngern auf die Füße treten oder sie lecken? Es war zwecklos, draußen in der Liebknechtstraße nachzubohren, einen schwächeren Bezirkssekretär konnte er sich unmöglich vorstellen.

Linksherum ging der General, rechtsherum, blieb stehen und schaute wieder hinaus. Er hatte nie Stimmungen nachgegeben, das MfS listig und leise über die Partei zu erheben, schon vom Gefühl her hatte er sich dagegen gewehrt. Er brauchte die berühmte klare Linie, nach der dann die Organisation alles entschied. Und wenn er sich offen an die ZAIG wandte: Genossen, ich weiß nicht weiter? Und wenn sie dann konterten: Wozu bist du eigentlich General?

Er blieb stehen, ging anders herum. Und wenn er zum ersten Mal in seiner Laufbahn etwas anschob, das er mit niemandem absprach? Wenn er die Pfaffen in eine Falle lockte und zuschlug? Zusammen mit Bacher, Tinnow? Ein Putsch unterer Stellen würde das heißen, wenn es schiefging. Er könnte Schuld abschieben – vor diesem Gedanken schreckte er zurück. Ein Satz wie ein Fels: Lieber hundertmal mit der Partei irren, als sich einmal gegen sie stellen.

3.

1988, Juli

»Claudia Engelmann«, der Oberstleutnant blätterte in einer Heftmappe, »ich wünschte, wir wüßten mehr. Schulzeit in Mittweida, Sport – alles sauber, alles tüchtig. Kennen Sie ihre Eltern?«

»Nee.«

»Ein Bruder ihres Vaters ist fündundvierzig nach dem Westen, ein Onkel von ihr also. War mal von ihm die Rede?«

»Am Rande.«

»Enge Beziehungen scheinen nicht zu bestehen. Wir müssen sagen: Soweit wir wissen. In Karl-Marx-Stadt sind die Genossen nicht besonders fix. Aus dem Herder-Institut kommen beste Beurteilungen. Einsatzfreudig, begabt. An der Uni hatten sie mal was Höheres mit ihr vor, Promotion, wissenschaftliche Laufbahn. Aber damit ist es nicht weitergegangen.«

Jetzt, dachte Bacher, kommt die Sache mit dem Anwerbungsversuch. Aber der Oberstleutnant erwog, inwieweit eine Dozentin des Herder-Instituts von der Kreisleitung Leipzig des MfS beurteilt werden sollte. »Seit wann kennt ihr euch?«

»Seit einem halben Jahr.« Das stimmte nicht ganz.

»Sie hat mehrfach an sogenannten Rüstzeiten der Kirche teilgenommen. Hat sie Ihnen davon erzählt?«

»Nein.«

»Im Februar hatten sie beispielsweise diese Themen: Kulturkampf Bismarcks, die Zentrumspartei unter Windthorst und die evangelische Kirche, Deutsche Christen und Hitler.« Er nannte das Datum. »Was hat sie Ihnen denn erzählt?«

»Vielleicht hat sie gesagt, sie war bei ihren Eltern.«

»Solche Sachen mussen Sie ausbügeln.« Der Oberstleutnant schüttelte sachte den Kopf, blickte zum Fenster und dann wieder auf Bacher. »Mal eine Frage, die ein bißchen altmodisch klingt: Lieben Sie die Frau?«

»Ich denke schon. Was Sie mir eben erzählt haben, ist natürlich ein Hammer.«

»Wie gesagt, da müssen Sie durch. Machen wir es so: Die Genehmigung für die Verbindung wird unter Vorbehalt erteilt. Sie hören von uns.«

»Danke, Genosse Oberstleutnant.« Sie standen auf. Bacher hatte das Gefühl einer gewissen Feierlichkeit, als ob jemand um die Hand der Tochter anhielte, und der Schwiegervater bremste: Sie sollten sich erst einmal verloben, junger Mann.

Ob er vor allem enttäuscht oder wütend war, konnte er nicht entscheiden. Also hatte er sich doch nicht geirrt: Für Sekunden war Claudia verlegen und fahrig gewesen, als er ihr damals gesagt hatte, er hätte sie am Bus abholen wollen. Und warum war sie in Berlin gewesen? Als sie sich im Zug kennengelernt hatten – Gedränge auf dem Gang –, hatte sie behauptet, sie habe eine Freundin besucht. Rüstzeit, ein tückisches Wort. Die Frage, ob er sie liebte, war überhaupt nicht altmodisch, sondern hatte mit den Bedingungen und Notwendigkeiten des MfS nicht das geringste zu tun. Liebe war mit Klassenbewußtsein vereinbar, aber das MfS stand darüber. Wenn Vater wüßte, daß ich in eine parteilose Lehrerin vernarrt bin, die mit Christen liebäugelt, daß ein Vorgang dieser Art zwischen Karl-Marx-Stadt und Leipzig hin- und hergeschoben wird! Wenn mir doch einer haargenau sagen könnte: Klassenbewußtsein heute, das ist das und das. Klassen*instinkt* wirkt sich so und so aus. Hätte er ab Jüterbog im Getränkewagen zwischen angetrunkenen Matrosen, an einem Stehtisch, von dem ein voller Aschenbecher bei einem ruckartigen Bremsen auf den klebrigen Boden mit seinen Bierpfützen gefallen war, danach auf einem zugigen Bahnsteig – hätte er da *wittern müssen,* daß er keiner felsenfest überzeugten Bürgerin des Staates DDR begegnet war, sondern einer, die ideologisch fremdging? Bewußtsein gehörte zum Überbau und wurde durch die Basis bestimmt, aber dialektisch, also um Kurven und Ecken, und wenn ein Arbeiter damals SA-Mann geworden war, hatte er das *falsche Bewußtsein* gehabt. Marx und noch mehr Lenin hatten darauf vertraut, das richtige Bewußtsein schwappte über die Welt als die endliche Revolution. Aber die ließ sich eben doch unerwartet viel Zeit.

Bloß nicht sofort Claudia anrufen. Den nächsten Treff abwarten – mein Gott, nun gebrauchte er diesen Ausdruck schon für eine private Verabredung. Die Sache mußte sich setzen, und das geschah am ehesten, wenn er sich wie verrückt um seine Arbeit kümmerte. Also raus nach Leutzsch zu den Hundeführern. Oder mit Tinnow durchkauen, was es in den Kirchensümpfen Neues gab. Wenn sich sein Schwesterchen dort verstärkt mausig machte – ob ihm das Tinnow gelegentlich hinrieb als hübschen, gemeinen Stoß mit dem Ellbogen?

4.

1988, August

Die Kamera sei keine Minox, hatte der Führungsoffizier erläutert, dieses legendäre Requisit jedes dritten Spionagefilms, sondern eine Weiterentwicklung mit noch höherer Lichtempfindlichkeit. Ritschratsch, und die Sache sei geritzt. Ein Fensterchen zeige die Zahl der Aufnahmen. So solle er die Filmpatrone einlegen. Alles Weitere spiele sich vollautomatisch ab. Idiotensicher, getarnt als Zigarettenschachtel. Toll, was?

Der IM ging neben einem Mädchen aus Berlin hinter den anderen her. Es war heiß geworden, für die Nacht waren Gewitter angesagt. Sie sei das dritte Mal in diesem Heim, sagte das Mädchen. Er schaute auf den Rücken vor ihm. Iris trug ein hellgelbes T-Shirt mit einer dunklen 13 darauf, Shorts und Sandalen. Ihre Beine waren kräftig mit schlanken Fesseln, auch schmal an den Knien. Wäre er Bildhauer, würde er Iris für die Plastik einer Sportlerin als Modell nehmen. Ginge er allein mit ihr hier, würde er sie aus der Hüfte heraus fotografieren; wenn sich Iris unerwartet umdrehte, sähe sie eine Casinopackung in seiner Hand. Er trug die Kamera in der linken Hosentasche und eine richtige Schachtel in der rechten. Der Apparat war dreimal so schwer.

Die Debatte am Vormittag hätte sie als schwach empfunden, mäkelte das Mädchen aus Berlin. Es müsse jedem selbst überlassen werden, wann er den Punkt für erreicht hielte, an dem ihm die Probleme über den Kopf wüchsen. Jaaa, viele Angepaßte wären dabei, die brav ihr Studium durchgezogen und tolle Stellungen gekriegt hätten. Auf einmal stießen sie auf Schwierigkeiten, die Sensiblere längst in die Knie gezwungen hätten. Bisher sei ihnen das Schicksal anderer natürlich egal gewesen, nun schreckten sie hoch! Unmenschlich! Also den Antrag gestellt und von einem Tag auf den anderen auf alle herabgeblickt, die das nicht auch tun wollten: feig seien die, nicht bewegungsfähig – DDR, der doofe Rest. Eine verbindliche Norm, *wann* der Antrag berechtigt wäre, könnte keiner finden, und deshalb sollten sie alles Geschwafel darüber lassen. »Was hältst du denn von dieser Nachricht im Westfernsehen, daß sechshunderttausend Anträge gestellt worden sind und die Zahl ständig steigt?«

Sie bogen zum See ein. Der bärtige Pfarrer aus dem Harz stapfte durchs flache Wasser. Iris zog Shirt und Shorts aus, sie trug den Badeanzug darunter. FKK-Gebiet war hier nicht, der Führungsoffizier hatte danach gefragt. Der IM setzte sich an einen Tisch neben dem Grillplatz, fotografierte rasch hintereinander den Pfarrer, die Volleyballspieler und Iris, schob die Kamera unter seinen Beutel mit dem Handtuch und den Äpfeln und legte die richtige Zigarettenpackung sichtbar daneben. Er tat so, als taste er nach Streichhölzern, fotografierte noch einmal und gleich darauf vier weitere Male. Iris stand jetzt neben dem Bärtigen. Der IM zog die Badehose an und das Hemd aus, steckte die Kamera in einen Schuh und schob die Socken darüber. Er rannte ins Wasser, warf sich, als es kaum knietief war, nach vorn. Der Beinschlag klappte nicht gleich, er war ziemlich aus der Übung. Er konzentrierte sich, bis die Bewegungsabläufe wieder funktionierten. Dem Gefühl nach kraulte er hundert Meter, schon wurde ihm die Luft knapp, das war ihm im letzten Sommer nie passiert. Daß er jetzt mehr rauchte, lag wirklich nicht daran, daß er neben der Kamera immer auch eine richtige Packung dabei haben mußte. So oft fotografierte er ja gar nicht.

»Wo hast du denn so prima schwimmen gelernt?«

»In Karl-Marx-Stadt. Meine Schule hat Schwein gehabt. Wir durften im Hallenbad trainieren.« Das hätte sein Direktor als Mitglied der SED-Bezirksleitung durchgeboxt. Sauber hätten sie die vier Schwimmarten mit Wenden und allem drum und dran gebimst, ach ja, das mache schon Spaß. Schade, daß er in Leipzig so wenig Gelegenheit finde, das gründlich fortzusetzen. Er stellte sich vor, mit Iris nach Naunhof oder Beucha an eine der Kiesgruben zu radeln, lang war ja dieser Sommer nicht mehr. Nächstes Jahr studierte er in Moskau oder Leningrad. Vielleicht gehörten dort fabelhafte Sportanlagen zum Institut. Es konnte natürlich auch sein, sie hatten nichts als einen staubigen Fußballplatz mit schiefen Toren wie die Freunde in den Kasernen in Leipzig und überall.

Er setzte sich wieder an den Tisch, fotografierte sechsmal und rauchte. Zwei bummelten im Gespräch heran. Einer hätte den Antrag gestellt, als ihm zum dritten Mal eine Versetzung in die Entwicklungsabteilung versaut worden war. Hochfrequenztechnik erneuere sich alle drei Jahre, in seinem Betrieb lägen sie sowieso hoffnungslos zurück, was die meisten nicht mal wüßten oder nicht zugäben. »In dieser verdammten Enge bin ich in ein paar Jahren nur noch ein besserer Hilfsklempner.«

»Und wenn sie dich nun wie gewünscht versetzen, ziehst du dann den Antrag zurück?«

Da wurde der Mann heftig: Aber wenn sie ihn in einem halben Jahr wieder in den alten Laden schickten? Und wenn sie die Entwicklungsabteilung von einem Tag zum anderen zumachten? Diesen Aspekt wollte der IM in seinem Bericht anführen: Das Zutrauen in die Kontinuität volkswirtschaftlicher Abläufe nahm ab. »Das geht doch sowieso alles den Bach runter«, rief der andere.

Iris kam herüber. Der IM ging ihr entgegen. Es sei zum Davonlaufen: Immer und immer dieses Thema, gut, es hatte zum Tagungsprogramm gehört, müsse aber doch nicht auch noch mit an den Badestrand geschleppt werden. Er sah, daß sich auf ihren Schultern die Haut ein wenig schälte. Wo sie denn in Leipzig baden ginge? Sie säße gern auf dem Balkon im Liegestuhl, ihr Vater hätte eine Blende auf die Brüstung gesetzt, niemand könnte hineinschauen, die Sonne brannte dort den halben Nachmittag lang.

Später spielten sie Handball. Der IM stellte sich ins Tor und schaute vor allem auf Iris, die schlimmer rempelte als die Männer. Es wurde Zeit zum Abendbrot, er ging neben ihr zurück. Ob ihn etwas quäle, er mache manchmal einen grüblerischen, zerfahrenen Eindruck. Wie das, fragte er zurück, wie mache sich das denn bemerkbar? Vielleicht sei er überarbeitet, das könne schon sein. Prüfungsstreß und miserable Situation im

Studentenheim, vier Mann auf einer Bude, bis in die Nacht werde gequatscht, daheim bei seinen Eltern penne er am Wochenende manchmal vierzehn Stunden am Stück. Aber sonst sei alles in Ordnung, wirklich.

Schön, und ob er denn auch meine, daß Stasi-Spitzel unter ihnen seien? Pfarrer Ohlbaum, antwortete er, beginne einen Gruppenabend oft mit der Bemerkung, sie wollten von der *Realutopie* ausgehen, sie seien *unter sich.* Da käme gleich Fröhlichkeit auf. Er jedenfalls halte nichts davon, sich ständig bewußt zu machen, daß jedes Wort weitergetragen werden könnte. »Wir dürfen uns doch nicht von denen unsere Galle kaputtmachen lassen!«

Ein Pfarrer aus Berlin hielt eine Andacht, die Iris später, als sie rauchend vor dem Haus standen, als so cool bezeichnete, daß sie schon seelenlos wirkte. Sie gingen noch einmal zum See und in den nach Harz duftenden Kiefernwald hinein, der IM legte den Arm um ihre Schultern. Aus dieser Bewegung ergab sich die nächste, sie küßten sich, sie preßte den Arm um seinen Nacken, er schob ihr T-Shirt hoch. Beim Weitergehen suchte Iris eine Stelle mit trockenem Gras, räumte Äste beiseite und warnte, ein Kienapfel an ungünstiger Stelle könnte alle Liebeslust zerstören. Sie zogen sich aus und breiteten alle Kleidungsstücke übereinander, sie legte sich mit dem Rücken darauf und zog ihn zu sich herunter. Daran versuchte er sich in den nächsten Wochen unzählige Male zu erinnern, er sehnte sich danach ebenso wie er Ablehnung und Abscheu aufzubauen versuchte: Christus auf den Lippen und dann mit einem in die Büsche, den sie erst anderthalb Tage kannte. Er sah sie noch einige Male und redete mit ihr, immer waren andere dabei, und nie spielte sie mit einem Blick oder einem Lächeln auf diese Stunde an. Manchmal kam er ihr so nahe, daß er hoffte, ihren Geruch wahrnehmen zu können. Hin und wieder gelang die Erinnerung, wie er sie gestreichelt hatte. Die Haut war in den Kniekehlen noch zarter gewesen als ihre Brust, und er bedauerte, daß die Umstände es nicht zugelassen hatten, sie dort zu küssen.

10. KAPITEL

Bullenmäßig eng

1.

1988, September

Einmal hatten sie hier ein wenig warten müssen und sich derweil an die Bar gesetzt. Diesmal war ein Tisch hinten an der Ecke frei mit Blick auf die Front des Alten Rathauses, die Uhr und den Turm, Leipzigs beliebtestes Fotomotiv. Dort boten alle Stadtbilderklärer Halt und spulten ab: Gebaut von dann bis dann, beinahe abgerissen zu Anfang unseres Jahrhunderts, im Krieg schwer beschädigt, Kleinod.

Alexander Bacher hatte sich die ersten Worte zurechtgelegt. »Es ist jammerschade, daß ich das alles nicht von dir erfahren habe.« Er zählte auf: Zugeführt wegen dubioser Filmaufnahmen, Kontakte zur Berliner Zionskirche und zu einer kritisch-tendenziösen Umweltbibliothek in Zwickau, Teilnahme an sogenannten Rüstzeiten in Altenburg. »Was hast du bloß mit diesen Kirchenleuten zu schaffen!«

»Also hat es sich doch zu dir rumgesprochen.« Nun war die Stunde da, vor der sich Claudia Engelmann immerfort gefürchtet hatte. Sie war wohl nicht zu verhindern gewesen, außer durch Abbruch ganz zu Beginn, ehe sie gewußt hatte, daß sie ihn liebte.

»Manchmal brauchen die Dinge auch innerhalb der Polizei ihre Zeit.«

»Sascha, ich hab hundertmal angesetzt, sagen wir ein Dutzend Mal.« Die Trauer in ihr war nicht neu, sie hatte sie in vielen Nächten gespürt. »Und wenn ich dir gleich am Anfang alles erzählt hätte?«

Die Kellnerin stand vor ihnen, er bestellte: »Für mich nur ein Bier.« Da wußte Claudia, daß die Unterredung nicht lange dauern sollte. »Für mich eine Tasse Kaffee.« Eigentlich konnten sie jetzt schon aufstehen und auseinandergehen, jedes Wort war für die Katz und schmerzte nur. Romeo und Julia. »Ein Genosse Hauptmann von der Kripo ist mit einer aus einer Umweltgruppe liiert.«

»In der ein Drittel Antragsteller sind.«

»Sind nicht.«

»Sind doch.«

»Ich weiß es von zwei Ehepaaren. Das heißt: Eines davon ist letzte Woche fort. Aber Debatten über Ausreise sind bei uns nicht das Wichtigste.«

»Ihr schnüffelt rum, ob und wo ein Kernkraftwerk gebaut werden soll, und dann wollt ihr euch für Frösche und Rebhühner stark machen.«

»Rebhühner gibt's dort längst nicht mehr.«

Wenn sie nun anbieten würde: Ich höre sofort auf? Jedes Einlenken brächte ihn in die nächste Schwierigkeit, denn *er mußte ja aufhören.* Sie war nicht bei ihren Eltern und nicht mit ihren Studenten auf einer Exkursion gewesen. Sie hatte ihn *nachweislich belogen.* »Und dein Institut?«

»Noch hat niemand was gesagt.«

Kaffee und Bier wurden serviert, Bacher zahlte sofort. Sie legte die Hand auf seinen Arm und zog sie zurück, als sie keine Regung spürte. »Ja, mir war bald klar, daß meine Ansichten und dein Beruf nicht zusammenzubringen sind.«

»Aber mit deinem Beruf sind sie es auch nicht.«

»Ich hab nichts Verbotenes getan.«

»Stell dich nicht naiv.« Der General hatte den Abbruch befohlen und dabei gesagt: Paß auf, daß du dich nicht im letzten Augenblick noch dekonspirierst. Und: Bißchen mehr Gespür hätte ich dir schon zugetraut. Deinem Vater wäre das nicht passiert.

»Hättest du denn, wenn ich von mir aus ...«

Der nächste Schluck Bier schien zu einem Eisbatzen zu gefrieren oder zu versteinern, er drückte auf die Atemwege. Und wenn nun der Befehl kam: Keine Kontakte mehr zu Astrid oder sie eindeutig an das MfS binden? Als Beweis seiner Treue wegen der Schlappe eben?

»Vor zwei, drei Jahren hätte ich nichts dabei gefunden, du bei der Polizei und ich in einer Kirchengruppe. Was ist bloß aus uns allen geworden?«

»An uns liegt es nicht.«

»Kleiner, trotziger Sascha. Macht ihr Meldung ans Institut?«

»Kann sein, kann nicht sein. Ich werde es sicherlich nicht erfahren.« Er fürchtete, sie könnte fragen, ob er seine Hunde stärker liebe als sie. Auf diese Linie durfte er sich nicht drängen lassen. Sie hatte ihn belogen, kalt berechnend und immer wieder, das mußte für den wirklichen Grund herhalten. »Ich könnte eine Meldung nicht verhindern.«

»Der untadelige Genosse.« Sie setzte rasch hinzu, das hätte sie nicht ironisch gemeint.

Er nahm einen Beutel aus seiner Tasche und legte ihn zwischen sie. »Was von dir bei mir war.«

»Ach, Sascha.« Sie würde nicht heulen müssen, nicht jetzt, sicherlich am Abend. Sie schaute ihn an, starrte auf den Markt, seine Lippen waren bleich wie die Haut. Sie dachte: Wenigstens das. Ohne Bewegung saß er, es schien, als atme er nicht einmal. Der Kaffee schmeckte erbärmlich, dem war auch mit Zucker und Sahne nicht aufzuhelfen. »Wann wird das miteinander zu vereinbaren sein, ein Beruf wie deiner und das, was wir machen?« Er antwortete nicht, sie verstaute den Beutel. »Es tut mir alles so leid.«

»Mir auch.« Warum hatte er bloß solches Pech – darüber könnte er vielleicht mit Schmalbank reden, nicht mehr mit Astrid, niemals mit Mutter, die würde ihm wie schon einmal vorhalten, es lebten immerhin eine Million Genossinnen in der DDR und Zehntausende, die vom Alter her zu ihm paßten.

»Habe ich nicht lügen *müssen*? Wenn das alles nun mal nicht zusammenpaßt?«

»Ihr seid verrückt. Ihr putzt euch moralisch auf. Ohne Kernkraft gehen alle Lichter aus. Ihr wollt keine neuen Tagebaue und kein AKW, jetzt mußt du mir nur noch mit Tschernobyl kommen. Ihr fallt euch selber in den Rücken.«

»Sascha, bitte.«

Ich reite mich rein, begriff er, ich will sie doch nicht überzeugen, sie darf nicht sagen: Hast recht, ich gehe da nicht mehr hin. Die Firma würde dahinterkommen, wenn er sie zu täuschen versuchte. Schade, er konnte Claudia nicht erzählen, wie sie einen Zivilangestellten, noch nicht einmal mit Dienstgrad, fertig gemacht hatten. Der war für die elektrischen Anlagen aller Leipziger Objekte verantwortlich gewesen, ein Diplomingenieur, und wollte eine Ärztin des MfS heiraten, Major in Halle. Beide ersuchten um Genehmigung, die war aus unerfindlichen Gründen nicht erteilt worden. Da heirateten sie im Urlaub an der Ostsee, und er erzählte im Haus herum: Die können mich mal alle. Eines Morgens verhafteten sie ihn, weil Unterlagen nicht im Panzerschrank, sondern in seinem Schreibtischkasten lagen, und in der ersten Vernehmung behauptete er: Die habt ihr mir da reingetan. Sie machten ihm höhnisch klar, daß er, wollte er darauf vor Gericht beharren, noch eine Zusatzstrafe wegen Verleumdung des MfS drüberkriegte. Endlich gab er alles fein zu, und nun war er für zwei Jahre Kalfaktor in Bautzen II. Mein Gott, was kannte er für Geschichten.

»Mach's gut, Sascha.«

»Mach's du auch gut.«

Sie legte ihre Hand auf seinen Arm und er seine darüber. Einige Sekunden lang saßen sie so, dann stand sie auf und ging hinaus, am Markt entlang und durch die Hainstraße. Sie hoffte, niemand, den sie kannte, käme ihr entgegen, vor allem kein Student. Auf der Fußgängerbrücke am Engelsplatz klopfte ihr Herz so laut, daß sie die Straßenbahnen und Autos unter sich nicht hörte. Sie hielt sich am Geländer fest und dachte: Mein Kanutenherz, das auch nach dem Abtrainieren anderthalb mal so groß ist wie normal, müßte das aushalten. Wenn mir ein Äderchen im Hirn platzt, bitte, aber doch nicht mein Herz, doch kein Herzschlag hier oben. Als das Pochen schwächer wurde, als sie sich zwingen konnte, deutlich zu sehen: Reformierte Kirche, Hauptbahnhof, unter ihr eine 15, dahinter eine 20, dachte sie mit aller Kraft: Dieser verdammte Staat, diese verdammte SED, diese verdammte Polizei. Kampf dagegen bis auf – bis aufs Messer doch nicht, Kampf bis auf was?

2.

1988, September

Da ging Vockert über den großen Platz, rannte vorm Blumengeschäft über die Fahrbahn, blieb unter den Arkaden und bog heraus, als ihm drei Frauen nebeneinander entgegenkamen. Es wirkte wie Hindernisspringen, kein Schritt war wie der andere, kurz, lang und wieder zur Seite, dies war nur möglich mit griffigen Sohlen und machte Laune. Über Hundedreck zog er einen Sprung länger, das kam ihm vor wie Fliegen. Kein Keuchen, kein Schwitzen, den Knast hatte er raustrainiert.

Er möge in die Kirche kommen, hatte Ohlbaum am Telefon gesagt, vielleicht würden sie ein Stück zusammen spazierengehen. Das deutete Vockert so: abhörsicher. Endlich gewöhnte sich der Pfarrer an das nötigste bißchen Konspiration. Die Bullenbande erfuhr auch so fast alles.

Zwei Mädchen klebten in der Seitenkapelle ein Plakat. Ohlbaum hielt eine Pappe in den Händen, er nickte Vockert beinahe mürrisch zu. Ja, es wäre gut, wenn er einmal Luft schnappte. Ein Stündchen durch den Clarapark?

Sie gingen über den Markt und durch ein Gäßchen fast bis an den hintersten Flügel der Stasi-Zentrale. Vor einem der Eisentore und dicht vor einem Trüppchen Uniformierter bogen sie ab, da schwiegen sie natürlich. Wie und wo er denn wohne, fragte Ohlbaum, und Vockert berichtete: In der Schenkendorfstraße sei er bei Freunden untergekrochen, einem Heizungsmonteur und einem Maschinenbaustudenten. Die Wohnung sei aus der Bewirtschaftung herausgefallen, das Wasser liefe von den Wänden. »Vom Hausverwalter haben wir die Schlüssel gekriegt, dem ist es natürlich lieber, wenn die Buden nicht leer stehen, sonst ginge es mit dem Verfall noch schneller. Mietfrei natürlich.«

»Bist du gemeldet?«

»Nö.«

»Junge, du wirst wieder Ärger kriegen.«

»Glaub ich nicht. Ich habe in Königsau gekündigt und gesagt, ich will nach Leipzig ziehen, dort arbeiten und am Theologischen Seminar hospitieren, um nicht völlig bekloppt zu sein, wenn ich nächstes Jahr mit dem Studium weitermache.«

»Und, arbeitest du?«

»Ich werde ...«

»Ich bin nicht dein Kindermädchen, Martin, und möchte dir nicht auf den Geist gehen. Aber ist das nicht bißchen viel: illegal hausen und keine Arbeit?«

»Ich kümmere mich. Nächste Woche. Aber, weshalb ich mit dir reden will, das ist der Brief vom Sup.«

»Hast du den gelesen, wer hat ihn dir gezeigt?«

»Im Jugendpfarramt haben sie ihn kopiert.«

»Du wirst nichts von mir gegen den Sup zu hören kriegen.«

»Aber Ronner…«

»Das Schlimmste wäre, wenn jetzt innerhalb unseres Kreises einer gegen den anderen losginge. Der Sup hat sich doch klar ausgedrückt, oder?«

Also hatte das große heilige Vorhaben des Pastors Ohlbaum, nach außen wie nach innen dasselbe zu reden, seine Grenzen, jetzt wurde unterm Dach von St. Nikolai Zusammenhalt praktiziert, Solidarität. Der Superintendent und Ohlbaum in einem Boot, mit einer Zunge. »Im ersten Satz steht, daß die Kirche nach der Sommerpause die Friedensgebete selbst übernimmt. Die Gruppen haben also ausgedient.«

»Ungenau, Martin. Du hast sicherlich weitergelesen, daß es den meisten Teilnehmern der Friedensgebete weniger um Frieden, Gerechtigkeit und Bewahrung der Schöpfung geht als um ihren Ausreiseantrag. Ein paar Gruppen machen schon gar nicht mehr mit, und für andere wirkt die Religion offenbar eher belastend.«

»Schreibt der Sup.«

Da waren sie über den Ring hinweg und dem Park nahe, sie spürten den ersten kühlen Hauch unter den Bäumen. Vockert wäre am liebsten wieder gerannt, aber er wollte dem Pfarrer nun doch nicht zumuten, neben ihm herzukeuchen.

»Wir müssen uns stärker den Gemeinden zuwenden. Was wir da zu hören kriegen: Die alten, treuen Mitglieder seien wohl gar nicht mehr wichtig, die Neuen von außen absorbierten alles Interesse. ›Offen für alle‹ – du mußt nicht denken, daß ich mir damit im eigenen Haus nur Freunde gemacht habe.«

»Was der Sup vorhat, gibt Ärger, vielleicht sogar Krach.«

»Und du stehst bei den Krachmachern?«

Vockert schwieg, und Ohlbaum fragte nicht nach. »Ich habe einen Brief bekommen«, sagte der Pfarrer, »den du lesen solltest. Setzen wir uns auf eine Bank?« Ohlbaum zog zwei Bögen aus der Tasche und faltete sie auf. Vockert las:

»Sehr geehrter Herr Pfarrer Ohlbaum!

Ich schreibe Ihnen, weil mir der Mut fehlt, meine Meinung zur rechten Zeit am rechten Ort zu äußern. Dieser Brief soll ein Geständnis sein, eine Beichte gewissermaßen. Aber nicht vor Gott oder vor seinen Dienern, sondern vor einer Öffentlichkeit besonderer Art, vor einer einmaligen Zweckgemeinde, die sich allmontäglich in der Nikolaikirche versammelt.

Wir sind keine oder nur halbherzige Christen, können aber auch nicht in Anspruch nehmen, überzeugte Atheisten genannt zu werden. Für Probleme dieser Art brachten wir in der Vergangenheit wenig Zeit auf. Wir haben uns nach den Berliner Krawallen in das Leipziger Friedensgebet eingeschlichen, in der Hoffnung, von gleichen oder ähnlichen Ereignissen aus dem Lande gespült zu werden. Wir sind kleinbürgerliche Opportunisten, die selbst in der radikalsten Phase der Auseinandersetzung mit diesem Staat vorsichtig sind. Wir wollen nichts riskieren, sondern nur in der Nähe sein, wenn durch andere etwas passiert. Und so hoffen wir jeden Montag, daß die Hierbleiber mit Staat und Gesellschaft ins Gericht gehen, beklatschen jede Äußerung, die uns gewagt erscheint, und kommen uns dabei vor wie Verschwörer. Wir staunen über Wortgewalt und kritische Schärfe, belächeln stumm jene Träumer, die sich um Ausgewogenheit bemühen, bedauern alle, die in diesem materiell und moralisch verwahrlosten Land noch etwas ändern wollen und denken nur das Eine: fort, fort, fort.

Andererseits fehlt uns jedes Verständnis für Nicaragua oder Südafrika, für die Armut in den USA oder für Probleme der Arbeitslosen in der BRD. Wir verlangen Abrechnung mit der DDR, aber bitte durch andere. Wir engagieren uns nicht ohne Abschätzung des Risikos. Wir haben unser Leben zum eigenen Nutzen optimiert und wollen dabei bleiben. Wir haben uns dieser schmuddeligen Jugendweihe ohne Murren unterzogen, haben den Platz in einer Leitung angenommen, Fähnchen geschwenkt und rote Lieder gesungen, kassiert und Wandzeitungen gestaltet, geschossen und gelogen. Wir begründeten die Notwendigkeit dieses absurden Bauwerks in Berlin und schrieben kluge Arbeiten über den Sieg des Sozialismus und den Untergang des Kapitalismus. Wir haben mit der Lüge nicht einmal in der eigenen Familie halt gemacht.

Aber wir besitzen Farbfernseher und waren in Ungarn und Bulgarien. Wir haben eine Datsche, einen Arbeitsplatz auf Rentnerbasis und ein hübsches Konto. Und nun hocken wir hier unterm Kreuz, erneut auf dem Wege zu einem Optimum. Doch uns kommen Zweifel. Wird unser Opportunismus, unser Zögern bestraft? Können wir das sinkende Schiff nicht mehr rechtzeitig verlassen? Haben sich alle gegen uns verschworen? Wir, die Musterbeispiele der Anpassung, sind am Ende. Wir sind nun bereit, sogar über Jesus Christus nachzudenken. Sehr geehrter Herr Pfarrer Ohlbaum! Wir brauchen diesen Montag, auch wenn diese Andacht und die Kirche solche Gäste nicht verdient haben. Wir brauchen die wenigen Geistlichen, die ohne Rücksicht auf religiöse Theorie und kirchliche Gepflogenheiten zu uns stehen. Wir möchten bei Ihnen weiter Gastrecht genießen und sind Ihnen dafür unendlich dankbar.«

Vockert fragte, wer den Brief geschrieben habe, und Ohlbaum antwortete, er sei anonym. »Vielleicht lese ich ihn während des Friedensgebetes vor. Ich werde es bestimmt tun, wenn der Druck aus den Gruppen stärker wird, dann argumentiere ich: Die Hälfte von euch denkt so, seid ehrlich!«

»Alles logisch«, sagte Vockert, während er aufstand, »mir fällt kein Gegenargument ein. Ihr müßt aufpassen, daß ihr nicht die Balance verliert.«

»Hoffentlich erzählst du das überall so.« Dem Thema war nichts weiter abzugewinnen. Ohlbaum fragte, wie es in Königsau stünde. Die Gemeinde werde von Grimsen aus mehr schlecht als recht mitbetreut. Frau Reichenbork wohne noch im Pfarrhaus, von einem neuen Pfarrer sei nichts zu sehen. Wahrscheinlich suche die Landeskirche nach einem lammfrommen Nachfolger. Hinter der Schälanlage faule und stinke es nach wie vor. »Dafür geht nun unsereiner in den Knast.«

Hör doch auf, war Ohlbaum versucht zu sagen, bist der Märtyrer, wohin du auch kommst. Das ist nicht mehr wie zu Schmutzlers Zeiten, da ging es wirklich hart auf hart. Ein halbes Jahr Knast und nicht nach dem Westen, das ist heutzutage Spitze, dein halbes Jahr trägst du wie einen Heiligenschein.

Eine Schnurre aus seinem Haus trug Vockert noch vor, wie sie auf dem flachen Dach des Abends ein lustiges Knäckerchen entfacht hatten, sechs Stockwerke hoch, Blech darunter. Ein bißchen Bier, Musik. Da hatte ein Polizist den Kopf aus der Bodenluke gesteckt, ein zweiter war ihm gefolgt. Was denn hier los sei? Ein Lagerfeuerchen. Gar nicht einmal barsch wären die Bullen gewesen, sie hätten die Personalien notiert. Nachbarn hätten sich beschwert, und sie sollten das Feuer gefälligst löschen. Dann, die Hand an der Mütze: Gute Nacht, Bürger!

Hinter dem Dimitroff-Museum gerieten sie wieder ins Verkehrsgewühl, Vockert verabschiedete sich, er hatte es nicht weit nach Hause. Er käme am Montag, klaro, und würde sich um Arbeit kümmern, gleich.

Dazwischen lag ein Wochenende in Königsau mit Grübeln über Studium und Kirche und Ohlbaum und den Superintendenten. Das stand nun fest: Falls er weiter Theologie studierte, dann nicht, um Pastor zu werden. Guter alter Reichenbork, einen wie dich wird es nie wieder geben. Die Kirche war ein Großbetrieb wie jeder andere, der Konzerndirektor saß in Dresden, Abteilungsleiter war der Sup, und Ohlbaum als popliger Angestellter hatte weniger Spielräume, als mancher dachte.

An allen Werktoren stand: Wir stellen ein: Küchenhilfen, Berufskraftfahrer (Lkw), Fräser, Anlagenfahrer, Drucker, Koch (auch weibl.), Dispatcher, Bürokräfte (halbt. mögl.), Heizer (nur Schichtbetr.), Pförtner (auch Rentner). Vockert bog ins Viertel der graphischen Industrie ein und drang bis zur Thälmannstraße vor. Allerlei für ihn war dabei, er mußte aufpassen, daß sie ihn nicht mit Überstunden eindeckten und er sich nicht raushalten konnte, ohne den Kumpels in den Rücken zu fallen. Daß es nicht hieß, der verkrachte Student wäre wohl was Besseres. Vielleicht das: Großküche sucht männl. Kraft zum Ausfahren von Schulspeisung.

Der Kaderleiter zeigte sich verblüfft. Das war aus jedem Wort herauszuhören und spiegelte sich in Mienen und Gesten. Er wendete die Papiere hin und her. Hilfsarbeit fünf Stunden am Tag? Bestes Zeugnis eines Landmaschinenbetriebs, »Anwartschaft auf Sozialversicherung aufrechterhalten«, sechs Monate lang, das hieß Knast, aha, jetzt roch er den Braten. Nun pries er an: Betriebsferienheim im Erzgebirge, nach einiger Zeit Ferien an der Ostsee möglich, na, nach ein paar Jahren. »Aber so lange haben Sie's bei uns nicht vor?«

Er wolle weiterstudieren und sich darauf vorbereiten, deshalb die kurze Arbeitszeit. Natürlich könnte er in seinem Beruf das Doppelte verdienen, aber er komme auch so hin, ledig, ohne Verpflichtungen. Brutto war da beinahe netto. Der Kaderleiter nahm sich vor, nicht kleinlich zu sein, seit Monaten kriegte er niemanden für diese Stelle, irgendwie wurde die Arbeit mit weggewurstelt. »Und für wie lange?«

»Für'n Jahr.«

»Einen Ausreiseantrag haben Sie nicht gestellt? Und haben es auch nicht vor?« In jeder Abteilungsleitersitzung wurde verlangt, das Ausreisethema nicht aufs Tapet zu bringen, so zu tun, als habe man nie davon gehört. Aber hier war so weniges klar.

»Ich war im Knast. Provozierung staatlicher Organe. Drin haben sie mir das nahegelegt: Antrag und schnell raus oder drei, fünf Jahre Knast, auch mein Verteidiger hielt das für eine gute Lösung. Aber ich hab mich stur gestellt. Da haue ich doch jetzt nicht ab.«

»Angeheuert.« Die polizeiliche Ummeldung? Werde bis nächste Woche besorgt. Der Kaderleiter überlegte, ob er predigen sollte, daß er Pünktlichkeit und Zuverlässigkeit erwarte – besser nicht. Wie ein typischer Knacki sah der nicht aus, etwa die Arme tätowiert, der hing nicht an der Flasche. Vor ein paar Jahren hätte er keinen genommen, der dem Papier nach in diesem Nest Königsau und in Wirklichkeit in Leipzig wohnte, die Bräuche wurden immer schlapper. Was war nun wichtiger, daß einer Essenkübel ausfuhr oder einen Stempel hatte?

Am Abend stieg Vockert wieder durch die Luke aufs Flachdach. Peter hatte aus dem Sperrmüll einen Liegestuhl geborgen, dessen Tuch geplatzt war, und einen Sack aufgenagelt, der diesen Sommer halten würde. Er, einer aus dem Nachbarhaus und das Mädchen, das gerade bei dem kampierte – aus Cottbus, hatte er da richtig gehört, mit ihrer Freundin war sie beim Trampen hier hängengeblieben –, stellten die Musik leiser, der nette Ärger mit den Bullen neulich war nicht vergessen. Nö, sie hätten nüscht wieder von denen gehört. Nun ging abermals der berühmte Sup-Brief von Hand zu Hand. »So wenig wir konkret helfen können, wollen wir uns doch dafür einsetzen, daß diejenigen, die einen Antrag auf Entlassung aus der Staatsbürgerschaft gestellt haben, nicht ins Abseits gedrängt werden. Doch dem einzelnen können wir im Grunde nur helfen mit der uns anvertrauten Botschaft des befreienden Evangeliums, das seine Gültigkeit in jeder Gesellschaftsordnung hat.«

Der Sup sei ein Schleimscheißer, schimpfte Jörg. Das Mädchen wendete ein, das könne nur einer behaupten, der ohne Glauben in die Kirche renne, ohne Verständnis für Jesus. Kirche sei nie immer dieselbe Kirche, konterte Jörg. Jemals von den Armenpriestern in Südamerika gehört? Aber hier sei eben nicht Nicaragua, hier... Jörg kam auf die Idee, sich bei einem der neuartigen Friedensgebete unter des Sups Fuchtel einen Maulkorb umzubinden. Aber woher einen kriegen, wahrscheinlich müßte er in einem Hundeverein sein, dann wären sogar Assoziationen zu einem Polizeihund möglich. Vielleicht ein Halstuch um die untere Gesichtshälfte binden mit der Aufschrift »Redeverbot«?

Da steckte Robbi den Kopf durch die Dachluke, Robbi, der vor ein paar Jahren abgehauen war, in Köln studierte und zu jeder Messe reindurfte, wie der das bloß machte. Und natürlich war er deshalb schon in Verdacht geraten. Nicht bei Peter, der verteidigte ihn: Robbi nie. Da gab es das große Hallohallöchen, wie war's diesmal an der Grenze? Alles paletti, aber die

Einreise war ja immer unproblematisch. Das letzte Mal hatten sie ihn bei der Ausreise böse gefilzt und waren auf sechs Kilo Kaßler und Dauerwurst gestoßen, das war nun wirklich happiger als der genehmigte Reisebedarf. Drei Stunden mußte er warten; er hatte ein Angebot gemacht: Ein üppiges Abendschmausen mit den Grenzern! Provozieren Sie nicht! Aber endlich hatten sie ihn doch fahren lassen. Wie einmal mit einer uralten Kamera, die er als Erbstück bezeichnet hatte, oder andermal mit einer Puppe mit Porzellankopf, drüben glatt für achthundert West zu verscheuern; seine vierjährige Tochter hatte brav genickt, das sei ihre Lieblingspuppe und hieße Susi. Am Vorabend war Robbi eingereist, morgens hatte er neun Paar Schuhe auf drei Schnellreparaturwerkstätten verteilt, denn Westbesucher wurden bevorzugt bedient. Natürlich würde er sich gegen Ostpiepen die Haare schneiden lassen und Holzlöffel und Kleiderbügel und Sämereien für seine Kölner Kumpel kaufen. Ins Dachgeschoß nahmen sie ihn mit hinunter, dort bewunderte er die Stereoanlage, die ihnen einer überlassen hatte, der vor zwei Monaten übergesiedelt war und geprahlt hatte, er würde sich drüben als erstes eine von Schneider kaufen, was nützte ihm noch der Zonenkram. Robbi hatte die neueste Kassette von Zappa mitgebracht, die legten sie sofort ein und stellten auf die gerade noch vertretbare Lautstärke, dann stiegen sie wieder hinauf und setzten sich zwischen die Boxen.

Ausreisen oder nicht, und Robbi verhielt sich wie jedesmal, er gab über Arbeit, Löhne, Versicherung und Arbeitschancen drüben so genaue Auskunft wie möglich, fügte aber an, er würde nie jemandem ab- oder zuraten, die Entscheidung überließe er jedem ganz allein. Stipendium, Möglichkeiten zu jobben, Haschisch in Amsterdam, DER SPIEGEL; Kölsch in Köln und Alt in Düsseldorf, welcher Politiker aus dem Westen besuchte diesmal die DDR? Nur Bastian und Kelly hatten sich in Ostberlin mit Oppositionellen getroffen, und als Honecker vor einem Jahr drüben gewesen war, hatte die Kelly ein T-Shirt mit der Aufschrift »Schwerter zu Pflugscharen« getragen. Der Wechselkurs stand schon auf zehn zu eins, acht zu eins wäre normal, fünf zu eins blanker Freundschaftsdienst.

Wie Vockert das alles kannte. So würde weitergeredet werden bis ultimo. Ob in allen Zeiten so viel gequatscht worden war wie jetzt? »Ich möchte wissen, wer von uns in einem Jahr noch in Leipzig ist.«

»Bei uns im Betrieb«, sagte das Mädchen aus Cottbus, »ist einer sogar zurückgekommen, aber kaum war er da, hat er schon wieder 'nen Antrag gestellt.«

Vockert pfiffelte das blöde Madagaskarlied vor sich hin: »Wo fern deine Heimat ist.« Er blickte nach Süden, dort lag Königsau. Er blieb doch nicht hier, weil Königsau sein Dorf und Leipzig seine Stadt war, sondern weil er sich von diesen Idioten da oben nicht vertreiben ließ. Das hätten die gerne gehabt, schnell nach Karl-Marx-Stadt in den Sammelknast und ab nach Gießen. Schnuck hatte versichert, dafür brächte er das vollste Verständnis auf.

»Der Antrag von meinem Bruder...«

Robbi sagte: »Woher kriegen wir schnell ein bißchen Bier?«

3.

1988, November

»Einmal kamen zwei Ratten bis in den ersten Stock. Frierst du?«

»Ziemlich.«

Jörg zog die Decke über Silkes Schultern, dadurch wurde sie an den Füßen zu kurz. Er richtete sich auf, griff zum Stuhl und zog seinen Pullover über. »Eine Ratte hockte hier oben vor der Tür. Ich denke, sie war krank. Sie bewegte sich langsam und wollte zwischen meinen Beinen durch in die Wohnung. In meinem Schreck hab ich ihr einen Tritt verpaßt. Sie flog bis an die oberste Stufe, dann ist sie hinuntergestolpert. Ich suchte nach etwas zum Zuschlagen, da fiel mir ein, daß vor der Bodentreppe eine Schaufel stand.«

»Hör auf!« Silkes Blick war auf das Bügeleisen gerichtet, das Jörg an die Wand genagelt und an die Treppenbeleuchtung angeschlossen hatte. Zwei Kochplatten glühten, Kumpel in der Wohnung gegenüber hatten einen alten elektrischen Herd heraufgeschleppt und heizten ihn ebenfalls mit geklautem Strom. Sie waren neugierig, was passieren würde, wenn jemand dahinterkam. Einmal hatte es schweren Ärger gegeben, als sie verdächtigt worden waren, zwei Bodenkammern aufgebrochen zu haben, und auf dem Revier antanzen mußten. Wie schon so oft waren ihre Personalien aufgenommen worden, zwei von der Kripo hatten kopfschüttelnd ihre Wohnungen besichtigt und dabei diese Fünfzehnjährige geschnappt, die drei Wochen vorher aus einem Heim abgehauen war und wieder türmen würde und wieder, das hatte sie allen versichert. Geschichten, von denen Silke nur die Hälfte glaubte.

»Ich hab die Ratte auf der Schaufel hinuntergetragen und in die Mülltonne geschmissen.«

In einer halben Stunde würde sie gehen. Sie spielte ein bißchen an seinem Glied, das sich rasch wieder füllte. Sie wollte ihn nicht dazu bringen, daß er Lust bekam, aber er sollte aufhören, von Ratten zu erzählen. Mit dieser Fünfzehnjährigen war hier einiges gelaufen, manchmal, wenn die Jungs von ihr redeten, trafen sich Blicke, die rasch wieder auseinanderfuhren. Die Biene hätte behauptet, sie wäre siebzehn. Wenn sie wieder auftauchte, wollten sie sie sofort auf dem Revier abliefern, von der ließen sie sich in nichts reinreißen. »Meine Mutter redet manchmal von Taubenzecken, von Tauben überhaupt als Ungeziefer und von Möwen. Wir haben gesponnen, ein neues Wappen für Leipzig mit diesen Viechern und 'ner Ratte drin vorzuschlagen. Oder hast du außer im Zoo hier schon irgendwann Löwen gesehen?« Sie begann sich anzuziehen.

»Warum willst du denn schon fort? Wegen der Penne?«

»Du denkst, ich will durchs Abi rasseln?«

Er fand es normal, daß sie wieder zu Hause wohnte, und er fand es bescheuert. Sie paßte hierher und auch wieder nicht. Bei den Krautundrübendebatten über Wehrdienstverweigerung, Spatendienst und Ausreise hatte sie sich lustlos am Rande gehalten. Auch das Abi hielt er für eine Fessel; er hatte eine nach der anderen abgestreift, die nach der Berufsgeilheit zuallererst.

Schön, sagte sie manchmal, was bist du doch für ein Heuchler, hast das Abi fett in der Tasche. Aber, hatte er gebrüllt, ich mache keinen Gebrauch davon! Und sie hatte höhnisch gefragt: Gibst du es etwa der Honeckerzicke zurück, feierlich und schriftlich, he? Der Honeckerzecke?

»Manchmal denk' ich«, dabei fuhr er in die Hose, »mit dem Strom wird es noch mal bullenmäßig eng. Der Zähler schnappt von hunderttausend auf Null. Jetzt stehen wir bei siebzigtausend. Wir können nur behaupten, das Ding sei kaputt. Siebzigtausend, glaubt uns ja keiner! Oder wir schieben alles auf dich.«

»Damit ich von der Penne fliege? Genau das willst du!« Sie müßte wieder einmal dieses Spiel spielen: Was wird aus mir? Dazu bildete sie mit Daumen und Zeigefinger einen Ring und hielt ihn wie ein Zauberfernrohr vors Auge. Auf die Sekunde in fünf Jahren: Wo bin ich? In einem Hörsaal. Was steht an der Tafel – eine Formel. Mathe oder Medizin? Jahrelang hatte sie in allem wie Mutti werden wollen. Heute: Auf keinen Fall Architektin, höchstens für Hotelhallen mit Springbrunnen und Fahrstühlen bis unter Kuppeln hinauf, so was bauten sie in Amerika und Japan. Mit ihrem Vater hatte sie herauszufinden versucht, in welchen Berufen nichts ging, ohne in der Partei zu sein: alles mit Staatssicherheit und Polizei und Armee natürlich, aber davor grauste ihr sowieso, da brauchte sie bloß an ihren Onkel zu denken und seinen Satz irgendwann, er habe neuerdings mit Schäferhunden zu tun. Als sie gejubelt hatte: Zeigst du mir die mal! hatte er sofort von was ganz anderem geredet. Da mußte ja einer einen Blick kriegen wie Sascha: Scheinbar gleichgültig, die Lider einen Millimeterbruchteil hängend, aber immer wachsam. Das nicht und Verwaltung nicht, Ärztin war denkbar, aber schon von einem Chefarzt verlangten sie das Parteibuch. Nix mit diplomatischem Dienst. Ich will kündigen, wenn ich will, hatte sie gesagt, und Papa war nicht darauf eingegangen: Als ob das am wichtigsten wäre. Papas Saxophon hatte sie nicht vom Schrank geholt und heimlich geübt, sie gab keiner Band das Einsatzzeichen für »Loveless Love«. Ich in zehn Jahren! Junge und Mädchen, der Junge ein Jahr älter, aber wo war der Vater? Die Kinder waren weiß, sie hatte also keinen afrikanischen Studenten geheiratet und war mit ihm fortgezogen in ein heißes Land. Das hatte eine junge Frau aus dem Nachbarhaus riskiert und war drei Jahre später zurückgekommen, mager, um Jahre gealtert. Davon redeten manche: einen Ausländer heiraten und dadurch rauskommen. Allenfalls einen Schweden oder Holländer. Vor Journalistik hatte Papa gewarnt: Da treiben sie dir als erstes jeden eigenen Gedanken aus. Jaaa, drüben beim Fernsehen, diese Frau aus Rom oder die mit der tiefen Stimme manchmal in der Tagesschau.

Ehe sie hinuntergingen, legte er einen Eisenriegel vor und sicherte mit einem handgroßen Vorhängeschloß. Gewohnheitsmäßig machte er einen Schlenker zum Containerplatz und versuchte, von einem Sesselwrack eine Lehne abzubrechen, aber ohne Werkzeug ging das nicht. Er würde sich ja gern ehrlich mit Holzsammeln durchschlagen, redete er dabei, seine Großmutter hätte nach dem Krieg Ästelein und Zweigelein aus den Wäldern hereingetragen, ihr wollte er nacheifern, aber die Leute schmissen eben nicht genug weg. »Na gut«, da warteten sie an der Karl-Liebknecht-Straße auf ihre Straßenbahn, »wenn du willst, höre ich dir wieder Vokabeln ab. In Physik bist du so doof, daß dich nicht mal die Filzläuse anknabbern, aber was wird heute schon verlangt! Zu meiner Zeit!«

»Du bist der einzige konsequente Mensch. Das Studium hingeschmissen, zu den Ärmsten gegangen, gegen den Kapitalismus und unseren Bullenstaat gleichermaßen. Hierbleiben und friedlich wie ...« Sie suchte nach einem Vergleich, wie Mutter Teresa oder ein Zwergkaninchen, aber da kam ihre Bahn, und sie hatten nichts für andermal ausgemacht. Er hätte für den Rest der Woche zweite Schicht, rief er ihr nach und wußte nicht, ob sie ihn gehört hatte.

Er ging stadtwärts und kaufte in einem HO-Laden Schmalzfleisch aus bundesdeutscher Staatsreserve – auf einem Schild über dem Korb stand, pro Kunde würden nur zwei Büchsen abgegeben. Rindfleischbüchsen dieser Art waren noch besser, leider teurer und viel seltener. Im Urlaub war er mit Schmalzfleisch reingefallen, hatte nicht bedacht, daß es der Temperatur auf einem bulgarischen Campingplatz nicht gewachsen sein konnte. Für einen Leipziger Winter bedeuteten sie blankes Gold. Erstaunlich, daß Silke nun seit einem Jahr immer wieder zu ihm kam. Hinter ihr waren die Kerle her wie die Teufel, auch angehende Mediziner und Chemiker, das merkte er, wenn er mit ihr in der Moritzbastei saß. Er neben ihr in seinem abenteuerlichen Pullover, es war schon irre. Ein Ereignis. Schade, daß es absolut aus der Mode war, sich wegen einer Puppe zu prügeln.

In den Seitenstraßen war nur jede dritte Laterne eingeschaltet, wieder einmal wurde Strom gespart. Und bei ihnen oben raste der Zähler. Ich bin ein asozialer Typ, das Kollektiv hat sich von mir entfernt, das waren so Sprüche. Biermann müßte singen über ihn, der alle Macht hatte fahren lassen wie einen Furz. Die Ballade vom Straßenfeger, ohne Ehrgeiz, Oberstraßenfeger zu werden, ein Stoff für den alten Wolf. Sie würden ihn nicht aus diesem Heim für geistig behinderte Würmchen vergraulen, die Herren Oberen, und wenn, dann ginge er wirklich zur Müllabfuhr, nee, nicht zu den Kohlemännern, die waren zu versoffen, nicht zu den Sargkerlen, die waren zugleich versoffen und roh. Und dann mit Silke in die Moritzbastei, da quatschte ihn einer an: Hör mal, hab ich dich nicht heute morgen gesehen? Und er: Ja, ich hab dir deine Scheißaschenkübel aus'm Hof gerollt, du Arsch. Wäre wirklich Stoff für eine Ballade.

Die Stadtluft hatte für ihn einen Geschmack angenommen, der aus weniger verbrannter als verschwelter schlechter Kohle, aus faulenden Dächern und Balkonen, aus dem Salpeter hinter bröckelndem Putz und den Schwaden der Zweitakter zusammengesetzt war, der auf dem Gaumen brannte und die Zunge lähmte. Er hatte von Frauen gehört, sie müßten sich jeden Tag das Haar waschen, wenn es nicht verklumpen sollte. Wehendes wallendes Haar wie in westlichen Fernsehreklamen hielt sich hier sicherlich kaum eine Stunde lang. Die Läden in diesem Viertel waren vernagelt, wenige zu Wohnungen umgebaut, andere verkamen als Läger für Altpapier und leere Flaschen. Hinter die Scheiben in den Erdgeschoßwohnungen waren Dekken gespannt, die Ritzen zwischen den Doppelfenstern mit Papier verstopft. »Leipziger Volkszeitung« im vorletzten Daseinszweck, im Frühjahr würde sie in den Kachelöfen abgefackelt werden, staubgraue Würste bis dahin. Das alles hielt sich vielleicht noch einen Winter oder zwei, bis jemand auch hier die Kugelramme dröhnen ließ. Kinder sollte man nicht für diese Stadt zeugen, sie sollte aussterben, absterben und in tausend Jahren ausgegraben werden aus ihrem stinkenden Staub. Vielleicht spülte der Regen allen Ruß und Brikettdreck durch die Schlaglöcher und Fugen der Gehwegplatten in die Kohleflöze, um sie zu neuem Wachsen zu ermuntern.

Er trat in eines der großen, schönen, vergammelten Häuser im Musikerviertel und erinnerte sich, gelesen zu haben, wie sich Kommunisten während der Nazi-Zeit in Hamburg – Hamburg? – getroffen hatten: Pünktlich alle fünf Minuten hatte einer das Haus betreten; wenn sich der nächste nur um zwei Minuten verspätet gehabt hatte, waren die anderen unruhig geworden. War einer auch nach einer Viertelstunde nicht gekommen, hatten sie den Treff sofort abgeblasen. Auf Hamburg kam er sicherlich wegen Biermann und Oma Meume und »rot oder tot«. Als er aus seiner letzten Beziehung abgehauen war, hatte es nur zwei Streitpunkte gegeben: Die Neuss-Biermann- und eine der ersten Beatles-Platten. Jörg Franzen, der Besitzlose, der Outlaw, der aus dem Sperrmüll lebte, durfte sich mit nichts belasten außer dem Radio und haarscharf hundert Büchern. Wenn eines dazukam, stieß er ein anderes ab. Das war Überlebens-, das war Fluchtgesetz.

Kölpers öffnete. Sehr schön, daß Sie kommen; er verwies auf den Garderobenständer. Aber der war schon mit Mänteln überhäuft, so faltete Jörg seine Jacke und legte sie auf den Fußboden darunter. Sieben Frauen und drei Männer saßen am Tisch, er gab allen die Hand, das war hier so Sitte, und er war der Jüngste. Noch zwei fehlten, so Kölpers, aber sie sollten immer mal anfangen. Zuerst von ihm: Der Versuch, als Arbeitskreis in den Kulturbund eingegliedert zu werden, war gescheitert. Angeblich war in einigen Räumen die Heizung ausgefallen, aber das Unbehagen gegenüber der Thematik sei spürbar gewesen, die rochen natürlich den Braten. Sie sollten sich dem Arbeitskreis Stadtgeschichte anschließen; dort eine eigene Untergruppe zu bilden, sei aber den Statuten nach nicht möglich. Im Grunde genommen seien sie herzlich willkommen, doch alles müsse seine Ordnung haben und so weiter. »Wir sollten dort aufgeben und bei einer Kirche unterschlüpfen.«

Das, erwiderte eine Frau, habe sie schon versucht. Ihr Pastor habe abgeblockt: Da *stadtweit* operiert werden sollte, sehe er Schwierigkeiten. Die Kirche sei für alle da, aber nicht für alles – da stöhnten andere am Tisch auf, das sei neuerdings ständig zu hören, aber wie könnte jemand seine Nöte vor der Kirchentür ablegen gleich einem verschlissenen Kleidungsstück?

»Ich bin neulich in der Petrikirche gewesen«, sagte Jörg. »Dem Pfarrer dort traue ich einiges zu. Der hat mir eine ungefähre Zahl genannt, was die Werterhaltung, also die dringendste Reparatur seines Tempels, kosten würde – grauenhaft!«

»Oder Nikolai?«

»Auf die Idee kommt natürlich jeder. Wenn die dort mit den Friedensgebeten durchhalten, ist das genug. Also, soll ich mal in der Petri vorfühlen?«

Kölpers registrierte Nicken reihum, es war nicht nötig, abstimmen zu lassen. Derweil stellte seine Frau Gläser und Tassen auf den Tisch, sie wußte, wer was trank, die meisten Frauen Tee, Herr Franzen Bier. Sie hatte überlegt, ob sie ohne zu fragen einen Teller mit Wurst- und Schmalzbroten vor den dürren Hecht stellen sollte, und hatte es sich nicht getraut. Jörg zog eine zusammengerollte Mappe aus seinem Beutel, und Frau Kölpers ging es schmerzhaft durch den Sinn, daß auf diese Weise Papiere ja leiden *müßten,* aber am Unmöglichsten wäre es sicherlich, ihm eine Aktentasche zu überlassen und dabei darauf hinzuweisen, wie man *ordentlich* mit seinen Unterlagen umging.

Die riesige Petrikirche, so Jörg, sei an die hundert Jahre alt. So eklektisch wie dort habe man damals überall in Deutschland gewerkelt, es sei erstaunlich, daß diese politisch und wirtschaftlich so innovative Zeit sich bei allen vorangegangenen Jahrhunderten bedient hätte. Ein Vergleich zur Unikirche sei also in keiner Weise angebracht. Man konnte wohl, so dachte Kölpers, in Leipzig niemals von einer Kirche reden, ohne der Universitätskirche und ihrer Zerstörung zu gedenken. Da schilderte Jörg schon den Zustand des Daches, die aufsteigende Feuchtigkeit in den Mauern, die löchrigen Dachrinnen, die marode Heizung. Die Petrikirche sei der gegenwärtig größte Versammlungsraum der Stadt, sie fasse mehr Menschen als Kongreßhalle oder Oper, damit natürlich für die dortige Gemeinde viel zu klotzig, und niemand könne daran denken, daß sie die enormen Gelder für die Erhaltung aufbrächte. Der Pfarrer habe von Millionen gesprochen, von zwanzig oder vierzig, aber er sei natürlich kein Fachmann. Der Fachmann wäre ich, fand Kölpers und sprach es nicht aus; jede halbwegs genaue Schätzung wäre deprimierend und für die Katz. Aber was machen wir mit dieser Erkenntnis? Wären wir im Kulturbund, könnten wir sie im Rathaus sachte nach oben schieben, denn dort ist doch der Kulturbund vertreten, oder? Und würde es nicht als das empfunden werden, was es war, als Provokation?

Unerwartet heftig sagte eine Frau, die gewöhnlich wenig redete, sie hätte es allmählich satt, sich diese und andere Klagen anzuhören und nichts zu tun. Sie jedenfalls habe sich durchgerungen, in einem halben Jahr, am dreißigsten Mai, an der Stelle, an der die Unikirche gestanden hatte, einen Kranz niederzulegen, vormittags zehn Uhr, zur Zeit der Sprengung. Da war es für eine halbe Minute still am Tisch, und eine andere Frau fragte, ob, was sie eben gehört hatte, eine Aufforderung an die übrigen sei, dasselbe zu tun. Nein, keinesfalls. In Kölpers' Gedanken tauchte wieder dieses Wort auf: Provokation – alles, was denen da oben nicht paßte, erklärten sie sofort zu einem feindlichen Akt, Trauer um ein Gotteshaus machten sie zur strafbaren Handlung. Im Kabarettkeller der »academixer« hing ein großes Foto der Unikirche mit zarter Bleistiftunterschrift: »kurz davor«, das wäre vor einem Jahr noch unmöglich gewesen. Es änderte sich allerhand, die da oben saßen nicht mehr so fest in ihren Sätteln, alles konnten sie sich nun doch nicht mehr erlauben nach dem Abkommen von Helsinki und dem zunehmenden Reiseverkehr.

Jörg fürchtete, gleich würde jemand über seinen letzten Verwandtenbesuch *drüben* berichten. Alle möglichen Leute taten jetzt alle möglichen Kusinen zwischen Flensburg und dem Bodensee auf, es wimmelte nur so von Silberhochzeiten und achtzigsten Geburtstagen von Onkeln und Tanten. Wer niemanden drüben hatte wie er, war angeschissen. Beim Aufstehen merkte er, wie hungrig er war.

Das Ehepaar Kölpers räumte Tassen und Gläser in die Küche und lüftete. Die Frauen, sagte Kölpers, wären doch immer am tapfersten, und er mache nicht das Gerede mit, das läge daran, weil sie nicht alles bis zum Ende bedächten. Bis zum bitteren, gefahrvollen Ende. Er wolle noch etwas nachschlagen, er finde doch nicht gleich in den Schlaf. Sie gaben sich einen Kuß, einen Schmatz, wie Frau Kölpers es nannte, das vergaßen sie auch im achtunddreißigsten Ehejahr nie.

»Die Ästhetik des Widerstands« von Peter Weiss nahm Kölpers aus dem Regal, in einer Alibiauflage nun endlich doch in einem DDR-Verlag erschienen und ihm von einer vertrauten Buchhändlerin zugeschanzt. Weit hinten in den tausend Seiten suchte er, in diesem Wust von Zeilen ohne Absätze und direkter

Rede, bis er fand: Die deutsche Kommunistin Bischoff wurde, als Matrose verkleidet, 1941 von Schweden mit einem Dampfer zur illegalen Arbeit ins Nazi-Reich gebracht, versehen mit Lebensmittelkarten und siebenhundert Reichsmark, eingenäht in die Seemannskluft. Bischoff hieß sie im Text, ohne Vorname, sicherlich stand er irgendwo weiter vorn. Sie lag in engem Winkel und wurde dem Ziel auf Ostseewellen entgegengewiegt. Kölpers kannte ihre weitere Geschichte mit dem klaglosen, fatalistischen Untergehen im Dienste der Partei, die immer nur *Partei* hieß, als habe keine andere Formation Bedeutung neben ihr, der Kommunistischen Partei Deutschlands, die doch der Komintern und damit der KPdSU untergeordnet gewesen war. Er würde sich an anderer Stelle festlesen, wenn er nicht bald fand, was er suchte. Bischoff dachte nach über ihr Schicksal und ihre Bestimmung, als wäre es das Schicksal einer anderen. In Stockholm hatten Männer ihr das Haar geschnitten. »Sie hörte das Schnippen der Schere am Kopf, das Gelächter, spürte die plötzliche Leichtigkeit. Nah vor ihr Stahlmanns Gesicht, die Augen zusammengekniffen. Fächerförmig die Falten an den Augenwinkeln. Er blies ihr die abgeschnittenen Haare von der Stirn.« Ein Stück weiter über Stahlmann: »Eine Locke des Haares nahm er als Talisman an sich.« Das war alles an Gefühl, falls es schon Gefühl war, das der Autor seinen Helden zubilligte. Endlich die Gedanken Bischoffs in ihrem Schiffsverlies: »Auch Arndt und Funk hatten über ihre Absicht gesprochen, ihr nach Berlin zu folgen, sobald sie Nachricht von ihr erhielten. Ihre Aufgabe war es, den Funktionären den Weg zu ebnen, zu erkunden, ob es für sie möglich sei, im Land tätig zu werden. Es war ein ehrenvoller Auftrag. Die Führer der Partei mußten geschützt werden. Obgleich auch ihr Steckbrief bei der Staatspolizei lag, würde es ihr leichter fallen unterzutauchen, als jenen, auf denen ein hohes Kopfgeld stand. Ihr Verlust könnte, faßte man sie, hingenommen werden. Unten waren viele, wenige waren oben, und je weniger es waren, desto unersetzlicher wurden sie. Auf allen Ebenen griffen die Aktionen ineinander, bildeten das Ganze der Partei. Und nie hätte sie unterscheiden wollen, ob die Arbeit von einem Mann oder von einer Frau geleistet wurde. Seitdem sie der Partei angehörte, hatte sie die unzähligen Frauen gesehn, die überall anspruchslos und selbstverständlich getan hatten, was getan werden mußte. Die Partei aber wurde, trotz Rosa, trotz Zetkin, von Männern geleitet. Keine Frau saß im Zentralkomitee. Sie hatte gelernt, daß dies so sein müsse. Von alters her waren die Männer die Organisatoren gewesen. Sie wollte nicht aufsteigen. Es war Anerkennung genug, daß sie auf die gefahrvolle Reise geschickt worden war. Wenn die Beklemmung sie nicht losließ, so war das Eingesperrtsein in diesem Bunker daran schuld. Sie hatte nichts dagegen einzuwenden, daß die Weisungen von oben gegeben wurden. Oben befanden sich jene, die im Besitz der reichsten Erfahrungen waren. Auch die Männer erhielten ihre Befehle von oben. Über jedem gab's höhere Instanzen. Sie hatte sich für die Partei entschieden, die Männer in der Partei aber entschieden über sie.«

Und so weiter, es hatte sich nichts geändert. Nur eine Ministerin befahl in der DDR, die Frau des Chefs.

Vieles von dem, was unten geschah, bewirkten Frauen. In seiner Abteilung hatte eine Frau aufgemuckt, kein Mann, sie war in der Klapsmühle gelandet. Eine Frau wollte einen Kranz niederlegen, in diesem Zirkel waren zwei Drittel Frauen. Aber er, ein Mann, leitete ihn, ohne daß es einen Leiter gab. Basisdemokratie. Wenn der Sturm vorbei war, geriet dann alles ins alte Gleis? Schnappte dann vielleicht sogar Franzen nach einem Posten, der jetzt die schwierigste Arbeit leistete, ganz unten gegen kärgliches Geld, wo sich im Grunde nur Frauen abmühten?

Kölpers stellte das Buch ins Regal zurück. Als die Unikirche gesprengt worden war, hatte er vom Fuß des Grassi-Museums aus zugeschaut, tatenlos. Die besten Fotos waren aus einem Raum über ihm gemacht worden, er kannte sie. Sie stammten, so hatte er inzwischen gehört, von einer Frau. Wahrscheinlich stand auf derlei noch immer Zuchthaus. Nein, sie würden sich nicht mehr trauen, jemanden deshalb einzulochen. Aber sie kannten Schikanen genug.

Damals IX

1968

Die Sonne stand im günstigsten Winkel, so modellierte sie die Vertiefungen des Giebels heraus, die Rosette, die Pfeiler. Die Kamera war geborgt, eine Automatik schoß Fotos in Sekundenbruchteilen, war für Sportwettkämpfe gedacht, für Torschuß und Beine, die über Hürden flogen, und den Zieleinlauf, wenn Brustbreite galt. Blank der Himmel, es wäre irrsinnig, veränderte eine Wolke plötzlich alle Lichtwerte. Viermal hatte sie gerade den Giebel fotografiert mit dem Spitzchen darüber, dieser baulichen Lächerlichkeit. Dachreiter hieß so was und sollte die Idee Turm vortäuschen, des Ragens zu Gott empor.

Sechs Minuten vor zehn. In den Vitrinen standen Masken aus Neuguinea und von den Marshall-Inseln, vor dem Ersten Weltkrieg aus deutschen Kolonien hergebracht. Die hätte sie mit einer anderen Kamera aufnehmen sollen, um im Falle einer Entdeckung behaupten zu können, ihretwegen sei sie hier, für einen Kalender bräuchte sie Maskenfotos und probierte damit.

Und es war falsch, sich einschließen zu lassen. Seit Tagen war ausgemacht, daß sie hier zu dieser Stunde stehen sollte, nun hatte die Leiterin dieses Flügels doch kalte Füße gekriegt. Durch Flure vom hinteren Aufgang her waren sie vorgeschlichen, einmal hatte es geschienen, als passe ein Schlüssel nicht. Unten lungerten Posten, Schnüffler. Hier oben war alles still. Das Stativ lehnte schon seit einer Woche hinter dem Schrank mit den Speeren und Schilden.

Vier vor zehn. Wenigstens störten die Oberleitungen der Straßenbahn nicht, dieses Drahtgewirr. Immer noch exzellent das Seitenlicht, eine bessere Zeit hätten sich die Sprengherren nicht aussuchen können. Abgesperrt war in einem Radius von dreihundert Metern, von hier aus waren es zwanzig oder fünfzig Meter mehr. Jeder Fotograf, jede Fotografin hatte ein paar Gelegenheiten im Leben, besser: Das Schicksal bot wenige

Möglichkeiten, eine wirkliche Chance zu nutzen oder zu vertun. Drei vor zehn, zwei vor zehn, sie durfte auch nicht zu zeitig auf den Auslöser drücken, das Ding rasselte im Nu durch. Wenn die Halunken eine Minute zu früh sprengten.

Der Blick starr, daß sie kaum die Lider für eine Zehntelsekunde zu senken wagte, die man den Augenblick nennt, da kippte das Türmchen zur Seite, sie drückte auf den Knopf, leicht und doch fest, nichts verruckend, die Mechanik tat ihren Dienst, die oberste Giebelspitze knickte, Staub stieg auf, die Rosette barst und verschob ihre Hälften gegeneinander, alles lautlos, nach einer Sekunde erst gefolgt vom Grollen, Donnern, dann brach der Giebel hinunter in die Wolke, sie stieg doppelt so hoch auf wie das Kirchdach und verhüllte das weitere Stürzen, die Verformung einer mittelalterlichen Hallenkirche zu einem Schutthaufen.

Die Frau schraubte die Kamera ab und stellte das Stativ an den Schrank, nahm es aber dann doch mit, als sie an die Tür klopfte. Die Wärterin öffnete, schaute den Gang entlang und flüsterte, der Weg hinunter zur Elfenbeinsammlung sei frei. Dort blieb die Fotografin und betrachtete Buddhafiguren und winzige Karawanen, die über elfenbeinerne Bogenbrücken zogen, Elefantchen dabei, sie rückte sie zurecht ins beste Licht. Sie war aufgeregt gewesen, hatte aber immer besonnen gehandelt, und es war richtig, nicht noch die Menge da draußen und die absperrende Polizei zu fotografieren, sie mußte nicht übertreiben. Vielleicht kam es auf dem Karl-Marx-Platz zu Tumulten – sie gefährdete ihre Beute nicht. Am besten war es, nach hinten hinauszugehen, zum Friedhof, über diese schlampige Baustelle und durch den Täubchenweg. Im Bogen würde sie mit der Straßenbahn nach Hause fahren, den Film sofort entwickeln und ihn und die ersten Abzüge nach Halle zu ihrer Schwester bringen. Dann erst einmal abwarten. Sie hatte die Chance genutzt, vielleicht ihre Lebenschance.

Die Baustelle lag leer, die Luft war frisch unter den Bäumen des Friedhofs, in den Täubchenweg hinein schien die Sonne. Ihr begegneten ein Reinigungsfahrzeug und wenige Leute. Es war doch nicht optimal, Kameratasche und Stativ vom Tatort wegzuschleppen, aber mit jedem Schritt wurde die Gefahr geringer. Daheim wollte sie sich etwas zu essen kochen, Gemüse und Kartoffeln, eine Gulaschbüchse stand in der Speisekammer. Erst die Kartoffeln aufsetzen und dann den Film entwickeln? Als ihr diese Überlegung bewußt wurde, gelang ihr beinahe ein Lachen.

11. KAPITEL

Mut macht schön

1.

1989, März

Diesmal brauchte Linus Bornowski nicht aus dem Zugfenster zu fotografieren; er war berechtigt, zwei Wochen lang im Bezirk Leipzig außerhalb von Wohnungen seine Arbeit zu tun, innerhalb hätte es einer Sondergenehmigung bedurft. Messehallen, Hotels, öffentliche Gebäude gaben allerhand her. Bis zum letzten Tag war in der Redaktion über eine Reportage diskutiert worden: Ein Mann, kürzlich legal nach Westberlin ausgereist, fuhr mit einem Messeausweis nach Leipzig, besuchte Freunde, meldete sich erst in letzter Minute polizeilich an und erhielt prompt die Mitteilung, ein Aufenthalt könne nicht genehmigt werden, er müsse mit dem nächsten Zug zurück. Seine Kumpane verabschiedeten ihn Bierflaschen schwingend auf dem Bahnsteig und brüllten: »Wir kommen nach!« Derlei sollte organisiert und fotografiert werden, ein junger Ex-Leipziger hatte sich schon gegen fünfhundert Mark auf die Hand bereit erklärt, die Sache zu türken. Bornowski: »Wir sind doch hier nicht bei BILD!« Schließlich war vom Chefredakteur entschieden worden: Wir machen die DDR-Stellen bloß wild, natürlich wissen die, daß so was passiert, aber wenn wir es an die große

Glocke hängen, werden sie dieses Loch verstopfen. Weckt keine schlafenden Hunde!

Astrid Protters Brief war eine faustdicke Überraschung. Zweimal wollte sie zur frühen Abendstunde in »Auerbachs Keller« auf ihn warten. Wenn er beide Termine nicht einhalten könnte, würde sie versuchen, ihn im »Merkur« aufzuspüren. Keinesfalls sollte er sie anrufen. Und kein Wort gegenüber ihrer Mutter! Was sie ihm erzählen oder vielleicht auch zeigen wollte, wäre nicht von Pappe.

Mickes Tochter – allein das lohnte.

Er wollte sich nicht beeindrucken lassen von Trubel und Tempo, so war es in Hamburg oder Düsseldorf jeden Tag. Peinlich bemüht erschien ihm, was ihm in den Weg gestellt wurde an Plakaten und Fahnenschmuck. Bewimpelt alle Straßenbahnen, aus Lautsprechern plärrte der Stadtfunk: Messehallen geöffnet von bis, eine Sonderlinie direkt nach dem Messegelände. Bornowski trug schwer an seiner Fotoausrüstung und leicht an einer Reisetasche. Mehr als drei Hemden und einen Pullover brauchte er für die kurze Zeit nicht, den Braunkohledreck rieb er sowieso jeden Abend im Waschbecken aus dem Kragen. Vom Hauptbahnhof hinkte er um zwei Ecken zum Hotel. Na bitte, selbst im Zentrum quollen Abfallkübel über. Warum kam er hierher, wenn er von vornherein entschlossen war, sich über alles und jedes zu ärgern? Sein Chef hatte ja recht: Wenn jemand säckeweise Vorurteile masochistisch mit sich schleppte, dann Linus Bornowski, der Bautzenbub.

Aus der Hotelhalle nahm er die »Leipziger Volkszeitung« mit aufs Zimmer. Leipzig sei Weltzentrum völkerverbindenden Handelns, verhieß die Aufmachung. »Erich Honecker und Johannes Rau begrüßten die Möglichkeiten, erneut zu einem Meinungsaustausch über internationale Fragen und Beziehungen ...« Das weitere konkret: »Erich Honecker unterstrich, daß die DDR die einseitigen Abrüstungsmaßnahmen der UdSSR unterstütze. Noch in diesem Jahr würden die ersten sowjetischen Einheiten abgezogen. Um ihren Willen zur Abrüstung konkret unter Beweis zu stellen, habe die DDR beschlossen, bis Ende 1990 die NVA um 10 000 Mann und die Verteidigungsausgaben um 10 Prozent zu verringern. Es müsse erwartet werden, daß die BRD diesen Beispielen folge. Wichtig sei, die Angriffsunfähigkeit der beiden Militärbündnisse zu erreichen.« Erich Honecker erklärte, Erich Honecker unterstrich – und Rau? Endlich: »Beide Gesprächspartner verwiesen auf den guten Stand der Beziehungen zwischen der DDR und Nordrhein-Westfalen, wie er in der im November 1989 in Leipzig geplanten großen kulturellen Repräsentation Nordrhein-Westfalens zum Ausdruck kommt. Sie stimmten überein, auf diesem Weg weiterzugehen.« Die Herren Bertele, Jochimsen, Farthmann und Clement sowie Frau Anke Brunn begleiteten ihren Ministerpräsidenten. Nichts hinter den Kulissen, im Stübchen? Er sollte den Genossen nun nicht immerzu Mauschelei unterstellen. Zentralkomitee und Staatsrat gratulierten Christa Wolf zum sechzigsten Geburtstag, sie würde während der Messe ihr »Sommerstück« vorstellen. Stefan Heym las aus »Ahasver«. Heiner Müller, Urs Widmer, Hans Magnus Enzensberger, Konstantin Wecker und Golo Mann reisten an.

»Aus der BRD-Literatur« erschien zum ersten Mal ein Bändchen Kurzprosa von Uwe Johnson. Weiter hinten: »Die bewaffneten Organe der BRD unterliegen dem Schießbefehl.«

Mickes Tochter war wichtiger. Kennzeichen rotes Halstuch und Brosche in der Form des Andreaskreuzes. Marianne hatte ihre Tochter so beschrieben: Madonnentyp, dem das Reifen in die mittleren Jahre hinein zu einer überraschenden Qualität verhalf. Die Schlangenlocken empfand er als Abrutschen ins Billige. Ein Lächeln: »Der Herr Fotograf?«

»Bornowski.«

»Protter.«

Bornowski legte seine Kamera auf den Tisch. »Da klappt es ja gleich beim ersten Mal.« Er schaute sie prüfend an, sofort war das Lächeln wieder da. Fältchen um die Naselflügel, na ja. Schöne Stirn, Rehaugen. Jetzt drehte sie mit dem Zeigefinger eine Locke auf, das war sicherlich eher eine Verlegenheitsgeste als Koketterie. Wie war die Fahrt, und wie fand er das Hotel? Neben ihr stand eine Tasche, sie zeigte hinunter: Sie habe ihm einiges mitgebracht, Papiere aus Kirchengruppen, aus mehreren, da fiele der Verdacht nicht gleich auf sie, wenn er etwas veröffentlichte.

Bornowski fragte die Kellnerin nach Martell. »Für Sie auch?«

Nein, aber ein leichter weißer Wein wäre ihr recht. Nach einem Kaffee, in einer Viertelstunde.

»Haben Sie keine Angst, sich mit mir zu treffen?«

Jetzt spielte sie mit der anderen Hand in einer Korkenzieherlocke. Wann waren die eigentlich modern gewesen?

»Zwei Dinge erst mal, Herr Bornowski. Eine Ursula Kämpe verrät ihre Gruppe an den Westen. Das macht sie aus Eitelkeit. Oder, weil ihr ein Kerl den Kopf verdreht hat. Was sie in ihrer Gruppe anstellt, ist vordergründiger Ökokram. Immer wieder Espenhain und Mölbis, das schmutzigste Dorf Europas. Dabei sollten die Leute von dort umgesiedelt und entschädigt werden. Aber der Pfarrer hetzt sie zum Dableiben auf – ein Kreislauf, damit die Kämpe sich als Retterin aufspielen kann. Waren Sie mal dort?« Als Bornowski den Kopf schüttelte, fuhr sie fort, darüber sollte endlich einmal seriös geschrieben werden. Alles ginge glatt, wenn die Bewohner dieses Nestes nicht aufgewiegelt würden, sich an ihre Buden und Gärten zu klammern. »Ich erzähle das, damit Sie nicht auf die Kämpe reinfallen und dann von ihr verpfiffen werden.«

Das war nun nicht besonders toll, meinte Bornowski, mit etwas anderer Wortwahl könnte solch ein Vorschlag auch von einer DDR-Stelle kommen. Eine gewisse Kämpe als Querulantin, schön. Vielleicht eine Konkurrentin der Frau Protter? Weiberkram? Er schaute beim Sprechen auf ihren Mund: Erbstück von Micke? Von Albert? Er wartete, daß sie das Thema wechselte, und schalt sich gemein, sie ins Leere tappen zu lassen. Der Kaffee wurde serviert und der Martell dazu; Bornowski erinnerte die Kellnerin an den Wein. Ja, der komme pünktlich in sieben Minuten. Bornowski fand die berühmte Umgebung heruntergekommen, seine Untertasse war angeschlagen, das Tischtuch grau wie Recyclingpapier. In ihren Antwortsätzen auf seine Mäkelei kam dreimal das Wort »schrittweise« vor. Flüssig reden konnte sie, das mußte er ihr lassen. Keine Spur von Depression.

»Und dann sollten Sie wissen, mit welchen Bandagen innerhalb der Kirche gekämpft wird. Nach außen erscheint alles irre heldisch. Aber einer gönnt dem anderen den Ruhm nicht. Am stärksten spielt sich Pfarrer Ronner auf, der prescht dem Superintendenten bei jeder Gelegenheit in die Parade. Ohlbaum will er auf seine Seite ziehen. Der sucht den Ausgleich, möchte aber auch von den Gruppen in seiner Kirche anerkannt werden. Zur Zeit sind es zweiundzwanzig. Wenn alle Antragsteller fort wären, schrumpften sie wahrscheinlich auf zehn zusammen. Ich weiß nicht, ob das bei Ihnen alles bekannt ist.«

»Sicherlich nicht.«

Der Wein wurde gebracht, sie trank sofort. »Jetzt erst einmal das Zweitwichtigste: Die Kirchenleitung in Dresden hat beschlossen, Ohlbaum zu versetzen. Es soll wie eine Beförderung aussehen, Ohlbaum kriegt die Annenkirche in Annaberg oben im Erzgebirge. Damit ist er weg vom Schuß. Danach wird das Schild ›Offen für alle‹ abgeräumt.«

»Und wann?«

»Anfang Mai. Wenn Sie das jetzt melden, sind Sie der erste.«

»Großartig.«

»Ich habe Ihnen Protokolle mitgebracht. Und Fotos.« Sie fingerte einen Umschlag aus der Tasche. »Ronner und Ohlbaum beim Friedensgespräch, auch mal beim Fasching. Wir wollen das hier nicht alles ausbreiten.«

»Natürlich nicht.« Die Tochter von Micke und dem Freundfeind Albert – er hatte sich die Begegnung aufregender vorgestellt. Ihre Haut zwischen Augen und Wangenknochen war eingefallen, verlebt, nun noch stärker verschattet als vor zwanzig Minuten.

»Herr Bornowski, wenn Sie meine Mutter treffen...«

»Keine Silbe.«

Nun war ihre Nervenkraft wohl doch aufgebraucht. Sie trank das Glas rasch leer. »Soll ich Sie noch einmal im Hotel anrufen?«

Sie verabredeten eine Nachmittagsstunde drei Tage später, da wollte er auf seinem Zimmer sein. Daß alle Gespräche abgehört würden, sei ihr bewußt? Sie gab ihm die Hand und nahm ihren Mantel so rasch vom Haken, daß er nicht dazu kam, ihr zu helfen. Ein Nikken noch. Bornowski blickte auf Lippenstiftspuren am Glas. Merkwürdig das alles. Er zog einige Fotos halb heraus. Ein Mann mit Jeansweste und Igelhaar vor einem Taufstein, das Datum. Ronner auf dem Fahrrad, Ronner im Talar vor dem Portal einer Kirche. »Pfarrer Ronner beim Fasching, Februar 1989.« Das war ja nun ein Ding, ein Pfarrer im Cowboyhemd, umschlungen mit einem Mädchen. Knutschen war das Wort.

Da ging die Kontaktperson »Alma« an der Marktseite entlang, trat in den Hof des Blockes vorm Sachsenplatz und stieg hinauf in den dritten Stock. Sie klingelte. Tinnow öffnete.

Im Zimmer der KW »Adria« saß Alexander Bacher. Weder Bacher noch Tinnow fragten sofort. Die Frau ließ sich in einen Sessel fallen, schaute Tinnow an, wikkelte eine Locke auf, verzog den Mund. »Ich weiß wirklich nicht.«

»Was weißt du nicht? Ist er stutzig geworden?«

Schulterzucken.

»Er hat nicht nach der Mama gefragt oder so?«

»Ich hab schnell Schluß gemacht, als ich das Gefühl hatte, er wollte damit anfangen.«

»Almuth«, sagte Tinnow, »erst mal 'nen Schnaps?«

»Jetzt denke ich, das Material war einfach blöd. Der will doch nicht die Kirchengruppen ausforschen, sondern die Partei oder das MfS. So begeistert über die Wasserleitung war er nun auch wieder nicht.«

Bacher nahm sich vor, alles weitere Tinnow zu überlassen. Der hatte die Sache ausgekaspert. Seine Kontaktperson wäre clever und von Astrids Typ – alles richtig soweit. Die Korkenzieherlocken hätten sie ihr aber ausreden müssen.

»An meiner Identität hat er augenscheinlich nicht gezweifelt. Beim nächsten Mal muß das Material aber von anderer Wucht sein.«

»Schön, Almuth. Ruf mich morgen an. Hab noch was für dich.« Tinnow gab ihr ein Päckchen, darin ein Fläschchen Chanel No. 5, ein Präsent, über das sich noch keine Mitarbeiterin beschwert hatte. »Gruß von der Firma.«

Die Kontaktperson »Alma« verschwand, die letzten Worte und das Päckchen hatten sie ein wenig aufgeheitert.

»Leichte Scheiße«, sagte Tinnow. »Was meinst du?«

Er würde lieber nichts meinen, beschloß Bacher, schon gar nichts Konkretes. Das hier war Sache der XX. Vielleicht mußte sein Name im Bericht gar nicht fallen.

»Wie wäre es, wir verdächtigen Ronner, mit uns zusammenzuarbeiten? Ronner als Provokateur? Wenn Bornowski das nicht veröffentlicht, tratscht er es doch weiter.«

Das berieten sie noch: IMB »Fuchs« sollte in einer Friedensgruppe breittreten, er habe die Protter in »Auerbachs Keller« mit einem Westonkel gesehen, sie habe ihm allerlei Papiere übergeben. IMB »Maria« und IMB »Wilhelm« sollten dasselbe in Ohlbaums Umgebung behaupten und IM »Junge« ausstreuen, die Protter habe einen Ausreiseantrag gestellt.

Im »Merkur« schob Linus Bornowski die Fotos unter die Lampe. Mindestens zwei waren Montagen, glasklar.

Wohin mit dem Zeug? Sollte es in seinem Zimmer gefunden werden? Die Korkenzieherpuppe konnte ihn mal. Zur vereinbarten Zeit würde er nicht im Zimmer sein oder den Hörer nicht abheben. Er packte Papiere und Fotos in einen Umschlag und verklebte ihn. Dann ging er hinunter in die Bar. Nach einer Weile fand er einen Kollegen, der noch an diesem Abend nach Westberlin fahren wollte, dem gab er seine Beute. Während er sich langsam und absichtsvoll betrank, überlegte er, wie er Marianne aushorchen könnte. Astrid schonen? Oder steckten beide Weiber unter einer Decke? »Familienbande« hatte in diesem Fall eine hübsche Doppelbedeutung. Einmal Stasi, immer Stasi, so war es wohl.

2.

1989, Mai

Astrid Protter rauchte schon wieder, Ursula Kämpe hatte ihr die Schachtel hingehalten. Das Café war bis auf die Fensterbretter gefüllt – Astrid Protter schaute sich um, Ursula und sie waren die Ältesten hier außer einem vollbärtigen Sechzigjährigen mit dickem Pullover, der auch in dieser stickigen Atmosphäre seine Pudelmütze nicht abnahm. Der dritte am Tisch war Vockert; als er vom Knast zu erzählen begann, hockte sich ein Mädchen neben ihn, kein Stuhl war mehr frei. »Unser Held«, Ursula Kämpes Stimme schwang hoch zu ironischer Feierlichkeit.

»Ich erzähle das alles bloß, damit drin keiner Angst hat. Wenn dir was nicht paßt, mußt du total ruhig verlangen: das und das, mein Handtuch empfinde ich als *etwas unsauber*. Möglichst formulieren, wie es nicht zu ihrem Hundertwortschatz paßt. Als sie mich auf die Hofseite gesperrt haben, wo die halbe Nacht lang Autos reindonnern, hab ich mich beim Vernehmer beschwert, *rein dezibelmäßig* fände ich die Akustik in meiner Zelle *gesundheitsminimierend*.«

Damit, hielt das Mädchen zu seinen Füßen dagegen, beweise er Überheblichkeit und pubertäre Unreife, schließlich habe er normale Menschen gegenüber, keine intellektuellen Spinner.

»Trautchen«, bat Vockert, »hau mal für zehn Minuten ab, ja? Ich muß einer von den beiden hier 'nen Liebesantrag machen, das verstehst du doch?«

Maulend drückte sich das Mädchen hoch, freundlich legte ihm Vockert die Hand auf den Rücken und schob. »Ihr beiden geht bitte in das Wahllokal in der Hauptmannschule«, er beugte sich vor. »Wenn jemand meckert, beruft ihr euch auf Paragraph siebenunddreißigeins des Wahlgesetzes. Stellt euch so, daß ihr den Auszählern über die Schulter schauen könnt. Und seid schon eine Weile vor sechs dort und sichert euch einen guten Platz. Ich werde mich um diese Zeit gemütlich zu Hause lümmeln. Mich haben sie aufgefordert, bis zehn Uhr meiner Wahlpflicht zu genügen und dann meine Wohnung nicht mehr zu verlassen. Als ich den Grund wissen wollte, kam die Antwort: Aus gegebenem Anlaß.«

»Sehr schön«, sagte Ursula Kämpe, »und wir werden aus gegebenem Anlaß ihre komische Wahl aufmischen.«

Astrid Protter fragte, ob es für diesen polizeilichen Herzenswunsch einen Paragraphen gäbe, und Vockert zuckte die Schultern. In den letzten Tagen hatte er von mehreren Seiten gehört, Astrids Vater sei VP-General gewesen, und sie schriebe für westliche Zeitungen. Der Bruder bei der Stasi – so was wurde allzu schnell jemandem angehängt. Da trat ein Paar an den Tisch, die innigst Verliebten, die Vockert seit langem begegnet waren, sie hatten Mühe, anderen die Hand zu geben, weil sie sich dabei für Sekunden zumindest teilweise loslassen mußten. Sie würden gern einen Stuhl dazu stellen, ja, sie hätten einen aufgetrieben, jemand wollte gehen und bewachte ihn für sie. Der Junge nahm das Mädchen auf den Schoß, dann erzählten sie abwechselnd, vor drei Tagen wären hier drin alle Ausweise kontrolliert worden, denn es bestünde *Verdacht auf eine Straftat.* Zehn Mann hoch wären sie reingeschneit, ein Oberleutnant vorneweg, und hätten zwei Kerle rausgefischt und mitgenommen. Alles irre, und immer schlimmer.

Hektik, Aktionismus, jeder wollte wohl die anderen mit einer noch schrilleren Sensation übertrumpfen – von einer Minute zur nächsten schlaffte Vockert ab. Raus hier, durchatmen. Wenn das mal alles explodierte, wenn sich der Rauch verzog, was dann? Nirgends gedanklicher, philosophischer, theologischer Vorlauf. Die Besten verhedderten sich im Alltäglichen. Abwarten, wie lange Ronner und Ohlbaum noch durchhielten, auch gesundheitlich. Er hätte jetzt gern die Idee einer Predigt ausgebreitet und Argumente anderer gehört. Ausgehend von Jeremia, erstes Kapitel, dem Sohn des Priesters Hilkias aus dem Lande Benjamin. Dieser Jeremias hatte es sich nicht zugetraut, das Wort des Herrn zu verbreiten, er fühlte sich zu jung. Aber der Herr hatte ihm zugeredet, er sei überhaupt nicht zu jung. »Du sollst gehen, wohin ich dich sende, und predigen, was ich dich heiße.« Ein paar Zeilen weiter: »Und der Herr streckte seine Hand aus und rührte meinen Mund an und sprach zu mir: Siehe, ich lege meine Worte in deinen Mund.« Das müßte er zweimal langsam vorlesen und aufdröseln: Hauptsache, du hast eine gute, feste Idee, sie braucht gar nicht auf deinem Mist gewachsen zu sein, die Hauptsache ist... Natürlich war das kein Thema für dieses verräucherte Loch mit seinem Krach.

Jetzt hielt Astrid Protter ihre Schachtel den anderen hin, sie nahm sich vor, nach der nächsten Zigarette zu gehen, auch wenn Ursula bleiben wollte. Genug geraucht, zuviel Tee getrunken, alles war beredet. Man konnte sich auf die Nerven gehen, wenn man zu lange zusammenhockte und immer wieder alles durchkaute. Vockert mit seinen Knastweisheiten, die Verliebten, die sich ständig gegenseitig ins Wort fielen und vor Glück kreischten, wenn beide das Gleiche gesagt hatten. Der Alte mit der Pudelmütze und dem Schmuddelbart, der den Weltuntergang verkündete, an ihm trügen sie allesamt Schuld, er selber am meisten.

Draußen standen Uniformierte und Zivilisten in erdbraunen Kutten im Bogen um die Tür, der Polizist in der Mitte legte die Hand an die Mütze und verlangte die Ausweise. So, als lese er für sich die Daten ab, sollte es scheinen, aber jeder wußte, daß er sie auf das Gerät in seiner Tasche übertrug. »Astrid Protter, geboren ...« Als er fertig war, fragte er: »Stimmt das?«, und sie antwortete zu laut: »Na klar stimmt das!« Sie dachte, es würde ihr nichts ausmachen, mitgenommen zu werden, und dämpfte sofort: Bloß nicht dieses kindliche Geprotze, nur wer zugeführt worden war, konnte mitreden. Der Polizist warnte nicht einmal: Werden Sie nicht frech. Er gab ihr den Ausweis zurück und starrte sie an, sie wußte nicht, ob in dem Blick auch Haß lag. Ursula Kämpe regte sich auf, das würde ihr nun langsam zu bunt, was wäre das denn für eine Stadt, man hätte eben friedlich zusammengesessen, auf Schritt und Tritt ...

»Gehen Sie weiter!«

Es wäre besser, beschlossen sie nach hundert Metern, sich nicht mit kindlichem Aufmucken zu verschleißen, sondern am Sonntag ihre Sache zu machen, gründlich und unanfechtbar sachlich. Also, am Sonntag gegen fünf.

Als die Tagesschau vorbei war und Protters nicht wußten, ob sie ab- oder nur umschalten sollten – aber gerade an Sonnabenden war ja das Programm überall flach –, erinnerte sich Astrid Protter daran, daß beinahe auf den Tag vor vier Jahren alles begonnen hatte, was jetzt auf eine Entscheidung zutrieb. »Eigentlich hast du das nicht verdient«, begann sie und verbesserte sich: dieses »eigentlich« wäre schon eine Abschwächung. *»Du hast es nicht verdient,* daß ich dir immer nur allgemein erzähle, was wir treiben. Manchmal denke ich: Belastest ihn besser nicht, er hat doch selber den Kopf voll. Will das Saschas Firma, daß auch in den besten Familien einer den anderen nicht reinzieht? Also«, und sie schilderte den Plan einiger Gruppen, die bisher noch nie etwas gemeinsam auf die Beine gestellt hatten, Wahlergebnisse zusammenzutragen und mit den offiziellen Verlautbarungen zu vergleichen. Er unterbrach nicht, schüttelte nicht den Kopf und warnte nicht, Partei und Stasi würden sich sicherlich etwas dagegen einfallen lassen, sondern sagte, womit sie nicht gerechnet hatte: »Ich komme mit.« Auf ihr Staunen hin: »Weil du meine Frau bist.« Nach abermaligem Überlegen: »Ein Mann sollte seine Frau in einer derartigen Situation nicht allein lassen.«

»Bist ein Gentleman.«

Er lachte verlegen, sie neigte sich zu ihm, nahm seinen Kopf in die Hände und drückte die Lippen auf seinen Hals. Als ob er fürchtete, sie würde zu weinen anfangen, streichelte er ihr übers Haar. Er preßte seinen Arm um ihre Schultern, nach einer Minute ließ er sie los und hob ihr Gesicht an, küßte sie auf Mund und Augen, da lachten sie und fielen sich nun richtig um den Hals, und sie sagte triumphierend: »Ich wußte es, du bist mein Ritter!«

»Ihr rottet euch zusammen. Keine Einzeltat, ein geplantes Unternehmen.« Er wolle alle Gegenargumente herauszufinden suchen, auf seine Meinung käme es nicht an, sondern auf die der Staatsmacht. »Seltsam: Wir sagen nicht mehr: der Staat, sondern: die Staatsmacht. Besinnst du dich auf das Gedicht von Becher: Wir werden die Macht nie aus den Händen geben?«

Beim Frühstück schimpfte Silke über die Beknacktheit, daß ihre FDJ-Gruppe geschlossen zur Wahl ginge, ein paar Tausendprozentige hätten das durchgesetzt, und sie wäre zu feig gewesen, zu opponieren. Natürlich stünden die Kabinen in der hintersten Ecke, wer dorthin ginge, könnte sich denken, wie eine Meldung an die Uni ausfiele. Sie würde, sie wollte, alle ihre Freunde hätten ...

»Hör mal«, sagte Astrid Protter, »deine Situation ist klar: Studium *oder* Nichtwählen.«

»Jaaa, aber ... «

»Wenn du jetzt dein Ei an die Wand schmeißt, wird es nicht besser.«

Protter sagte: »Der bekannte kleine, häßliche Kompromiß.«

»Dein Vater erteilt dir Absolution.« Das hatte nicht eine Spur spöttisch geklungen. Über dieses Thema war nun alles gesagt, und sie fanden kein anderes. Silke dachte an ihr Spiel: Daumen und Zeigefinger zu einem Kreis geschlossen, durchs Zauberfernrohr geschaut in eine Zukunft in fünf Jahren, ob sie dann wieder zu dritt frühstückten und sie vielleicht einen dicken Bauch hätte vom Baby drin. Oder sie stand auf der Mole von Warnemünde, ein Fährschiff legte ab nach Schweden, natürlich ohne sie. Oder sie fuhr im Kulturpalast in Warschau zu ihrem Arbeitszimmer hinauf. Nicht diese Spinnerei an diesem blödsinnigen Tag.

Bis zum Wahllokal waren es nur wenige Schritte um einen Block und über zwei Parkplätze. Die Wahlscheine gab Silkes frühere Russischlehrerin aus – Handschlag und Wie-geht's-denn-Silke? Der Mann, der ihre Namen abhakte, hatte vor Jahren alle Mieter überzeugen wollen, rote und DDR-Fahnen abwechselnd und in gleicher Größe an die Balkone zu hängen. Astrid Protter strich in der Kabine alle Kandidatennamen durch, das, hatte es geheißen, sei die einzige Methode, unanfechtbar ein Nein zu erreichen. Protter steckte seinen Zettel unbesehen in die Urne. Dabei unterhielt er sich mit einem Mann aus dem Nachbarhaus über die neuen Öffnungszeiten der Schwimmhalle, die ungünstiger wären als bisher.

Danach überlegten sie, was sie noch tun könnten. Durch den Botanischen Garten bummeln? Nichts in Leipzig wirkte so beruhigend wie diese Oase vor ihrer

Haustür, und sie nutzten sie so selten. Der Hügel mit den Steppenpflanzen war neu angelegt, durch das japanische Gärtchen hoppelte ein Bächlein. Die Sonne kam durch, sie schauten Meisen nach und hörten von der Leninstraße her das Brausen der Stadt. Ein Ehepaar hatte verschieden gewählt, die Tochter würde den Kandidaten ihre Zustimmung als Erstwählerin geben. »Ein spannendes Leben«, befand Astrid Protter.

Ehe sie am Nachmittag die Wohnung verließen, sagte sie: »Wie wäre es, du würdest dein Parteiabzeichen anstecken?«

»Und du?«

»Das kann ich der Ursula nicht antun.«

Protter parkte das Auto vor dem Wahllokal, für das seine Frau eingeteilt war – egal, ob jemand seine Nummer notierte. Drin stellte Astrid Protter vor: »Mein Mann, der Genosse Fahrer – Ursula Kämpe.«

»Aha, die Verführerin der bisher so untadeligen Genossin Protter.« Kein Lächeln. Das war es wohl: Wenn Frauen etwas machten, das sie für wichtig hielten, hörte aller Spaß auf.

Eine FDJlerin und ein FDJler brachten ein Kästchen, die »Fliegende Urne«, und maulten, sie hätten die beiden fehlenden Familien wieder nicht angetroffen. Nun würden sie nicht noch einmal losgehen. Der Schriftführer nahm die Urne, mißmutig nach anstrengendem Tag.

Zwölf Minuten bis sechs, ein Mann polterte herein, zeigte Ausweis und Wahlkarte und lärmte, es wäre doch noch Zeit? Er hätte die Sache beinahe im Garten verschwitzt. Er ging in die Kabine; als ihn jemand zur

Eile mahnte, trat er heraus, blickte auf die Uhr und rief durch den Raum, wenn er es nicht schaffte, wäre er eben Nichtwähler, auch nicht schlimm, oder?

»Nun machen Sie schon.«

Ursula Kämpe und Astrid Protter stellten sich zu beiden Seiten der zusammengeschobenen Tische auf. Listen wurden noch einmal überprüft. Sieben Minuten nach sechs nannte der Schriftführer die Zahl der abgegebenen Stimmen, das wären einundneunzig Komma nulldrei Prozent. Die beiden Frauen sahen sich an, ein Lächeln in den Mundwinkeln, synchron zogen sie Blöcke aus den Taschen und notierten. Ein älteres Paar kam so hastig herein, daß die Dielen knarrten, und stellte sich an die Kopfseite der Tafel. Der Wahlleiter kippte die Urne aus, drei Frauen und zwei Männer sortierten nun rasch alle unbeschrifteten Zettel auf die eine Seite. »Da ist nur ein halber, durchgerissen.«

»Alle ungültigen zu mir«, sagte der Wahlleiter schlaff.

»Und die Nein-Stimmen?«

Niemand reagierte. Protter schaute zu Astrid, für ihn der Mittelpunkt dieser Personengruppe. Auf Brigadeschinken, Leonardos Abendmahl als Vorlage, bildete häufig ein Arbeiterkopf oder eine junge, fragende Frau den Blickfang, davor ein Buch und an der Wand ein Thälmannbild. Astrid ließ den Block wippen. Offiziere wurden in Kolonialfilmen so dargestellt, wach die Augen, angespannt jeder Gesichtsmuskel. »Da steht doch was«, Astrid Protter wies auf den Stapel der Ja-Stimmen. »Ja, dort!«

»Ach, das habe ich übersehen«; der Mann nahm den Zettel und gab ihn dem Wahlleiter. »Eine persönliche Bemerkung, die macht die Stimme nicht ungültig.« Was denn geschrieben wäre, fragte Ursula Kämpe, und der Wahlleiter wiederholte sich: Eine persönliche Bemerkung ändere nichts an der Gültigkeit. »Sag doch mal, was draufsteht!« Das war der Mann, der spät aus seinem Garten gekommen war.

Protter hatte sich die Atmosphäre, wenn eine Wahlleitung begriff, daß sie kontrolliert wurde, aggressiver vorgestellt. Jetzt wünschte er, am Morgen den Mut aufgebracht zu haben, in die Kabine zu gehen, egal, was er drin angestellt hätte. Jedenfalls hätte er ein Recht wahrgenommen. Astrid tat seit einiger Zeit genau das. Mut machte schön.

Vor Astrid Protter wuchs ein Zettelhäufchen mit Strichen und Wellenlinien; Kugelschreiber, Rotstift, dicke Kohle. Mit neunundneunzig Prozent Ja-Stimmen würde es nichts werden. Sie schaute zu Ursula Kämpe, die offensichtlich dasselbe dachte, blickte ihren Mann an und lächelte. Undenkbar schien es ihm jetzt, er hätte sie allein hierher gehen lassen, er im Sessel vor der Glotze und im Kampf, das erste Bier noch eine Viertelstunde hinauszuzögern. Heldin Astrid: Dieser Leipziger Barrikadenmaler fände hier ein unverbrauchtes Motiv. Bin ich ein bißchen verrückt vor Verliebtheit? »Auch dort steht etwas, auf dem Zettel eben jetzt.«

»Ich kann's schwer lesen. Ist bloß Krakelei.«

»Also gültig.«

Der Mann, der aus seinem Garten gekommen war, fragte, wie »Chemie« gespielt hätte, und jemand am Tisch bat ihn, doch nicht zu stören. »Alles Unfug«, sagte eine Frau, niemand rügte sie.

Nun wurde auf Taschenrechnern getippt, und als das Ergebnis feststand: acht Komma nullsieben Prozent gegen die Liste, klatschte ein junges Paar wie wild, und der Wahlleiter rügte halbherzig, Beifalls- oder Mißfallensbekundungen seien nicht gestattet. »Ist aber Klasse«, rief Ursula Kämpe. Astrid zog ihren Mann mit Schwung nach draußen und legte ihm die Hände um den Hals. »Die werden sich putzen!«

Ob sie Frau Kämpe ein Stück mitnehmen sollten, aber die wollte in die entgegengesetzte Richtung.

Im Auto sagte Astrid: »Ich denke gerade an diesen Abend in Markranstädt. Du hast göttlich gespielt. Deine Kumpels legten einer nach dem anderen ihre Instrumente weg und drehten sich zu dir hin. Immer mehr hörten zu tanzen auf und blickten zu dir hoch.«

»Hast du eigentlich getanzt?«

»Mit irgendeinem, keine Ahnung. Nach einer endlosen Zeit gingst du vor an die Rampe, und ich dachte: Was ist das nur, was er spielt?«

»Ich hatte von irgendwoher eine Platte, ›Heebie Jeebies‹, das mischte ich mit ›Racket Room‹. In meiner Combo waren sie alle zu doof für so was, oder es paßte nicht in ihren Swing.«

»Du spieltest Philosophie. Wie sie dich angehimmelt haben.«

»Den Charlie Parker von Markranstädt. Eigentlich sollte man mit so geballtem Weltschmerz gar nicht vor ein Publikum gehen.«

»Als du aufgehört hast, als alle klatschten wie verrückt, bin ich auf die Bühne.«

»Du hast gesagt: Damenwahl.«

»Wenn ich das dann daheim wiederhole, Harald: Damenwahl?«

3.

1989, Mai

Der Pfarrer hat den Brief wieder nicht verlesen, dachte der Mann. Wenn ich hinterher zu ihm ginge und sagte: Herr Ohlbaum, ihr redet doch immer von Saulus und Paulus, und schließlich habe ich nicht nur für mich gesprochen – ob ihn der Pfarrer dann mit dürren Worten wegschickte?

Er stand auf, als sich alle erhoben, und legte die Hände übereinander. Und führe uns nicht in Versuchung, sondern bewahre uns vor dem Bösen. Er sprach nicht mit, obwohl er den Text unterdessen kannte. Die Zahl der Teilnehmer zu schätzen, war der Säulen wegen nichtg leicht. Vierhundert, vierhundertfünfzig vielleicht. Die meisten dürften in der Alterspanne zwischen fünfundzwanzig und vierzig sein, zwei Drittel davon Männer. Was da an Lebenserfahrung und Ausbildung zusammenkam.

Viertel vor sechs unterdessen, in wenigen Minuten würde das Friedensgebet beendet sein. Beim letzten Mal war er so lange in der Kirche geblieben, bis sich alle davor verlaufen hatten. Den Polizisten neben den

Wasserröhren an der Nordseite der Uni hatte er nicht in die Augen geblickt, und war allein gegangen. Allein hatte er einen Brief geschrieben und ihn noch nicht einmal seiner Frau gezeigt. Jetzt dachte er: Wahrscheinlich waren meine Worte längst nicht so überzeugend, wie ich vermutet hatte. Sicherlich kriegte Ohlbaum jeden Tag genug von dem Zeug. Ein anonymer Brief war ein feiger Brief, immer.

Die Kollekte wäre für ein kirchliches Altenheim bestimmt, gab der Pfarrer bekannt, beim letzten Mal wären fünfhundertzweiundvierzig Mark und neunzig Pfennige zusammengekommen. Der Mann steckte ein Zweimarkstück in den Beutel. Diesmal wartete er draußen und schaute auf Münder und in Augen. Glocken läuteten über ihm. Pfarrer Ohlbaum ging rasch hindurch, als hätte er es eilig und wollte von niemandem angesprochen werden.

Von der Grimmaischen Straße rückte eine Polizeikette vor, Offiziere an den Flügeln, alle in Sommeruniform. In ihrem lässigen Schlenderschritt lag mehr Gefährlichkeit, als wenn sie gestürmt wären. Wir kommen, sollte das bedeuten, mit einer Überlegenheit, die es gar nicht nötig hat aufzutrumpfen. Der Mann ging vor ihnen her, als aus einem Hausflur drei Zivilisten sprangen und im Nu um ihn waren, zwei seitlich halb hinter ihm, einer vor ihm, das hatte das Trio glänzend eingeübt. »Ihren Ausweis. Warum beteiligen Sie sich an dieser Zusammenrottung? Ich ordne Ihre Zuführung an.«

Als der Mann auf der Seitenbank eines Lastwagens saß, der am Brühl parkte, wurde er von seinem Nachbarn gefragt, woher er sei. »Hier spricht Merseburg«, rief einer, und ein Polizist brüllte, sie sollten gefälligst den Quatsch lassen. »Mich haben sie zum vierten Mal«, sagte ein Mann in einem weißen Pullover, wie er auf eine Segeljacht gepaßt hätte.

»Geldstrafe? Dann wird's diesmal. Von mir wollen sie dreihundert.«

»Zahlst du?«

Jetzt ging ein Palaver hin und her, daß die Behörden keinen ausreisen ließen, der Schulden wegen der Miete oder der Stromversorgung hätte, da wäre es mit Strafgeldern bestimmt genauso. Na gut, im letzten Augenblick zu zahlen wäre etwas anderes als jetzt, weg mit den Fleppen, kannst du sowieso bloß noch verschenken. Einer Frau wurde auf den Wagen geholfen, sie und der Mann nach ihr trugen Lederjacken vom gleichen Schnitt, Partnerlook. Die Klappe krachte hoch.

»Seit wann läuft dein Antrag?«

»Hab gar keinen gestellt.«

»Bloß so reingerasselt?«

»Das nun auch nicht.«

»Behauptest, bist bloß da langgegangen. Wirst vielleicht noch nicht mal verwarnt.«

Der Mann in der Lederjacke bot reihum Zigaretten an. Jemand meinte, es wäre besser, nicht zu rauchen, letztens hätten sie einen zu fünfzig Mark verdonnert: Der Wagen müßte gereinigt werden oder so ein Schwachsinn.

»Du kommst extra aus Halle rüber?«

»Manche sind aus Bitterfeld.«

»Und hast 'nen Antrag gestellt?«

»Haben doch alle hier.«

Der Wagen fuhr am Hauptbahnhof entlang und bog am Engelsplatz auf den Ring nach Süden ein. Der Mann war verwundert, keine Angst zu haben. Er könnte behaupten, nicht in der Kirche gewesen zu sein, wahrscheinlich würde sich die Polizei nicht die Mühe machen, das zu überprüfen. Hier lag kein Mord vor. Er wäre im Hauptbahnhof gewesen, um nach einer Zugverbindung zu schauen, mit seiner Frau und den Kindern wollte er einen Ausflug nach Dresden machen. Vielleicht noch in die Sächsische Schweiz.

»Was bist du von Beruf?«

»Elektroingenieur.«

»Hast drüben Chancen.«

»Ich will aber gar nicht...«

»Ach ja.«

Jemand rief, diesmal ginge es gleich zum Hermsdorfer Kreuz und über Herleshausen nach Gießen, ruckizucki. Das fanden fast alle spaßig.

Nachdem sie vom Wagen geklettert waren, schaute der Mann an Mauern hoch. Gefängnishof. Jetzt müßten Hunde bellen oder Handschellen zuschnappen. Sein Schwager, sagte jemand, sei nach der siebten Zuführung blitzartig rausgeschmissen worden, jetzt wäre er gerade auf Mallorca. Der Mann nahm sich vor, noch einmal an Pfarrer Ohlbaum zu schreiben, diesmal mit Namen und Adresse.

Zwei Stunden lang mußte er auf einem Korridor warten. Er zählte die Zugeführten auf den Bänken an der Seite und kam bis siebenunddreißig. Ein Polizist rief: »Wer jetzt noch quasselt, kommt als letzter dran!«

Der Hallenser hatte den Kopf zurückgelegt, einmal klappte sein Kinn herunter. Über die Wand war in steilen Buchstaben geschrieben: »Ein Tschekist ist ein Kämpfer mit klarem Kopf, heißem Herzen und sauberen Händen.«

Der Mann wurde in ein Zimmer gewiesen. Er wäre in der Kirche gewesen, habe allerdings nicht demonstrieren wollen. Einen Ausreiseantrag habe er nicht gestellt. Mit seiner Arbeit sei er zufrieden, mit seiner Wohnung nicht.

»Wenn Sie draußen auf jemanden warten sollten, sind Sie ganz schnell wieder hier. Und wenn wir Sie wieder schnappen, kostet es allerhand. Ihr Betrieb wird benachrichtigt. Sie können gehen.«

Um ein Haar hätte er »Auf Wiedersehen« gesagt. Er trottete zum Leuschnerplatz, bläulich schimmerte das Zifferblatt der Rathausuhr. Was er eben erlebt hatte, war unerheblich gegenüber vielem, was er von seinem Vater gehört hatte: Monte Cassino und im Kessel von Königsberg, Gefangenschaft in Weißrußland; einen, der beim Brotstehlen ertappt worden war, hatten sie mit ihren Holzschuhen erschlagen. Gemessen an dem war sein Leben dahingeschlichen bis zu dieser lächerlichen Zuführung eben. Sein Junge war fünf. Wenn er dem in ein paar Jahren erzählte, wie das zugegangen war, drei Kerle aus dem Hausflur heraus? Was für ein jammervolles Leben.

4.

1989, Juni

»Genau wie früher, Mutti, bloß umgekehrt. Da hast du mir bei einer Wandzeitung geholfen. Und wenn wir diese Kantenfresse in die Mitte kleben?«

»Das würde dem Herrn Umweltminister zu starkes Gewicht geben. Dieser Unsinn, Ostberlins Luft als unabhängig vom Westberliner Smog zu bezeichnen – das muß man niemandem aufs Butterbrot schmieren. So hoch ist die Mauer nun wirklich nicht.« Ins Zentrum gehöre die Eingabe einer Arbeitsgruppe für Umweltschutz mit dem Baumbericht: wie viele Bäume um die Jahrhundertwende im Stadtbezirk Süd gestanden hatten, wie viele es nach dem letzten Krieg gewesen waren und der Zustand des Restes.

»Und, stimmt das alles?«

»Eine Zählgruppe ist wochenlang durch die Straßen gestreift, deren Arbeit soll erst mal jemand widerlegen. Die ist wichtiger als der Nischel des Ministers.«

»Besser, du würdest die Wandzeitung mit ein paar anderen machen, da kriegst du nicht alles Fett weg. Und noch Zahlen von Vati rein!«

»Um Gottes willen!«

Silke legte die Teile nebeneinander auf den Fußboden. »Deine Chefs werden sich fürchterlich ärgern.«

»Vielleicht hilft's was.«

Polster, der Parteisekretär, nahm die Wandzeitung schon nach einem halben Tag herunter. Immerzu hatten zwei oder drei aus der Abteilung davorgestanden, sogar aus Ämtern gegenüber waren Neugierige herübergekommen. Astrid Protter war ein paarmal stehengeblieben; niemand hatte auch nur ein Wort gesagt.

Eine Minute lang starrte sie auf die leere Tafel. Sie ging in ihr Zimmer und nahm einen Bogen aus dem Schreibtischkasten: »Offener Brief an einen Leipziger Wähler.« Den zweckte sie an. Nicht mit vier Reißnägeln, sondern mit allen, die in einem Schälchen lagen, es waren zweiundzwanzig.

»Was Neues? Schon wieder?«

Katzmann stand hinter ihr. Sie antwortete nicht und ging in ihr Zimmer zurück. Ein zweites Exemplar des Offenen Briefes nahm sie heraus und steckte es in ihre Handtasche. Vielleicht würde jemand ihren Schreibtisch durchsuchen wollen. Eine Broschüre legte sie vor sich hin. Ihr Blick war auf Zeichnungen gerichtet, die sie nicht wahrnahm. So wartete sie bis zum Dienstschluß.

Die Parteileitungssitzung, an der ein Instrukteur des Stadtbezirks teilnahm, fand drei Tage später statt. Polster begann, für eine Wandzeitung seien ungeprüfte, ja feindliche Argumente verwendet worden, sogar gegen einen Minister. Der sogenannte »Offene Brief« stelle natürlich den Höhepunkt, um nicht zu sagen Tiefpunkt dar. Eine ältliche Archivmitarbeiterin warf ein, sie hätte die Wandzeitung nicht angeschaut, könne also nicht mitreden. Bei dem Wirbel und den Gerüchten bedaure sie das, und erst jetzt sei ihr eingefallen, daß sie seit Jahren an allen Wandzeitungen vorbeigegangen sei und nicht einmal mit Bestimmtheit sagen könnte, daß die gelegentlich ausgewechselt worden wären.

Astrid Protter ließ ihren Blick reihum gehen: der Instrukteur, die Archivarin, eine junge, kränkliche Frau, die sich vor der letzten Wahl für diese Funktion hatte breitschlagen lassen, zwei gestandene Genossen, Architekten mit langer Parteierfahrung, und Katzmann.

Polster hob seinen Notizblock hoch und legte ihn wieder hin, hob ihn hoch und legte ihn hin, eine zwanghafte Handlung ohne erkennbaren Sinn. Er blickte zwischen den beiden Genossen, die ihm gegenüber saßen, hindurch an die nackte Wand. Seine Stimme klang monoton, als wäre längst alles klar und entschieden. Der Bericht über die Bäume in Leipzig Süd mochte ja noch angehen, obwohl darin Tendenzen zur Nörgelei nicht zu übersehen seien. Wie jeder wisse, wären um die neuen Wohnblöcke herum zahllose Bäume und Sträucher gesetzt worden. Eine Eingabe, in den Straßen der Jahrhundertwende nachzupflanzen, hielte er möglicherweise sogar für sinnvoll. »Aber das ist nicht unser Territorium, warum also dieser Artikel hier an der Wandzeitung?«

»Weil ... «

Polster unterbrach sie sofort. »Genossin Protter, ich bitte dich, zunächst die Meinung der anderen Genossen anzuhören. Der sogenannte ›Offene Brief‹ stellt natürlich einen krassen Fall von Verleumdung dar. Er unterstellt Wahlfälschung durch staatliche Organe.«

Katzmann warf ein, er sei nicht dafür, Emotionen hochkochen zu lassen. »Der Schaden ist groß genug. Wenn wir die Dinger gleich in den Ofen gesteckt hätten ... « Er fand diesen Gedanken wohl selber nicht besonders parteigemäß. »Es ist gut, daß wir einen Genossen der Kreisleitung hier haben, der uns helfen wird.« Um Besonnenheit bat er, allerdings läge das Kind schon im Brunnen. Eine Lehre wolle er zuerst für sich daraus ziehen, nämlich die Herstellung einer Wandzeitung nicht einem einzelnen zu überlassen. Ein Kollektiv!

Der Instrukteur gab sich prinzipiell: Die Einheit zwischen Wirtschafts- und Sozialpolitik erfordere die Anstrengung aller. Die friedliche Koexistenz werde vom Gegner zur Diversion ausgenutzt – obwohl erhöhte Wachsamkeit geboten sei, trage eine Genossin das Prinzip der Verleumdung und Hetze in diese Verwaltung. Die Eingaberegelung des Staates genüge ihr offensichtlich nicht. »Genossen, ein politischer Skandal!«

»Nana.« Einer der älteren Architekten nahm sich vor, den Schaden nach Möglichkeit klein zu halten. Wer habe denn die Genossin Astrid unterstützt? Alle drückten sich jahrelang vor der Wandzeitungsarbeit, er wolle sich da gar nicht ausnehmen. Der Genosse Polster habe beherzt reagiert, gut so, aber nun mal nach vorn: Wie wäre es, *eine Kommission* für die Wandzeitung zu bilden?

Die Archivarin fragte: »Was stand denn nun eigentlich in diesem ›Offenen Brief‹?«

»Mich beschäftigt die Frage, woher die Genossin Protter ihn hat.«

Astrid Protter konstatierte, daß Polster nicht formuliert hatte: »Woher du ihn hast«, in der dritten Person operieren konnte sie auch. »Wenn der Genosse Polster das genau wissen will: Ich hab sogar an ihm mitgearbeitet.«

Die beiden älteren Architekten fanden, nun wäre dem Mädel kaum noch zu helfen. Sie müsse ihr Kind abholen, unterbrach die junge Frau. Beim Hinausgehen schaute sie niemanden an. Ein illegaler Brief also, stellte Polster fest. »Da steht zum Beispiel: ›Wie Du Dich erinnerst, erzielte angeblich Leipzig-Stadt mehr als achtundneunzig Prozent Wahlbeteiligung und sechsundneunzig Komma neunundsechzig Prozent Ja-Stimmen – so stand es in der Zeitung. Aus dem Stadtbezirk Mitte war ein Ergebnis von achtundneunzigeinhalb Prozent Wahlbeteiligung und sechsundneunzig Komma null vier Prozent Ja-Stimmen zu erfahren. Vor der Wahl aber hatten Leipziger Bürger beschlossen, sich gründlich anzuschauen, wie es in den Stimmlokalen zugeht. So auch im Stadtbezirk Mitte.‹ In diesem Sinne geht das weiter.«

»Lies doch mal zu Ende!« Als der Parteisekretär das nicht tat, nahm Astrid Protter ihr Exemplar aus der Tasche. »Dann mache ich es eben: ›Als die mehr als achtzig Bürger ihre Zahlen zusammenlegten, stellten sie fest, daß sie die Ergebnisse aus zweiundachtzig von vierundachtzig Wahllokalen ermittelt hatten.‹«

»Hübsche Organisation.« Das war der Instrukteur.

»›Sie kamen auf eine Wahlbeteiligung von zweiundneunzig Komma zwei Prozent und lediglich auf einundneunzig Komma zwei Prozent Ja-Stimmen. In anderen Stadtbezirken war es genauso, überall wurden etwa zehn Prozent Gegenstimmen gezählt. Nun versuchten die erstaunten Bürger natürlich, diesen eigenartigen Differenzen ...‹«

»Ich habe keine Lust, mir das länger anzuhören! Ich schlage vor«, so der Instrukteur, »daß wir über dieses Vorkommnis noch einmal im engeren Kreis beraten.«

»Einverstanden.«

Alles vorbei, kein Zerren von den Schulterblättern über den Nacken in die Kopfhaut hinein, keine Angst vor Druck auf die Schläfen wie von einer Schraubzwinge. Jetzt nichts mehr reden. Am Abend radfahren. Durch den Südfriedhof streifen, auf Gräber schauen. So viele Tote, so viele Schicksale. Nun würde irgendwo beraten werden, dann zitierten die Genossen sie vor eine Kontrollkommission, womöglich blieben Widerruf und Selbstkritik, um mit strenger Rüge davonzukommen. Die Möwe Astrid verlor ihren Platz, ihr Gefieder wies Flecken auf, da mußten Federn herausgefetzt werden um der Gleichheit und Einheit willen. Wie sie das kannte, wie es ihr zuwider war. Silke würde sagen: Da mußte durch. Harald nun als Verbündeter. Dieser ganz banale Gedanke: Gut für Papa, daß er das nicht mehr erleben muß.

Auf dem Korridor sagte Katzmann: »Wetten, Astrid, daß sie dich aus der Partei schmeißen? Besser: daß *wir* dich schmeißen? Noch genauer: Daß *ich* dafür stimmen werde, daß du endlich fliegst?«

5.

1989, Juli

Das Plakat sollte ursprünglich breiter sein, aber keinesfalls höher. Jemand hatte zwei Fahnenstangen mitgebracht, die goldenen Spitzen wollte er dranlassen als zusätzlichen Spott: erst SED-Fahne, vielleicht sogar »Banner«, nun spannten sie ihr Transparent dazwischen. Es war immer noch nicht klar, ob es etwas mit einem Sternmarsch zum Gelände der Pferderennbahn werden würde, und Claudia bezweifelte, daß sie zu einer derartigen organisatorischen Leistung fähig wären.

Nein, beharrte Pfarrer Ronner gegenüber einem Trupp von der ARD, in der Kirche dürfe nicht gefilmt werden. Einige Gruppen besprächen ihre Projekte, und wenn nicht jedes einzelne Mitglied einverstanden sei, müßte darauf verzichtet werden. Innerhalb der Kirche habe er das Hausrecht, bitte. Claudia sah, wie die Männer ihre Geräte schulterten und vor der Kirche aufbauten. Sie kannte dieses ewige Thema: Inwieweit schützt uns das Westfernsehen, inwieweit drängt es uns in Aktionismus? Wer meinte, sich abends in der Tagesschau wiederbegegnen zu können, blickte feiger oder energischer, redete schneller oder überhaupt nicht.

Also kein Sternmarsch, wiederholte jemand, besser so, sonst hätten die Bullen sie alle schon vorher am Arsch. Claudia ging hinaus und um die Fernsehmänner herum. Sie sollten den Pfarrer einweihen: Wenn sie nicht wiederkämen, hätten die Bullen sie geschnappt.

Auf der anderen Seite des Parkstücks vor der Kirche streunten einige Schwarze stadtwärts, große Kerle, keine Kubaner. Sie wußte, es wäre mühselig bis sinnlos, ihnen begreiflich machen zu wollen, was hier vorging. Für diese Studenten war die DDR der Gipfel von Ordnung und Wohlstand, auch ihnen hatten sie vermutlich eine funkelnde Maschinenfabrik und eine Spitzen-LPG mit Wunderkühen gezeigt, deren riesige Euter fast bis zur Erde baumelten. Wahlfälschung? Wozu brauchte man in der DDR zu wählen, wo doch alles wunderbar war? Hinter der nächsten Ecke hatte sie sich ein dutzendmal mit Sascha getroffen.

Nun wollten zwei sofort losfahren, und zwar mit der nächsten Straßenbahn, hier wisse kein Schwein mehr irgendwas. Dann wären sie eben zu viert, gab Claudia nach, das genüge doch, oder? Sie stellten das zusammengerollte Plakat in die Ecke des hintersten Perrons und sich davor. Knut könnte sein Hemd ein bißchen weiter zuknöpfen, riet Claudia, wenn Christina ihren Rock am Bund ein Stück höher zöge, wirkte er nicht mehr so schlabbrig alternativ. Das meinte sie fast ernst, die anderen fanden es jedoch komisch, und von einer Minute zur anderen schlug ihre Stimmung ins Alberne um. Als sie an der Runden Ecke vorbeifuhren, wollte Christina ihr Halstuch zum Fenster hinausflattern lassen und Juhu rufen, da wäre ihnen beinahe das Plakat umgefallen. Heini zog ein weißes Stirnband aus der Tasche, Sportler trügen so was, Marathonläufer, es halte die Stirn frei und sei gut gegen Schweiß. In China hätten das die Studenten beschriftet getragen. Wenn sie nun alle mit weißen Stirnbändern ankämen! Weiß als

Farbe der Ausreisewilligen, weiße Schleifen an den Autoantennen, die Bullen machten noch Jagd auf lila Tücher, schon wäre Weiß die Protestfarbe, oder?

Am Rathaus stieg ein Pulk Jugendlicher ein, die Jungen in bunten Hemden und Jeans. Nicht in neuen Jeans, an denen fast noch das Preisschild vom Intershop hing wie neulich vor der Kirche in Altenburg, Kerle mit sauberen Haarschnitten, »koppelbreit frei über den Ohren«, warum agierte die Stasi immer so einfallslos, oder war das schon wieder ein Trick, um von den echten Spitzeln abzulenken? Dazu hätten sie es fast schon gebracht, ärgerte sich Claudia, daß sie denen mißtraute, die sagten: Los, machen wir was! und genauso den anderen, die warnten: Bloß nicht vorprellen. Auf Christine und Knut und Heini war Verlaß. Wenn die Spitzel wären, könnte man selber Mielke heißen.

An der Rennbahn waren sie sofort im Gewühl. Eppler habe gesprochen, nicht konkret genug, aber woher sollte er die Lage genau kennen. Da wirbelten wieder Leute mit Fotoapparaten, die Schilder »Presse« an ihren Jacken waren deutlich zu erkennen, hoffentlich stand darunter, für welche Zeitung sie knipsten, es war doch ein Unterschied, ob einer für »Neues Deutschland« oder die »Frankfurter Allgemeine« hier war. Jungen mit weißen Armbinden und der Schrift »Ordner« umringten um einen abgerissenen Kerl, vielleicht war der betrunken, da schlüpften sie mit ihrer Plakatrolle durchs Tor. Ein Mädchen vom Umweltseminar Rötha neben ihr fragte, wo sie jetzt wohne, und Claudia antwortete, verwunderlicherweise sei sie noch nicht aus dem Internat geschmissen worden. Sie solle doch wohl nicht im Rosental kampieren, habe sie eingewendet, wenigstens ein Zimmer müsse man ihr schon zuweisen. Nein, Heimkehr zu den Eltern komme nicht in Frage. Diese Debatte gleich nach der Entlassung liege nun vier Wochen zurück, und sie sehe keinen Grund, irgend etwas zu forcieren.

Das Gras war niedergetreten und staubig, jeder Papierkorb übervoll. Unter einem Lautsprecher hörten sie einer Diskussion auf der Bühne zu, vom »Haus Europa« war die Rede, ein beliebtes Thema zur Zeit. Das Ding habe Gorbi im besten Augenblick losgetreten, meinte Knut, also könne man mit Gorbi gegen das Abgrenzungsgerede argumentieren. Jemand von der AG Gerechtigkeit zeigte auf einen Kran ein Stück weiter weg, aber noch auf dem Rennbahngelände, dort hätten sie eine Raketenattrappe hochziehen wollen, aber das hätte aus irgendeinem Grund nicht geklappt. Es sei ein guter, nützlicher Kirchentag, davon lasse er sich nicht abbringen, weil sie den Eppler hatten reinlassen *müssen,* obwohl er im SPD-Vorstand sei, das wirke einfach super. Eppler habe auch mit der SED gekungelt, widersprach ein Mädchen, und Claudia bat, gefälligst nicht so laut zu quatschen. Worauf warteten sie denn noch – da drückte ihr Knut die eine Fahnenstange in die Hand und lächelte sie mutmachend an, und Claudia wunderte sich, daß sie sich nicht in ihn verliebte, wahrscheinlich spukte immer noch die Erinnerung an Sascha in ihr herum. Sie rollten das Plakat auf und streckten es hoch, so gingen sie durch eine Gasse auf die Tribüne zu, und wer es von der Seite sah, las die

Blockbuchstaben: »Nie wieder Wahlfälschung«. Vor den Bullen brauchten sie innerhalb des Rennbahngeländes keine Furcht zu haben, natürlich waren Spitzel drin, natürlich wurden sie fotografiert. Claudia hörte Klatschen und wußte in ihrer Aufregung nicht, ob es dem Sprecher auf der Tribüne oder ihrem Plakat galt. Zwei Ordner standen halb und halb im Weg, ihre Gesichter waren unsicher, aufgestört; Claudia verlangte mit der größten Festigkeit, zu der sie fähig war, sie sollten sich gefälligst beiseite machen. Mit der Schulter preßte sie gegen einen Arm, da waren sie vorbei. »Nie wieder Wahlfälschung« war richtig, andere hatten »Demokratie« und chinesische Schriftzeichen vorgeschlagen, aber »Nie wieder Wahlfälschung« bedurfte keiner Auslegung. Sie hatten vereinbart, das Plakat eine Minute lang hochzuhalten und dann wieder zusammenzurollen. Eine Minute konnte sich in dieser Situation quälend hinziehen. Ein Ordner maulte dicht vor Claudia, was sie da machten, sei wenig christenmäßig. Sie mußte lachen und wendete sich zu Knut um, der wartete noch, bis eine Fernsehkamera langsam über das Plakat geschwenkt war, wobei er sein Gesicht hinter der Stange verbarg, dann rollte er von seiner Seite her ein und mühte sich, das Tuch straff zu halten, damit es nicht aussehen sollte, als sei er in Eile oder gar in Furcht. Jetzt waren sie von einer Menge umringt, die ihnen zuklatschte, Heini nahm das Bündel an sich, so gingen sie seitlich von der Tribüne weg und setzten sich ins Gras. Einer sagte, mit dem Plakat müßten sie auf die Straße hinaus, nicht gleich, aber nach dem Schluß der Veranstaltung auf alle Fälle. Jetzt waren sie umringt von hundert Jugendlichen und Älteren und Alten, die sich wie ein Schutzring um sie setzten, ihre Zahl wuchs an. Ein Mann trat zwischen sie, er rief, er heiße Schnuck und sei Rechtsanwalt, er möchte mahnen, gar davor warnen, mit dem Plakat auf die Straße hinauszugehen. »Bitte bleibt besonnen, wir wollen doch alle, daß dieser schöne, erhebende Tag in gleicher Weise zu Ende geht!« Claudia sah ihn über sich, einen kräftigen Mann mit dichtem, dunklem Haar und tragender Stimme. Keiner widersprach ihm, und Claudia wußte nicht, was sie hätte tun sollen, wenn Schnuck väterlich angeboten hätte, das Plakat sicher fortzubringen, damit niemand Schaden nähme an seiner Freiheit. Es müsse nun doch bald Schluß sein, fragte Vockert, der Schnuck den Rücken zukehrte, als sei der gar nicht mehr da. »Oder wir gehen damit auf die Tribüne!« Das wurde beklatscht: Ja, auf die Tribüne! Da sitze doch noch der Staatssekretär für Kirchenfragen, rief jemand, wieder wurde geklatscht, auf einmal standen die meisten auf, Schnuck war eingekeilt und schwieg. Los, sagte Knut, da rollten sie das Plakat wieder auf, jetzt gingen sie nebeneinander auf die Tribüne zu, andere zwischen sich, einige griffen über ihre Köpfe, zwanzig Hände am Tuch waren es nun. Stakkato: »Nie wie-der Wahl-fäl-schung!«

Ordner mahnten: Macht keinen Böldsinn, haut doch nicht alles kaputt! Da schwenkten die ersten an der Tribüne vorbei zum Ausgang zu. Das war der entscheidende Punkt, begriff Vockert, aus derartigen Abläufen heraus entwickelten sich Volksbewegungen, gehörte das zur Chaostheorie? Der Spitzel »Andreas

Baum« berichtete tags darauf der Kreisdienststelle Eilenburg: »Die Menschenmenge, die sich in Richtung Ausgang bewegte, wurde auf 800 bis 1000 Personen geschätzt. Durch RA Schnuck wurde die Personengruppe wiederum aufgefordert, das Plakat auf dem Gelände der Rennbahn zu lassen. Die Gruppe blieb eine Weile in unmittelbarer Nähe des Ausgangs stehen und wurde von einer gewissen Silvia Berger angesprochen, die Chance wäre jetzt da, ohne Risiko in die Öffentlichkeit zu gehen, da Tausende auf der Straße auf das Transparent warteten.«

An die fünfzig gingen jetzt vor dem Plakat her, lokker und lustig, den Leuten von der ARD hielten sie die Hände vor die Linsen. Die ersten bogen stadtwärts ein. Jetzt solle sie ihn bitte tragen lassen, sagte Knut zu Claudia, das klang, als würde Kraft gebraucht.

Da sah sie Sascha an der Bordkante. Er sagte etwas zu einer Frau neben sich, eine von der Polizei oder seine neue Feundin. Er trug eine helle Jacke, die sie nicht kannte, ein weißes Hemd, war gebräunt, als käme er gerade von der Ostsee oder vom Balaton. In ihr regte sich keine Sehnsucht, kein Zorn, keine Verachtung, er tat ihr nicht leid wegen dieser Niederlage eben, denn natürlich war es niederschmetternd für einen Polizisten, am Straßenrand stehen zu müssen, ohnmächtig. Sollte es zehnmal seine Freundin sein, das ging doch sie nichts an – eine Frau neben ihr, die sie vom Sehen kannte, fragte, ob es denn stimme, daß sie vom Herder-Institut geflogen sei. Ja, die Leitung hätte bezweifelt, ob sie mit derartigen Aktivitäten ausländische Studenten im Sinne der internationalen sozialistischen Solidarität erziehen könne. Mit einer Handbewegung schnitt Claudia das Thema ab.

Eine Straßenbahn fuhr von hinten heran, langsam, der Fahrer nahm den Fuß nicht mehr vom Klingelpedal. Die Demonstranten drückten an die Seite bis auf den Bürgersteig, die Bahn hielt, alles ging blitzschnell, die Türen wurden geöffnet, vier oder fünf Männer sprangen in die Menge, rissen das Plakat weg und stopften es in die Bahn hinein, jemand zog die Notbremse, so daß die Türen nicht wieder geschlossen werden konnten. »Eine männliche Person aus Berlin«, meldete der Spitzel »Andreas Baum«, »die dort einer Menschenrechtsgruppe angehören soll (der Name ist nicht bekannt, kann aber erarbeitet werden), hat das Plakat wieder herausgerissen und ist damit seitlich untergetaucht. Andere, die das nicht mitbekommen hatten, setzten sich vor die Bahn. Zu dieser Zeit waren Sprechchöre zu hören wie ›Nazischweine‹ und ›Stasi raus‹, was wahrscheinlich von Antragstellern ausging. Diese haben auch an die Straßenbahn getrommelt. Die Berger und die Engelmann haben aufgefordert, die Provokation zu unterlassen. Es wurde verlangt, Ruhe zu bewahren, da sonst wirklich noch jemand verhaftet werden würde. Anschließend sind die Personen weitermarschiert in Richtung Dimitroffstraße. Als der Zug in diese einbog, fuhren zwei Lkw der VP auf und versperrten den Weg. Die Bereitschaftspolizisten sprangen herunter und ›spielten‹ mit ihren Gummiknüppeln, was keinem der Anwesenden angenehm war.«

Alles vorbei und alles gelungen, das Plakat hatten sie nicht gekriegt. Das gehörte ins Museum, falls es einmal ein Museum über diese Tage geben sollte. Berühmt war die Fahne von Kriwoi Rog, die russische Arbeiter ihren Genossen in Mansfeld geschenkt hatten und die über die Nazi-Zeit hinweg verborgen worden war. Das Transparent des Kirchentags von Leipzig müßte daneben aufgestellt werden. Darüber lachte Christina, so beginne jeder Größenwahn. Zur Petrikirche? Als drei Lkw der Polizei mit geschlossenen Planen vorbeifuhren, bogen sie in eine Seitenstraße ein. Für eine Weile waren sie wieder zu viert, Heini hörte nicht auf, ihnen zu erzählen, was sie alle eben erlebt hatten, und Knut stoppte ihn schließlich mit der Bemerkung, er stehe wohl unter Schock. Claudia vermutete Sascha noch immer am Straßenrand mit seiner Biene, die mit mußte, wenn er seinen Dienst in Zivil abriß, eine großartige Genossin war sie sicherlich. Sie stellte sich vor, sie prallte auf der Straße gegen ihn, so daß ein Ausweichen nicht möglich wäre, da wollte sie ihn fragen, wie lange das noch so weitergehen sollte mit dieser Hochschaukelei von List und Gewalt, ob der Staat nicht einmal ein Signal geben könnte, daß es Zeit für eine Aussprache wäre, für den großen Dialog, bei dem das Ziel von keiner Seite vorgegeben war. Sascha, wir beide dabei?

Der Pfarrer der Petrikirche empfing sie im Talar an der Tür und gab allen die Hand. An die hundert Leute waren jetzt drin. Claudia überlegte, wie oft sie noch die Hände falten und Gebete hören müßte, bis von deren Geist etwas auf sie übergriff: Der du bist im Himmel, dein Reich komme. Heute standen alle Kirchen offen für alle. Jetzt hieß es, in Richtung auf die Innenstadt wären überall Bullen, und Heini flüsterte, es wäre natürlich total beknackt, wenn die Blödiane von der ARD sie mit dem Plakat gefilmt hätten und das in der Tagesschau gezeigt würde. Vockert bot den Umstehenden an, bei ihm zu warten, bis sich die Aufregung gelegt hätte, und dann getrennt nach Hause zu fahren; zu seiner Bruchbude wäre es nicht weit. Der Spitzel »Andreas Baum« berichtete seinem Führungsoffizier: »Nach einem Gespräch mit einem Dr. Zieslack (phonetisch), der die Betreffenden gefragt hatte, wie alles wirklich gelaufen wäre, verließ der vorgenannte Personenkreis die Kirche in Gruppen von zwei bis vier. Gegenüber Zieslack war zum Ausdruck gebracht worden, daß von ihnen keine Gewalt zur Anwendung gekommen wäre und sie es gegenüber der Bereitschaftspolizei nicht auf Konfrontation angelegt hätten.«

Als Claudia und Knut durch Straßen mit leeren Fensterhöhlen zum Bayrischen Platz gingen, fielen Sonnenstrahlen schräg herein, die Luft war stickig, die Lichtfärbung rötlichgrau. Sie war mit einem Bullen liiert gewesen, der heute verloren hatte – selbst, wenn er sie hätte einsperren können, wäre der Tag für ihn eine Niederlage. Hauptmann Sascha, vielleicht beförderten sie ihn am Jahrestag der DDR zum Major. Etwas anderes war nach dem heutigen Erlebnis kein Thema mehr: ob sie einen Ausreiseantrag stellen sollte. Beruflich war sie erledigt. Was für ein Traum war es dennoch, mit dem Fahrrad das Rhônetal hinunterzubummeln, und alle Bauern, Wirte, Winzer und Kinder sprachen französisch. Sie half bei der Weinernte und aß zum ersten Mal etwas, das in vielen Lektionen vorkam:

Baguette. Die Französischlehrerin Claudia Engelmann aus der Deutschnkratschnreplik ergriff die Chance, diese Köstlichkeit zu schnurpsen, bevor sie sechzig wurde.

Jeder Schritt fiel ihr jetzt schwer, es war wie nach einer langen Wanderung, doch ohne die wohlige Ermattung. Vor einer Haustür lagen zwei tote Tauben. Vier Männer in einem Lada blickten unbeweglich geradeaus. Ein Ausflug mit kubanischen Studenten kam ihr in den Sinn, ihnen war eine Kindergruppe entgegengekommen, Heimkinder wahrscheinlich, zehn- bis zwölfjährige Jungen und Mädchen, verstaubt, glücklich und müde. Die Jungen hatten Rohrkolben und die Mädchen Blumen gehalten, und sie hatten gesungen: »Dem Karl Liebknecht, dem haben wir's geschworen, der Rosa Luxemburg reichen wir die Hand.« Und auch: »Vielleicht bin ich schon morgen eine Leiche.« Das an einem zur Neige gehenden Sommersonntag auf einem thüringischen Waldweg. Die Kubaner waren stehengeblieben und hatten dagegen angeschmettert: »Und höher und höher und höher, wir steigen trotz Haß und Hohn, ein jeder Propeller jauchzt singend im Ton, wir schützen die Sowjetunion!« DDR pur.

12. KAPITEL

Der Letzte macht das Licht aus

1.

1989, September

Am Ende des Friedensgebets ging Pfarrer Ohlbaum als erster zur Pforte. In Augen rechts und links lag Angst vor Rempelei, zupackenden Polizisten und ihren Knüppeln. Angst auch vor Menschenmauern, dazwischen eine kaum meterbreite Gasse. Es kam vor, daß er die Schultern hängen ließ, jetzt straffte er sich und nickte in Gesichter hinein, die er kannte und nicht kannte, als käme er gar nicht auf die Idee einer Gefahr. Gleich vor der Tür stand eine Reihe von Polizisten, er wollte sie anlächeln, sogar anscherzen, das Gesicht eines bestenfalls neunzehnjährigen Polizeischülers war neben ihm, da schob sich ein Offizier vor, und ehe ihm bewußt wurde, daß dieser Oberleutnant am Montag zuvor die Kette am Ausgang des Pfarrgebäudes zur Ritterstraße hin befehligt hatte, daß er ihn erinnern könnte: Wieder im Einsatz?, war er vorbei. Das wäre ja nun das Widersinnigste, daß er zum Pfropfen in diesem Flaschenhals würde. Vorm Pfarrhaus standen die Menschen lockerer, dorthin wendete er sich und drehte sich um, als eine Frau rief: »Loslassen, Sie sollen mich loslassen!« Nach der Kühle der Kirche empfand er die Luft über dem Platz verbraucht von vielen Lungen und Poren, aufgeheizt auch durch Angst. In solcher Atmosphäre fiel nüchternes Denken schwer, Schwüle verleitete zum Umsichschlagen. Mit schnellen Schritten war er hinein und hinauf ans Fenster, die Flügel waren geöffnet, eine Sekretärin wartete mit Block und Kugelschreiber. Das war herumgesagt worden: Wer festgenommen wurde, sollte Name und Adresse schreien, das sollten sich andere merken und notieren und hierher weitergeben, damit der Sup verläßliche Unterlagen für seine Telefonate am Abend oder am kommenden Morgen gewann. Von der Grimmaischen rückte eine Polizeikette vor, Wahnwitz, die Leute mußten sich eingekesselt fühlen, Überdruck konnte Panik auf beiden Seiten hochschnellen lassen. »Kommen Sie ins Pfarrhaus!« Unter dem Fenster Prügelnde, da trommelte er mit beiden Fäusten auf das Blech der Abdekkung und brüllte: »Laßt das sofort! Denkt ja nicht, daß ihr davonkommt, wir merken uns eure Gesichter!« Ein Polizist drehte sich verblüfft um, offensichtlich begriff er nicht, woher diese Worte kamen, ach ja, von oben, den Pastor erkannte er: »Das ist uns scheißegal, das kannst du dir mal merken!«

Alles geschah rabiater als am Montag vorher, hitziger, pressender. Ohlbaum predigte stets: Wehrt euch nicht, haltet die Hände über den Kopf, ruft um Hilfe und schreit eure Namen, aber nennt sie nicht Bullen und Schweine, und als einer der Jungen erwiderte, das seien alles Kommunistensäue, hatte er ihm dieses Wort verboten: Christen hätten Würde zu wahren. Weiter hin zu Specks Hof sangen sie die Internationale, dabei kam es ihnen auf das letzte Wort an: »Menschenrecht«. Einen Namen wiederholte er zur Sekretärin hin: Uwe

Schwabe, den hatten sie wieder gegriffen, den fröhlichen Riesen, schon sein Zöpfchen mit dem Gummiband erschien ihnen als Provokation. »Laßt den Uwe los!« Ohlbaum trommelte wieder aufs Blech, der Polizist unter ihm reckte seinen Knüppel. Zum ersten Mal verlor Ohlbaum die Fassung, er war sich bewußt, wie billig, ja blöd der Satz war: Ich bin auch nur ein Mensch. Der wurde immer strapaziert, wenn sich jemand gestattete, daß ihm die Nerven durchgingen. Er war hier oben und Pfarrer, beides schützte. Andreas Müller, auch den nahmen sie wieder fest, schon wieder und immer wieder. Er fragte zur Seite: Haben Sie aufgeschrieben? Das würde sich nun wiederholen: Die Aktivsten aus den Gruppen schoben die Listen mit den Namen der Verhafteten hinter die Gitter der Kirchenfenster, wieder rissen Stasi-Leute sie heraus. Tags darauf hingen Bögen mit größerer Schrift so hoch, daß die Bullen nicht hinauflangen konnten. Eben hatte er ein Wort gedacht, das er anderen untersagte.

Welche Steigerungen sind denn nur möglich, noch zwei, drei Montage, und die Situation muß kippen. Wir haben abgelehnt, die Friedensgebete an den Stadtrand zu verlegen, wir hätten es uns nie verziehen. Noch ist der fürchterliche erste Schuß nicht gefallen. Noch haben sie nicht gedroht: Alles vergossene Blut wird über die Kirche kommen!

Eine Männerstimme im Telefon: »Ich rufe vom Markt an. Zwei Mädchen werden eben auf einen Lastwagen getrieben.«

»Kennen Sie ihre Namen?«

»Nein.«

»Vielleicht können Sie schreien: Wie heißt ihr?«

Keine Antwort. Da hatte einer mutig sein wollen.

Berk drängte herein, aufgeregt und schwitzend, nach einigen Minuten der Sup. Er wolle den Herrn von der Abt. Inneres in dessen Wohnung anrufen. Das sei zwar gegen jeden Brauch, aber er würde ihn einladen, sich das nächste Mal den Trubel von hier aus anzuschauen, und ihm dabei die Namen der Festgenommenen nennen. So, Schwabe wieder. Und Jörg Franzen. Eine Mutter: Freunde ihres Sohnes hätten sie angerufen, ihr Marco sei aufgeladen worden, und er sei doch erst sechzehn. »Wahrscheinlich lassen sie Ihren Jungen in ein paar Stunden wieder laufen. Aber kümmern Sie sich!« Vielleicht fuhr die Mutter auf das »sich kümmern« hin zum Polizeipräsidium und verlangte, daß ihr Sohn freikäme, und womöglich schaffte sie es, daß ihr Mann sie hinbrachte und sein Parteibuch vorzeigte und versicherte, er würde ihnen die Fetzen vor die Füße schmeißen, wenn Marco nicht in einer Stunde draußen wäre. Ich predige den Aufruhr nicht, begriff Ohlbaum, aber ich denke ihn. Etwas in mir wünscht ihn, weil ich Menschen erhoffe, die sich Grenzen setzen und von den Mächtigen verlangen, daß sie diese Grenzen respektieren. Er rannte in den Flur und die Treppen hinunter und riß die Tür auf, der Riegel des zweiten Flügels ließ sich nicht sofort hochziehen, er mußte sich bücken und fürchtete, sein Genick würde einen Polizisten zum Zuschlagen einladen. Rasch richtete er sich auf und sah ein Mädchen mit zerzaustem Haar fast über sich und zog es in den Flur. Hier war immerhin Kirchengebäude, es würde halben Schutz bieten. »Die Treppe hoch!« Jetzt hasteten Menschen an ihm vorbei, sie würden warten, bis die Polizei abgezogen war, und herauströpfeln.

Der Superintendent telefonierte. »Eine prekäre Situation. Die Absperrung wirkt wie ein Kessel, wieder ist geprügelt worden.« Das, antwortete der Leiter der Abt. Inneres, habe sich der Herr Superintendent selber zuzuschreiben, schon vor einem Jahr habe er geraten, die Herren Ronner und Ohlbaum in eine friedfertige Erzgebirgsgemeinde zu versetzen, es müßte ja nicht das letzte Dorf sein. »Offen für alle« zeige nun diese fatale Wirkung, offen für Aufrührer und subversive Elemente.

Der Sup legte auf, blickte zu Ohlbaum hoch und dachte: Ich will nicht damit hausieren gehen, daß ich euch beide gehalten habe, dich und Ronner. Man wird wägen in der Stadt, die Lauten werden vorne sein und die Gerechten zu Selbstgerechten werden. Er griff wieder zum Telefon, verlangte den wachhabenden Offizier des Polizeipräsidiums zu sprechen und hörte, er möge warten, dann war die Leitung leer, weil ihm niemand antworten wollte, oder die Verbindung aus diesen üblichen leidigen technischen Gründen zusammengebrochen. Er versuchte es abermals, während Ohlbaum ans Fenster trat. Immer noch verließen Menschen die Kirche, Ältere, einzeln oder zu zweit. Die Polizei knüppelte vielleicht unterdessen zum Markt oder zum Hauptbahnhof hin. Da beschloß Ohlbaum, von nun an nicht mehr in Jeans und grobem Hemd zu predigen, sondern im schwarzen Anzug mit schwarzem Schlips, wie er es nur tat, wenn er vor ein Grab trat. Solange der

Staat auf Gebete mit Knüppeln antwortete, wollte er sich als Trauernder zeigen. Es war eine Geste, aber Haltung setzte sich manchmal aus vermeintlich Nebensächlichem zusammen. Vielleicht würden Konfirmanden darüber lächeln, nein, gerade sie nicht.

Er ging in seine Wohnung hinauf. Zeit zum Abendbrot, er würde nichts essen können. Trinken ja, Kräutertee kannenweise. Nach einer halben Stunde kehrte er in die Kirche zurück, die leer war, der Küster wollte abschließen. Hinter ein Fenstergitter war ein Bogen geklemmt, darauf ein Mädchenkopf mit struppig steilem Haar, darunter: »Kopf hoch, Mike! Dein Arbeitskollektiv und Deine Sabine.«

Noch ein Tag und noch einer, da stand Ohlbaum am Fenster und schaute auf den Nikolaikirchhof hinunter. Er zog die Gardinen zur Seite, so konnte man ihn von unten und von den Häusern an der Schmalseite her sehen. Ob sie auch jetzt spät abends lauerten und Berichte schrieben? »22.09, Ohlbaum schaut aus dem Fenster. 22.12, Ohlbaum tritt ins Zimmer zurück.« Kürzlich hatte Rechtsanwalt Schnuck, in Eile wie stets, von der Tür über die Schulter gerufen: Weißt du eigentlich, daß du deinen Platz in der Zeitgeschichte schon sicher hast? Große Worte.

Das Telefon. »Stadtreinigung, Gattmann. Ich habe letztens mit Ihnen gesprochen, wissen Sie noch?«

»Ja, Herr Gattmann.«

»Es hagelt wieder Eingaben. Massenhaft sind Blumen vor die Kirche gelegt worden, aber was schlimmer ist: die Kerzenstummel, die Stearinreste! Wenn da mal jemand ausrutscht. Also, Bürger beschweren sich, und Sie müssen dafür sorgen...«

Ohlbaum brüllte: »Solange Ziegel von den Dächern fallen und ganze Putzfladen abstürzen und die Leute erschlagen, sind die Kerzenstummel wohl nicht das wichtigste, oder? Sorgen Sie erst einmal dort für Sicherheit! Sagen Sie das denen, die bei Ihnen angerufen haben!«

»Herr Ohlbaum, vielleicht wird das für die Kirche ziemlich teuer.«

»Machen Sie, was Sie wollen!«

Seine Frau kam herein. Die Jüngste hätte leichtes Fieber, sie hätte ihr Wadenwickel gemacht, nun schliefe sie. Am besten, sie bliebe am nächsten Morgen im Bett. Er habe sich seit Wochen nicht mehr um die Kinder gekümmert, sagte er, einmal wollte ihn eines wegen eines Schulaufsatzes fragen, er habe es auf den nächsten Tag vertröstet, es sei aber nicht wiedergekommen. Wird alles gut, versicherte seine Frau, sie freue sich auf einen Ausflug der ganzen Familie, mit der Bahn seien sie in einer reichlichen Stunde in Weimar, warum ließen sie nicht einmal alles stehen und liegen? Ronner könnte predigen oder der Sup. Mit dem Bus ins Zentrum, durch den Park an der Ilm zum Gartenhaus? Einige Themen würden strikt verboten sein: Ausreiseantrag, Demo, Polizei. Ohlbaum tat verwundert: »Was reden wir *dann* den ganzen Tag?« Da lachten sie beide.

Ein Brummen drang die Ritterstraße herauf. Halb zwölf in der Nacht, schwere Fahrzeuge. Wie es wohl zuginge, wenn sie ihn verhafteten, vorläufig festnahmen »zur Feststellung eines Sachverhalts«? Greifer an der Wohnungstür. Auf der Straße aus einem plötzlich haltenden Auto heraus. Er hatte Angst unterdrücken wollen: Nimm dich nicht so wichtig. Mit Panzern würden sie wohl nicht kommen.

Zwei Müllautos kurvten auf den Platz. Männer stiegen ab und musterten Blumen und Kränze. Sie rauchten, einer kehrte unentschlossen. Sie hatten Schaber mitgebracht, als müßten sie gegen Eis angehen. Frau Ohlbaum sagte: »Die holen die Kerzenstummel raus.« Unten begannen sie mit ihren Taschenmessern zu polken, ein sächsischer Ausdruck dafür fiel dem Pfarrer ein: »pfriemeln«. Die Müllmänner stellten die Stummel auf die Simse und zündeten sie an, drei, zehn, Dutzende. Nach einer Weile sah es aus wie zu Weihnachten im Erzgebirge. Gemächlich kehrten sie alle Reste weg und rumpelten fort. Frau Ohlbaum: »Immer, wenn man die vom Fernsehen braucht, sind sie nicht da.«

2.

1989, September

Genau wußte Marianne Bacher nicht, warum sie Kläserts besuchte. Schön, die Begegnung mit Linus am Tag darauf bekam so nicht zuviel Gewicht. Mit niemandem sonst konnte sie so ausführlich über alte Zeiten tratschen: Volleyballturnier in einem VP-Heim im Harz, bei dem Albert nie der Beste, aber immer der Lauteste gewesen war und die komplizierte Regel des Weiterrükkens beherrscht hatte. Mit Kläsert konnte sie über Alberts Pistolenmanie am ehesten spotten. Ein Abend mit den beiden würde für Jahre genügen. Noch fünfzehn Stunden, dann traf sie Linus.

Seit langem trank sie wieder einmal Wodka, den besten aus Warschau, wie Kläsert versicherte, in einem Spezialladen der Freunde gekauft, für den er eine Berechtigungskarte besaß, gegen lächerliche sechs Mark. Was hatten sie in den fünfziger Jahren gesoffen und was für kratziges Zeug! Der hier floß seidenweich. Hildchen Kläsert steuerte Erinnerungen an Krebsfleisch aus Kamtschatka bei. Einsfünfzig oder so für die Büchse; niemand hatte gewußt, wie mit der Delikatesse umzugehen sei. Marianne Bacher erinnerte sich an den Sprachgebrauch unter den Genossen damals: »die Gläserten«; sächsisch-proletarisch hatte das geklungen, abfällig auch. Über eine Funktion in der Wohngruppe war sie nie hinausgekommen. Und ihr Mann war kein General geworden, so sehr er bis zur Verabschiedung nach dem Gold auf der Schulter gegiert hatte.

Noch ein Glas; dann mußte Marianne Bacher aufhören, um nicht ins Kichern zu geraten. Von ihrem zweiten Sohn erzählten Kläserts eben, der Chef der Gesellschaft für Sport und Technik in einem Nordbezirk war, Fallschirmsportler seit seiner Jugend. Seine Tochter trainierte gerade in der Sowjetunion den Zielsprung aus tausend Meter Höhe auf einen tellerkleinen Fleck, phantastisch. Und deine Enkelin, Marianne? Och, da gäbe es nur Gutes zu berichten, nun ginge ja das Studium los. Daß sie Silke seit Wochen nicht gesehen hatte, mußte sie Kläserts nicht auf die Nase binden. In diesem Alter war eine Großmutter gewiß nicht der spannendste Partner; es wäre falsch, sich darüber zu ärgern. Nach Sascha fragten Kläserts nur allgemein. So, noch immer nicht verheiratet – doch nicht etwa am Schürzenzipfel der Mama?

Sie aßen Aufschnitt von Platten mit durchbrochenen Papierservietten, die glichen hier im Nordosten von Berlin denen aus Leipzigs Delikatläden. Und Wurstsalat mit ein bißchen Ananas dran. Und Schinkenröllchen mit Meerrettich. An Bord der »Völkerfreundschaft« wären Kläserts bis Gdańsk und Leningrad geschippert, gerade noch konnte Marianne Bacher verhindern, daß Dias gezeigt wurden. Sie kannte beide Städte. Moskau dreimal.

Ja, Astrid hätte sich gesundheitlich aufgerappelt. Daß Sascha nun geradezu ultimativ verlangte, Marianne sollte ihre Tochter wegen dieser Kirchengeschichten zusammenstauchen, war hier natürlich kein Thema. Störrisch war Astrid, bockig. Wenigstens das hatte sie von Albert.

Im nächsten Frühjahr wollten Kläserts endlich die Mittelasientour machen, Samarkand und so weiter. Hoffentlich blieb mit der Gesundheit alles im Lot. Und im Sommer ’90 ins Veteranenheim an der Ostsee, nebenan hatte Genosse Tisch seine Datsche mit schöner Schwimmhalle. Hoffentlich kam nichts dazwischen.

Zeit war für die Tagesschau. Sofort wurden Bilder aus westdeutschen Lagern gezeigt: Flüchtlinge zwischen Doppelstockbetten, Sachsen sprudelten wild in die Kamera: Am Balaton seien sie im Urlaub gewesen, da hätten sie gehört, die Grenze stünde offen, alle hätten Tag und Nacht an den Radios gehangen. Nun die Freiheit! Tränen.

Schweinerei, urteilte Kläsert. Panik würde bewußt erzeugt, so wirkte Massensuggestion. Die würden sich noch putzen. Das Westfernsehen heizte an. Wie bei den Lemmingen!

Marianne Bacher saß ohne ein Wort. Peinlich wirkte es auf sie, wie sich da DDR-Bürger anschmierten. Fuhren mit ihren Autos nach Ungarn in den Urlaub, denen ging es doch nicht schlecht, nun schmissen sie alles weg, was ihnen der Staat geboten hatte. Alles war gesichert: Neubauwohnung und Arbeit und Studienplatz für die Kinder. Genossen darunter. Nun heulten sie vor Glück. Widerlich.

Würdelos, schimpfte Frau Kläsert. Hatte bei denen die sozialistische Erziehung gar nichts genutzt? In Prag drängelten sie sich im Botschaftsgarten. »Guck sie dir doch an, den mit seiner Bierwampe und die mit dem dicken Hintern, fehlte bloß noch, daß die behaupteten, sie hätten in der DDR hungern müssen!«

»Schon richtig«, erregte sich Kläsert, »was Honecker gesagt hat: Wir weinen denen keine Träne nach. Oder Krenz? Klare Verhältnisse. Wenn die nach den ersten Enttäuschungen wiederkommen, müssen sie sich bei Wohnraum und Arbeit hinten anstellen. Die Wohnungen von denen müssen sofort wieder belegt werden, wer nicht in einer Woche zurück ist, soll bleiben, wo der Pfeffer wächst, das sollte in der Aktuellen Kamera mal deutlich gesagt werden.«

Gegen zehn schlafften sie alle drei ab. Kläserts ließen den Gast zuerst ins Bad und rumorten noch in der Küche. Vor dem Einschlafen nahm sich Marianne Bacher vor, in der nächsten Woche unbedingt mit

Astrid zu reden, mit Harald auch. Sie würde die beiden zu sich bitten und deutlich machen, daß es um Entscheidendes ging. Vielleicht war es bei Astrid eine neue Art von seelischer Krise, die sie zu den Betschwestern trieb? Dieses Wort würde sie nur im Notfall gebrauchen.

In der Nacht wurde sie ein paarmal wach. Wenn Linus nun auf die Idee käme, mit ihr zu einem der Seen hinauszufahren, an deren Ufern sie damals gezeltet hatten, wenn er nun sagte: Weißt du noch, Micke, wir beide in diesem Ruderboot, als wir fast gekentert wären und vor Lachen nicht weiterlieben konnten? Aber diese Seen lagen wohl außerhalb von Berlin, Hauptstadt der DDR, dorthin würde er mit seinem Tagesvisum nicht dürfen.

Beim Frühstück nahm Kläsert nach jedem zweiten Bissen ein Kügelchen, sie lagen aufgereiht neben dem Teller, rot, weiß und grün. Hildchen klagte, niemand führe mit ihr Rad, allein traue sie sich nicht durch die Parks oder gar in die Wälder. Wenigstens zum Pilzesammeln könnte sich ihr Gatte hin und wieder aufraffen. Den Kaffee fand Marianne Bacher miserabel. Aus Mona, der immerhin teuersten DDR-Marke, war wohl nicht mehr herauszuholen.

Kläserts brachten sie zur S-Bahn. Bei der Fahrt ins Zentrum lauschte sie auf das An- und Abschwellen der Motoren, das hatte sich seit ihrer Berliner Zeit nicht verändert, gehörte zu ihrer Jugend, zu Albert und Linus, zur kleinen Astrid neben ihr und Sascha im Kinderwagen. Sie war schneller am Alex, als sie vermutet hatte, und stieg in die U-Bahn um. Erstaunlich, wie das alles in ihre Nervenstränge eingeschliffen war.

Linus Bornowski wartete in einem Lokal an der Leipziger Straße. Er trug zu einem blauen Leinenjackett ein froschgrünes Hemd und eine großkarierte Krawatte, in der Gelb dominierte. So was würde in Leipzig kaum einer wagen und schon gar nicht in diesem Alter. Und erst gar nicht kriegen, nicht mal im Ex. Er war gebräunt, vielleicht glänzten seine Schnurrbartspitzen weißer als beim letzten Mal. Als wieder dieses Leicabuckelgrinsen aufschnellte, sagte sie ihm: Nichts erinnerte sie so an ihre Zeit wie dieses Zucken um die Mundwinkel. Wenn er dann die Unterlippe hängen ließ: Wie ein verschmitzter Karpfen, der gleich zuschnappen würde.

Er wäre mit der S-Bahn herübergekommen, im Bahnhof Friedhofstraße, ach nee, Friedrichstraße hätte es keine Schwierigkeiten gegeben. Bißchen was hätte er ihr mitgebracht, sie könnte es auf der Rückfahrt anschauen. Und wie stand alles in Leipzig, in Leibzsch?

Naja, Staub und Hitze, aber auf ihrem Balkon sei es auszuhalten. Nun fürchte sie sich vor der Rückfahrt, der Zug von der Ostsee habe sich sicherlich unter der Sonnenglut aufgeladen. Bornowski erwähnte die klimatisierten Großraumwagen der Bundesbahn nicht. Im September hätten seine Frau und er eine Woche Schottland eingeplant, diese Mitteilung mußte nicht unbedingt eine Reaktion provozieren, in der Tatra sei es genauso schön. Dabei überlegte er, ob er jetzt schon nach Fotos von Mariannes Kindern fragen sollte, im letzten Brief hatte er darum gebeten. Kein Wort von den Tumulten in Ungarn, Prag, Warschau, lieber das banalste Gerede.

Erst eine halbe Stunde später sagte sie: »Nein, Bilder von Sascha hab ich nicht. Mir sagt er, in seiner Kripo-Dienststelle sähen es die Vorgesetzten gar nicht gern, wenn Fotos herumschwirrten. Und Astrid ist ausgesprochen fotoscheu.« Sie fingerte einen Briefumschlag aus ihrer Handtasche. Dieses da sei sicherlich vier oder fünf Jahre alt, das sähe sie an Silke. Vor dem Völkerschlachtdenkmal, Harald habe die Aufnahme gemacht.

»Wirklich hübsch.« Der Typ stimmte. »Hatte Astrid immer diese Frisur?«

»Ich denke schon.«

»Komisch, ich hab mir deine Tochter mit Schlangenlocken vorgestellt, mit diesen Korkenziehern von den Schläfen herunter.«

»Hat sie nie gehabt.«

Also doch. Sie hatten ihn reinlegen wollen. Er würde sämtliche Möglichkeiten durchkomponieren, durchprobieren, durchexerzieren. Marianne hatte seine Adresse der Stasi gegeben, oder die Stasi hatte sie aus dem Briefverkehr herausgefischt? Wie auch immer: Schluß mit aller Sentimentalität und dieser Sippe. Und Rache. »Daß sie mich damals aus Westberlin verschleppt haben, hast du ja sicherlich erfahren. Gift in der Zigarette und im Kaffee, dann wurde mir schlecht. Zuerst konnte ich die Hände nicht bewegen, dann die Arme. Die Frau am Tisch rief da schon nach einem Arzt, und sofort meldete sich einer von daneben. Alles das hab ich mitgekriegt, ohne mich wehren zu können, dann waren auch die Beine gelähmt. Sie haben mich hochgezogen und rausgeschleppt, meine

Füße schleiften. Da war schon ein Auto, sie haben mich reingedrückt. Ehe die Karre anfuhr, hat sich einer zum Fenster heruntergebückt und mir höhnisch ins Gesicht geschaut. Zwischen uns war nur die Glasscheibe und kein halber Meter Raum. Das war dein Albert.«

»Quatsch.«

»Der Genosse Albert Bacher.«

»Warum erfindest du so was?«

»Ich war schon fast hinüber. Aber das hab ich noch mitgekriegt.«

»Du lügst.« Sie blickte ihm starr in die Augen, als sie sagte: »Das nimmst du zurück, Linus.«

»Da gibt es nichts ...«

Sie stand auf. »Warum mußt du so gemein sein?«

Er wollte erwidern: Warst du nicht gemein, als ihr mir diese Lockenschlange mit den Fotomontagen auf den Hals gehetzt habt? Für einen Augenblick fürchtete er, Marianne würde ihm ins Gesicht schlagen. Da wendete sie sich ab und war eine Sekunde später hinter einem Raumteiler verschwunden. Aus, eine Tür war zugeschmettert, dahinter lag gelebtes Leben. Die Leckereien aus dem KaDeWe würde er wieder zurückschleppen müssen.

Als er im ratternden, dröhnenden S-Bahnzug aus dem Bahnhof Friedrichstraße zwischen Sperrzäunen und grindigen Brandmauern hinausfuhr, als er über die eingedrahtete Spree zum Reichstagsgebäude blickte, begann er zu grübeln, ob er sich bei nüchternem Nachdenken einer so hundsgemeinen Erfindung wie eben für fähig gehalten hätte, Linus Bornowski, der sich gern für einen halbwegs anständigen Menschen hielt, unfähig, die Schwelle zur Niedertracht zu überschreiten. Darin hatte er sich wohl getäuscht. So was beichtete man nicht einmal im Suff seinem besten Freund. Von der eigenen Frau ganz zu schweigen.

3.

1989, Sepember, Oktober

Die Ausbilder nannten die Maßnahme »Reißverschluß«. Ein Bereitschaftspolizist blickte nach der einen, der nächste nach der anderen Seite, sie hatten die Arme fest verschränkt. Jetzt wurde der Zug geteilt, die Angreifer formierten einen Stoßkeil. Nun machten sogar die Unteroffiziere mit: »Wollen wir doch mal sehen!« Selbst als einer aus der Kette stürzte, ließ er seine Nebenleute nicht los.

Horst Heit wollte fragen, was er tun sollte, wenn ihm ein Angreifer ins Gesicht spuckte, ihn schlug, würgte. Darauf konnte es keine vernünftige Antwort geben. Also hätte die Frage als Provokation gegolten. »Reißverschluß« gegen eine Meute vor dem Hauptbahnhof, am Engelsplatz, am Brühl. Am kommenden Montag, immer am Montag. Jetzt bildete die andere Gruppe die Kette, Horst Heit griff mit an, packte einen Kumpel an den Schultern. Nicht an der Gurgel, er hieb ihm nicht die Handkante gegen den Hals. Wenn es ernst wurde, wäre »Reißverschluß« der größte Mist.

Provokateure, Rowdys, immer wieder diese Reizwörter. Am letzten Montag waren Genossen mit Schutzschilden und Helmen an ihnen vorbeigezogen. Ein Bereitschaftspolizist hatte gefragt: Und wenn sie denen Steine gegen die Beine schmeißen? An alles war offensichtlich nicht gedacht worden.

So edel war die Verpflegung noch nie. Schnitzel am Donnerstagabend – das, versicherte ihnen ein Obermeister, hätte er in seiner vierzehnjährigen Dienstzeit noch nie erlebt. Urlaub am Wochenende, kein Urlaub, achtzig Prozent müßten jederzeit einsatzbereit sein, der Krankenstand nähme zu, wenn überhaupt, würden sie nur jeden Zehnten rauslassen – Gerüchte über Gerüchte. Jemand hatte gehört, Pistolenmunition sei angeliefert worden, viele schwere Kistchen. Gesehen hatte sie keiner. Alle Offiziere hätten letzten Montag schon scharfe Ballies dabeigehabt. Beim nächsten Mal würden auch alle Unteroffiziere... Beim nächsten Mal, am Montag. Am Montag in Leipzig.

Schließlich standen sie zu siebt vor dem Kompaniechef. Sie hatten sich bis auf einen durch nichts hervorgetan, stammten bis auf zwei aus Leipzig und Eilenburg, waren verschiedentlich lange bei der Fahne und hatten ungleiche Dienstgrade. Sollte nur Normalität vorgegaukelt werden? Diese sieben meinten, ihnen würde nun verstärkte Wachsamkeit eingebleut werden, aber nicht einmal das geschah. Urlaub nicht bis montags zum Wecken, das war ungewöhnlich, sondern nur bis Sonntag, zweiundzwanzig Uhr. Unbedingte Pünktlichkeit! Niemand kontrollierte die Uniformen. Weggetreten.

Zu viert gingen sie zum Bahnhof, zu dritt fuhren sie nach Leipzig. Im Zug nach Grimsen fühlte Horst Heit

Blicke auf sich und wußte nicht, ob er sich einredete, die seien abschätzig, feindlich. Eine etwa Siebzehnjährige setzte sich ihm gegenüber, musterte ihn von oben bis unten, wendete sich ab und ließ ihre Augen nicht mehr von Gärten, Häusern, Bahndämmen mit dunkelnder Goldrute, von Traktoren, furchenziehend, von gilbenden Birken. Drei Jungen stiegen ein, so alt wie er. Einer schmiß eine Sporttasche ins Gepäcknetz, sofort steckten sie sich Zigaretten an. Der größte von ihnen, Hemd und Jacke aufgeknöpft bis zur Brust, fragte das Mädchen: »Gehört der zu dir?«

Langsame Blickwendung, gelangweilt. »Nee.«

»Da kriegste ooch eene zu roochn von uns.«

»Ich rauche nich.«

Die drei begannen eine Unterhaltung, ob der Bulle da wohl roochte, und ob sie ihm eine schenken sollten. »He, Bulle«, der Kleinste fragte, Mausgesicht, Zotteln in der Stirn, flache Nase zwischen trüben Augen, der sich allein nicht vorgewagt hätte. Heit überlegte, was er tun sollte, wenn die drei eine Klopperei anzetteln wollten. Die Notbremse ziehen?

»He, Bulle, kommste am Montag?«

»Der roocht nich.« Jetzt fragten alle drei das Mädchen, ob der da vielleicht ihr Bruder wäre oder aus demselben Dorf, denn der wäre doch vom Dorf, nur bescheuerte Hühnertrottel ließen sich zur Bereitschaftspolizei ziehen, Bepo wäre überhaupt das Letzte. Grenze und Bepo, darunter ginge nichts. In Stralsund hätten sie einen von denen aus jeder Kneipe geschmissen, wenn er sich überhaupt reingewagt hätte. Und im Zug aus dem Imbißwagen gescheucht oder ihm Bier in den

Kragen geschüttet. »Und so was fährt hier einfach so!«

Wenn er ausstiege und mit dem nächsten Zug weiterführe, wenn er in einen anderen Wagen ginge. Sich nur im äußersten Fall an den Schaffner wenden. So lange das Mädchen im Abteil war, würden sie keine Prügelei anfangen.

»Macht bloß keinen Unsinn«, sagte das Mädchen. »Seine Schwester geht mit mir auf Arbeit, bißchen kenne ich ihn, aus der Disco und so. Laßt den in Ruhe.« Eine Minute lang war es still, dann kontrollierte der Schaffner die Fahrscheine. An der nächsten Station stieg einer aus, Mausgesicht fragte: »He, Biene, haste 'ne Ahnung von der Bepo?« Das wären alles Schläger, wären es schon immer gewesen, und sie erwiderte: Volldoof, zur Bepo würden sie genauso gezogen wie überall hin. Ihr Cousin nämlich auch.

»Und zur Grenze«, ergänzte Heit, »und sogar zum Wachbataillon.«

»Quatsch«, brüllte der Größte, »mich nie!« Er schob einen Ärmel hoch, auf dem Unterarm war eine Tätowierung, Palme mit Kreuz und Schwert und Schlange. Das Mädchen fragte, wer das gemacht hätte; Heit vermutete, die Frage sollte ablenken.

»Aus dem Knast nich«, er schob den Ärmel wieder herunter. »Hat einer in Ungarn gemacht, 'n Zigeuner, hab ich dreihundert für bezahlt.«

»Zloty?«

»Du bist doch so blöd! Mal sehen, ob wir uns am Montag wiedertreffen.« Jetzt stiegen die beiden Jungen aus. Nachdem sie die Tür zugedonnert hatten, sagte Heit: »Hast du gut gemacht.« Das Mädchen zuckte die Schultern und blickte wieder hinaus.

Seine Mutter riß ihn in die Arme. Zu dritt setzten sie sich an den Tisch. Kaffee? Bier? Noch nicht.

Langsam kam er ins Berichten, stockend. Von nichts anderem sei die Rede als vom letzten Montag und vom kommenden Montag, die Oberwachtmeister brüllten nur noch. Vergangenen Dienstag wären alle Lkw der Einheit nach Halle gerammelt und leer zurückgekommen. Nur noch Hektik.

Sein Vater dachte: Und wenn wir ihn verstecken, aber wie lange bloß, und natürlich nicht im Haus. Von doppelten Wänden in polnischen Ghettos hatte er gelesen. Sie würden mit Hunden kommen.

Und wenn wir ihn in der Kirche verstecken, überlegte Frau Heit. Ich werde nicht den Mut haben, mich vor das Kasernentor zu stellen und zu schreien, wir Mütter ließen unsere Jungen nicht in den Krieg zerren, den Montagskrieg in Leipzig. Verstecken: Die Heydrich-Attentäter hatten sich in eine Krypta verkrochen, noch immer waren die Steine um die Fenster von Schüssen zernarbt. Landoff würde zu feig sein. In Königsau, wenn Reichenbork noch lebte.

Horst aß Bratkartoffeln mit viel Sülze und trank Bier dazu. Sein Vater fragte: »Haben sie euch belehrt, unter welchen Umständen die Regierung das Kriegsrecht ausrufen kann? Gibt's in unserer Verfassung so was?«

»Keine Ahnung.«

»Haben sie aufgedreht mit Schulung und so was?«

»Das geht immer ganz knapp: Rowdys und Konterrevolutionäre.« Nie war so viel darüber geredet worden, wie grauenhaft es im Armeeknast in Schwedt zuging. Ob das bewußt ausgestreut wurde?

Nach dem Essen zog er Jeans und sein buntestes Hemd an; er müsse schnell weg, sonst wäre Kerstin schon sonstwo.

Sie stürmte die Treppe herunter und fiel ihm um den Hals. Seit wann er da sei und wie lange er bleiben könne. »Heute riechst aber *du* nach Bratkartoffeln!« Und: »Ich hab Karten für die Disco in Wolks.«

Zu fünft fuhren sie im Trabi, Kerstin auf Horsts Schoß und er mit der Hand auf ihrem Schenkel beinahe ganz oben, er dachte: Höchstens drei Zentimeter noch, und wie würde sie reagieren. Sie machten einen Höllenlärm, nur Horst war still, das merkte niemand. Kerstin preßte ihre Hand auf seine, er dachte: Gleich schiebt sie mich weg.

Nach Palaver und happiger Bestechung kamen alle fünf mit drei Karten rein. Horst tanzte nur mit Kerstin. In den Pausen: Demo, Botschaft in Prag, Botschaft in Warschau. Bei einer Kampfgruppenübung wäre die Hälfte zu Hause geblieben. Immer wieder dieser Gedanke: Wenn mich Kumpels mit dem Auto bis an die tschechische Grenze bringen, wenn ich durch den Winkel bei Asch schleiche, kann ich in zwei Nächten drüben sein. Wen sie schnappten, der kriegte zehn Jahre Schwedt.

So heiße Musik hatte er hier noch nie gehört, der Diskjockey nahm wohl überhaupt keine Rücksicht mehr auf irgendwelche Bestimmungen. Je später es wurde, desto seltener tanzte Horst. Pünktlich Mitternacht war Schluß, er dachte: Montag ist nun schon morgen.

Er schlief fast bis Mittag. Beim Essen erzählte er, wie sie ihn im Zug gefoppt hatten, schließlich: »Vor der Rückfahrt hab ich richtige Angst.«

Ohne zu überlegen erwiderte seine Mutter: »Ich bringe dich hin.«

Am Nachmittag bummelte er mit Kerstin zum Sportplatz und durch ein Waldstück bis auf die Felder hinaus. Ein milder Herbsttag, noch einmal sommerlich warm auf den Abend zu, der rasch kommen würde. Er trug wieder Uniform, die Jacke einen Knopf weiter geöffnet als der Vorschrift entsprechend. Er wollte nichts tun, was ihn in Gefahr bringen könnte, jeden Befehl ausführen, allerdings langsamer, sozusagen achtzigprozentig. Das konnte niemand als Verweigerung ansehen, und es schützte vor Wut auf sich selbst. Er überlegte, ob er mit Kerstin verheiratet sein wollte, natürlich nicht schon jetzt. Sie fragte, warum er lächelte. Gerade wäre ihm eingefallen, daß sie mal langsam eine Wohnung beantragen könnten, da wäre später die Wartezeit kürzer. Sie lachte und wurde rot dabei, und an dem Schimmer in ihren Augen sah er, daß er wahrscheinlich einen Fehler gemacht hatte. Aber: Was hatte er denn schon gesagt?

Von Grimsen nach Eilenburg brauchte ein Auto gewöhnlich anderthalb Stunden. Sie fuhren noch vor sieben los, Leipzig wollten sie umgehen. Einmal kamen ihnen Armeefahrzeuge entgegen, ein Jeep mit wippender Antenne vorneweg, Tankwagen, Schützenpanzer, ein Lastwagen mit einer Feldküche. Gleich danach wurden sie von einer Polizeistreife angehalten, ein Offizier musterte den Urlaubsschein. »Und wer sind Sie?«

»Seine Mutter.« Frau Heit merkte, daß ihre Handflächen feucht waren. Beim Weiterfahren legte sie ein Tuch ums Steuer. Sie sprachen allein über die günstigste Route – dort wäre das Pflaster miserabel, da eine Umleitung. Gabriele Heit versuchte sich vorzustellen, was ein Pfarrer antworten würde, wenn sie ihn fragte: In welchen Konflikt hat mich Gott gestellt? Ich muß meinen Jungen aus einer Gefahr herausbringen, nämlich in seine Kaserne zurück, und ich führe ihn in eine andere Gefahr, denn morgen ist Montag.

Er sah, daß seine Mutter blaß war mit zusammengepreßten Lippen, sie saß über das Lenkrad vorgebeugt, als wäre so eine Gefahr eher zu erkennen. Sollte er sich für ein paar Kilometer ans Steuer setzen? Fahren konnte er, eine Erlaubnis dazu besaß er nicht.

Und wenn Gott neben ihr säße. Du darfst auch jetzt den Glauben an mich nicht verlieren, würde er sagen; als Uwe umkam, hast du nicht gezweifelt. Alles wird gut ausgehen, denn du hast die erste Prüfung bestanden. Ich werde Horst geleiten und dich auch, denn keinem Menschen darf zu viel zugemutet werden. Ein Hiob genügt.

Er legte seine linke auf ihre rechte Hand über dem Steuer, eine Berührung war es, kein Druck, der beim Lenken gehindert hätte. Vom Ortsschild »Eilenburg« an sprachen sie kein Wort mehr.

4.

1989, September

Beten: Herr, zeige mir den richtigen Weg?

Jeder von uns möchte in diesen Tagen alles optimal machen, hatte ein Pfarrer auf einer Synode in Eisenach festgestellt und fortgesetzt: Genau dies aber wird niemandem gelingen. Gleichgültig, welche Haltung wir einnehmen, unsere Weste wird nicht weiß bleiben können. Ein Drittel der Pfarrer eines Konvents war überzeugt, Kirche solle sich nicht in politische Auseinandersetzungen ziehen lassen, ein anderes vertrat die Ansicht, die Kirche habe sich offen für gesellschaftliche Probleme zu halten, das letzte Drittel verlangte, die Kirche müsse aktiv in die Umgestaltung eingreifen und diese vorantreiben. Niemand konnte gleichzeitig in allen Dritteln sein.

Vor dem Superintendenten lagen Einladungen vom Ratsvorsitzenden des Bezirks und dessen Vertreter für Kirchenfragen. Seine Reaktion darauf würde er mit niemandem absprechen, er war von keiner Satzung oder Gepflogenheit her dazu genötigt und brauchte niemandes Rückhalt. Die Antwort bedeutete seinen Schritt ins letzte Drittel der Pfarrer hinein.

Es war morgendlich still, gerade sieben, das Leben hatte noch nicht vom Ring und dem Hauptbahnhof her ins Zentrum gegriffen, hier schlossen die Hausmeister noch nicht einmal die Türen der Büros und Geschäfte auf. Es war zu zeitig, über den Engelsplatz mit dem Pfarrer der Reformierten Kirche zu telefonieren.

Tauben hockten auf einem Sims gegenüber in regelmäßiger Kette. Einst war die Taube heiliges Sinnbild der Friedfertigkeit, heute ein Krankheitsträger, der von Gesundheits- und Baubehörden am liebsten ausgerottet worden wäre, Zeichen des Zeiten- und Wertewandels von unzähligen Kirchenmalern bis Picasso. Der Superintendent erinnerte sich der Stare, die sich vor zwei Jahrzehnten zu Tausenden über der Stadt zu wogenden Kunstflügen vereinigt hatten. Berühmt unter Ornithologen die Rastbäume vorm Hauptbahnhof. Die Stare waren ausgeblieben, niemand wußte, warum. Vielleicht würde man sich in ein paar Jahren wehmütig der Tauben erinnern.

Briefe dieser Art hatte er seit Jahren erwogen, im Geist formuliert, zweimal auch geschrieben, aber nicht abgeschickt. Er hatte sich zur Klugheit gemahnt, zum nötigen Kompromiß, sich selten feig gescholten und den Vorwurf rasch zurückgenommen. Auch jetzt bedachte er das Urteil anderer im Augenblick und später. Die Zukunft hielt Möglichkeiten bereit, zwei nur und keine Spielarten dazwischen, Rot oder Weiß. Rosa war out, würden Konfirmanden formulieren.

Der Superintendent schrieb: »Sehr geehrter Herr Ratsvorsitzender! Vor mir liegen Einladungen zur Festveranstaltung und zum Empfang anläßlich des 40. Jahrestages der Gründung der Deutschen Demokratischen Republik. Ich muß Ihnen mitteilen, daß ich mich nicht in der Lage weiß, der Einladung nachzukommen.« Gleich im ersten Satz die Entscheidung, gut auch: »in der Lage weiß«, nicht: »mich in ihr befinde«. »Bewußt und engagiert habe ich den Weg unseres Staates mitvollzogen, in ungezählten Gesprächen und mit vielen Entscheidungen innerhalb unserer Gesellschaft für eine gedeihliche Entwicklung Partei ergriffen. Gegenwärtig bewegt es mich sehr tief« – stärker – »bis auf den Grund, daß weder Partei noch Staatsapparat die auch von mir gestellte Frage beantworten: Was muß getan werden, was müssen *wir* tun, damit die Menschen gern hier leben und bleiben wollen? Ich habe bewußt *unsere* Verantwortung angesprochen, denn nur gemeinsam kann erreicht werden, daß sich die Situation entspannt.«

Draußen an der Karl-Liebknecht-Straße registrierten sie nun vermutlich: der also auch. Viele Verbündete zählten sie ja nicht mehr. Ihren Jahrestag würden sie trotzdem mit allem Pomp feiern. Er wollte den Brief abschicken und die Kopie erst hinterher anderen zeigen. Der also auch, würden die Männer des Staates und der Partei ihn schmähen: Wenn es hart auf hart ging, kniff so einer. Irgendwann warfen ihm die Selbstgerechten bestimmt jedes Würstchen vor, daß er mit den Genossen gegessen hatte. Dann mochte er argumentieren: Jahrzehntelang habe ich Unheil von euch ferngehalten! Dann zählten die Würstchen.

Vielleicht war unterdessen in der Reformierten Kirche doch jemand erreichbar. Er hatte sofort den Pfarrer am Apparat. Ja, die Morgenstille nutze auch er. »Ohne Umschweife, Bruder, wären Sie bereit, am Montag, falls Nikolai wieder überfüllt sein sollte, in Ihrer Kirche parallel dazu ein Friedensgebet zu halten?«

Schweigen, dann Räuspern. »Wir haben nicht den Schutz einer großen Landeskirche wie Sie.«

»Ich weiß. Aber: Wenn wir abgeriegelt werden und quasi eingeschlossen sind, könnten viele außerhalb des Rings bei Ihnen Zuflucht finden.«

»Natürlich müßte ich unser Konsistorium fragen.«

»Ich bitte Sie, zu überlegen. Ich merke, damit beginnen Sie schon. Die Menschen werden in die Innenstadt strömen. In den Kirchen sind sie sicher, vorläufig wenigstens. Wir sollten uns so bald wie möglich treffen, auch mit dem katholischen Propst. In der Thomaskirche, kommen Sie?«

»Ich komme.«

Ob er wohl Angst hatte – für sich selbst nicht, wahrscheinlich nicht, aber wer mochte das schon behaupten, da so vieles nicht vorstellbar war, Verhaftung, Prügel, Hunger, Folter. Er trug Verantwortung, das war kein leeres Wort. Das Blut anderer würde über ihn kommen.

Er las seinen Brief noch einmal. Keine Änderung – dann setzte er doch hinzu: »damit wir mit dem weiteren Aufbau unseres Staates, der Deutschen Demokratischen Republik, vorankommen.« Fiel er damit ins zweite Drittel kirchlicher Möglichkeit zurück? Besser wieder streichen?

Wenn St. Nikolai überfüllt war, wenn mitgeteilt werden konnte: Geht hinüber zur Reformierten Kirche, auch dort wird für den Frieden gebetet werden, wenn endlich auch St. Thomas geöffnet würde, ließe der Druck auf Nikolai nach. Dann mußte die Polizei umorganisiert werden. Das war ja nun wirklich sonderbar, daß ein Kirchenmann sich Gedanken um die Polizei machte, die Kampfgruppen, die Staatssicherheit. Er als

Stratege: Die Reformierte Kirche lag jenseits des Rings, ein Friedensgebet dort sprengte den Kessel auf.

Vor Gericht würden sie ihm das vorwerfen, die Ausweitung, das Zerbrechen ihrer Front.

5.

1989, Sptember, Oktober

Die Beförderung einer Anzahl von Genossen der Bezirksverwaltung Leipzig des Ministeriums für Staatssicherheit verlief knapp und ohne anschließenden Umtrunk. Der General sprach von einer Zeit tschekistischer Bewährung.

Auf der Treppe gratulierten Oberstleutnant Tinnow und Major Bacher einander. »Sascha, du erinnerst dich bestimmt an den IM, den du einmal am Brühl über Ohlbaum abgeschöpft hast? Der immerzu in seine Identität als guter Genosse zurückkehren wollte?«

»So'n schlanker, fahriger Student, Maschinenbau oder so was?«

Tinnow war überzeugt, daß weder er noch sonst jemand in Leipzig einen Fehler gemacht hatte. Das Versprechen, na, das Aussprechen einer Möglichkeit, den Mann in der SU weiterstudieren zu lassen, war nicht aus der Luft gegriffen gewesen, nur wurde derlei zentral entschieden. Nun hatten die Bezirksverwaltungen in Magdeburg und Karl-Marx-Stadt grauenvoll dumm mitgemischt. »Du hast ihm damals diese getarnte Kamera gegeben. Es sollte eine Fotobank quer durch allerlei Kirchengruppen angelegt werden, Basismaterial.« Der IM habe sich als geschickt erwiesen und sei von seinem Führungsoffizier ermuntert worden, breit zu fächern. Das habe sich dann auf Personen aus Berlin und anderen Bezirken ausgeweitet. »Hübsche Sachen dabei. Und nun ist leider alles in die Hose gegangen.«

Bacher wartete. Was auch immer passiert war, er würde sich raushalten können. Dieser Treff in einer KW lag länger als ein Jahr zurück; wenn jemand den Bericht auswertete, müßte er finden, daß die damals erörterten Dinge für ihn längst erledigt waren. Alte Hüte.

»Ein paar Fotos sind nach Magdeburg geschickt worden, Sommeraufnahmen, ohne Mühe zu vergrößern. Mit denen haben die Genossen dann gebastelt. Ein Pastor in der Badehose, ein Mädchen im Bikini. Zersetzungsvorgang gegen einen Pfarrer aus dem Harz. Die Genossen wollten Frauen aus seiner Gemeinde rausbrechen. Eine Pornomontage war es nicht ganz, aber für Kirchenverhältnisse ziemlich happig. Nun stell dir vor, die Genossen sind so blöde, daß sie drei Abzüge *diesen Frauen* überlassen, also nicht bloß mal zeigen, sondern denen *geben*. Die bringen sie zum Pastor. Von dem geht die Sache nach Leipzig.«

Joijoi, machte Bacher.

»Wilde Aufregung natürlich. Wir überlegen, wie wir gegensteuern sollen, und finden keine andere Möglichkeit als die: Da ist 'n verklemmter Spanner unter euch, denkt doch mal in dieser Richtung nach! Aber das Mädchen behauptet, an diesem Tag überhaupt nicht im Wasser gewesen zu sein. Nun bildet sich unser Sensibelchen ein, der Verdacht richte sich gegen ihn.«

»Ihr habt ihn nicht gleich fortgeschickt, weit weg?«

»Die Kamera war schon zurückgegeben. Ihn jetzt rauszuziehen, hätte den Verdacht nur verstärkt. Andere IM haben versucht, die Spur auf Berliner zu lenken, die inzwischen ausgereist sind. Da dreht der Mann durch. Fährt zu seinen Eltern nach Karl-Marx-Stadt, ist drei Tage lang verschwunden. Dann finden sie ihn in einem Wald bei Rabenstein. Hat sich aufgehängt.«

»Ach du Scheiße.«

»Kannst du wohl sagen. Ich glaube, danach ist kein Fehler mehr gemacht worden. Hausdurchsuchungen bei seinen Eltern und im Studentenheim, daß nicht etwa ein Abschiedsbrief rumliegt. Fotos haben sie gefunden, vor allem von dem Mädchen, das mit dem Pastor zusammengeschnitten worden ist. Die Kripo hat sie sich vorgeknöpft: Keine Beziehung zu ihm oder so was, behauptet sie.«

Bacher versuchte, sich den IM vorzustellen: Ein bißchen weich hatte er gewirkt, das schon. Aber aufhängen? Sachsen war schon immer Deutschlands Gebiet mit den meisten Selbstmorden gewesen. Damit durfte er sich nicht aufhalten, er kam sowieso kaum noch aus den Klamotten.

»Kreiden sie dir das an?«

»Kann noch kommen.«

»Befördert bist du erst mal.«

»Bin neugierig, wann wir deswegen einen draufmachen können. Durchhalten, Sascha.«

Flugblätter in der Stadt und im Landkreis, Schmierereien. Hunde im Einsatz, um Spuren von diesen Hetzlosungen weg zu verfolgen. »40 Jahre sind genug«, »Honi ins Altersheim«, »SED tut weh«. Beinahe jeden Morgen mußten Genossen überpinseln und dekonspirierten sich dabei. Neulich war einer von einem ehemaligen Arbeitskumpel feixend gefragt worden: »Hast du mir nicht erzählt, du wärst auf 'nem Heringsdampfer?«

Dann diese Maßnahmen während der Markttage, abgestimmt mit der Volkspolizei. Ein Oberst des MfS mußte mit dem General nach Berlin, ein Oberstleutnant ins Krankenhaus. Schöne Aufgabe für Sie, Genosse frischgebackener Major!

Es war Routine, einen Befehlsstützpunkt freizuräumen. Anruf beim Parteisekretär des Messeamts – geht klar, Genosse. Mittags standen zwei Zimmer im ersten Stock mit Blick auf den Markt bereit. In der Telefonzentrale stellte sich eine Frau störrisch: Es wäre unmöglich, drei Leitungen aus dem allgemeinen Salat herauszulösen. »Dann muß ich eben jemand anders hierher setzen.« Da klappte es sofort.

Unter ihm der Markt, gegenüber die Fassade des Alten Rathauses, auf sie hatte er geschaut, als er zum letzten Mal mit Claudia gesprochen hatte. Danach Meldung an die Abt. Kader: Beziehung abgebrochen ohne eigene Dekonspiration. Hinterher mußte Stolz drüberweghelfen, unbarmherzig mit sich selbst zu sein. Ratschlag des Kaderleiters.

Buden waren aufgebaut mit Würsten aus Thüringen und Steingut aus der Lausitz, daneben Schuhe und Andenkenkram – das Gegenteil von Übersicht. Die IM »Junge« und »Fuchs« setzten mit Sprechfunkgeräten aus Winkeln und Ecken ihre Meldungen ab: allmähliches Anschwellen, Familien, Kinder. Alle Parkplätze gegen elf besetzt. Dann doch: Gruppen von Jugendlichen und Jungerwachsenen mit zum Teil dekadentem Aussehen. Bei allen Aufmunterungen innerhalb des MfS zu verstärkter Wachsamkeit waren die Begriffe »Faschismus«, »faschistische Gefahr« und deren Abwandlungen selten geworden, anders als noch vor zehn Jahren. Damals war immer wieder das Bild der blutgierigen Konterrevolution an die Wand gemalt worden: wie in Ungarn! Jetzt ging die Gefahr von den Herren Ronner und Ohlbaum und Frauenbanden wie den »Wespen« aus und eben von diesen Halbwüchsigen, den »Halbstarken«, ein Wort, das man aktivieren sollte.

IM »Wilhelm« meldete vom Leuschnerplatz: Zuzug von Gruppen Jugendlicher von der Straßenbahnhaltestelle her durch den Tunnel. Drin Gegröle: »Let's go west!« Bacher schickte einen jungen Genossen hinunter, er sollte zum Karl-Marx-Platz streifen und darauf achten, ob Plakate eingeschleppt würden, zusammengerollt vorläufig noch. Telefonat mit der Bezirksverwaltung: Sechs Greiftrupps standen bereit, vier davon mit Hunden.

IM »Fuchs« berichtete vom Kaufhaus »Konsument«, Diskussionsgrüppchen bildeten sich, die Themen hätte er noch nicht eruieren können. Das war wie beim sogenannten Straßenmusikfestival, Gruppen waren immer wieder aufgescheucht worden, weitergetrieben bis auf den Markt, da hatten sie einen Ring gebildet und das staubige »Laurenzia«-Spiel aufgeführt, Standardrequisit früher FDJ-Tage, Ausdruck von sozialistischer Lebensfreude, nun höhnisch persifliert.

Nach den Turnschuhen die Barfußmode. Einmal hatten mehrere IM gemeldet, Ausreisewillige wollten sich hell kleiden, um sich von den Sicherheitskräften abzuheben. Das war dann aber nicht geschehen, und niemand fand heraus, wer eine Gegenorder gegeben haben könnte.

Der Genosse kam zurück. Von Transparenten nichts zu sehen. Mischlage: Ehepaare mit Kindern, Alte, dazwischen Gruppen von Jugendlichen, Typen wie am Rande von Fußballspielen. Da fand es Bacher angebracht, mit der VP zu telefonieren: Wie viele Greiftrupps konnten eingesetzt werden? Der Genosse druckste herum, das ließe sich im Augenblick schlecht sagen. »Dann sagen Sie es mir in einer Stunde«, der Hohn des Vorgesetzten klang durch. Das wäre ja nun echter sozialistischer Wettbewerb: Wer führte innerhalb eines bestimmten Zeitraumes mehr zu?

Unter seinem Fenster rannte ein Dutzend Jungen von der Hainstraße an der Längsseite des Marktes entlang. Angst schienen sie nicht zu haben, Spaß vielmehr. Das erinnerte an einen Schwarm: Warum flog diese Taube an der Spitze, warum änderte sie die Richtung, warum übernahm eine andere die Führung? »Du mußt die Führung übernehmen«, hieß es in Brechts »Lied vom Klassenkampf«. Vielleicht mußte Genosse Major Bacher heute die Führung übernehmen.

IM »Junge« meldete Sprechchöre vom Brühl: »Wir wollen raus«, an die dreißig Leute skandierten, mittlere Jahrgänge zumeist. Bacher fragte zurück: »Hell gekleidet«? Er bekam keine Antwort. Sicherlich blieb IM »Junge« nun dran, aber wenn die Schreier raffiniert waren, zerstreuten sie sich und rotteten sich anderswo neu zusammen.

Die VP meldete, vier Greiftrupps könnten in einer halben Stunde eingesetzt werden. Dort tat ein Oberstleutnant Dienst, der war ihm unterstellt – er würde ihn nicht durch zu forsche Befehle reizen. »Dann brauchen wir noch Lkw zum Abtransport.« Kein Problem.

Er würde zuführen lassen. Oder war diese Maßnahme schon abgestumpft? Einmal war ja auch Claudia zugeführt worden, viel später hatte er davon erfahren und war bis in die Hände hinein kalt geworden vor Wut. Verwarnen und Geldbußen zwischen dreihundert und fünfhundert Mark, die keiner bezahlte, die man auch nicht einfach vom Lohn abziehen konnte – die Kerle feixten drüber. Ein paar hatten schon über zweitausend Mark am Hals. Andere Maßnahmen, andere Saiten aufziehen, der Staat würde nicht drumrumkommen. Heute war er hier ganz vorne.

»Eine Gruppe der Schreier geht in die Niko rein.« IM »Junge« übermittelte Autohupen. Das war es wieder: »Offen für alle«, offen für Aufrührer, und vor kurzem hatte Ohlbaum seinen Schafen sogar angeboten, den Schuppen auch während der Nacht geöffnet zu halten, wenn die Polizei nicht abrückte. Jetzt kam allerlei zu spät, genauer: zu spät war es nie, bloß wäre alles nur mit dem doppelten Aufwand durchzusetzen wie ein halbes Jahr zuvor.

Pöbeleien im Hauptbahnhof, Jugendliche verhöhnten Transportpolizisten. Da befahl Major Alexander Bacher, dort die beiden ersten Greiftrupps einzusetzen, jeweils sechs Genossen und einen Hund, auf die

Maschinenpistole konnte verzichtet werden. Ein Lkw mit Plane am Schwanenteichpark. Die Rowdys aufladen, in der Fockestraße vorm Trümmerberg abparken. Dort hatte er Astrid zum letzten Mal gesprochen, eine Ewigkeit war das her, und er hatte in den Wind geredet.

Zusammenrottungen und Sprechchöre am Karl-Marx-Platz, »Gorbi-Gorbi«. Dort baute ein Kamerateam der ARD auf. Es müßte doch endlich einmal möglich sein, nachzuweisen, daß die Westreporter Jugendliche bestachen, um an Hetzbilder zu kommen.

Diskussionsgruppe am Markt, Ausgang zur Hainstraße, also beinahe vor dem Messeamt – wenn er sich herausbeugte, müßte er sie sehen. »Thema nicht bekannt«, meldete IM »Fuchs«.

Der VP-Oberstleutnant fragte, für wie viele Zugeführte in Markkleeberg vorbereitet werden sollte. Hundert bis zweihundert. Es war höchste Zeit, ein paar IM zu mobilisieren, die unter die Zugeführten gemischt werden sollten. An der Fockestraße sollten sie auf die Lkw verteilt werden, auf jeweils zwanzig Festgenommene ein IM. Zehn bis zwanzig IM kurzfristig auf die Beine bringen, das würde schwer werden an einem Sonntagnachmittag.

Widerstand, erfuhr Bacher vom Hauptbahnhof her, wurde nicht geleistet, allerdings rannten die Rowdys, was sie konnten, aber die ersten sieben, neun, dreizehn waren geschnappt, und wer auf einem Lastwagen hinter den festgezurrten Planen saß, würde sich wundern, daß er nicht mit der Ausrede davonkam, er wäre ganz zufällig in eine Kontrolle geraten.

Zwei seiner Trupps, meldete der VP-Oberstleutnant, würden eben vor der Niko abräumen. Fluchtbewegungen zum Markt hin, Tumult zwischen den Buden. Bacher schaute hinaus, das müßte er schließlich sehen, da übertrieb die VP wohl. IM »Fuchs«: Anschwellender Verkehr auf der Fußgängerbrücke am Engelsplatz aus der Innenstadt heraus. Natürlich wäre »Fuchs« geeignet, unter die Festgenommenen gemischt zu werden, der konnte vom Äußeren als Randalierer durchgehen, aber man brauchte ihn in Markkleeberg nur, sollte die Internierung einige Tage andauern. Wenn am frühen Morgen des kommenden Tages die große Aktion schlagartig nachgeschoben werden sollte, würden alle eingeplanten IM aus den Betten geholt.

Jetzt rannten fünf, sechs junge Kerle unter Bachers Fenster entlang, einer sprang vor ihnen her, den anderen zugewendet, hüpfte seitlich, fuchtelte mit den Armen und genoß augenscheinlich dieses beinahe artistische Springen. Vor einem Monat hatte der älteste Oberst des Hauses in einer Dienstberatung allen Ernstes erwogen, der Industrie den Auftrag zu geben, einen sozialistischen Turnschuh zu entwickeln, der sich vom dekadenten amerikanisch-kosmopolitischen Turnschuh unterschied – wie, das wäre natürlich die Sache der Fachleute. In hoher Stückzahl sollte er gefertigt und zum Zeichen staatsbürgerlicher Gesittung werden, alle Genossen Eltern müßte man verpflichten, ihn bei ihren Kindern durchzusetzen. Jugendweihgeschenk. Der General hatte den Oberst seinen Sermon beenden lassen und spöttisch hinzugesetzt: sehr hübsch.

Die da unten sprangen im Kreis wie lachende Teufel, vermutlich sangen sie dazu. Kinder starrten sie vergnügt an. Lebensfreude würde sich der Oberst, der die Turnschuhfrage revolutionieren wollte, gewiß anders vorstellen. Jetzt verschwanden die Kerle hinter einem Bierzelt. Wahrscheinlich hatten sie sich durstig gehüpft, nun hielten sie sich an Pappbechern fest, und wenn die Genossen nachspürten, würden sie verwundert tun: Mir wolln doch nüscht, als in aller Ruhe unser Bier trinken, eine Nervosität in dem Schuppen, mir wolln doch bloß ...

»Genosse Bacher«, das war der VP-Oberstleutnant auf der Direktleitung, »vom K-M-Platz über Niko bis Ostseite des Marktes ist alles sauber.«

»Jetzt Druck machen von Thomas hoch. Wie viele habt ihr denn?«

»Beinahe fünfzig.«

»Wir auch. Also Kessel, nur Leute mit Kindern durchlassen.«

Jörg Franzen sah eine Kette von Polizisten mit Helmen und Schilden die Ritterstraße von einer Bordkante zur anderen heraufdrücken. Eine Frau rannte vor ihnen her, ein Kind zerrend, das stolperte, die Frau riß es weiter. Die Polizisten hatten die Visiere heruntergeklappt, nur der Offizier am linken Rand hatte es über den Helm hinausgeschoben. So konnte sich Jörg dieses Gesicht merken, er sah es wieder am Morgen danach in Markkleeberg und Monate später in einer Dokumentation, schlank und stolz wirkte dieser Mann, und Jörg hätte gern gewußt, was aus ihm geworden war. Jetzt machte Jörg kehrt, rannte nicht, sah keinen

Grund dazu, fand die Situation spannend und dann empörend, als er Schrecken in den Augen der Frau sah und das Kind zu weinen begann. Also zurück und durch die Pforte von St. Nikolai, in die Schutzinsel. Das erinnerte ihn an ein Kinderspiel, beim Fangen hatten sie eine bestimmte Gehwegplatte als Insel bezeichnet oder einen Kreidekreis gezogen, wer sich dahin flüchtete, dem konnte nichts passieren. Unter dem Gewölbekreuz drückte sich ein Grüppchen zusammen, er kannte niemanden. In der zweiten Bank saß einer von der Initiative »Gerechtigkeit und Frieden«, er schien nicht mehr so tatenlustig wie während des Pleißemarsches zu sein; die Bullen wären doch wohl verrückt geworden, oder? Heute ließe er sich nicht wieder schnappen, zweimal vierhundert Mark Bußgeld genügten ihm. Da ging Jörg wieder zur Pforte und auf den Nikolaikirchhof hinaus. Zwischen parkenden Autos bog er hindurch, wobei er überlegte, ob die Bullen auch scharf auf ihn wären, wenn er in piekfeinem Anzug mit Schlips und Hut hier promenierte.

Die Zeiger der Rathausuhr standen auf fünf, Bacher hätte gern einen Zwischenbericht an einen Vorgesetzten gegeben, um zu hören: weitermachen, abschwächen, abbrechen. Aber der General war in Berlin. Genosse General, wir haben mehr als hundert Demonstranten auf den Lastwagen, die beiden ersten rollen schon, in Markkleeberg schließt ein Vorkommando die Ställe auf – das konnte er eben nicht berichten. Der VP-Oberstleutnant meldete Ruhe vorm Hauptbahnhof, er würde seine Kräfte von dort abziehen. IM »Junge«: Grüppchen bummelten zu den Bahnsteigen, wollten offensichtlich nach Halle und Wurzen. Keine Vorkommnisse.

Da schaute Kölpers zu, wie Jugendliche von einem Lastwagen kletterten, dicht umringt von Polizisten. Die Atmosphäre schien nicht allzu gespannt zu sein, manche redeten unaufgeregt miteinander. Kölpers ging mit seiner Frau auf der anderen Seite der Fockestraße entlang, sie waren vom Trümmerberg heruntergekommen – nun das. Eine Frau lehnte auf einer Fensterbrüstung im Erdgeschoß. Was denn los sei. »Vorhin haben sie geprügelt«, antwortete die Frau, »sogar ein Mädchen haben sie geschlagen.«

Wir müßten hinübergehen und die Polizisten fragen, was sie da trieben, alle Leute müßten aus ihren Häusern kommen. Einen Offizier sah Kölpers mit hochgeschobenem Plexiglasvisier, auf den ging er zu, sie fanden Blickkontakt. Die Augen des Offiziers schienen ihn anzusaugen, und als er auf zwei Meter heran war, sagte Kölpers: »Hier ist geschlagen worden, ohne Widerstand. Ich mache Sie darauf aufmerksam ...«

»Personalien feststellen«.

»Ihren Ausweis.«

»Ich hab ihn nicht dabei, wir gehen nur spazieren.«

»Da machen Sie sich mal schnellstens nach Hause.«

Zwei, drei, zehn Polizisten wendeten sich zu Kölpers um. Er blickte in Gesichter, als ob er sie sich einprägen wollte, die Kraftprobe dauerte zwölf, fünfzehn Sekunden, meinte er, aber es waren nur vier, dann wechselte er doch auf den Bürgersteig zurück, auf dem seine Frau wartete. Während sie weitergingen, fuhr noch ein Lkw in die Straße hinein. »Man müßte ein Gefühl dafür kriegen«, sagte Kölpers, »wann es nötig ist, mal eine Nacht nicht zu Hause zu übernachten, sondern bei Freunden.«

»Oder in einer Gartenlaube.«

»Dazu ist die Stasi wohl zu gut.« Er dachte an Bischoff in der »Ästhetik des Widerstands«, die von der Gestapo kurz vor Kriegsschluß doch noch geschnappt worden war, in einer Laube am Rand von Berlin.

Da stand Jörg Franzen mit ausgestreckten Armen und gespreizten Beinen an einer Wand, Fliegerstellung hieß das. Unter dem Arm hindurch grinste er zur Seite. Ein Polizist ging hinter ihnen entlang und mahnte: »Immer hübsch breit, so ist's recht.« Mit seinem Knüppel schlug er Jörg mahnend gegen die Innenseiten der Oberschenkel. Einem, der sagte, er müßte austreten, haute der Bewacher über den Hintern. »Immer ganz ruhig«, sagte Jörg, und der Polizist brüllte: »Schnauze!«

Der VP-Oberstleutnant fragte Bacher, ob Verstärkung durch Bereitschaftspolizei aus Eilenburg anrükken sollte. Jetzt? Hätten wir vor zwei Stunden brauchen können, wenn überhaupt. Also dürfte dort die Alarmstufe aufgehoben werden? Er möchte allerdings nicht, daß vielleicht in einer Stunde dann doch noch der Einsatzbefehl käme. Mal sachte abbauen das ganze.

So kam es, daß dem Bereitschaftspolizisten Horst Heit wie allen seines Zuges befohlen wurde, vom Lkw zu klettern, auf dem sie seit zwei Stunden saßen. Alarmübung beendet, in die Unterkünfte, marsch! Horst ging sofort in den Speiseraum, auf einem Tisch standen Stapel von Brotscheiben und Schüsseln mit Griebenschmalz und Leberwurst. Der Tee in den Kannen war noch lau. Das wäre keine Übung gewesen, meinte einer neben ihm, das sähe er den Offizieren an, die wären ganz anders aufgeregt gewesen als sonst.

Kurz nach sieben berichtete der VP-Oberstleutnant seinem MfS-Partner, eben hätten Westsender von Tumulten in Leipzig berichtet. Bacher dachte: Da weiß es jetzt auch der General. Es war irrsinnig, daß die alten Feinde RIAS und Deutschlandfunk als Nachrichtenübermittler zwischen den Sicherheitsorganen der DDR fungierten. »Ich übergebe hier an einen Genossen Leutnant. Ich fahre raus nach Markkleeberg.«

Er blieb am Rand des Ausstellungsgeländes und ließ sich berichten. Schlagstockeinsatz. Die von der VP hätten zum Teil noch ganz anders draufgehauen. Darüber war er sich mit dem VP-Leiter schnell einig: Ganz langsam mit dem Feststellen der Personalien beginnen. Zunächst höchstens Schwangere und Alte rauslassen.

Es war noch immer hell und warm. Während er zur Stadt zurückfuhr, erinnerte er sich, was sein Vater vom 17. Juni 1953 erzählt hatte. Als alles durcheinanderwirbelte, ließ ein Hauptmann der Kasernierten VP seine Truppe zum Potsdamer Platz marschieren, jeder mit einem Karabiner und dreißig Schuß Munition. Lange ehe die Panzer kamen, legten sie einen Kordon vor den Demokratischen Sektor. Zehn oder fünfzehn Tote, die meisten Westberliner, doppelt so viele Verwundete – drei Stunden lang war der Hauptmann ein Held, zwei Wochen lang ein U-Häftling und dann wieder ein Held gewesen. So hatte es nach Vaters Worten an der Front geheißen: Händedruck von Stalin, oder sie stellen dich an die Wand.

Er fuhr zur Bezirksverwaltung, telefonierte mit der VP und mit Markkleeberg. Spät abends wurde er zum General gerufen. Der saß hinter seinem Schreibtisch, ein Oberst rechts, ein Oberstleutnant links. »Was war los?«

Händedruck von Mielke oder Degradierung? »Wir könnten die Vorkommnisse zum Anlaß nehmen, meine Linie durchzuziehen, schwerpunktmäßig. Dreißig bis fünfzig Festnahmen, darunter fünf IM. Beispielsweise den Superintendenten in eine Zelle mit dem IMB ›Carl‹«.

Beste Schule. Es wärmte einem das Herz, solche Genossen herangezogen zu haben. In Berlin hatte der General argumentiert: Pulverfaß Leipzig, aber Mittig war ihm ins Wort gefallen, er solle nicht hysterisch werden. Mielke hatte gebrüllt: Du bist ein Versager! Wenn du nicht endlich spurst, kannst du deine Papiere holen, du Penner!

Das war jetzt eine der bittersten Konsequenzen seines Lebens. »Genosse Bacher, Sie fahren wieder raus. Die Entlassungen beginnen sofort. Ihr karrt die Leute trüppchenweise in die Stadt zurück in die Nähe ihrer Wohnungen, nun nicht gerade bis vor die Haustür. Wiederholungstäter bleiben ein paar Stunden länger. Morgen früh Teeausgabe, Bockwurst oder so. Zielstellung: Beendigung der Aktion morgen mittag.«

Bacher schwieg.

»Noch Fragen?«

»Nein, Genosse General.« Kapitulation. Das war die Kapitulation.

13. KAPITEL

Der Abend der Stellvertreter

1.

1989, 9. Oktober

Der Raum war eiförmig wie ein Rugbyball, an der gestreckten Wölbungsseite zum Ring hin ein selten genutzter Balkon vorgesetzt. Türen an den Schmalseiten führten zu Vorzimmern, Korridoren und Treppen, dem Labyrinth immer neuer Anbauten und Zubauten, die durch Scherengitter unpassierbar gemacht werden konnten, und letzten Endes zu den an diesem Nachmittag verriegelten Toren. Pforten mit Fernsehaugen wurden von Offizieren bewacht, Melder schlüpften herein, immer seltener in den letzten beiden Stunden. Es war, als ob vor einer Burg die Zugbrücken hochgezogen worden wären und nur noch ein Schlupfloch tief unten im Gebüsch bliebe.

Wer die Einsatzzentrale betrat, nahm sofort den Mischgeruch von Zigarettenrauch und Uniformen – die, wenn sie auch aus demselben Stoff wie Anzüge sind, gebieterischer und unerbittlicher riechen –, von Männerhaut mittlerer und älterer Jahrgänge und von Schränken und Regalen aus Sperrholz wahr. Beinahe neu, schäbig von Anbeginn, hatte sich das Gemöbel noch nicht ausduften können. Feinere Nasen witterten sogar Anspannung, ja Angst – es würde leicht sein, wußte Alexander Bacher, von allen hier Duftlappen erster Güte zu ziehen.

Als ein paar Wochen später Frauen und Männer der Bürgerkomitees hier ihre Arbeit aufnahmen, staunten sie über das Ärmliche, Abgewohnte. Elektrische Leitungen waren auf den Putz genagelt, über einer Steckdose leckte eine Schmorzunge die Tapete hinauf. Die Leipziger hatten gemeint, hier wäre alles vom Feinsten, wobei sie sich mangels anderer Vergleiche am Charme von Interhotels orientierten. Die Volkspolizisten, die im Frühjahr 1990 Wachdienst versahen, wunderten sich, davongekommen zu sein – auch die neuen Herren brauchten Schutz. Nun sahen die Polizisten, wie die Stasi, von der sie immer geschurigelt worden waren, vegetiert hatte. Primitive Bande – das Urteil tat gut.

Gegenüber der Pforte, durch die die Festung tropfenweise mit der Stadt kommunizierte, standen zwei Dutzend Männer, Frauen auch, allmählich wuchs das Grüppchen. Dieses Lungern, Gaffen allein war schon provokativ, ärgerte sich der diensthabende Major. Das war wie bei einem Abfallhaufen: Einer schmiß die Trümmer seines Kachelofens hin, der Unrat vermehrte sich um Asche, Laub und zerfetzte Matratzen. Normalerweise hätte der Major einen Mann rübergeschickt: Gehen Sie weiter, Bürger! Aber nichts war normal.

Major Bacher blickte auf den General, der sich gerade hielt, die Ellbogen aufgestützt. Die etwa fünfhundert Genossen, die Nikolai besetzen sollten, hätten ihre Positionen eingenommen, wurde gerade gemeldet. Keine Vorkommnisse, außer daß der Pastor ein paar Worte an sie gerichtet hätte, in beinahe heiterem Ton: Die Kirche sei offen für alle, herzlich willkommen. Nur sei es erst halb drei, da arbeite das Proletariat noch, deshalb beginne ja das Friedensgebet um fünf. Er bitte um Verständnis, daß die Empore geschlossen bliebe, damit später auch noch ein paar Werktätige und einige Christen Platz finden könnten.

»Frechheit!« hörte Bacher den General. Aber clever war es vom Pfarrer auch. Dessen Duftkonserve war gezogen worden, während der Bursche bei der Abt. Inneres ermahnt, belehrt und erfolglos verwarnt worden war. Heute würde diese Vorsorge nichts nutzen, der Widerling verdrückte sich nicht etwa im Dachgebälk, wo ihn ein Hund aufstöbern müßte, sondern drehte den Spieß um.

Da beobachtete der Major an der Pforte, daß sich aus dem Grüppchen gegenüber ein Mann löste, in der Hand eine Reisetasche und den Hut in die Stirn gedrückt. Er überquerte rasch die Straße, jemand johlte hinter ihm her. Die Tür wurde so weit geöffnet, daß ein Posten sie mit seinem Körper füllte. So war es angeordnet. »Schnuck, Rechtsanwalt«, der Mann wurde eingelassen. »Ich dachte, ich würde heute vielleicht gebraucht«, er fingerte nach seinem Ausweis. Der Major sah es nicht als seine Aufgabe an, irgend etwas zu regeln oder auch nur zu fragen, außer: »Zu wem möchten Sie?« Der Anwalt antwortete, und der Major hielt es für selbstbewußt: »Möglichst hoch hinauf.«

Der General hatte nun neun Telefone vor sich. Direktschaltung zur Bezirksleitung der Partei war im Moment am wichtigsten. In Berlin würde er nicht wieder anrufen. Am liebsten hätte er Mielke am Apparat gehabt, obwohl der ihn zusammengestaucht hatte wie einen Schuljungen. Aber offensichtlich war Mielke sonstwo. Mittig hielt Stallwache, die Schreibtischpfeife.

»Nikolai ist voll«, hörte der General hinter sich. »Die Leute strömen zur Thomas.« Mit der Leitung der Thomaskirche war bisher alles klar gelaufen, nun ging der Pfaffe dort wohl auch in die Knie. Jetzt war es zu spät, die Haupttäter zu verhaften und alle Kirchen zu schließen als Hort der Konterrevolution. Dort wären, hätte tags darauf in der »Volkszeitung« stehen können, Waffen gefunden worden, Funkgeräte, Nescafébüchsen mit eingelöteter Munition – so waren einst die Zeugen Jehovas ausgeräuchert worden. Der Blick des Generals fiel auf Bacher; ihm müßte er einmal schildern, wie sie in den fünfziger Jahren mit derlei Kerlen fertig geworden waren. Bachers Vater war immer dabei gewesen, kompromißlos. Nicht an der VP und nicht am MfS lag es, daß jetzt alles drunter und drüber ging.

»Gib mir mal die Bezirksleitung.«

Der Oberstleutnant drückte Tasten. Er hatte schwierigere Arbeiten geleistet, als diese Verbindungen zu schalten. Die Abhöranlagen im »Merkur« und im »Astoria« waren sein Werk. Manchmal, um nicht das Gefühl zu verlieren, am Feind zu sein, drang er mit seinen Trupps in Wohnungen ein und versteckte eigenhändig Wanzen hinter Scheuerleisten und Steckdosen. Seine Bewegungen erinnerten Bacher an die eines Xylophonisten, behende eilte er an seiner Anlage entlang, hüpfend fast; dabei war er ein schwerer Mann. Er hielt seinem General den Hörer hin, als serviere er ihn; älteren Kellnern steckten solche Abläufe im Blut. Dem Mann paßte keine Uniform, entweder spannte die

Jacke über dem Bauch oder schob sich unter den Armen hoch. In seinem Bereich zwischen Tonbandtellern und verkniffen blickenden Frauen, die, Meisterinnen des Konjunktivs, Bänder abhörten, den Inhalt strafften und in indirekte Rede brachten, trug er am liebsten eine Strickjacke.

»Was Neues?« fragte der General.

»Ich hab vor einer Stunde den Genossen Krenz drangehabt. Genosse Honecker verabschiedet gerade ausländische Delegationen. Genosse Krenz wird so schnell wie möglich mit dem Genossen Honecker sprechen und zurückrufen.«

»Es ist gleich vier.«

»Ja.«

»Der kritische Augenblick ist, wenn sich der Zug formiert. Wer dann vorne ist. Und wo wir ihn stoppen.« Der General bemühte sich, seine Stimme nicht verärgert klingen zu lassen. »Welcher Befehl gilt denn nun? ›Mit allen Mitteln‹, oder? Krieg ich meinen Befehl von dir oder aus Berlin?«

»Genosse Krenz wird zurückrufen.«

»Wann?« Der General merkte, daß diese Frage nun doch aufsässig geklungen hatte. Sie wurde nicht beantwortet. »Genosse Bacher, Sie werden ...«

Bacher stand auf.

Jetzt müßten ihm, wünschte der General, zehn, zwanzig Monitore die Bilder aus den Kirchen, vom Karl-Marx-Platz, vom Hauptbahnhof und vom Engelsplatz liefern. Von Dächern wurde mit elektronischen Kameras aufgenommen, aber das war erst Stunden später auswertbar. Vielleicht rückten unterdessen Einsatzkräfte die Thälmannstraße herein – zehn Panzer zwischen Karl-Marx-Platz, Hauptbahnhof und Engelsplatz, Wasserwerfer dazwischen, wer ließ sich jetzt im Oktober schon gerne naßspritzen. Aber das war Sache der Armee und der Bereitschaftspolizei.

Bacher nahm an, er wäre vergessen worden. Langsam setzte er sich. Heute war alles anders als an den Montagen vorher. Heute lag auch über diesem Raum die Vermutung, es würde geschossen werden. Ein unmöglicher Zustand, daß Gerüchte die Bezirkszentrale des MfS durchgeisterten. Das MfS würde nur zur Selbstverteidigung schießen. Dieser Fall ließe sich provozieren, beispielsweise durch zehn IM in der vordersten Reihe mit Rammböcken gegen ein Tor. Zehn Offiziere würden über deren Köpfe in die zweite und dritte Reihe ballern. Tote aber waren nicht eingeplant.

Überall die zweiten Leute, begriff der General. Der Bezirkssekretär der Partei war seit Monaten krank, er hatte zurücktreten wollen, es aber nicht gedurft. Nun befahl sein Vertreter, besser gesagt, er befahl nicht. Honecker verabschiedete Delegationen aus Rumänien, dem Yemen, Uruguay, sein Vertreter Krenz rief nicht zurück. »Stimmt es denn, daß eine Luftsturmtruppe im Bienitz liegt?« rief der General in den Raum, niemand antwortete. »Was ist eine Luftsturmtruppe? Unter Fallschirmjägern kann ich mir was vorstellen.«

»Meldung von Hauptmann Weisert: Am Vorbau der Nikolai hängt ein gelbes Tuch mit der Inschrift: Leute, keine sinnlose Gewalt. Reißt euch zusammen! Laßt die Steine liegen! Dieses Transparent wird gegenwärtig von Passanten verstärkt betrachtet.«

Der General höhnte: »Aha, und was ist *sinnvolle* Gewalt?« Er schaute sich um, als erwartete er Beifall. »Was macht denn Weisert dort, der soll sich zur Thomas scheren!«

Meldung vom Dezernat I: »Auf der Parkfläche Konsument-Sporthaus nachbenannter Pkw abgeparkt: VW Golf schwarz, polizeiliches Kennzeichen RÜD-AL 477, im Fahrzeug befinden sich mehrere Koffer. Ohne Insassen. Vor der Reformierten Kirche fünf männliche Personen.«

Meldung aus Nikolai: Die Genossen lasen Zeitung. Noch fuhren Straßenbahnen. In einigen Krippen holten die Mütter ihre Kinder eher ab als sonst. Als die Panzer 1968 in Prag eingerollt waren, wußte der General, hatten alle Gastwirte spontan die Rolläden heruntergelassen: Kein Bier und kein Sliwowitz mehr! Das war erprobt: Wenn »Lok« im Plachestadion spielte, lag die Strecke vom Hauptbahnhof dorthin trocken. Falls jetzt Gaststätten dichtmachten, war es eigenmächtig und falsch sowieso. Wer an der Theke stand, demonstrierte nicht. Alkohol war keinesfalls das Problem dieser Montage.

Ein Oberst trat hinter ihn und flüsterte: »Rechtsanwalt Schnuck wartet draußen.«

»Ist der verrückt?« Der General schlug auf die Tischplatte, blickte hoch, der Oberst zuckte die Schultern. »Allein in ein Zimmer mit dem Kerl, einen Genossen daneben.«

Die Bezirksleitung rief an, der Zweite fragte, ob seitens der Volkspolizei... »Hör zu«, der General war gereizt, »wenn mal überall alles so klar wäre wie dort.

Jede halbe Stunde wird mit Berlin telefoniert. *Der Minister* sitzt auf seinem Stuhl, nicht ein Vertreter. Die Anweisung ist deutlich: Wenn sozialismusfeindliche Kräfte Provokationen auslösen, ist bedingungslos einzugreifen.«

»Bedingungslos«, echote der Zweite.

»Es ist nicht meine Schuld, wenn keiner weiß, wer wem unterstellt ist. Im Bezirk liegt alle Verantwortung bei dir. Nimm dir ein Beispiel an Modrow!«

Die Tür zum Vorzimmer wurde so heftig aufgerissen, daß der General den Kopf wendete. »Der Bezirkssekretär für Wissenschaft«, meldete ein Major in die Stille hinein, »verhandelt auf eigene Faust.«

»Dein Wissenschaftler«, fragte der General ins Telefon, »wo ist er? So, bei dir nicht. Ich ruf dich wieder an.«

Der Major schluckte, daß sein Adamsapfel sprang. »Genosse General, eine Meldung aus dem Gewandhaus von einem IM, telefonisch. Der Wissenschaftssekretär und zwei weitere Genossen aus der Bezirksleitung besprechen sich mit einem Kabarettisten und einem Theologen im Zimmer des Kapellmeisters.«

Das blanke Chaos, Bacher erschrak. Der Wissenschaftsgenosse, der zweite Mann des Zweiten der Bezirksleitung, unternahm etwas, von dem weder sein Vorgesetzter noch das MfS eine Ahnung hatten. Der Zweite war zu stolz, den Ersten der Volkspolizei anzurufen, denn *nun war der dran.* So verbohrt war sein General nicht, aber auch er hatte nicht die Energie, alle Macht an sich zu reißen. Wenn jetzt ein Panzerleutnant seinen Bataillonskommandeur als abgesetzt erklärte und mit einer roten Fahne auf dem Turm ins Zentrum donnerte, den Ostknoten abriegelte, galt er morgen als Held – aber das war es auch: Niemand würde an die Wand gestellt werden, was er auch *unterließ*, fürs Nichtstun wurde keiner bestraft. Bacher fragte und wußte, daß er kein Recht dazu hatte, doch darauf kam es nun auch nicht mehr an: »Welchen Auftrag haben denn die Genossen in der Niko?«

»Wenn wir drin sind, kann kein anderer rein.«

»Jetzt den Genossen von der VP!«

Nichts bisher war so einschneidend wie nun das, der VP-General sprach langsam und ließ jedem Satz eine Pause folgen. »Ich habe eben mit dem Genossen Innenminister gesprochen. Er hat mir die Verantwortung für Leipzig übertragen. Ich soll mir jede Maßnahme zehn und zwanzig Mal überlegen. Zehn und zwanzig Mal. Und möglichst keine Gewalt, möglichst. Mit allem Drum und Dran habe ich achttausend Mann. Möglichst. Ich hab bloß Angst...«

Ein General hatte achttausend Mann und dazu Angst.

»Ich hab Angst, daß ein Zugführer die Situation seinen Leuten überspitzt schildert, um sie zu motivieren: Überall Provokateure! Dann fällt der verfluchte erste Schuß.«

»Und jetzt *hoffst* du...« Woher dieses schwache Wort? Wenn der Pastor von Nikolai hoffte, stand ihm das zu, mehr konnte der ja nicht als beten und hoffen. Aber ein VP-General, der *hoffte,* trug nur noch eine halbe Uniform, Hose vielleicht und Mütze und dazwischen eine Schlafanzugjacke. Eine Karikatur. Der General hustete die Kehle frei: »Was wird am Ostknoten?«

»In meiner Bereitschaftspolizei, das mußt du einkalkulieren, stecken Wehrpflichtige.«

»Das Wachbataillon aus Berlin, *das* müßte hier stehen.«

»Ich ruf dich wieder an.«

Der General gab den Hörer an den Oberstleutnant weiter, der ihn sanft auf die Gabel legte. Für Bacher war es symptomatisch für diese Situation. Diensthierarchie und Akkuratesse stimmten, aber die Bezirksleitung der Partei wußte nicht, was einer ihrer Sekretäre trieb, und die Armee hatte sich wohl schon aus aller Verantwortung verabschiedet. Das MfS besaß ja keine Einsatztruppe, dagegen hatten NVA und Volkspolizei erfolgreich intrigiert. Anders in der Sowjetunion, das NKWD verfügte über Sturmeinheiten mit Panzern und Geschützen, die berühmten Schwarzen Barette. Bei uns? Wir haben doch unsere Kampfgruppen. Nun verwikkelten die Demonstranten die Kämpfer in Gespräche; es fehlte nur noch, daß sie ihnen Blumen in die Mündungen der Kalaschnikows steckten.

Ein Erdrutsch das alles für den General. Das bloße Wort Montag hatte schon einen schlimmen Klang. Nun schickte die VP ihre Schüler aus Aschersleben, Neunzehnjährige, einen Kindergarten. Der Partei war nichts anderes eingefallen, als in Betrieben und Schulen zu verbreiten, es würde geschossen, und nun streunten die Halbstarken ins Zentrum, um zu sehen, was passierte. »Die Machtfrage steht«, sprach der General beinahe gegen seinen Willen. Es war trotz allem ein gutes altes Wort.

Meldung vom Dezernat I: »Starker Zustrom aus Innenstadt über Grimmaische Straße von Jugendlichen und Jungerwachsenen, teilweise dekadentes Äußeres. Thomaskirche geöffnet, keine Aussage möglich, wieviel Personen drin. Vor dem Haupteingang ein Kamerateam, sechs Personen. Reformierte Kirche sechzehn Uhr geöffnet, normaler Zustrom. Oberleutnant Schulz meldet: Sechs Zuführungen zum VP-Revier Taucha. Namen werden nachgereicht.«

16 Uhr 50: »Michaeliskirche zirka 1500 Personen, alle Altersgruppen, vor der Kirche filmt eine namentlich unbekannte Person mit Schmalfilmkamera. Etwa 30 Jahre alt, 168 bis 173 cm groß, dunkle Kurzhaarfrisur, Vollbartansatz, schwarze Lederjacke, Jeans.«

16 Uhr 55: »Starker Zustrom zur Reformierten Kirche, Gruppenbildung auf der Brücke Friedrich-Engels-Platz. Treff mit ›Fuchs‹ beendet, ›Fuchs‹ beauftragt, sich zur Reformierten Kirche zu begeben und von dort zu informieren.«

Alles war blendend organisiert, fand Bacher, von morgen früh an würde ein Dutzend Genossen eine wundervolle Gesamtübersicht zusammenstellen, wer wann was gemeldet hatte. Die war möglicherweise am Donnerstag fertig, vom Freitag an wurde der nächste Montag vorbereitet. Noch feingliedriger, noch raffinierter.

Der Major, der die wichtigste Pforte bewachte, trug herein, was ihm eben von einem IM aus dem Gewandhaus gebracht worden war. Der General überflog den Zettel. »Ich les mal vor: ›Unsere gemeinsame Sorge und Verantwortung haben uns heute zusammengeführt. Wir sind von der Entwicklung in unserer Stadt betroffen und suchen nach einer Lösung. Wir alle brauchen einen freien Meinungsaustausch über die Weiterführung des Sozialismus in unserem Land. Deshalb versprechen die Genannten heute allen Bürgern, ihre ganze Kraft und Autorität dafür einzusetzen, daß dieser Dialog nicht nur im Bezirk Leipzig, sondern auch mit unserer Regierung geführt wird. Wir bitten Sie dringend um Besonnenheit, damit der friedliche Dialog möglich wird.‹ Der Kapellmeister hat unterschrieben, dazu ein Komiker, ein Theologe und drei Genossen aus der Bezirksleitung.« Er nannte die Namen.

»Die Genossen in Berlin unter Druck setzen?«

Der General überlegte, ob es für diesen Aufruf Beispiele gäbe – vielleicht, als Schriftsteller die Regierung gebeten hatten, die Ausweisung Biermanns zu überdenken. Einmal hatten Schreiberlinge gegen die Bestrafung Heyms wegen eines Devisenvergehens gemault, sie waren aus dem Verband geflogen. Wenn das jetzt durchging, zeigte die Macht erste Risse. Er blickte den Genossen an, der eben gerufen hatte, das Ganze sei eine Sauerei, und traf auf Augen voller Wut. Er nickte in diesen Zorn hinein: Ich verstehe dich ja, vor einem Monat, vor einer Woche hätte ich die Sekretäre festnehmen lassen und den Kapellmeister rausgeschmissen, und dann Artikel von anderen Künstlern in die Zeitung: Wir stehen unverbrüchlich hinter Partei und Regierung! Vielleicht verhaften wir sie morgen früh oder in einer Woche, vielleicht wird der Kriegszustand ausgerufen, dann sitzen noch sechs in den Pferdeboxen von Markkleeberg, nicht nur die von der Liste.

»Anruf aus dem Gewandhaus.« Eine Telefonistin stand in der Tür, zum ersten Mal seit Stunden waren die Männer nicht unter sich. »Der Aufruf soll übern

Stadtfunk verbreitet und zum Rundfunk gebracht werden.«

Der Kapellmeister, dachte Bacher, sieh einer an. Niemand wäre auf den Gedanken gekommen, ihn in den Klub der Stinker aufzunehmen. Bei Kabarettisten war niemals alles sonnenklar gewesen, diese Typen meinten, an jeder Theke ihre Witze reißen zu müssen. Dazu ein Theologe – nach Bachers Einschätzung war der Mann IM, denn als er ihn in seine Liste aufnehmen wollte, kam aus der Abt. XX der Hinweis, das sei nicht nötig. Vielleicht schoben die anderen den Musikus nach vorn, und der merkte gar nicht, auf wie dünnem Eis er schlitterte? Zwei, drei Schritte noch, und er würde sich das Genick brechen.

Nun liefen Meldungen im Minutenabstand ein. Der Oberstleutnant sprang von einem Telefon zum anderen, was er hörte, rief er in den Raum. Vor dem Messehaus am Markt behauptete eine männliche Person, jetzt hätten wir eine Situation wie 1973 in Chile. Umstehende äußerten, der Mann heiße Lepitzke oder Lekutzke. Im Bereich Neumarkt Einsatzfahrzeuge abgeparkt, in deren Nähe drei- bis vierhundert Jugendliche und Jungerwachsene, Ansammlung von hundert Personen am Bachdenkmal. Starke Personenbewegungen aus unterschiedlichen Richtungen zum Karl-Marx-Platz. Vor der Reformierten, meldete IM »Fuchs«, zehn männliche Personen, von der Kirche vermutlich als Ordner eingesetzt.

»Direktleitung aus der Thomas.« Nicht nur ARD und ZDF hatten ihre Kameras postiert, auch das französische und sogar das kanadische Fernsehen trieben sich in Leipzig herum. Jetzt wurde in die Thomaskirche geschaltet, wenn schon nicht das Bild, dann zumindest der Ton.

Da war er also aus Dresden herübergeeilt, der Herr Landesbischof. Getuschel, Gekrächz, Schritte. Holzknarren. Eine hallende Stimme, Rhetoriker waren sie ja, die Gottesmänner. »Liebe Brüder und Schwestern, wieder einmal in Leipzig. Ich möchte in allen vier Kirchen zugleich sein, aber das ist in fünfundvierzig Minuten schwer zu machen. Zunächst etwas Persönliches. Sie tun mir etwas Gutes, wenn Sie nicht klatschen. Ich bin das nicht gewohnt und möchte kühlen Kopf bewahren. Es hat viele Gespräche zwischen Vertretern des Staates und der Kirche gegeben. Ich habe dabei oft gesagt, und ich sage es heute öffentlich, nach meiner Überzeugung muß es in der gegenwärtigen Situation unseres Landes Gespräche geben, zwischen Vertretern des Staates und den jungen Erwachsenen zum Beispiel, die jetzt auf die Straße gehen und ihre Schmerzen und ihre Bitterkeit anzeigen. Bei diesen Gesprächen müssen die jungen Erwachsenen, müssen Sie angehört werden, und zwar bis Sie fertig sind, und es müssen Lösungen gesucht werden. In diesen Wochen verstehe ich darunter besonders Freilassung der Inhaftierten, sofern sie sich nicht nachweisbarer Körperverletzung schuldig gemacht haben. Sie sind alle Bürger und Menschen, also nicht Rowdys. Das zweite, was ich sagen muß, daß Gott genau wahrnimmt, was in der DDR passiert. Und daß er ein kräftiges Wort mitredet bei dem, wie die Dinge weitergehen. Damit nicht Blut vergossen wird, bitte ich Sie um Gewaltlosigkeit. Ich wünsche Ihnen gutes Durchkommen. Amen.«

Direktschaltung zur Reformierten. »Da ich ein Kind war«, so der Pfarrer, »redete ich wie ein Kind, war klug wie ein Kind und hatte kindliche Ansichten; da ich ein Mann war, tat ich ab, was kindlich war. An dieses Pauluswort hielt sich Martin Luther King, als Schwarze in den öffentlichen Verkehrsmitteln diskriminiert wurden. Da weigerten sie sich, Bus zu fahren. Sie sind gelaufen und gelaufen, mit jedem Schritt erlangten sie ein wenig von ihrer Menschenwürde zurück. Auch wir ließen uns wie Kinder vorschreiben und ängstigen. Wir stehen vor einem langen und schweren Weg. Es wird nicht an Knüppeln fehlen. Auf unserem Weg werden wir laufen und laufen und laufen und uns nicht wieder wie Kinder behandeln lassen. Mit jedem Schritt ...«

Knarren, Flüstern, dann setzte die Orgel ein, so daß der General zusammenzuckte. Die Nerven, dachte Bacher. Vielleicht müssen wir, wenn es hart auf hart geht, einen Dreier- oder Fünferrat einsetzen, jetzt ist es nichts mehr mit einsamen Entscheidungen. Womöglich muß einer auf den Balkon hinaus. Ich könnte das. Der General nicht. Bitte, würde ich rufen, wählen Sie eine Delegation, zehn oder zwölf Bürger, vergessen Sie die Frauen nicht, und schicken Sie sie herein zum Dialog. Den Kapellmeister sollten sie wählen, der würde sich gut machen auf dem Balkon. Ehe er noch so recht wußte, daß er es sagen würde: »Wir sollten den Dirigenten holen.«

Der General wendete sich ihm zu.

»Und den Bischof.«

»Und den von Nikolai.«

»Den nicht!« Der General brüllte: »Einer muß Feind bleiben, nicht diese Einheitssoße: Wir alle sind *betroffen,* sind das Volk bis hin zum Bischof und den jungen Erwachsenen und den Antragstellern, jeder darf sich aussülzen – *ein* Feind muß bleiben, der Kerl von Nikolai! Der Bischof hat Gott erwähnt, der auf Leipzig schaut, der Hetzer von Nikolai behauptet es jeden Tag. Betroffen, na schön, sind wir eben auch betroffen, ein Scheißwort in seiner Auslegbarkeit!« Damals auf dem Leuschnerplatz, entsann er sich, als sich das Beatvolk mausig machte, hatte keiner das Auge zum Himmel gewandt: Wir sind betroffen! Zum jungen Bacher blickte er, dessen Vater war damals, im Herbst '65, auf die Idee gekommen, in allen Schulen und Ausbildungsstätten die Lehrer ihr Sprüchlein aufsagen zu lassen: Am Sonntag zehn Uhr auf dem Leuschnerplatz wird von Provokateuren gegen die Verhaftung einer Beatgruppe demonstriert, wehe, wer sich dort blicken läßt! Des alten Bachers glänzender Plan war aufgegangen: Die Harten waren hingetrottelt und in die Falle gerammelt. Mit Hunden und einem Wasserwerfer drauf und auf Lkw und ab in den Tagebau und die Haare getrimmt auf Millimeterlänge. Als die Bengels vier oder sechs Wochen später rausgelassen wurden, waren sie blaß und mager gewesen und hatten ihre Wut nach innen gefressen. Da hatten Partei und MfS und VP an einem Strang gezogen, zum Schießen, wie die Halbstarken aufs Kreuz gelegt worden waren. Und wenn der Wissenschaftsfritze seine Anweisung von ganz oben hatte, vielleicht war der Kulturminister auf die Idee gekommen, den Kapellmeister einzuspannen? In Dresden hätten sie ihren berühmten Tenor vorm Hauptbahnhof schmettern lassen sollen: Freude, schöner Götterfunken! Der Dirigent könnte auf dem Karl-Marx-Platz wedeln: Wir sind betroffen! Heute galt nicht die Linie vom Mai achtundsechzig, als vor der Unikirche MfS und Bereitschaftspolizei die Studentchen weggeräumt hatten.

Bacher fühlte Mitleid. Der General stammte aus Karl-Marx-Stadt, sein Vater war Lagerist, seine Mutter Arbeiterin in einer Spinnerei gewesen. Stolz war er, aus diesem Teil Sachsens zu stammen; wenige Jahrgänge aus der Industrieballung dort hatten eine erstaunliche Anzahl von Direktoren, Partei- und Staatsfunktionären, Generälen und Ministern hervorgebracht. Ein lausiger Schriftsteller hatte das Wort »Karl-Marx-Stadt« geschrieben, wie es dort gesprochen wurde: »Gormorgsschdod«. Der General hätte die Schwarte am liebsten einstampfen lassen; sie war aus einer Fülle anderer Gründe verboten worden. Der General trug einen schräggestreiften Schlips, den eine Spange straff hielt. Sein Hemd war am Hals ein wenig angerauht; sicherlich würde es seine Frau zum Dienstleistungskombinat am Sachsenplatz bringen, wo man aus dem Hinterteil einen neuen Kragen nähte. Jetzt war der Mund des Generals so ausgetrocknet, daß sich beim Sprechen ein Spuckefaden von den oberen zu den unteren Zähnen zog. Bacher war versucht zu sagen: Genosse, trink doch mal einen Schluck.

Glockengeläut, das von St. Thomas war am lautesten und überlagerte das von der Reformierten Kirche. Bacher ließ den Blick durch den Raum schweifen, vierzehn Männer, sechs rauchten, einer zog gerade eine Zigarettenschachtel aus der Tasche. Der General starrte reglos auf die Telefone. Bacher hatte als Kind gern in der Küche zwischen den Genossen gesessen, die sein Vater manchmal zum Abendbrot lud, dort war der heutige General der Stillste, Aufmerksamste gewesen, der sich Alberts Geschichten vom Partisanenkrieg immer wieder geduldig anhörte. Manchmal hatte Mutter grüne Heringe kiloweise gebraten. Warm und knusprig, wie sie aus der Pfanne gekommen waren, wurden sie verputzt, fünf, sieben Stück jeder, Bier dazu. Nie hatte sich Astrid dazu bewegen lassen, auch nur ein paar Minuten dabeizubleiben.

Die große Stunde des Mannes an den Telefonen begann. An den letzten Montagen waren neue Elemente erprobt worden, auch der Raumton. Der Oberstleutnant kannte Fernsehbilder von gewaltigen Kombinationen: Raumfahrtzentrum in den USA, Gipfeltreffen von Reykjavik, Olympiaden. Er meldete über den Kopf des Generals hinweg: »Nikolai.« Orgelmusik. Nie war der General dort gewesen, nie in St. Thomas, zweimal in der Unikirche vor der Sprengung. Er stellte sich Hunderte von Genossen in Holzbänken vor, in Mänteln, mit Aktentaschen. Wo ein Genosse ist, ist die Partei. Jetzt saßen fünf- oder siebenhundert bewährte Parteimitglieder aus Behörden und der Uni dort, was bedeutete dagegen schon ein Pfaffe. Wenn einer aufstand und verkündete: Die Partei läßt sich nicht foppen!

»Immer noch Nikolai«, meldete der Oberstleutnant.

»Liebe Gemeinde, ich habe den Eindruck, viele Menschen wollen unsere Gesellschaft nachdrücklich verändern, in der wir vierzig Jahre lang gelebt und nicht nur gelitten haben. Es ist so, als ob wir uns unter den Zwang stellen, jetzt Sieger werden zu müssen. Haben wir unsere Kräfte nüchtern eingeschätzt? Wollen wir etwas um jeden Preis mit Blut und Tränen erreichen? Gott will uns helfen! Die Reformen, die schon vor Jahren fällig waren, werden kommen, wenn wir den Geist der Friedfertigkeit, der Ruhe und der Toleranz in uns einkehren lassen. Wer vor Gott kniet, für den wird der Pazifismus zum Handlungsfeld, zur Richtschnur. Der Friedensgeist muß aus diesen Mauern wirken. Achtet darauf, daß die uniformierten Männer nicht angepöbelt werden. Sorgt dafür, daß keiner Lieder oder Losungen anstimmt, die die Staatsmacht provozieren. Legt die Steine aus der Hand. Nur beim Herrn gibt es Hilfe und Schutz! Amen.«

Bacher sah, daß sich die Kiefer des Generals gegeneinander bewegten, Mümmeln nannte man das, eine Reaktion alter Männer, Folge von Zahnlosigkeit. »Die VP«, befahl der General.

Der Oberstleutnant wechselte die Hörer. Daß er den Raumton nicht abschaltete, wertete Bacher weniger als Versehen, sondern als Reaktion auf die neue Situation: *Kollektiv* müßte entschieden werden, nichts war es mehr mit der alten MfS-Klarheit: »Ich befehle!«

»Diese Massen. Es hat alles nichts geholfen, die Leute drängen ja doch ins Zentrum.«

»Wie viele?«

»An die zwanzigtausend, der Karl-Marx-Platz ist zur Hälfte voll. Ich hab die Grimmaische vorn absperren lassen durch Kampfgruppen und Bereitschaft, aber ich weiß nicht, ob ich das so lassen soll. Über den Stadtfunk wird immerfort ein Aufruf gesendet. Dialog mit der Regierung und so weiter. Hast *du* das initiiert?«

»Ich?« schrie der General. »Mich fragt doch keiner!« Erschießen, im nächsten Dämmergrauen müßte ein Peloton aus MfS-Offizieren die Aufwiegler abknallen, hinter den Pferdeboxen von Markkleeberg oder in der Wüste von Böhlen, unter der Förderbrücke, aus dem Himmel stürzten Erde und Sand und begruben die Verräter.

Der Oberstleutnant schaltete zur Thomaskirche. Orgelmusik. Eine Frau: »Ich habe mich am Morgen von meinen Kindern verabschiedet und bitte Gott, sie am Abend gesund wiederzutreffen. Behütet vom Herrn Jesus Christ.« Der Oberstleutnant schaltete zum Punkt aller Punkte, »Fichtelberg«: Vom Flachdach über der Universitätsbuchhandlung war Sicht auf Nikolai, sozusagen in die Wohnung des Pfarrers hinein, außerdem in die Universitätsstraße und über die Grimmaische hinweg auf einen guten Teil des Karl-Marx-Platzes. Ein Oberst wachte dort mit zwanzig Genossen an den Kameras. »Die Lage?«

»Was so reinpaßt, sechstausend. Kaum Bewegung. Vorhin hab ich Sprechchöre gehört: ›Schämt euch!‹ Vielleicht sollte zugeführt werden. Aber das hat wohl keinen Sinn mehr.«

Was hat Sinn? Maschinengewehre dort oben und Dauerfeuer aus den Kästen, die berühmte chinesische Lösung.

»Noch mal Thomas?« fragte der Oberstleutnant. Er wartete keine Antwort ab, schaltete. »Gehen Sie heute bitte durch die Gottschedstraße nach Hause, nicht durch die Innenstadt. Ich wünsche Ihnen Frieden auf dem Nachhauseweg, daß Gott Sie beschütze.«

»Fichtelberg.«

»In fünf Minuten ist in Niko Schluß. Alle stehen wie erstarrt. Die Sperre am Ausgang der Grimmaischen ist weg, die Genossen sind in die Uni zurückgezogen worden.«

»Die Partei.«

Der Stellvertreter mußte auf den Anruf gewartet haben. »Ja«, sagte er sofort, »ich frage in Berlin an, Genosse Krenz, ich werde dich – alles klar!«

Eine halbe Minute lang war es still im Raum, die letzten beiden Worte klangen nach wie Hohn.

»In die Lemminge kommt Bewegung«, meldete der Späher vom »Fichtelberg«. Dieses Wort hatte sich festgesetzt für eine unübersehbare Menschenzahl mit unbestimmbarer Drangrichtung. Der Vergleich stammte von einem berühmten Dichter des Landes, er hatte es den Flüchtlingen, die über Stock und Sumpf die Grenze von Ungarn zu Österreich überwanden, schmähend nachgerufen. »In Niko ist Schluß, zweieinhalbtausend wollen raus.«

Fünfhundert Genossen dabei, dachte Bacher.

»Druck von Niko her in die Grimmaische, unter uns Stau. Auch in der Reformierten ist Schluß, die Leute schieben über den Ring ins Zentrum. Tausend Lemminge ungefähr von dort. Unten schreien sie: Weitergehen! Alle blicken in die Grimmaische, genau unter uns ist jetzt...«

In Kuba war er mit einer Genossendelegation gewesen, auch an der Schweinebucht, wo ein Landungsversuch von Konterrevolutionären niedergeschlagen worden war. Den letzten Stoß hatte Fidel geführt. Einen Panzer hatte er sich geschnappt, war nach vorn geprescht und hatte mit einem Kanonenschuß ein Landungsboot »in den Grund gebohrt«, so der dramatisierende Ausdruck. Wenn es hart auf hart ginge, würde Fidel die letzte Kampfdivision ins letzte Gefecht führen, socialismo o muerte. Bacher mußte fast lachen bei der Vorstellung, die Spitze seines Politbüros hätte vor einer Stunde beschlossen, Sekt und Häppchen auf Meißner Porzellan, an denen sich die letzten Delegierten der Bruderparteien noch einmal labten, stehenzulassen und per Hubschrauber an die Front zu eilen. Hinter der Thälmannstraße sprangen sie in Panzer mit heißen Motoren, Honecker stand im Turm des ersten, Stoph des zweiten, dem Axen hatten sie eine Gemüsekiste untergeschoben, auf daß sein Kopf aus dem Turm rage. Und so, die Faust geballt, rote Banner schwingend, donnerten sie zum Ostknoten. Die Massen erkannten ihre Parteiführer, wie am Ersten Mai jubelten sie ihnen zu. Hoch schwangen die Kampfgrüppler ihre Kalaschnikows wie einst Budjonnys wilde verwegene Jagd die Säbel.

18 Uhr 11. »Die Partei!«

»Der Genosse Krenz hat noch nicht zurückgerufen.«

»Die VP!«

»Ich habe Kampfgruppen zum Georgiring geschickt.« Der VP-General hörte sich an, als beschwere er sich bei einer Schicksalsmacht.

Operationsgruppe: »Friedensgebet in Michaelis beendet. Personen verlassen grüppchenweise die Kirche. Abgangsrichtung noch nicht festgestellt.« 18 Uhr 22: »Demonstration formiert sich in Grimmaischer Straße. Der Stadtfunk ist eingeschaltet. Pfarrer in Nikolai hat angeboten, die Kirche nachts über offen zu lassen.« Hauptmann Zindel, Borna: »Lage im Verantwortungsbereich ohne Vorkommnisse.« Genosse Schubert: »Veranstaltung in Reformierter beendet. Zirka 1500 Personen, größter Teil Abgangsrichtung Innenstadt.« Operationsgruppe: »Im Bereich Hauptbahnhof Osthalle zirka 1500 Personen mit Bewegungsrichtung Stadtzentrum. Weiterer Zulauf Richtung Innenstadt. Vor der Westhalle zirka 200 Personen ohne Aktivitäten.« 18 Uhr 39: »Im Bereich Nikolai Sprechchöre und Rufe: ›Gorbi, Gorbi‹ und ›Neues Forum zulassen‹.« 18 Uhr 49: »Vor der Hauptpost Formierung eines Demo-Zuges in Richtung Hauptbahnhof. Rufe ›Gorbi, Gorbi‹. Der harte Kern in Höhe Jugendmodezentrum. Absingen der Internationale.« 19 Uhr 02, Operationsgruppe: »Spitze Demo am Ostknoten. Harter Kern ruft: ›Erich, mach die Schnauze zu‹.«

Jetzt wieder der Polizeigeneral: »Gerade schwenken sie ein. Ich habe meinen Einheiten Rücknahme und Eigensicherung befohlen.«

»In zwanzig Minuten«, sagte der General, »sind sie hier.«

2.

Martin Vockert schloß die Wohnung zu, er hatte sich damit abgefunden, sie einige Monate lang nicht wieder zu betreten. Den Schlüssel gab er einer Frau im Erdgeschoß: Eventuell für meine Mutter. In der Großküche hatte es geheißen: Geht heute nicht, es wird ernst. Er hatte geantwortet: Das sagen sie seit Wochen.

Am letzten Montag waren Gerda und Joachim Engelmann an der Muldenbrücke von Rochlitz aufgehalten und gefragt worden, wohin sie wollten. Sie hatten behauptet: Freunde in Bad Lausick besuchen. Daraufhin war ihr Trabi zwei Stunden lang gefilzt worden. Diesmal waren sie über Colditz durchgekommen. Beim Parken in der Nähe des Völkerschlachtdenkmals hatten sie gesehen, daß ein Kerl die Nummer ihres Autos aufschrieb. Na und. Nun standen sie am »Hotel am Ring« und blickten in Richtung Grimmaische. Claudia irgendwo? Wenn geschossen würde, dann zuerst dort. Ein Mann betete laut: Vater unser. Als er zu Ende war, hörte Vockert, daß ein Stück weiter – er dachte: sechs Leute weiter – eine Frau sang, und er dachte: blanker Wahnsinn!

Einer sah den anderen fünf Leute dahinter, der andere war Schlagzeuger der Beatgruppe »The Jarring Doors« gewesen, die im Herbst 1965 verboten worden war. Hunde hatten sie gehetzt, danach kampierten sie vier Wochen lang nebeneinander auf Stroh. Sie waren sich seitdem einige Male begegnet, wie man sich in Leipzig trifft, in der Straßenbahn, vor der Hauptpost. Sie hatten immer nur ein paar Worte miteinander gesprochen, wie es ihnen gerade erginge. Meisterlehrgang, so. Zwei Kinder, so. Dreiraumwohnung in Grünau. Also heute auch hier, klar.

Er war Genosse, hatte am Vormittag dem ihm seit langem bekannten Krenz eine Denkschrift überreicht und gehört, im Politbüro sollte es »losgehen« und Honecker abgehalftert werden. Jetzt stand der Professor neben dem Mendebrunnen. Viele kamen und wenige gingen, Plärren aus einem Lautsprecher, eine Männerstimme, die Worte waren nicht zu verstehen. Sprechchöre: »Wir sind das Volk« und »Neues Forum zulassen« und »Gorbi hilf«. Als Psychologe besaß er ein Gefühl für den kritischen Punkt, an dem eine Menschenmasse zu groß sein würde, daß man sie einkesseln und abdrängen könnte. Diese da, die Leipziger, waren überall und kamen von überall.

Das erste Flugblatt ließ Astrid Protter fliegen, wie es seiner Bezeichnung entsprach; von der Treppe zur Fußgängerbrücke am Engelsplatz schob sie es übers Geländer. Es flatterte vor und zur Seite und blieb zwischen Zigarettenkippen und Schlamm liegen. Das zweite streckte sie auf der Brücke einer Frau hin, stumm. Beim dritten Blatt sagte sie: »Ich hab was für Sie.« Natürlich würde sich diese Frau nicht prügeln, und so gab sie das vierte Blatt zwei jungen Männern, denen nicht anzusehen war, auf welcher Seite sie standen. Drei Jugendliche vor dem Kaufhaus waren schon eher einzuordnen, der eine trug einen weißgrünen »Chemie«-, der andere einen blaugelben »Lok«-Schal, heute waren sie keine Rivalen. Einer schaute sie verblüfft an und bedankte sich. Vor dem polnischen Zentrum warteten sechs junge Männer – großgewachsen, gut genährt, glatt die Züge, das Urteil über sie war sofort gefällt. Sie streckte schweigend das nächste Blatt hin, einer nahm es, ein anderer fragte ihn, was er da hätte. Da ging Astrid Protter eilig weiter in Richtung Sachsenplatz – jetzt etwas Leichteres, also ein Ehepaar um die sechzig; eine Frau daneben fragte sofort, ob sie auch eines haben könnte. Aber bitte – und Astrid Protter lächelte und war die nächsten Blätter rasch los. Vor der Milchbar schlug sie einen Haken. Alles hatten sie nun doch nicht durchdacht, jetzt müßte ihr jemand den Rest abnehmen und weiter verteilen, und sie stünde im Ernstfall mit leeren Händen da: Bitte, was? Vertreter von drei Arbeitsgruppen hatten diesen Appell ausgetüfelt, ihn hundertfach vervielfältigt und mit dem Schutzwort »Innerkirchlich!« versehen. »Der letzte Montag in Leipzig endete mit Gewalt. Wir haben Angst um uns, unsere Freunde und alle, die uns in Uniform gegenüberstehen. Wir bitten Euch: Durchbrecht keine Polizeiketten, haltet Abstand zu Absperrungen! Werft keine Gegenstände und vermeidet Gewaltparolen! Greift zu phantasievollen Formen des Protests. An die Einsatzkräfte appellieren wir: Antwortet auf Friedfertigkeit nicht mit Brutalität. Wir sind ein Volk! Gewalt hinterläßt ewig blutende Wunden!«

In ihrer Tasche steckten mindestens noch zwanzig Zettel, und vielleicht hatten die Spitzel vor dem polnischen Zentrum nun endlich begriffen, was sie da lasen, und spähten hinter ihr her. Überall war heißer Boden, also wieder an junge Männer und Mädchen mit dem Satz verteilt: »Gebt das euren Freunden«, und zuversichtlich geblickt dabei. Da stand ein Polizeioffizier mit silbernen Schulterstücken acht, fünf, drei Meter vor ihr, alles in ihr zog sie auf ihn zu, zwei Schritte noch, sie streckte ein Blatt hin und sagte dabei: »Bitte, für Sie«, und registrierte Staunen in den Augen und sogar etwas wie Schreck. Bei jedem Schritt von ihm fort versteifte sich ihr Nacken stärker, wie damals am Anfang ihrer Krankheit, sie fühlte eine Hand auf der Schulter wie befürchtet, drehte sich nicht um und wurde zur Seite gezogen. Ein Polizist fragte: »Woher haben Sie den Zettel?«, und sie antwortete, den habe ihr jemand vor dem »Capitol« gegeben. Sie solle mitkommen, sie fragte, wohin, und sofort waren Menschen um sie, sie erwiderte laut, sie würde erst mitgehen, wenn sie wüßte wohin. Der Polizist packte ihren Arm und drehte ihn ihr auf den Rücken und schob sie, nach ein paar Metern stand sie vor dem Offizier, eine Haarsträhne war ihr ins Gesicht gefallen, mit der freien Hand umkrampfte sie die Tasche. Der Menschenpulk schloß jetzt auch den Offizier ein, ein Mann brüllte, es wäre empörend, wie da mit einer Frau umgesprungen würde, und jemand weiter hinten rief: »Schämt euch!« Andere griffen diese Worte auf, »Schämt euch!« Ein Sprechchor war das noch nicht. Jetzt war es zu spät, die Tasche fallen zu lassen. »Woher haben Sie das Blatt?« Sie wiederholte, jemand hätte es ihr vor dem »Capitol« gegeben. Aus dem Mundwinkel heraus nuschelte der Offizier zu einem Zivilisten neben sich: »Personalien feststellen!« Der sagte: »Nee.« Da ließ der Polizist ihren Arm frei. Jemand schob sie zur Seite, ein anderer zog sie weg und ließ sie nach einigen Schritten wieder los.

Sie ging rasch zum Neumarkt, stellte sich unter den Arkaden vor ein Schaufenster und starrte auf Noten und Geige und Beethovenbüste, bis der Schmerz in ihrem Nacken verebbte. Alles ist gut, suggerierte sie sich, ich hab es überstanden und durchgestanden, vielleicht hätte ich vor solch einer Situation zu viel Angst gehabt, gut, daß ich sie mir nicht ausgemalt habe.

Claudia und Knut hörten von der Kanzel, sie sollten ruhig nach Hause gehen, durch die Gottschedstraße bitte, also vom Zentrum weg. Doch dann blieben viele vor der Thomaskirche stehen, schweigend. Nach einer Weile setzten sie sich Schritt für Schritt in Bewegung, am Bachdenkmal vorbei, in Richtung Nikolai und Karl-Marx-Platz. Sie hatten die Arme umeinandergelegt und meinten, ihre Furcht wäre geschwunden, das kam ihnen am wunderbarsten vor, das Verlöschen jeglicher Angst.

Der Kapellmeister stand an einem der riesigen Fenster des Gewandhauses und schaute auf den Platz, auf dem sich die Menge nach rechts schob, nirgends dichter, nirgends lockerer oder schneller. Keine Fahnen oder Transparente. In einer halben Stunde würde er aufs Dirigentenpult steigen. In den Monaten danach stellten sich ihn manche als Demonstranten in der ersten Reihe vor, das Kinn gereckt – die Gewehre wären vor seiner Brust zurückgewichen. Da klang abermals seine Stimme aus den Lautsprechern.

So erwischte ihn Linus Bornowski. Berufskollegen, die das Foto in vielen Zeitungen mißgünstig begutachteten, sprachen von *Pose*; das wies er zurück. Es war nicht gewesen wie tausendmal in seiner Reporterlaufbahn: Bitte ein Stückchen vor, den Kopf etwas nach links, ja! Das Kinn höher, ja, wunderbar! – und dann draufgedrückt mit steigender oder fallender Belichtungszahl, in die Hocke gehend. Auch an Stalins Todestag hatte er nur einmal auf den Auslöser gedrückt, das Foto »war um die Welt gegangen« und hatte ihm eine Masse Geld eingebracht. Sein zweiter Hammer das Stalinfoto, das stammte noch nicht einmal von ihm, er hatte es bloß lanciert. Alle guten Dinge in seinem Leben waren drei, das sollte genügen für Mühe und Opfer.

Da rannte Gabriele Heit in der Straße hinter der Feuerwache auf einen massigen Kampfgrüppler zu, der vor einem Sanitätsauto einen Trabantfahrer anherrschte, hier dürfe er doch nicht parken, seine Leute müßten da raus. Für eine Sekunde glaubte sie, den Mann damals in Königsau angeschrien zu haben, aber in ihren Uniformen sahen sie sich ja alle gleich. Sie fragte ihn, was ihr Sekunden vorher unmöglich erschienen wäre, aber der Mann war ja nicht nur Feind, sondern vielleicht auch Vater, ob er Bereitschaftspolizisten aus Eilenburg in der Nähe gesehen habe. Der Kampfgrüppler antwortete, hier jedenfalls wären keine, vielleicht auf der anderen Seite des Hauptbahnhofs, zur Thälmannstraße hin. Frau Heit schrie: »Aber ich komme doch nicht durch!«

Dem Ehepaar Kölpers war, als geriete es in einen Zustand der Furchtlosigkeit. Nun zogen sie unter Tausenden. Ihnen war, als schwebten sie eine Handbreit über dem Boden. Die Göttin Lipsia war wohl auf die Erde gekommen, sie hatte ihre Stadt lange genug im

Stich gelassen, nun brachte sie Güte und Heiterkeit mit. Was sollte sich ihnen noch in den Weg stellen wollen. »Gorbi hilf!« wurde gerufen, es klang wie: »Maria hilf!« Ohne Blutvergießen, ohne ein blaues Auge, es war wie ein Wunder, es war ein Wunder.

Ein Maler, dessen kahlen Kopf alle in der Stadt kannten, ging mit seiner schönäugigen, schönnasigen Frau wie bei jeder Demonstration weit vorn. Sie trafen einen Schriftsteller, der lästerte, Vorstand und Parteileitung seines Verbandes hielten gerade eine Sitzung ab, das täten sie seit Jahrzehnten immer montags. Über Stipendien werde beraten. Da schüttelten sie den Kopf und lachten.

Der Befehl zum Zurückgehen wurde durchgegeben, vor Horst Heit fielen sich zwei Bereitschaftspolizisten um den Hals. Er knöpfte die Jacke bis zum Koppel auf und zog den Feldspaten heraus. Jemand fragte, wo denn jetzt der Oberleutnant stecke, der ihnen befohlen hatte, doppelte Wäsche und den Felddienstanzug anzuziehen und darüber noch die Uniform und den Feldspaten dazwischenzustecken zum Schutz gegen Steinwürfe und Knüppelhiebe, und der gesagt hatte, daß sie zuerst mit dem flachen Spaten zuschlagen sollten und nur bei Lebensgefahr mit der Kante. An diesem Tag entscheide es sich wie am 17. Juni 1953 – wir oder sie! Und wenn Knüppel und Spaten nicht reichten, würde zur Schußwaffe gegriffen. Einer hatte eingewendet, zur Demo würden auch Frauen mit Kindern kommen, und der Politoffizier hatte gekontert: Dann haben die eben Pech gehabt. »Ich freue mich auf den nächsten Polituntерricht«, sagte Heit. Niemand reagierte. Er hörte ihr

Schlurfen, nie waren sie so geschlichen. Einer behauptete, er ginge jetzt nach Hause, sie könnten ihn alle sonstwo, und wenn das zehnmal Desertion wäre. Aber er blieb, wahrscheinlich, weil ihm keiner zustimmte.

Sie waren Kumpels vom Judo aus einer Betriebssportgemeinschaft, sie waren zu siebt, jeder kannte einen anderen und der wieder zwei, so waren sie schließlich mehr als zwanzig. Sie hatten keinen Anführer, aber die Stimmen von zwei trugen am weitesten. Es hatte sich gefügt, daß sie ganz vorn zogen an der rechten Flanke, der zum Hauptbahnhof hin. Sie waren zwischen fünfzehn und einundzwanzig Jahre alt, einer der Stimmstarken arbeitete als Maschinenschlosser, der andere als Dekorateur. Einen Angetrunkenen drängten sie nach innen: Vater, laß den Mist, was heißt hier aufhängen. Sie ließen anfangs niemanden zwischen sich, bis sie merkten, daß andere sie begriffen. Da versuchten diese unterdessen sicherlich fünfzig, auch Mädchen, das Tempo anzugeben, zügig, das würde wichtig sein vor der schrecklichen, riesenlangen, schwarzen Front des Hauptbahnhofs mit seinen Eingängen voller Tod.

Vor der Franz-Mehring-Buchhandlung traf Astrid Protter wie vereinbart ihren Mann und ihre Tochter, nun gingen sie untergehakt. Weiter vorn wurde gerufen: »Nicht schieben!«, sie ließen ihre Schritte kürzer werden. Astrid meinte, alles in den letzten Jahren hätte seinen Sinn verloren, wenn sie nicht hier ginge, wenn Harald nicht neben ihr wäre, wenn sie nicht diesen Ruck wagten gegen alle Angst. Für ein paar Schritte spürte sie Silkes Kopf auf ihrer Schulter. Silke könnte ja auch an einer anderen Stelle der Demo sein, fand Protter, aber sie blieb bei ihren Eltern, das war mehr, als sie verlangen konnten. Wo Sascha jetzt wohl sei, fragte Silke, und ihr Vater antwortete: Hinter den Mauern der Runden Ecke oder auf dem Dach des Blocks da drüben oder als tapsiger Alter verkleidet drei Reihen weiter. »Keine Gewalt!« riefen sie vorn in hartem Stakkato wie von einer Sportplatztribüne herunter, hier spielten sie Nordkurve, Südkurve und hatten Spaß dabei. Hinter einem weitgeöffneten Fenster des Hotels »Astoria« erfaßte eine Fernsehkamera den Zug, einige winkten hinauf. Wie viele sie denn seien, fragte eine Frau, die für einige Zeit neben ihnen ging. Letzten Montag sei der Zug vorm Engelsplatz gestoppt worden, und Protter verriet nicht, daß er zum ersten Mal dabei war. Unter der Fußgängerbrücke, die gedrängt voller Menschen war, überlegte Astrid, welche Musik über allem liegen müßte, kein Marschlied und nichts von Beethoven; überhaupt, sie würde eine Weile ohne ihn auskommen. Am ehesten Mendelssohn's Vierte, die »Italienische«. Zu ihr konnte man unmöglich marschieren, eher schreiten, und natürlich tanzen.

Wenn wir unter der Fußgängerbrücke durch sind, hoffte Kölpers, kommen wir auch an der Runden Ecke vorbei. Es gibt auch dort kein letztes Gefecht. Beim nächsten Mal, sagte seine Frau, würde sie ein Plakat mit einer Zeichnung darauf tragen, wie es damals in der Kongreßhalle heruntergerollt war: »Wir fordern Wiederaufbau!« Noch hundert Meter bis dahin, wo ein Ausscheren möglich war. Wenn sie dann im Zug blieben, konnten sie vor der Stasiburg nicht mehr heraus.

3.

Die Fenster waren geöffnet. Eine Straßenbahn donnerte fast leer im Bogen nach Süden, als sei sie auf der Flucht. Bacher blickte durch Geäst, dort war der Giebel der Thomaskirche zu ahnen. Menschenleer alles. Der Lindwurm kroch aus dem Norden heran, der Lavastrom, das Rudel der Lemminge.

In der Kantine stellte er sich hinter einem Dutzend Genossen an, legte sich Brötchen mit Hackepeter auf den Teller und wartete auf Kaffee. Vor sich hörte er, die rabiate Politik gegen die Fußballer von »Chemie« sei an vielem Schuld; der Mann sagte »Schemmie« und betonte es auf der ersten Silbe. Sie hätten den traditionsreichen Arbeiterverein systematisch kaputtgemacht, er hätte es immer gesagt. Die Namen der Helden von »Chemie« klangen wie die von Heiligen: Manne, Walter, Schere und natürlich Bauchspieß. Wo seine Mutter jetzt sein könnte: Sicherlich daheim. Silke: Hundertprozentig bei der Demo. Bei Astrid war alles möglich.

Die Genossen um den General schlossen die Fenster wieder. Man mußte ihnen nicht sagen, daß jetzt nicht geraucht werden durfte. Stumm und starr sollte das Haus wirken, noch nicht einmal von einem Zigarettenpünktchen bewegt. Am Fuß der Mauer breitete sich gelbroter Schein aus. Da waren die Freischärler, die Plänkler seitlich durch den Parkstreifen zur Runden Ecke vorgedrungen, nun stellten sie auf den Fenstersimsen vor den Gittern ihre Kerzen auf. »Brandkerzen« würde Bacher tags darauf in einem Bericht nach Berlin formulieren.

Der General hatte die Hände in die Jackettaschen gestopft, er stand kerzensteil, ein kleiner Mann, aber immer noch ein Mann, als blicke er in die Gewehrläufe eines Erschießungspelotons. Der Strom bog unter den Baumkronen heraus, untergehakt die erste Reihe. Der General stellte sich vor, zwanzig IM hätten sich in die zweite geschmuggelt, in diesem Augenblick, auch sie untergehakt, verlangsamten sie den Schritt, so daß eine Lücke klaffte, und dann: Feuer frei! für die Scharfschützen hinter den Balkonbrüstungen und aus den Fenstern des zweiten Stocks, zwanzig Schüsse, zwanzig Tote. Meldung an den Genossen Armeegeneral in Berlin: Leipzig bleibt rot! Feuerrot und blutrot, doch jetzt brannten unten Hunderte von Kerzen. Wenn sie jetzt stürmten – aber der Druck von hinten schob sie, auf einmal waren andere vorn mit langen Schritten und zerrten den Strom auseinander, vielleicht nun doch besonnene Genossen am Werk. Unten zogen Mädchengruppen, Margots Produkte. Hüte, Mützen, Ehepaare. Dreißig in der Breite, aber sie bildeten ja keine exakten Reihen. Zehn wären dreihundert, dreißig und etwas mehr eintausend. Durch die geschlossenen Fenster war ihr Schlurfen zu hören. Schweigsam waren sie wie Lemminge. Er hätte gern mehr über diese Tierchen gewußt, welche Gene die Instinkte aufbewahrten, die sie antrieben zu ihrem selbstmörderischen Lauf. Hinter den Bäumen die große goldene Schrift: »Haus der deutsch-sowjetischen Freundschaft.« In den Abgrund marschierten sie, warfen sich über die Felskante, sollten sie. Wenn schon heute abend nichts zu machen war, dann mußte morgen früh alle Entschlußkraft zusammengenommen werden. Berlin konnte nicht ewig schweigen. Wenn schon Leipzigs General gegenüber dem Armeegeneral nicht auf die Pauke hauen konnte, so war da doch die Parteigruppe, die sollte anfragen, und das keineswegs unterwürfig.

Als Gabriele Heit vor der Feuerwache nach Süden einbog, sah sie den Klotz der Staatssicherheit schwarz hinter den Bäumen, nur auf der Antennenspitze über dem Dach glühte ein Lämpchen. Sie drückte den Arm ihres Mannes und wartete, daß nun die Angst käme, die um sich selbst, nicht nur um Horst. Die Kerzen am Fuße der Mauer warfen ihren Schein gegen die Simse und die Balkonbrüstung. »Im Kreml brennt kein Licht«, sagte Heit und fand, dieses Gedicht hätte er eben hübsch umgebogen.

Anruf von der Bezirksleitung, der Oberstleutnant griff zum richtigen Hörer. »Se sin rum«, sagte der Zweite dumpf.

»Ja«, der General, »se sin rum. Un aus Berlin?«

»Hat sich keiner gemeldet. Nu braucht Krenz ooch nich mehr anzurufen.«

»Nu nich mehr.«

Alexander Bacher blieb am Fenster, bis die Letzten vorbei waren, das Kerzenfeuer am Fuß der Mauer erlosch und die Straßenbahnen wieder fuhren. Jetzt müßte er dem General die Hand auf die Schulter legen, nichts sagen, was denn auch. So die Verbindung zu seinem Vater herstellen, denn der Kampf war ja nicht beendet, neue Formen mußten gefunden werden.

Der Mund des Generals war zusammengepreßt, das Blut aus Kinn und Wangen gewichen. Rücktritt, dachte er, Mielke hatte ihn beleidigt vor allen Leitern der Bezirksverwaltungen, und eben hatte er ihm die schmählichste Niederlage bereitet, nämlich ihn, vorn an der Front, ohne Befehl gelassen. Der General dachte an seine Tochter, Mitarbeiterin der Botschaft in Oslo, aufgestiegen in diese Fabelposition, Doktor der Staats- und Rechtswissenschaft, würde heute abend im norwegischen Fernsehen miterleiden müssen, wie diese Horden ihren Vater verhöhnten.

»Da ist noch der Rechtsanwalt«, sagte jemand.

»Den hätte ich glatt verhungern lassen. Rausschmeißen. Ach was, soll herkommen.«

Als Schnuck hereingeführt wurde, sagte der General: »Sind Sie verrückt? Sie wissen genau ...«

»Ja. Aber wenn gestürmt worden wäre? Hören Sie, heute ist alles gutgegangen und geht vielleicht noch zweimal gut. Dann stelle ich mich mit einem Megaphon auf den Balkon. Bürger, rufe ich, ein Bürgerkomitee hat das Haus besetzt, bewahren Sie Ruhe, liebe Leipziger, alles ist auf demokratischem Wege! Und dann, Genosse General: Wenn schon gestürmt wird, warum kommen wir dem nicht durch unsere IM zuvor? Dann verhandele ich mit Ihnen als Vertreter eines Bürgerkomitees. Sie bereiten bis dahin einiges vor, was sich gut macht. Das Kabel für die Abhöranlage wird durchgesägt, Sie übergeben mir ...«

»Hören Sie auf!«

»Wir sollten andermal weiterreden.«

Der weiß mehr, begriff der General. Das macht er nicht ohne Rückhalt. Das war die Revolte, Markus Wolf im Bund mit Gorbatschow, vielleicht hatte sich die NVA schon auf deren Seite geschlagen. Mit Krenz, mit Masur?

Der General überlegte, mit wem er jetzt zusammen sein wollte. Mit einigen, die tot waren, mit dem alten Bacher zum Beispiel. Vielleicht mit Honecker, den die anderen nun verrieten. Im Hinausgehen hätte er gern die Faust zum alten Rot-Front-Gruß erhoben. Aber es wäre lächerlich gewesen einem neuen Mann wie Schnuck gegenüber.